Moderner Wahlkampf

Thomas Berg (Hrsg.)

Moderner Wahlkampf

Blick hinter die Kulissen

Leske + Budrich, Opladen 2002

Gedruckt auf säurefreiem und alterungsbeständigem Papier.

Die Deutsche Bibliothek – CIP-Einheitsaufnahme
Ein Titeldatensatz für diese Publikation ist bei
Der Deutschen Bibliothek erhältlich.

ISBN: 3-8100-3532-7

Satz: Verlag Leske + Budrich
Druck: Druck Partner Rübelmann, Hemsbach
Printed in Germany

Inhalt

Vorwort

Im Herbst 2002 findet die Bundestagswahl statt. Bevor die Wählerinnen und Wähler zur Wahlurne schreiten und von ihrem Stimmrecht Gebrauch machen, findet der Wahlkampf statt. Doch spricht man heute nicht mehr nur von Wahlkampf, vielmehr verbindet man damit Schlagwörter wie „Amerikanisierung, Professionalisierung, Personalisierung, Politikmarketing, Mediatisierung usw."

Der vorliegende Sammelband möchte einen Blick hinter die Kulissen des modernen Wahlkampfs werfen und dabei über die verwendeten Techniken informieren. Dabei ist längst nicht alles modernen Ursprungs, wie der Artikel von Nikolaus Jackob zeigt. Inwiefern der Wahlkampf ein Beitrag zur politischen Bildung darstellt, wird von Karsten Rudolf und Alexander Wicker näher untersucht. Im Hinblick auf die bereits zitierte „Amerikanisierung" untersuchen Jürgen W. Falter und Andrea Römmele, um welches Phänomen es sich hierbei handelt. Dass Wahlkampagnen einer guten Planung bedürfen und ein entsprechendes Management dahinter steht, beschreiben jeweils Sven Plank und Honza Griese. Eines der Kernelemente des Wahlkampfs stellt die Kommunikation dar. Hierbei thematisiert Martin Gerster einerseits die Botschaften und Bilder und Marco Althaus andererseits das Management, das dahinter steht. Das Werben mit einer Person im Sinne der Personalisierung ist der Gegenstand des Beitrags von Jürgen Graner und Eva Stern. Inwiefern Wahlprognosen auf die Wahlentscheidung der Wählerinnen und Wähler Einfluss ausüben, beschreibt Harald Schoen. Entsprechend der Zukunft zugewandt, findet der Wahlkampf auch im Internet statt, was Alexander Geisler in den Mittelpunkt seines Artikels stellt. Zunehmend werden neue Techniken bei der Erforschung der Wahlen und des Wählerverhaltens verwendet, Markus Klein hat hierbei Pionierarbeit mit der Verbund-Analyse geleistet, die sich auch für die Erstellung von Wahlplattformen eignen würde. Der Beitrag von Thomas Butter, Dion Fuchs und Katharina Srnka stellt das Politikmarketing vor, welches sich aus verschiedenen Bereichen des Marketings zusammensetzt. Aber lassen sich überhaut aus wissenschaftlicher Sicht diese vielen Techniken im Wahlkampf oder überhaupt mit einem fremden Bezug verwenden? Dieser Frage geht der Herausgeber auf den Grund.

Doch können nicht alle Aspekte eines Wahlkampfs in einem solchen Buch behandelt werden, das würde den Rahmen dieser Schrift sprengen. So kann das Buch bei dem Blick hinter die Kulissen die Hauptgebiete behandeln. In jedem Fall sind die Zeiten des Wahlkampfs thematisch noch umfassender als dieses Buch und alles andere als ruhig für die Beteiligten, die sich für die Zukunft der Demokratie einsetzen.

Festzuhalten bleibt, dass eben diese Personen in der Politik beim Wahlkampf professionalisierte Ambitionen an allen Orten entwickeln, die oftmals von vielen verschiedenen, teils hier genannten, Techniken befruchtet sind. Anzumerken ist, dass das Wort „Ambitionen" ursprünglich vom lat. „ambire" abstammt, was übersetzt „herumgehen" bedeutet. Im alten Rom ist der Kandidat zum Amt des Konsuls „herumgegangen", wenn er dieses Amt erlangen wollte. Damit wären wir thematisch beim ersten Beitrag dieses Buchs.

Ein großer Dank geht mit der Veröffentlichung dieser Publikation an die Hessische Landeszentrale für politische Bildung in Wiesbaden, die mit finanzieller Unterstützung und Beratung überhaupt erst die Herausgabe ermöglicht hat. Für die fachliche Beratung bedanke ich mich in erster Linie bei Herrn Prof. Dr. Jürgen W. Falter, der die Auswahl der Themen positiv beeinflusst hat. Für die Beratung und wertvollen Hinweise bei der Erstellung des Bandes bedanke ich mich bei Herrn Martin Gerster, Herrn Dr. Marco Althaus und Herrn Honza Griese. Außerdem gilt mein Dank allen Autoren, die, trotz vielfältiger anderer Arbeiten, dazu beigetragen haben, dass diese Publikation innerhalb von 3 ½ Monaten zeitnah zur Bundestagswahl erstellt werden konnte. Insbesondere möchte ich hierbei den Autoren aus Österreich und der Schweiz danken. Dem Verlag Leske + Budrich, namentlich Herrn Edmund Budrich und allen seinen Mitarbeiterinnen und Mitarbeitern sei ein Dank für die unkomplizierte Zusammenarbeit und schnelle Umsetzung des Projektes ausgesprochen.

Wiesbaden, im Mai 2002 *Thomas Berg*

Nikolaus Jackob

Antike Traditionen im modernen Wahlkampf: Quintus T. Ciceros Denkschrift über die Konsulatsbewerbung

Einführung

Das *commentariolum petitionis* von Marcus Tullius Ciceros (106-43 v. Chr.) jüngerem Bruder Quintus (102-43 v. Chr.) gilt als einmaliges Zeugnis römischer Politik, speziell römischen Wahlkampfs in der späten Republik. Im Mittelpunkt der Denkschrift steht die Frage, auf welche Weise sich ein Kandidat um das höchste Staatsamt – das Konsulat – zu bewerben habe. Rund um diese Problemstellung erarbeitet Quintus Tullius Cicero einen Kanon zum Teil noch heute gültiger Ratschläge und Strategien: professionelle Meinungsmobilisation, Rücksichtnahme auf die Befindlichkeiten der Bevölkerung, Identifikation und Mobilisation von Meinungsführern und Multiplikatoren in allen relevanten Regionen und sozialen Schichten, Angebote und Versprechen an alle relevanten Zielgruppen und Wählerpotentiale, Entsachlichung bzw. Depolitisierung durch bewussten Verzicht auf tagespolitische Stellungnahmen, pompöse Inszenierung, die Rekrutierung einer motivierten, öffentlich präsenten und zahlreichen Anhängerschaft, regelmäßige öffentliche Auftritte, Emotionalisierung, Personalisierung sowie letztlich ein gewisses Maß an Opponentendiffamierung, an Heuchelei und Schauspiel. Diese Ratschläge werden ohne euphemistische Entstellungen deutlich formuliert und dokumentieren in ihrer Gesamtheit, dass einige wahrgenommene Eigenschaften des modernen Wahlkampfes nicht modern sind, sondern Grundkonstanten jeglicher Bewerbung im Rahmen von Wahlkämpfen – Quintus Ciceros Ratschläge können in vielerlei Hinsicht noch für die heutige Politik Gültigkeit beanspruchen.

Wahlen und Wahlkampf in der römischen Republik

Zunächst muss darauf verwiesen werden, dass die römische Republik im Wesentlichen ein freiheitliches Staatswesen war,[1] allerdings mit charakteristi-

---

1 Vgl. hierzu z.B. Bleicken, Jochen: Geschichte der römischen Republik. München, 1999, S. 16ff.

schen Abstrichen.[2] Wahlen bedeuteten nicht in gleichem Maße Partizipation am politischen Geschehen wie in einer modernen Massendemokratie, was allerdings nichts an der Wichtigkeit einer professionellen Wahlkampfführung änderte:

> „Die großen Anstrengungen der Kandidaten im Wahlkampf, von denen gerade das commentariolum petitionis Zeugnis ablegt, lassen sich nur unter einer entscheidenden Prämisse erklären: Die Wähler müssen in ihrer Entscheidung weitgehend ungebunden gewesen sein" (Laser 2001: 11).

Die tradierte Ordnung sowie das reguläre Wahlverfahren scheinen in jener Konsulwahl 64 v. Chr. Gültigkeit gehabt zu haben, Quintus rät an keiner Stelle zu Gewalteinsatz oder Erpressung, was bisweilen später üblich wurde, sondern bezeichnet das Werben um die Unterstützung der Bürger als erste Notwendigkeit. Ohne den faktischen Einfluß des Elektorats wäre der ungeheure Aufwand, den Quintus für geboten hält, nicht nötig (Vgl. Laser 2001: 13).

Die Wählerschaft bestand aus allen erwachsenen römischen Männern, die über das Bürgerrecht verfügten und – in timokratisch strukturierte Klassen (Zenturien) verteilt – in direkter Mehrheitswahl über die jährliche Neubesetzung des Konsulats entschieden. Die hohen Ehren, die mit dem Konsulat einhergingen, dokumentierten sich sowohl in der formellen Macht der Konsuln als auch darin, dass die Jahre nach den Konsuln benannt wurden und die gesamte Familie des Konsuls Anspruch auf die Nobilität hatte – die Zugehörigkeit zum senatorischen Amtsadel.[3] Die überwiegende Mehrheit der Konsuln stammte aus patrizischen Häusern und etablierten Familien, nur selten gelang es einem Neuling in dieses höchste Staatsamt zu gelangen, da die Nobilität ihren Einfluss eifersüchtig zu wahren suchte.

Marcus Tullius Cicero war ein solcher *homo novus* ohne den Nimbus des Adels, der in den Augen von ahnenstolzen Patriziern wie seinem Konkurrenten Lucius Sergius Catilina und für die meisten anderen Angehörigen alteingesessener Familien als Emporkömmling ohne Anspruch auf das mit guten finanziellen Verdienstmöglichkeiten und großen Machtbefugnissen ausgestattete, heiß begehrte Amt gegolten haben dürfte. Dieser Nachteil in Stand und Herkunft ist sicher einer der Gründe, weshalb Quintus seinem Bruder ein besonders eindrucksvolles Auftreten in der Öffentlichkeit sowie eine intelligente Wahlkampf- und Kommunikationsstrategie nahelegt.

Wahlen waren in Rom selbst für heutige Verhältnisse in großem Maße personalisiert: Politische Programmatik spielte im Wahlkampf kaum eine Rolle, ja es wurde dezidiert vermieden, inhaltliche Festlegungen vorzunehmen. Von Politik sollte nicht gesprochen werden, um den eigenen Spielraum gegenüber den unterschiedlichen Interessen nicht einzuengen (Vgl. Laser

2 Vgl. hierzu z.B. Meyer, Ernst: Römischer Staat und Staatsgedanke. Zürich, Stuttgart, 1964

3 Zur Nobilität siehe auch Bleicken, 1999, S. 26f.

2001: 25). „Es zählte die Person und der Eindruck, den sie überall hinterließ" (Laser 2001: 19). Dies zeigt auch die sehr neuzeitlich anmutende Vorgehensweise, jedem möglichen Wähler jedes mögliche Versprechen zu geben, völlig losgelöst von der Aussicht auf Einhaltung desselben. Was zählte, war eine große, aus allen sozialen Schichten zusammengestellte, hoffnungsfrohe, öffentlich präsente Anhängerschaft. Der Wahlausgang war oftmals unberechenbar, auch für Mitglieder angesehener Familien. Es war zwingend erforderlich, sich bei allen Kreisen – über familiäre Bindungen und Kontakte zu bestimmten Verbänden,[4] vom Senator bis zum Sklaven – beliebt zu machen, Freunde, Verwandte, Bekannte, Geschäftspartner und dergleichen als Multiplikatoren der Wahlkampfkommunikation und des öffentlichen Eindrucks der Bewerbung zu gewinnen. Diese Personen begleiteten den Bewerber in der Öffentlichkeit, während er sich zeigte, Reden hielt, Geschenke verteilte, Gespräche führte und so fort. „Von jedem Bewerber wurde Präsenz an allen belebten Orten und ständige Kontaktarbeit auch mit sozial Unterlegenen erwartet" (Laser 2001: 23).

Ein freundliches Profil, ein positives Image, z.B. geprägt von Spendierfreudigkeit, Aufmerksamkeit, Fürsorge, Rechtschaffenheit etc., galt es über wichtige Persönlichkeiten der verschiedenen Schichten und Vertreter der Regionen Italiens unter die Menschen zu bringen – in Abwesenheit der Möglichkeiten moderner Massenkommunikation somit im übertragenen Sinne in Form eines zweistufigen Kommunikationsflusses.[5] Es galt, den guten Ruf des Kandidaten in den jeweiligen Gruppen und Orten zu verbreiten.

Alles in allem wurde der Wahlkampf als deutlich verschieden vom Alltag wahrgenommen, willkürliche Versprechungen, opportune Freundschaften, Höflichkeiten und Heucheleien verschiedener Art und andere Maßnahmen, die im Rahmen dieses Beitrages anhand von Quintus Ciceros Denkschrift dargelegt werden sollen, wurden als wahlkämpferische Notwendigkeiten wahrgenommen. Kandidaten gewannen „[...] aufgrund ihrer großen Popularität in der Bürgerschaft und – vor allem – bei den tonangebenden Zenturien" (Laser 2001: 41).

---

4 Vgl. zum Einfluß des Klientelwesens und der Kollegien auf die Wahlen in Rom: Laser, Günter: Quintus Tullius Cicero. Commentariolum petitionis. Darmstadt, 2001, S. 29ff.

5 Dass Kommunikationsinhalte sich über verschiedene Stufen verbreiten, wurde exemplarisch von Paul F. Lazarsfeld und seinen Mitarbeitern anhand der klassisch gewordenen Studie „The People's Choice" dargelegt: Inhalte von Massenkommunikation werden – so Lazarsfeld et. al. – in einem *two-step-flow* über persönliche Gespräche weitergegeben. Vgl. Lazarsfeld, Paul F./Berelson, Bernard/Gaudet, Hazel: The People's Choice. How the voter makes up his mind in a presidential campaign. New York, 1968, S. 151

Die politische Großwetterlage

Als eine Zeit von Wirrnis und Bürgerkrieg präsentiert sich das letzte vorchristliche Jahrhundert: Der rasante Aufstieg der bäuerlich strukturierten Republik führte zu einem erheblichen Spannungsverhältnis zwischen der Leistungsfähigkeit der Verfassungsordnung und den Erfordernissen der politischen Realität. Eine bedeutsame Entwicklung war die durch eine wachsende Kluft zwischen Armen und Reichen ausgelöste Abwanderung verarmter Landbewohner in die Hauptstadt. Das Anschwellen des großstädtischen Proletariats in Rom führte dazu, dass die besitzlosen Massen als Faktor der Tagespolitik zunehmend an Bedeutung gewannen.

Durch die soziopolitischen Umwälzungen in zwei Lager gespalten, wurde die Handlungsfähigkeit der Nobilität – des senatorischen Amtsadels – und damit des Staates unterminiert: Die eher progressiven *populares*, welche mittels der Volksversammlung und des Volkstribunats zur Macht gelangen wollten und teilweise soziale Reformen zugunsten der Mittellosen, teilweise individuelle machtpolitische Ziele anstrebten, wurden von den konservativen *optimates*, an der Verewigung der altrepublikanischen Strukturen, des Status Quo und der Autorität des Senates interessiert, bekämpft. Die z.T. in der modernen Geschichtsschreibung „Parteienkampf" titulierte Auseinandersetzung war im Grunde ein Machtkampf innerhalb der Nobilität, das entscheidende Unterscheidungskriterium ist weniger in inhaltlichen Dingen, als vielmehr in der Methode zu suchen (Vgl. Will 1991: 67f.). Oftmals trennte Popularen und Optimaten, die weder eine einheitliche Gruppierung waren, noch im modernen Sinne Parteien (Vgl. Christ 2000: 147), nur die unterschiedliche Basis des eigenen Herrschaftsanspruchs: Volk und Volksversammlung respektive Senat und Nobilität.

> „Nahezu jeder römische Politiker scheint zeitweise typisch optimatische Ziele verfolgt, zeitweise popular agiert zu haben. Beide Verhaltensweisen suchten die Unterstützung der Senatsmitglieder oder der Masse zu gewinnen. Weil es sowohl auf die Unterstützung der Standesgenossen als auch auf die Wählerstimmen des Volkes ankam, bestand die Aufgabe des Politikers im geschickten Lavieren zwischen beiden Tendenzen [...]" (Laser 2001: 13).

Popular handelte, wer z.B. das Volkstribunat stärken, Ackerland an verarmte Bauern vergeben, Getreide an die besitzlose Masse kostengünstig verteilen wollte. Optimatisch verhielt sich, wer sich dem widersetzte und vor allem auf die Macht des Senatsadels setzte (Vgl. Laser: 13f.).

Die politische Ausgangslage im Wahlkampfjahr 64 vor Christus war von diesen Zerwürfnissen geprägt, vom Zweikampf personalisierter popularer Agitation und kollektivierter senatorischer Reaktion. Die Zeit spülte einige verarmte Politiker – Patrizier und Landadelige – unter das Volk, die ihren durch Wirren und Bürgerkrieg verzweifelten Vermögensverhältnissen abzuhelfen versuchten, indem sie ein Amt der Magistratur anstrebten, was lukrative Einkommen versprach. Die Kandidaten selbst waren eher unbedeutend, keiner allerdings war ein unbeschriebenes Blatt: Der Wähler hatte die schwierige Entscheidung zu treffen, entweder einem zwar untadeligen und verdienten Anwalt mit unspektakulärer ländlicher Abstammung, einem politisch allerdings nicht recht definierbaren homo novus zum Konsulat zu verhelfen oder sich für Catilina zu entscheiden – für einen vollmundigen Agitatoren, der das Volk mit Versprechen und Schmiergeldern zu ködern versuchte und wohl pekuniäre Ambitionen hatte, obgleich mancher ihn als viel versprechenden Sozialrevolutionär bezeichnete. Trotz der Tatsache, dass ein dritter Bewerber im Rennen war, Gaius Antonius, lief die Wahl letztendlich – auch aufgrund der zumindest „wahrgenommenen" Gegensätzlichkeiten der beiden Hauptkonkurrenten Cicero und Catilina – auf einen deutlich kontrastierten, extrem personalisierten Zweikampf hinaus.

Ein Wahlkampf also, der sowohl von der politischen Ausgangslage als auch von den charakterlichen Dispositionen der Kandidaten – „Charakterliche Schwächen des Antonius und besonders Catilinas dürften hinreichend bekannt gewesen sein" (Laser 2001: 118) – als richtungsweisend empfunden wurde. Wenngleich unser heutiges Geschichtsbild einseitig von Marcus Tullius Ciceros Äußerungen gekennzeichnet ist, scheint das negative Bild Catilinas zuzutreffen (Vgl. Laser 2001: 122) – sein Opportunismus, seine Grausamkeit und sein Ehrgeiz dürften zumindest von bestimmten Kreisen als reale Bedrohung für den inneren Frieden und den Bestand der politischen Ordnung empfunden worden sein.

Quintus Ciceros Ratschläge für den Wahlkampf um das Konsulat

Erstens: Mobilisation der öffentlichen Meinung

Quintus schreibt seinem Bruder im Verlauf des Textes: „[...] hier kommt es mir darauf an, Dir zu sagen, womit Du die Massen einfangen kannst, damit [...] möglichst viele Ohren nur das Beste von Dir hören" (Cicero 1965: 323) – das Leitmotiv seiner Ausführungen. Zunächst sei es von größter Bedeutung, die in allen Wahlen notwenige Mobilisation der Bevölkerung im eigenen Sinne zu erreichen, mit den Worten des Quintus: „[...] die Zuneigung des Volkes zu gewinnen" (Cicero 1965: 301).

An anderer Stelle schreibt Quintus seinem Bruder: „Jetzt komme ich nämlich auf das Renommee zu sprechen, auf das man den größten Wert legen muß" (Cicero 1965: 323). Er betont hier die Bedeutung einer größtmöglichen Rücksicht auf den *rumor*, das Renommee des Kandidaten in den Augen des Volkes, welches als vital für die Erlangung von Herrschaft empfunden wird. Die Bedeutung dieser Beurteilung durch die Bevölkerung zeigt sich in seinen Ausführungen an verschiedenen Stellen, Quintus ist dezidiert der Auffassung, dass jenes Renommee, die Meinung über den Kandidaten, nicht im Disput einer intellektuellen Elite, also nicht im Rahmen eines öffentlichen, sachlichen Diskurses entsteht, sondern er erklärt: „[...] fast immer hat das Gerede, das unser Renommee auf dem Forum bestimmt, seine Quelle in der häuslichen Umgebung“ (Cicero 1965: 303). Jenes Gerede, das über die Wahlentscheidung Einfluss zu haben scheint, hat seine Quelle dieser Stelle zufolge im familiären Umfeld, der sozialen Primärgruppe und der Nachbarschaft.

Dies wird im Text bei der Aufzählung der Gruppen deutlich, die der Bewerber besonders umgarnen müsse, wobei die Nennung der Sklaven (Vgl. Cicero 1965: 295ff.) als Zielgruppe der Wahlkampfkommunikation besonders ins Auge fällt:

> „Sklaven hatten als Mitbewohner im Haus den engsten Kontakt zu ihren Herren. Weil sie dessen Vorlieben und Schwächen bestens kannten, konnten sie durch entsprechend gestreute Gerüchte seinen Ruf verbessern oder schädigen“ (Laser 2001: 35).

Die Sklaven verbreiteten – wie auch die Freunde und Begleiter des Kandidaten – den guten Ruf (*fama*) ihres Herren und beeinflussten seine Positionierung im Stadtgespräch (*sermo*) (Vgl. Laser 2001: 135).

Es wird deutlich, dass nicht politische Inhalte diesen Wahlkampf bestimmten, sondern Gerüchte und wertendes, schlechtestenfalls negatives Gerede, Meinungen über den Kandidaten im Volk, Eindrücke von seinem Charakter, von seinen Schwächen und Stärken. Dies zeigt sich u.a. an der Vorsicht, zu der Quintus – auch angesichts der Pluralität von Interessen und Eigenarten des Elektorats – rät,

> „[...] nirgends anzustoßen, nicht ins Gerede zu kommen, sich Intrigen zu entziehen, der rechte Mann zu sein, der sich der Vielfalt dieser Gewohnheiten, Redensarten und Gefühle anzupassen weiß“ (Cicero 1965: 325).

Es gelte, „allgemeines Interesse“ und „allseitige Achtung“ (Cicero 1965: 309) zu erzielen, die Jugend, welche das Ansehen den Kandidaten fördern (Vgl. Cicero 1965: 295) könne, einzuspannen. Ebenso Freunde, den Amtsadel, die Ritter, Blutsverwandte, Klienten, Freigelassene und Sklaven, Kolonien und Landbezirke gemäß der verzweigten römischen Gesellschaft und ihrem sozialen respektive lokalen Pluralismus für das eigene Vorhaben zu becircen (Vgl. Cicero 1965: 295ff.). Die Berücksichtigung selbst der niedrigsten sozialen Schichten deutet darauf hin, daß Quintus nicht der Auffassung ist, die Wahl werde allein aufgrund ihres Modus innerhalb der aristokratisch-oligarchischen Führungsschicht durch die Meinung weniger entschieden, sondern gerade durch eine Berücksichtigung des Einflusses der Bevölkerungsmeinung, der öffentlichen Meinung.[6] Nicht politische Inhalte, nicht die De-

---

6 Die im lateinischen Text genannten Einflußgrößen *rumor*, *sermo* und *fama* sowie die expliziten Ausführungen und Umschreibungen deuten darauf hin, daß Q. Cicero der Meinung der Bevölkerung eine Bedeutung hinsichtlich des Wahlausganges beimisst. Diese Bevölkerungsmeinung bildet sich seinen Ausführungen zufolge offenkundig

batte über die Programmatik, sondern allein die Person des Kandidaten und der Eindruck, den diese beim Volk und den relevanten sozialen Gruppen erweckt, ist von Bedeutung:

„Politiker und Bürger standen sich unmittelbar gegenüber [...]. Jeder Politiker war gezwungen, seinen Wählern in die Augen zu sehen. [...] Die jeweilige öffentliche Resonanz der Masse entschied über das Sozialprestige der führenden Männer – und damit über deren Fortkommen im cursus honorum" (Laser 2001: 144).

Zweitens: Opportunismus und Inszenierung

Da zunächst die Zuneigung des Volkes im Mittelpunkt des Interesses steht, da Marcus Tullius Cicero um die Zustimmung der Wähler bittet, empfiehlt Quintus Cicero zwei Vorgehensweisen: Erstens nirgends anzuecken, um Gewogenheiten wichtiger Gruppen nicht zu verspielen, sowie Versprechen an alle relevanten Adressaten abzugeben. Und zweitens die positiven Eigenschaften der eigenen Person im Rahmen einer glanzvollen Inszenierung besonders hervorzuheben.

Marcus solle „[...] Personalkenntnis, Schmeichelei, Ausdauer, Freigebigkeit, Renommee und Aussicht auf eine gute Politik" (Cicero 1965: 317) aufbringen. Gerade Schmeichelei und Freigebigkeit, die „[...] zwar nicht der Masse zugute kommt, aber doch von den Freunden gepriesen wird und bei der Masse Eindruck macht" (Cicero 1965: 319), werden als strategisch bedeutsame Faktoren im Meinungsbildungsprozeß rund um Wahlkampf und Kandidatur wahrgenommen. Desweiteren rät Quintus seinem Bruder zu einem spitzfindigen und geschmeidigen Opportunismus, wenn er empfiehlt:

„allerdings darfst Du während Deiner Bewerbung weder im Senat noch in der Volksversammlung zu den politischen Tagesereignissen Stellung nehmen, solltest Dir vielmehr Folgendes zur Regel machen: der Senat muß aufgrund Deiner Lebensführung glauben, daß Du für seine Autorität eintreten wirst [Position der Optimaten, Anm. d. Autors], die Ritter und die biederen, gutsituierten Bürger angesichts Deines bisherigen Lebens, daß es Dir um Ruhe und normale Verhältnisse zu tun sein wird, die Masse, daß Du nicht gleichgültig gegen ihre Forderungen sein wirst [Position der Popularen, Anm. d. Autors], weil Du, jedenfalls nach Deinen Äußerungen in Volksversammlungen und vor Gericht zu urteilen, immer ein Mann des Volkes gewesen bist" (Cicero 1965: 325).

Marcus soll es dieser Passage zufolge allen relevanten Zielgruppen seiner Wahlkampfkommunikation Recht machen, eine „Lieb-Kind-Taktik" verfolgen, sich verstellen und zudem je nach Zuhörerkreis schauspielern:

---

nicht in einem rationalen Diskurs. Vielmehr liegt – über den Verweis auf Gerüchte, Klatsch und dergleichen – eine Verwandschaft mit der sozialpsychologischen Vorstellung öffentlicher Meinung Noelle-Neumanns nahe. Vgl. zur öffentlichen Meinung: Noelle-Neumann, Elisabeth: Öffentliche Meinung. Die Entdeckung der Schweigespirale. Frankfurt a. M./Berlin, 1996

„[...] mach' Dich mit dem Gedanken vertraut, der Dir charaktermäßig an sich fernliegt, daß Du Dich so verstellen mußt, daß es ganz natürlich aussieht. An Leutseligkeit fehlt es Dir ja nicht, [...] aber darüber hinaus bedarf es der Schmeichelei, die im gewöhnlichen Leben zwar unmoralisch und entwürdigend, bei der Bewerbung aber unvermeidlich ist; wenn sie einen durch Speichelleckerei demoralisiert, ist sie verwerflich, wenn sie einem Freunde wirbt, doch nicht schlechthin zu tadeln, für den Bewerber aber unvermeidlich, der sich mit Stirn, Miene und Sprache auf Wünsche und Sinnesart dessen, mit dem er jeweils zu tun hat, einstellen und danach einrichten muß" (Cicero 1965: 317).

Eine solchermaßen ausgestaltete Taktik entfernt Quintus von jeglichem Anschein, eine sachliche Auseinandersetzung und ein klares, abgrenzbares politisches Profil zu intendieren. Quintus fordert seinen Bruder zu

„[...] blankem Opportunismus und zur Heuchelei auf. Wenn echte Zuneigung zur Masse nicht zu seinen Charaktereigenschaften zähle, so solle er sie eben vortäuschen (simulandum esse), und zwar so, daß sie von Herzen zu kommen scheine (ut natura facere videare)" (Laser 2001: 167).

Er verlangt von seinem Bruder ein gewisses Maß an Schauspielkunst, insbesondere Gestik und Mimik sollen sich den genannten Zitaten zufolge auf das jeweilige Gegenüber im Wahlkampfalltag einstellen. Und dass er den Wahlkampf explizit für ein Schauspiel hält, verheimlicht er auch nicht:

„Schließlich mußt Du dafür sorgen, daß Deine ganze Bewerbung pomphaft vor sich geht, daß sie in die Augen fällt, glanzvoll und volkstümlich ist, ungewöhnliches Aufsehen erregt und würdig verläuft, daß sich auch, wenn irgend möglich, für Deine Mitbewerber eine ihrem Charakter entsprechende Verrufenheit wegen ihrer Verbrechen, Ausschweifungen oder Bestechungen einstellt" (Cicero 1965: 323f.).

In o.g. Passagen manifestieren sich zwei noch heute gültige Strategien, wobei es sich bei der ersten um das Vertreten von unterschiedlichsten Absichtserklärungen handelt, um möglichst allen Wählergruppen ein Angebot machen zu können, mit dem Ziel, letztlich ihre Stimmen zu erhalten (Vgl. Woyke 1998: 108). „Es geht weder um Tatsachenfeststellungen noch um rationale Argumente, sondern um ein [...] Versprechen" (Woyke 1998: 108). Die Tatsächlichkeit der politischen Absichten ist dabei zunächst nicht von Relevanz, es zählen – ein Prinzip symbolischer Politik, wie sie im Wahlkampf mustergültig zum Vorschein kommt – nur die Dispositionen und Bedürfnisse der reagierenden Menschen (Vgl. Edelman 1976: 6). Marcus müsse, dessen ist sich sein Bruder sicher, eine „[...] Bereitschaft, Mitbürgern in reichlichem Ausmaß die erwarteten Versprechungen zu machen" (Laser 2001: 169), aufbringen. Der – wie zuvor schon belegt – intendierte gute Ruf, die Gewogenheit der öffentlichen Meinung, die Zuneigung der Bevölkerung und der spezifischen Zielgruppen seiner Wahlkampfkommunikation (spes rei publicae bona de te ... et honesta opinio) soll durch ein bewusstes Umschiffen programmatischer Klippen erreicht werden, durch ein Vermeiden jeglicher Festlegung und durch Versprechen an jeden, der Versprechen hören möchte (Laser 2001: 181). Quintus warnt seinen Bruder vor politischen Aussagen, auf deren Einhaltung er nach den Wahlen hätte gedrängt werden können – allein eine allseitige Unverbindlichkeit und der Verweis auf die Persönlichkeit des Kandidaten werden als zielführend für das wahlkämpferische Vorhaben empfunden.

Die zweite auffallende Strategie kann kürzer aufgezeigt werden: Quintus verlangt eine gewisse Pomphaftigkeit des auf die Persönlichkeit des Kandidaten zugeschnittenen Wahlkampfs. Es geht ihm – wie im modernen Wahlkampf – um eine Inszenierung, um den

„[...] Glanz der Führungspersönlichkeit. [...] Diese Personalisierungsstrategie zielt auf die Gefühle des Wählers, um eine emotionale Zustimmung zu einer politischen Führungspersönlichkeit zu erreichen und die konkrete Politik damit zumindest stark in den Hintergrund zu drängen" (Woyke 1998: 112).

Drittens: Emotionalisierung und Personalisierung

Wie zuvor dargelegt, soll Marcus inhaltliche Auseinandersetzungen weitgehend meiden, auf Oberfläche und Eindruck achten, sich situativen Gegebenheiten anpassen. Die einzigen Inhalte, die Quintus seinem Bruder wirklich verordnet, sind moralische. Quintus legt eine Strategie des *negative campaigning*, der *Opponentendiffamierung* nahe, wie sie für den modernen Wahlkampf oft kennzeichnend ist. Kandidat und Gefolgschaft diesseits der Front werden mit positiven Eigenschaften etikettiert, als Hüter der gesellschaftlichen Grundwerte bezeichnet, „[...] während der politische Gegner ins Abseits gestellt und als Gefahr für diese Grundwerte hingestellt wird" (Woyke 1998: 112).

Augenscheinlich rät Quintus seinem Bruder, die charakterlichen Defizite seiner Mitbewerber zu betonen, die emotionale Aufladung der öffentlichen Auseinandersetzung durch gezielte Provokation einer moralischen Entrüstung zu nutzen. Marcus könne gerade aufgrund der Schlechtigkeit seines ärgsten Mitbewerbers, Catilina, die Wahl gewinnen, aufgrund seiner Greuel, seiner „Ruchlosigkeit" und „Frechheit", seiner „Virtuosität in der Befriedigung seiner Triebe, dass er freigeborene Kinder sozusagen im Schoße ihrer Eltern schänden konnte" (Cicero 1965: 299). Er legt einen personenbezogenen, manipulativ-emotionalen Wahlkampf nahe, denn

„[...] einem rührigen, strebsamen, unbescholtenen, redegewandten, bei den Gerichten beliebten Manne sind solche Mitbewerber gerade recht; beides Mörder von Kindesbeinen an, beides Wüstlinge, beides Hungerleider" (Cicero 1965: 295f.).

Und über Catilina fährt er fort:

„Geboren in den dürftigen Verhältnissen seines Vaters, aufgewachsen in der Buhlschaft mit seinen Schwestern, gestählt im Mord an Mitbürgern, bestand sein erster Schritt ins öffentliche Leben in der Ermordung römischer Ritter" (Cicero 1965: 297).

„Wollust", wirft Quintus Catilina vor, „Schandtaten" (Cicero 1965: 299), die er vor den Augen des Volkes, „inspectante populo" (Cicero 1965: 297), also in der Öffentlichkeit begangen habe. Dies, viele ähnliche Zitate ließen sich an dieser Stelle anführen, soll neben der positiven Etikettierung der eigenen Persönlichkeit Inhalt und Programm des Wahlkampfes sein – insgesamt typisch für Wahlkämpfe in Rom wie für die Tagespolitik der Republik allgemein:

„Die Verunglimpfung des politischen Gegners, die Invektive, scheint zum politischen Alltag der Römischen Republik gehört zu haben. In Ermangelung an Parteiprogrammen ließ sich ein Angriff nur gegen die Persönlichkeit des Gegners führen" (Laser 2001: 118).

Es wird häufig von Amerikanisierung gesprochen,[7] wenn – neben anderen – Phänomene wie Personalisierung und Diskreditierung des Gegners im Wahlkampf von Bedeutung sind.[8] Die Wahlkampfempfehlungen Quintus Tullius Ciceros zeigen, dass zumindest ein Teil dessen, was heute in der Auseinandersetzung mit Wahlkämpfen unter dem Begriff „modern" oder „amerikanisiert" subsummiert wird, so modern nicht ist. Wahlkämpfe sind zu allen Zeiten ritualisierte Konflikte. Die Kontrahenten in der Auseinandersetzung um die politische Macht machen einerseits ein (sachliches und personelles) Angebot und diskreditieren andererseits die entsprechenden Angebote ihrer Opponenten. „Ein wesentliches Mittel hierzu ist die positive Etikettierung des eigenen und die negative Etikettierung des gegnerischen Spitzenkandidaten" (Kepplinger 2000: 128). Weiterhin ist der Wahlkampf, dies ergänzt obigen Definitionsansatz, eine Zeit der Emotionalisierung und Personalisierung (Vgl. Woyke 1998: 105).

Nicht nur heutzutage läßt sich die Aufmerksamkeit der Wählerschaft über Techniken der Personalisierung gewinnen, obgleich die Massenmedien diese Tendenz – auch über das Umfeld von Wahlkämpfen hinaus – besonders fördern.[9] Personalisierung entspricht gewissermaßen idealtypisch den Bedürfnissen menschlicher Wahrnehmung, denn sie dient der Vereinfachung und Bündelung politischer Zusammenhänge, bringt komplexe Sachverhalte am Beispiel eines lebenden Menschen auf den Punkt und schafft im übertragenen Sinne eine Personalunion zwischen charakterlichen Eigenschaften und politischer Positionierung. Dem Wähler müssen daher möglichst viele Gründe gegeben werden, sich für diesen und nicht für jenen Kandidaten zu entscheiden, durch Polarisierung muss eine negative Stimmung für die gegnerische Bewerbung, eine positive für die eigene erzeugt werden.

---

7 Zu „amerikanischen Verhältnissen" siehe auch: Jarren, Otfried: Medien, Mediensystem und politische Öffentlichkeit im Wandel. In: Sarcinelli, Ulrich (Hrsg.): Politikvermittlung und Demokratie in der Mediengesellschaft. Bonn, 1998, S. 88

8 Winfried Schulz unterscheidet sechs Phänomene, die moderne Wahlkämpfe charakterisieren: Personalisierung, Wahlkampf als Wettstreit (Wer gewinnt?), Professionalisierung, Gegnerdiskreditierung, Themen- und Ereignismanagement und Anwendung moderner Werbe- und Marketingmethoden. Vgl. Schulz, Winfried: Politische Kommunikation. Theoretische Ansätze und Ergebnisse empirischer Forschung zur Rolle der Massenmedien in der Politik. Opladen, 1997, S. 186f.

9 Massenmedien neigen generell dazu, gesellschaftliche Realitäten zu personalisieren, vgl. dazu z.B. Burkart, Roland: Kommunikationswissenschaft. Wien, Köln, u.a., 1995, S. 372

Es wird deutlich, dass es um Personal, nicht um politische Programme geht, um Glanz, Ruhm, Ansehen, nicht um Inhalte:

„Der muß schon ein ganz außergewöhnliches Maß an Ruhm und Ansehen und überragende Erfolge aufzuweisen haben, dem Leute, die er nicht kennt, zu einem Amt verhelfen sollten, ohne daß jemand nachhilft; daß ein Taugenichts, ein Faulpelz, der keine Verpflichtungen kennt, tatenlos und verrufen ist, keine Freunde besitzt, einen Mann, der allgemeines Interesse und allseitig Achtung genießt, überrundet, ist nur möglich, wenn dieser sich sträflicher Nachlässigkeit schuldig macht" (Cicero 1965: 309).

Hier ist nichts über die inhaltliche Positionierung der Kandidaten in den entscheidenden politischen Sachfragen (Agrarreform, Getreideverteilung und so fort) ausgesagt.

Es sind unter anderem solche wie die o.g. Personalisierungsstrategie, die als Charakteristikum politischer Auseinandersetzung in der modernen Mediendemokratie bezeichnet werden – der Vorrang einer Präsentation von Politikern und nicht von Politik (Vgl. Lass 1995: 9; Bürklin/Klein 1998: 184). Exakt dies findet im hier untersuchten antiken Wahlkampf in exemplarischem Maße statt: Die Beliebtheit des Kandidaten steht im Mittelpunkt, die Diffamierung der Opponenten, die Verbreitung des eigenen guten Rufes (*rumor, fama*) in allen relevanten Bereichen der Gesellschaft (Vgl. Laser 2001: 176). Beides kann nur durch gezielte und strategische Kommunikation mit dem Elektorat erreicht werden.

Viertens: Kommunikation mit dem Elektorat

Quintus fordert aus den o.g. Gründen seinen Bruder auf:

„Darum sieh zu, daß Du Dich aller Zenturien durch mannigfaltige, weitverzweigte Beziehungen versicherst. Und in erster Linie wirst Du Dich selbstverständlich an Senatoren, Ritter und rührige, gefällige Leute aus allen übrigen Ständen heranmachen. Viele pfiffige Städter, viele einflußreiche, rührige Freigelassene sind auf dem Forum zu Hause [...]. Zweitens mußt Du die ganze Stadt in Rechnung stellen, alle Gilden, Distrikte und Bezirke; wenn Du aus ihnen die wichtigsten Persönlichkeiten in Deinen Freundeskreis ziehst, wirst Du durch sie auch die übrige Masse bequem in die Hand bekommen" (Cicero 1965: 309).

An anderer Stelle ergänzt er: „Durchforsche und durchstöbere jede Gegend nach geeigneten Leuten, lerne sie persönlich kennen, tritt an sie heran, beeinflusse sie, laß sie in ihrer Umgebung für Dich werben" (Cicero 1965: 311). Angesichts der Abwesenheit von Massenkommunikation soll der wahlkämpfende Bruder die Meinungsführer und die als Multiplikatoren tauglichsten Bürger innerhalb aller Teile der Gesellschaft identifizieren und durch sie über einen – im übertragenen Sinne – zweistufigen Kommunikationsfluß an die Masse herantreten, deren Gewogenheit stets Wirkungsabsicht und Ziel ist, denn letztendlich sei es notwendig, dass „[...] das Volk unmittelbar diese Begeisterung für Dich teilt" (Cicero 1965: 323).

Die Anzahl und Art der Anhänger in den verschiedenen regionalen und sozialen Gliederungen, die mit den bereits aufgezählten Versprechungen, opportunen Freundschaftsbekundungen und schauspielerischen Leistungen auf die eigene Kandidatur eingeschworen werden sollten, gab einen Eindruck von der Art des Rückhaltes, der dem Kandidaten in der Gesellschaft zuteil wurde und ermöglichte zugleich eine Multiplikation der eigenen Wahlkampfkommunikation in direkt nicht erreichbare Resonanzräume hinein.

„Marcus sollte sich also darum bemühen, einen differenzierten Anhang aus einem möglichst großen gesellschaftlichen Spektrum zu gewinnen, damit sich die gesamte Bürgerschaft angesprochen fühlte. Je bekannter die einzelnen Mitglieder dieses Anhanges waren, desto sicherer konnte der Bewerber sein, sein Zielpublikum auch tatsächlich zu erreichen" (Laser 2001: 155).

Dies ist natürlich nicht nur wegen der Reichweite der eigenen Kommunikationsinhalte von Bedeutung, sondern verweist auf einen anderen Umstand moderner Wahlen – auf die Rekrutierung besonders glanzvoller Anhänger (z.B. prominente Künstler und Intellektuelle).[10] Quintus dazu wörtlich:

„Ferner mußt Du Dir Freunde aus jedem Stande schaffen: für den äußeren Eindruck Männer mit klingenden Namen und in ehrenvoller Stellung – auch wenn sie in den Wahlkampf nicht unmittelbar eingreifen, verleihen sie dem Bewerber doch einen gewissen Rang [...]" (Cicero 1965: 303).

Fünftens: Öffentliche Präsenz

Quintus empfiehlt seinem Bruder nachdrücklich, den Eindruck eines ihn begeistert unterstützenden Gefolges zu erzeugen:

„[...] auch darauf mußt Du bedacht sein, daß Du sie [die Gefolgschaft, Anm. d. Autors] täglich um Dich hast, aus jeder Klasse, aus jedem Stande, jeder Altersstufe, denn schon aus ihrer Größe wird man einen Schluß ziehen können, welche Mittel und Kräfte Dir bei der Wahl selbst zur Verfügung stehen werden" (Cicero 1965: 313).

Je größer die öffentlich sichtbare Anhängerschaft desto größer ist der Eindruck von Mehrheitsfähigkeit in der Auseinandersetzung um das Konsulat. Nachdrücklich verweist er auf die Bedeutung dieses Umstandes: „[...] sieht man Dich täglich unter einem Schwarm von Geleitenden, dann macht das gewaltigen Eindruck und steigert Deine Würde" (Cicero 1965: 313).

Das öffentliche Erscheinen auf dem Weg zum Forum und während des Aufenthaltes dort – es vertritt für die Antike funktional die Präsenz in der Öffentlichkeit bzw. den Medien in modernen Mediendemokratien – wird von Quintus als vitale Wahlkampfkomponente erkannt: „Wichtig war die konkrete

10 Vgl. hierzu z.B. Webel, Diana von: Der Wahlkampf der SPD. In: Noelle-Neumann, Elisabeth/Kepplinger, Hans Mathias/Donsbach, Wolfgang: Kampa. Meinungsklima und Medienwirkung im Bundestagswahlkampf 1998. Freiburg, München, 2000, S. 34

Präsentation vor aller Augen, und zwar täglich" (Laser 2001: 154) – eine Art antiker Medienpräsenz. So erklärt sich auch die folgende Unterscheidung, Quintus erklärt: „Wichtiger als der Dienst der Aufwartenden ist der der Geleiter" (Cicero 1965: 313) – und zwar aus folgenden Gründen: Die Menschenmenge um den Kandidaten sorgte in der Öffentlichkeit für die Aufmerksamkeit der Betrachter, daher auch die Empfehlung, möglichst viele öffentlichkeitswirksame Orte mit entsprechender Begleitung aufzusuchen. Und die Art bzw. der Umfang der Anhängerschaft gab Auskunft über die Breite der Unterstützung, somit über die Mehrheitsfähigkeit des Kandidaten und seine Chancen. Je geschlossener, zahlreicher und motivierter dieser Anhang war, desto nachhaltiger war der Eindruck der Siegeszuversicht des eigenen Lagers in den Augen der beobachtenden Masse,[11] die

> „[...] der eigentliche Resonanzboden der von Quintus beschriebenen Bemühungen [war], da diese multitudo die Öffentlichkeit ausmachte, deren Interesse der Bewerber auf sich ziehen wollte" (Laser 2001: 177).

Dies erklärt die ständige Wiederholung seiner Forderung nach einem nachhaltigen Eindruck in der Öffentlichkeit: „Ich halte es für unbedingt erforderlich, daß Du immer von einem Schwarm von Leuten umgeben bist" (Cicero 1965: S. 315). Coram publico müsse alles getan werden, um dem Elektorat den Eindruck zu vermitteln, die eigene Kandidatur werde von allen Teilen der Bevölkerung und herausragenden Persönlichkeiten unterstützt: „Ferner sieh zu, daß die Vielzahl Deiner Freunde und ihr Rang in Erscheinung tritt [...]" (Cicero 1965: 293).

Fazit

Wahlkämpfe – ob antik oder modern – gehören, dies wurde zuvor bereits angedeutet,

> „[...] in den Bereich der symbolischen Politik, weil in ihnen de facto keine politischen Sachfragen auf der Grundlage eines rationalen Diskurses, der zwischen Zielen und Mitteln abwägt, entschieden werden. Sie dramatisieren vielmehr punktgenau, d.h. auf den Wahltag hin, die Bedeutung der anstehenden Wahlentscheidung und versuchen, die Bürger zur Beteiligung zu mobilisieren" (Kaase 1998: 44).

Dies trifft auch für den hier untersuchten Wahlkampf bzw. die Ratschläge zur Wahlkampfführung zu. In keiner Zeile des antiken Textes kommt ein Interes-

---

11 Q. Cicero formuliert hier die Rolle des Eindrucks einer optisch ablesbaren Übermacht, die im Laufe des in der Öffentlichkeit stattfindenden Meinungsbildungsprozesses ihren Einfluß auf die Wahrnehmungen der Siegeschancen des jeweiligen Lagers durch die Bevölkerung ausüben kann. Ein Vergleich mit Effekten, wie sie in der Schweigespirale beschrieben sind, drängt sich auf. Vgl. Noelle-Neumann, 1996, S. 298f.

se an einer sachlich-themenbezogenen Auseinandersetzung zum Ausdruck, vielmehr wird dezidiert verlangt, inhaltliche Stellungnahmen zu vermeiden. Vom Kandidaten Cicero wird gefordert, dem regionalen und sozialen Pluralismus der römischen Gesellschaft entsprechend Aussagen und Versprechungen zu machen, von denen angenommen werden kann, dass sie vom jeweiligen Adressaten erwünscht sind – dies einerseits, um nirgends anzuecken, den eigenen Ruf in der öffentlichen Auseinandersetzung nicht zu gefährden, und andererseits, um direkt Freunde, Unterstützer (genauer: Multiplikatoren der eigenen Wahlkampfkommunikation) und öffentlich sichtbaren Anhang zu mobilisieren.

Der unverhohlen geforderte Opportunismus wird flankiert von einer gezielten Strategie der Emotionalisierung und Personalisierung, der Verweis auf die moralische Komponente der Auseinandersetzung mit den Konkurrenten um das höchste Staatsamt deutet auf den Willen hin, eine Entscheidung in der Polarisierung zu suchen. Verbunden mit der inszenatorischen Färbung der Ausführungen des Quintus entsteht der Eindruck von einer elaborierten Dramaturgie eines völlig depolitisierten Wahlkampfes. Dies wird unterstrichen von der gewählten Kommunikationsstrategie, alle relevanten gesellschaftlichen Bereiche mit den personalisierten und emotionsgeladenen Kommunikationsinhalten zu durchfluten und dem Versuch, eine optische Demonstration der Mehrheitsfähigkeit und Überlegenheit der eigenen Kandidatur herzustellen, nachhaltig öffentliche Präsenz zu erreichen.

Die Analogien zu modernen Wahlkämpfen drängen sich auf: Öffentliche und Medienpräsenz werden als unabdingbare Faktoren in der Auseinandersetzung um politische Macht wahrgenommen, die Inszenierung der Persönlichkeit und die Depolitisierung der Kommunikationsinhalte sowie der Appell an die Emotionen werden als Charakteristika moderner Wahlkampfführung konstatiert, die Rekrutierung von Meinungsführern und Multiplikatoren zur Steigerung des Eindrucks und der Reichweite der Bewerbung, sowie der Versuch, Angebote bzw. Versprechen an alle gesellschaftlich relevanten Bereiche zu machen, sind wahlkämpferisches Tagesgeschäft. Propagandistisch opportune Freundschaften und Zweckbündnisse gehören ebenso zu den Notwendigkeiten eines modernen Wahlkampfes wie gegebenenfalls die persönliche Diskreditierung des Gegners, die Diffamierung seiner Person oder Skandalierung seines Verhaltens.

Die Modernität heutiger Wahlkämpfe soll hier nicht in Frage gestellt werden, ergeben sich doch schon durch die Existenz von Massenmedien und innerhalb einer von dispersen Publika[12] geprägten „Massengesellschaft", in der politische Realität im Gegensatz zum antiken Rom nicht in gleichem Maße direkt wahrgenommen werden kann, erhebliche Veränderungen – von den Eigenheiten moderner Demokratien und anderer Differenzen z.B. hinsichtlich

12 Zum Begriff des „dispersen Publikums" siehe: Maletzke, Gerhard: Psychologie der Massenkommunikation. Theorie und Systematik. Hamburg, 1963, S. 28f.

des Staatswesens, der politischen Kultur u.s.f. ganz abgesehen. Aber unabhängig von den Unterschieden zu den Demokratien der Gegenwart und den dort stattfindenden Wahlkämpfen, kann festgehalten werden, dass viele Eigenschaften der ciceronischen Wahlkampfstrategie auch für heutiges Wahlkampfmanagement von maßgeblicher Bedeutung sind. Vieles von dem, was am professionellen Wahlkampf der Gegenwart modern erscheint, erweist sich unter dem Blickwinkel des *commentariolum petitionis* als „klassisch".

Literatur

Bleicken, Jochen: Geschichte der römischen Republik. München, 1999

Bürklin, Wilhelm/Klein, Markus: Wahlen und Wählerverhalten. Eine Einführung. Opladen, 1998

Burkart, Roland: Kommunikationswissenschaft. Wien, Köln, Weimar, 1995

Christ, Karl: Krise und Untergang der römischen Republik. Darmstadt, 2000

Cicero, Marcus Tullius: An Bruder Quintus. An Brutus. Brieffragmente. Dazu Q. Tullius Cicero: Denkschrift über die Bewerbung. München, 1965

Edelman, Murray: Die Politik als Ritual. Die symbolische Funktion staatlicher Institutionen und politischen Handelns. Frankfurt, New York, 1976

Jarren, Otfried: Medien, Mediensystem und politische Öffentlichkeit im Wandel. In: Sarcinelli, Ulrich (Hrsg.): Politikvermittlung und Demokratie in der Mediengesellschaft. Bonn, 1998, S. 74-94

Kaase, Max: Demokratisches System und die Mediatisierung von Politik. In: Sarcinelli, Ulrich (Hrsg.): Politikvermittlung und Demokratie in der Mediengesellschaft. Bonn, 1998, S. 24-51

Kepplinger, Hans Mathias: Die Kontrahenten in der Fernsehberichterstattung. Analyse einer Legende. In: Noelle-Neumann, Elisabeth/Kepplinger, Hans Mathias/Donsbach, Wolfgang: Kampa. Meinungsklima und Medienwirkung im Bundestagswahlkampf 1998. Freiburg, München, 2000, S. 108-140

Laser, Günter: Quintus Tullius Cicero. Commentariolum petitionis. Darmstadt, 2001

Lass, Jürgen: Vorstellungsbilder über Kanzlerkandidaten. Zur Diskussion um die Personalisierung von Politik. Wiesbaden, 1995

Lazarsfeld, Paul F./Berelson, Bernard/Gaudet, Hazel: The People´s Choice. How the voter makes up his mind in a presidential campaign. New York, 1968

Maletzke, Gerhard: Psychologie der Massenkommunikation. Theorie und Systematik. Hamburg, 1963

Meyer, Ernst: Römischer Staat und Staatsgedanke. Zürich, Stuttgart, 1964

Noelle-Neumann, Elisabeth: Öffentliche Meinung. Die Entdeckung der Schweigespirale. Frankfurt a. M., Berlin, 1996

Schulz, Winfried: Politische Kommunikation. Theoretische Ansätze und Ergebnisse empirischer Forschung zur Rolle der Massenmedien in der Politik. Opladen, 1997

Webel, Diana von: Der Wahlkampf der SPD. In: Noelle-Neumann, Elisabeth/Kepplinger, Hans Mathias/Donsbach, Wolfgang: Kampa. Meinungsklima und Medienwirkung im Bundestagswahlkampf 1998. Freiburg, München, 2000, S. 13-39

Will, Wolfgang: Der römische Mob. Soziale Konflikte in der späten Republik. Darmstadt, 1991

Woyke, Wichard: Stichwort: Wahlen. Wähler – Parteien – Wahlverfahren. Opladen, 1998

Karsten Rudolf, Alexander Wicker[1]

Politische Bildung und Wahlkampf: Der Bürger im Visier der Kampagnenmacher

Der moderne Wahlkampf und das alte Ziel der Stimmenmaximierung

In der Politik geht es um die Gestaltung der Lebensbedingungen der Gesellschaft und daher ganz zentral um Macht, Herrschaft, Interessendurchsetzung und auch Konsens. Unbenommen einer hier nicht vorzunehmenden Bewertung dessen, ob es Politikern heute eventuell weniger als früher um die Gestaltung der eigentlichen Politik, ihrer Inhalte und damit die Sache geht als vielmehr um ihr persönliches Fortkommen und das ihrer Partei, sowie das Partizipieren am Machtspiel und eine Aufteilung des Parteienstaates unter einander im Sinne der Kartellparteithese von Richard S. Katz und Peter Mair,[2] ist festzustellen, dass die u.a. von Ulrich Beck beschriebene Entörtlichung der Politik und der Verlust an Wirkungsmacht des Staates[3] auf der einen sowie ein allgemeiner gesellschaftlicher Grundkonsens und Fortschritt auf der anderen Seite alte Konfliktlinien (noch) infrage stellt. Als Folge dessen werden die inhaltlichen Grenzen zwischen den Parteien undeutlicher. Bei der Verteilung der Macht spielt der Wahlkampf eine wesentliche Rolle, mündet er doch in die Wahl, die die Machtverhältnisse neu ordnet. Trotz der Tendenz zu mehr Einflussmöglichkeiten von Nichtregierungsorganisationen und Bürgerbewegungen stehen im Zentrum des Kampfes um die Macht die Bürgerinnen und Bürger. Sie werden dabei generell (nicht nur im Wahlkampf) „zum Spielball von Moden, Verhältnissen, Konjunkturen, Märkten“,[4] die von den verschiedensten Medien, Verbänden und Organisationen gesteuert werden, die aber wiederum durch sie als Konsumenten und Wähler mitbestimmt werden.

In der Wahlkampfstrategie und -führung bilden sich neue Akzente heraus, Techniken wandeln sich, die Professionalisierung schreitet fort. Das hat wesentlich mit der Medien- und Informationsgesellschaft zu tun, aber auch mit dem Organisationsgrad der Parteien, ihrem Mitgliederschwund, der schnelleren und undurchsichtigeren Datenlage und vielem mehr. Eine wichtige Rolle spielen dabei auch Vorlagen aus anderen Ländern, die dann oft mit „Ameri-

---

1 Melanie Zeller danken wir für ihre wertvollen Anmerkungen zu diesem Beitrag.
2 Vgl. Katz/Mair 1995 und ferner Helms 2001.
3 Vgl. u.a. Beck 1986; ders. 1993.
4 Beck 1986, S. 211.

kanisierung“ überschrieben werden oder als Vorlage für eigene Wahlkämpfe wie den Bundestagwahlkampf 1998 dienen.[5]

Einige Wesensmerkmale des modernen Wahlkampfes werden in den Beiträgen dieses Buches ausführlich geschildert, andere in der im Anhang dieses Aufsatzes angegebenen Literatur.[6] Daher ist es nicht notwendig, all das nochmals auszuführen. Festzuhalten bleibt – das wird in diesem Beitrag als grundlegend gesehen – dass es im Wahlkampf generell um den Machtkampf und damit um Stimmenmaximierung geht. Das alles und daraus resultierend auch der Hang (zumindest) der Volksparteien zum Schwammigen (catch-all) ist nicht neu und bestimmt von jeher das Handeln der Parteien in der Nachkriegsdemokratie.[7] Vieles prägt sich nur evolutionär stärker aus oder entwikkelt sich weiter (Personalisierung, Kommunikationstechniken etc.). Auch Inszenierung und Theatralisierung hängen zwar stark mit der Entwicklung der Mediengesellschaft zusammen, waren aber schon immer Bestandteile politischer Kommunikation.

Ein besonders Augenmerk, auch und gerade mit Blick auf den Bereich der politischen Bildung, gebührt der Professionalisierung des Polit-Marketings (auch außerhalb der eigentlichen Wahlkampfzeit), wie es im Beitrag von Thomas Butter, Dion Fuchs und Katharina Srnka zum vorliegenden Band ausgeführt wird, und den aktuellen bzw. zukünftigen Wahlkampfmanagementtechniken bzw. Strategien, wie sie Marco Althaus, Honza Griese und Markus Klein beschreiben.

Einige aktuelle Entwicklungen zeichnen ebenso schlaglichtartig wie eindrucksvoll jenen Trend:

- Das „Projekt 18“ der FDP oder deren Diskussion um einen eigenen Kanzlerkandidaten zur stärkeren Personalisierung und Medienpräsenz;
- Aufbau der und Kult um die Wahlkampfzentralen (zum Beispiel die „Kampa“ der SPD);
- Der Ausspruch von Bundeskanzler Gerhard Schröder, dass es im bevorstehenden Wahlkampf vor allem um die Frage „Schröder oder Stoiber“ gehe und die Inhalte in den Hintergrund träten;[8]
- Das erstmals stattfindende Fernsehduell zweier Kanzlerkandidaten;
- Der Versuch der Wahlkampfstrategen von CDU/CSU, die „Marke“ Stoiber dem Wahlvolk sowohl ehrlich-glaubwürdig, als auch staatstragend und als Bundespolitiker zu „verkaufen“ und dabei sein manchmal polarisierendes (altes) Image abzumildern;

---

5 Vgl. Unger/Wehr/Schönwälder 1998.

6 Insbesondere vgl. Klingemann/Kaase 2001; Meyer 2001; Kaase/Klingemann 1998; Noelle-Neumann/Kepplinger/Donsbach 1998; Sarcinelli 1998; Schmitt-Beck 1998; Rohe 1992.

7 Vgl. Kirchheimer 1965.

8 Vgl. „Schröder setzt auf Schröder“, entnommen aus dem Internet am 01. Mai 2002 unter *http://www.spiegel.de/politik/deutschland/0,1518,193015,00.html*

- Die Rückkehr von Bündnis'90/Die Grünen zu alten inhaltlichen Prinzipien, die während der in der Regierung verbrachten Legislaturperiode dem Machterhalt untergeordnet schienen einerseits und andererseits der Abkehr vom Prinzip, keinen einzelnen Spitzenkandidaten (zumal keinen männlichen) herauszustellen.

All das verdeutlicht Anforderungen an ein modernes Kampagnenmanagement, in dem es stärker als früher um eine als Prozess zu verstehende „verbindlich-unverbindliche" Markenbildung (Neue Mitte, Leistungsbreite etc.) – gebunden an Personen und weniger an Inhalte bzw. grundlegende Gesellschaftskonzepte – geht.

Nichts gänzlich Neues, aber eine neue Qualität

All diese Entwicklungen sind – wie bereits angedeutet – nichts gänzlich Neues, was auch anhand der meisten anderen Beiträgen dieses Bandes belegt werden kann. Neben den mediengesellschaftlich bedingten Neuakzentuierungen und den marketingtechnischen Professionalisierungstendenzen prägt aber vor allem eine neue Grundlage das Wesen des gesamten modernen Wahlkampfes. Diese neue Qualität drückt sich vor allem darin aus, dass Parteien auf den komplexer werdenden Wählermärkten unter Druck geraten:[9] Soziale Milieus und Parteibindungen verlieren an Bedeutung, Rechts-Links-Schemata greifen nicht mehr und die Zahl der Wechselwähler, die sich erst kurz vor einer Wahl entscheiden, ist enorm gestiegen; seit jeher gewohnte sichere Mehrheiten geraten ins Wanken, und das nicht nur in Deutschland. Parteien müssen sich folglich mehr anstrengen. Dieser Zwang wird jedoch nicht in eine Intensivierung der Programmatik und der inhaltlichen Politikvermittlung umgesetzt, was auch mit dem Desinteresse der Masse zu tun hat, auf das wir später noch näher eingehen werden.

Nach der Analyse des Politikwissenschaftlers Werner Weidenfeld, entscheidet jede „Augenblicksdramatisierung" über die Wahlchance, was durchaus mit der oben erwähnten Entwicklung der Marken- bzw. Imagebildung konsistent ist. Somit handelt es sich beim politischen Wettbewerb um ein stetiges Sammeln von Pluspunkten. Einige eindrucksvolle Beispiele konnte der aufmerksame Beobachter in jüngster Vergangenheit miterleben: So war sich der Bundeskanzler nicht zu schade, nach der Pleite der KirchMedia AG den Vereinen der Fußball-Bundesligen finanzielle Unterstützung aus Steuermitteln anzudienen. Ebenso auf den Augenblick und die mediale Wirkung zielten die „Inszenierungen" beider Seiten bei der Abstimmung zum Zuwanderungsgesetz im Bundesrat oder die gleichermaßen schnellen wie kurzfristigen Reaktionen aller Seiten nach dramatischen Vorfällen wie dem Massaker in Er-

9 Vgl. Mair/Müller/Plasser 1999; Wolinetz 1991.

furt ab. In der Substanz ohne Konsequenz, dafür aber in der Außenwirkung umso wirkungsvoller ist auch der eilige symbolische „Umbau“ der Bundesanstalt für Arbeit.[10]

„War-Room-Mentalität“ und Kampagnendenken prägen also wesentlich die politische Kommunikationsarbeit der sich immer weiter professionalisierenden und damit verteuernden Wahlkampfstrategien in der von Symbolik und politischer Oberflächlichkeit geprägten Medien- und Erlebnisgesellschaft. Auf Grund ihrer Volatilität sind die Wechselwähler heiß begehrt und die Bedeutung der Wahl nimmt zu. *So geraten die Bürger zunehmend ins Visier der Kampagnenmacher.*

Der Wahlkampf als notwendiges Handlungsfeld politischer Bildung

Diese Volatilität der Wähler, die einerseits für eine Entwicklung zur Mündigkeit steht und andererseits die Gefahr der Unberechenbarkeit bzw. Manipulation in sich birgt, muss auch in der politischen Bildungsarbeit stärker berücksichtigt werden. Besonders die Gruppe der Wechselwähler sollte für Unterstützungsfunktionen durch Bildungsangebote (zumindest in Teilen) am zugänglichsten sein. Zudem muss die beschriebene mediale Schnelllebigkeit und die notwendigerweise damit verbundene punktgenaue Planung des Wahlkampfes eine Flexibilisierung der politischen Bildung nach sich ziehen.

Trotz des volatilen Wahlverhaltens sind zumindest zwei Typen von Wählern zu unterscheiden. Da sind zum Beispiel die politisch Interessierten, die genau verfolgt haben, was in der Politik abläuft, wo die Stärken und Schwächen der Regierung und die der Opposition liegen sowie Inszenierung durchschauen und entsprechend einordnen können. Der andere Typus wird vielleicht am eindrucksvollsten durch folgendes Zitat charakterisiert: „Die Mehrheit der Wahlberechtigten, die von Politik nur dann Notiz nimmt, wenn die Gewählten im Container auftauchen oder mit einer berühmten Frau ins Bild kommen, will nicht den politischen Streit, sie will das Gefühl haben, von Leuten regiert zu werden, die sympathische, irgendwie menschliche Eigenschaften haben und den Eindruck vermitteln, das Richtige zu wollen.“[11]

Wahlkampfstrategen müssen das berücksichtigen und zu ihrem Vorteil nutzen. Auch politische Bildung kommt nicht umhin, dies bei der Konzeption

---

10 Letzteres lässt sich auch durch Zahlen belegen. So wurden in der Zeit nach dem Skandal um die geschönten Arbeitsvermittlungsstatistiken bereits 25.000 der als Allheilmittel apostrophierten Gutscheine für private Arbeitsvermittler ausgestellt, aber nur sechs Bewerber tatsächlich vermittelt. Ein weiterer unverhältnismäßig hoher Kostenfaktor wird die geplante Umbenennung der Bundesanstalt für Arbeit sein, die im Bestfall einen ideellen Nutzen entfaltet.

11 Dietrich 2002.

ihrer eigenen Vermittlungstechniken zu beachten. Allerdings muss der politische Bildner im Gegensatz zum Wahlkampfmanager immer die Aufklärung bzw. die Offenlegung von Machtstrukturen und ausgewogene Unterstützungshilfen als Ziel vor Augen haben. Zudem ist sein Anliegen ja gerade auf Langfristigkeit ausgelegt; im Gegensatz zu dem Anliegen der Wahlkampfmacher: „Maßstab für die Walkampfberater ist das kurzfristige Ziel – der Wahlsieg".[12]

Und das ist die grundlegende Herausforderung und Chance politischer Bildung. *Herausforderung*, weil es inmitten des Gerangels um die Aufmerksamkeit und in einer von Demagogie und Täuschungsmanövern geprägten Atmosphäre schwierig ist, rationale Bildungs- und Aufklärungsarbeit zu betreiben. *Chance*, da eine inhaltliche Notwendigkeit besteht und in diesen Zeiten eine stärkere Beschäftigung der Bürgerinnen und Bürger mit Politik zu erwarten ist als sonst. Eines muss dabei klar sein: Politische Bildung darf aber nicht als Wahlkampf missverstanden oder gar missbraucht werden! Sie muss sich immer als objektiver Mittler verstehen.

Eine grundlegende Aufgabe politischer Bildung ist es, die Bürgerinnen und Bürger zur aktiven Teilhabe an der Bürgergesellschaft aufzufordern und sie dazu zu befähigen. Dies und die im *Schaubild 1* dargestellten Aspekte erheben keinen Anspruch auf Vollständigkeit und gehören zur ständigen, nicht nur wahlkampfzentrierten Arbeit politischer Bildung innerhalb und außerhalb der Schule, denn auch für die politische Bildung gilt: Nach der Wahl ist vor der Wahl. Dennoch ist dazu in Wahlkampfzeiten eher ein Ansatzpunkt gegeben und auch die Notwendigkeit offenkundig.

Wie aus dem Schaubild hervorgeht, gliedern sich die Aufgaben politischer Bildung im Wahlkampf grob in fünf Teilbereiche:

12 Althaus 1998, S. 242.

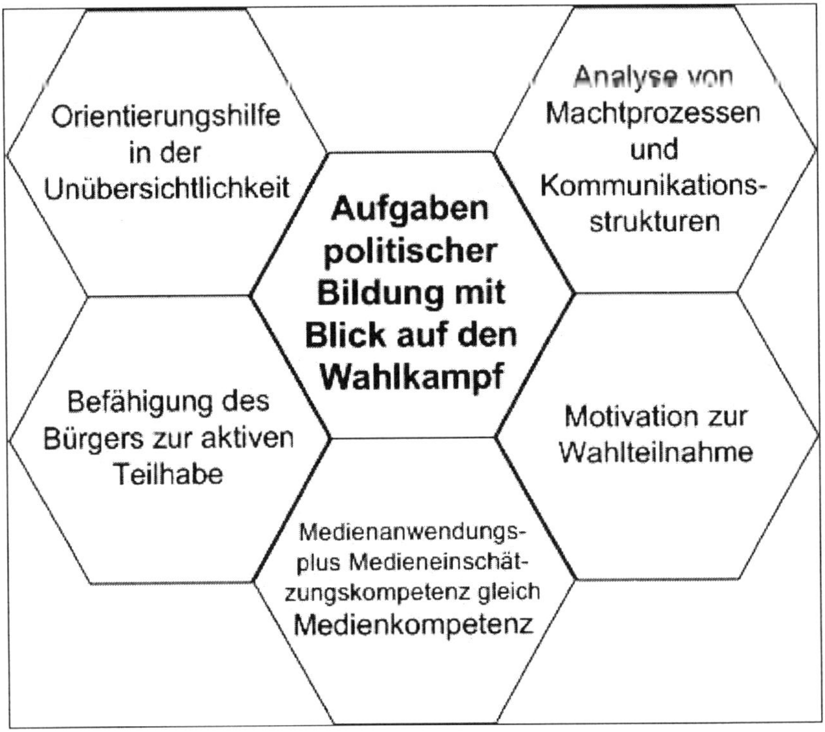

Schaubild 1: Aufgaben politischer Bildung mit Blick auf den Wahlkampf

- *Orientierungshilfe in der Unübersichtlichkeit*, dazu gehören beispielsweise synoptische Informationsangebote zu Sachthemen und Kandidaten oder die Unterstützung bei der gezielten Nutzung der Medien zur Informationsbeschaffung;
- *Angebote zur Medienkompetenz,* wozu u.E. nicht nur Angebote zur Medienanwendungskompetenz (s.o.), sondern auch zur Medieneinschätzungskompetenz zählen. Solche Bildungsangebote sollten sich der Gefahr zunehmender Manipulation der Bürgerinnen und Bürger widmen, die durch Schnelllebigkeit und Unübersichtlichkeit der Medienlandschaft, schlechte oder gar keine journalistische Qualitätskontrolle und die jedermann offene, einfache Möglichkeit der Veröffentlichung, z.B. im Internet, entsteht:
- *Analyse von Machtprozessen und Kommunikationsstrukturen* wie z.B. Analysehilfe von Machtinteressen und dem, was dahinter steckt, anzubieten, Politik in den stark medienzentrierten, symbolischen und kandidatenorientierten Wahlkämpfen greifbar und begreifbar zu machen oder auch bei der Analyse von Kommunikationskampagnen und der Sprache der Politiker zu helfen;

– *Befähigung der Bürger zur aktiven Teilhabe*, d.h. u.a. die Bürger zur aktiven Teilhabe und zur Nutzung ihres Bürgerrechts zu befähigen oder auch aufzuzeigen, wie der einzelne Bürger den Politikern wirkungsvoll seine Meinung sagen kann.
– *Motivation zur Wahlteilnahme* durch überparteiliche Plakataktionen, Aufklärungsmaßnahmen zum teils als kompliziert empfundenen Wahlrecht, zumal, wenn es sich ändert (z.B. Kumulieren und Panaschieren in und Hessen) oder Durchführung von Planspielen zur Wahl mit Jung- und Erstwählerinnen und -wählern.

Wie sehen es die Bürger, wünschen sie überhaupt eine Unterstützung?

Situation politischer Bildung

Nach diesen Überlegungen kommt man schnell zu der Frage, ob denn die Bürger überhaupt daran interessiert sind, sich mit dem Wahlkampf auseinander zu setzen bzw. Unterstützung dabei wirklich benötigen und Angebote politischer Bildung überhaupt wahrnehmen würden, wo sie ihr doch sonst nicht gerade in Scharen zulaufen.[13] Bevor hier eine Klärung versucht wird, erscheint eine kurze Skizzierung politischer Bildung sinnvoll.

Überspitzt formuliert, stellt sich heutige außerschulische politische Bildung dem Betrachter – oder besser, dem Bürger, für den sie da ist – und dem ehrenamtlichen Bildner, der sich mit den Strukturen politischer Bildungsträger täglich auseinandersetzt, wie folgt dar: Sie macht sich überflüssig, da sie wenig verwertbaren Nutzen bringt,[14] vorwiegend an bestimmten (heute weniger relevanten) Milieus orientiert und stark interessengeleitet ist.[15] Meinhard Motzko beschrieb eine Konsequenz aus der Parteilichkeit schon 1989: „Die Nähe und oftmals die Abhängigkeit der politischen Bildung von politischen

13 Zum Hintergrund: Außerschulische politische Bildung in Deutschland erreicht gerade einmal rund 5% der Bevölkerung mit ihren Angeboten, d.h. im Umkehrschluss: 95% werden nicht angesprochen (vgl. Kuwan/Gnahs/Seidel 2000, S. 29 und 31; Ciupke/Reichling 1999, S. 260f.; Hufer 1991, S. 7).

14 Zur Diskussion um Nützlichkeit und Kundenorientierung in der politischen Bildung vgl. u.a. Motzko 1989; Glücks 1990; Sander 1996; ders. 1998; Hufer 1998 und Roick 1998; Rudolf/Zeller 2001, S. 193. Zur Dienstleistungsorientierung politischer Bildung vgl. u.a. dies. 1999, S. 31f.; dies. 2001, S. 149f.; Sander 2001 a, S. 180ff.; ders. 2001c; Spielmann 2001.

15 Unter interessengeleiteten Bildungsträgern verstehen wir die politischen, kirchlichen, gewerkschaftlichen und wirtschaftlichen Einrichtungen politischer Bildung. Zur Ausrichtung außerschulischer politischer Bildungsträger an den sozialen Milieus vgl. u.a. Sander 2001 a, S. 176f.

Parteien, großen Verbänden/Apparaten hat dazu geführt, dass auch Anbieter politischer Bildung in den Sog massiver Vertrauensverluste dieser Parteien und Institutionen geraten sind. Stichworte, die heute die politische Auseinandersetzung beherrschen, wie z.B. ‚Demokratisierung', ‚Entfilzung', ‚Durchschaubarkeit' und ‚Ehrlichkeit', haben sich heute von einer abstrakten Anspruchsebene zu einer immer konkreteren Forderungsebene weiterentwickelt. Einrichtungen der politischen Bildung haben auf Grund ihres oft künstlichen Versuchs der ‚Überparteilichkeit' diesen Weg nicht mitmachen können."[16]

Das hat auch Auswirkungen auf die Rolle politischer Bildung im Wahlkampf, worauf wir später noch näher eingehen. Bei den wenigen interessenungebunden Bildungsträgern, die i.d.R. neben anderen Inhalten auch politische Bildungsarbeit betreiben, spielt politische Bildung auf Grund der als gering eingeschätzten Marktgängigkeit nur noch eine untergeordnete Rolle. Hier seien als Beispiel die Volkshochschulen als der flächendeckend größte Anbieter politischer Bildung genannt.[17] Durch eine fast ausschließliche Arbeit mit einer interessierten und elitären Minderheit wird politische Bildung schließlich ihrem gesamtgesellschaftlichen Auftrag nicht gerecht.

Diese Bedienung einer Stammkundschaft und die stellenweise „introvertierte" Subkultur politischer Bildung, aus der kaum versucht wird auszubrechen bzw. in der Impulse von außen nur selten aufgenommen werden – oder bildlich gesprochen: das wenig nutzbringende „Rühren im eigenen Brei" –, wirkt dabei u.E. besonders hemmend. Zu alledem kommt noch ein weiterer Kritikpunkt, den Alfred K. Treml so beschreibt: „Auffällig ist zunächst die Dominanz normativer Semantik. Sowohl quantitativ als auch qualitativ beschäftigt man sich fast ausschließlich mit der Formulierung und Begründung der Ziele. Alles was gut und edel auf dieser Welt ist, das scheint das genuine Ziel politischer Bildung zu sein. (...) Politische Bildung, so scheint es, ist eine Erziehung zur Herstellung des menschlichen Glücks und des Paradieses auf Erden. (...) Die andere Seite dieser normativen Zielreflexion ist eine auffällige Zurückhaltung bezüglich der Wege bzw. der Methoden, mit deren Hilfe man all die schönen Ziele erreichen kann."[18] Es ließe sich sicherlich noch eine Reihe weiterer Punkte zur Situationsanalyse und vielzitierten Krise außerschulischer politischer Bildung ausführen.[19] Durch das provokant Zugespitzte wird u.E. die Grundproblematik dieser für Demokratie und Bürgergesellschaft so wichtigen Weiterbildung deutlich, auch – oder vor allem – im Wahlkampf:

---

16 Motzko 1989, S. 360.

17 Für die Größe vgl. Pehl/Reitz 2001, S. 10. Bezugnehmend auf den Rückgang der politischen Bildung vgl. Zeitreihenvergleich der Kurse, Unterrichtsstunden und Belegungen 1977 bis heute in der Volkshochschul-Statistik für das Arbeitsjahr 2000 bezogen auf den Programmbereich *„Politik – Gesellschaft – Umwelt"* und hier speziell das Fachgebiet Politik. Vgl. ferner u.a. Hufer 2002.

18 Treml 1996, S. 114.

19 Zu der hier geschilderten Bestandsaufnahme und weiteren Gedanken vgl. Rudolf 2002; Rudolf/Zeller 2001; Rudolf/Wicker 2000.

Politische Bildung findet (1) auf Grund der fehlenden (räumlichen) Nähe des politischen Bildners zum Bürger, (2) der seltenen direkten Konfrontation bzw. des kaum in der Breite vorhandenen Kontakts, (3) der Interessenfixierung, (4) der oft nicht wirklich neuen methodisch-didaktischen Ansätze, die zumindest noch etwas mit „politischer“ Bildung zu tun haben[20] und (5) der Selbstbeschäftigung des Fachs fernab der Lebensrealität und des Lebensmittelpunktes der Bürger statt, sie ist irrelevant für den Einzelnen und erreicht ihn folglich kaum.

In der Schule sieht es nicht viel besser aus. Hier erzielt man zwar eine zwangsläufig große Reichweite, auch wenn politische Bildung zu Gunsten anderer Lehrplaninhalte zum Teil ebenfalls auf dem Rückzug ist. Dennoch werden – unserer Beobachtung und Arbeit in Schulen nach zu Recht – nicht erst seit Kurzem methodisch-didaktische Defizite im Politikunterricht konstatiert und wissenschaftlich untermauert. Die Unterrichtssituation führt dazu, dass Lust auf Politik und Engagement wenig gefördert wird und damit wesentliche Inhalte nur unzureichend vermittelt werden.[21] Eine schlechte Ausgangssituation für außerschulische politische Bildung. Generell gilt es, eine Kultur des gegenseitigen Ergänzens und des Voneinander-Profitierens statt des gegenwärtig oft vorherrschenden Nebeneinanders von außerschulischer und schulischer politischer Bildung zu etablieren. Die Defizite der Wissensvermittlung auf der einen und der Politik- sowie Beteiligungslust (was sicher nicht alleine als Aufgabe der Schule anzusehen ist) auf der anderen Seite drücken sich dann in den Diskussionen um Politikverdrossenheit[22] und den Erkenntnissen aus der Demoskopie aus, die entgegen der Feststellung eines volatileren Wählerverhaltens „Anlass zur Sorge [geben; die Autoren], dass der Souverän in Deutschland unaufgeklärt ist.“[23]

Eine Reihe von Vorschlägen zur konkreten Umgestaltung politischer Bildungsarbeit wurden bereits im Nidderau-Projekt des Büdinger Kreis e.V. gemacht.[24] Wesentlich war dabei eine kontinuierlich evaluierte sowie professionelle überparteiliche Bildungsarbeit, die permanent und nicht nur punktuell in der Fläche stattfindet und das nicht nur in größeren Zentren oder von zentralen Bildungsstätten bzw. Landesbüros aus. Plakativ formuliert muss sich po-

---

20 Hier sei vor allem an die Diskussion der Verschmelzung politischer mit kultureller Bildung, aber auch in Teilen an die Synthese(debatte) politischer und beruflicher Bildung erinnert.

21 Vgl. zum ersten Einblick FAZ 2002; Torney-Purta/Lehmann/Oswald/Schulz 2001; Steffens 2000; Rothe 1993, S. 113; Harms/Breit 1990; Becker/Herkommer/Bergmann/Teschner 1967; Nitzschke 1966, S. 274. Vgl. ferner zur Einstellung der Jugendlichen (was auch durch die Verfassung des politischen Systems bedingt und mit der Reaktion der „erwachsenen“ Politiker zu tun hat, hier aber zu berücksichtigen ist) Deutsches Jugendinstitut e.V. 2000; Fischer 2000; Rudolf/Wicker 2000.

22 Vgl. u.a. Lösche 1995.

23 Patzelt 1996, S. 309. Vgl. auch Noelle-Neumann 1993.

24 Zum Nidderau-Projekt und den Forderungen vgl. Rudolf/Zeller 2001; dies. 1999.

litische Bildung besser verkaufen und raus auf „Basare und Marktplätze".[25] Hinzu kommt die als Prozess verstandene Bildungsarbeit, die nachhaltig angelegt ist und nicht in einmaligen und zudem aufwendigen Veranstaltungen „mal ein bisschen" politische Bildung in der Landschaft vermittelt. Dazu ist es nötig, ständig präsent zu sein und mit den Bürgern ein und derselben Region (maximal auf Landkreisebene) zu arbeiten. Zu verwirklichen ist dies mittels engagementbereiter Bürger, die im Rahmen von selbstorganisierten und ehrenamtlich strukturierten Zellen politischer Bildungsarbeit zum ersten Kontakt mit der Politik angeleitet und in ihrem Umfeld zu Botschaftern und Mittlern politischer Bildung werden. Dies ist auch sehr gut in der schulischen politischen Bildungsarbeit zu realisieren.[26] Darauf wird am Ende dieses Beitrags noch Bezug genommen.

Der Wunsch des Bildungspartners Bürger mit Blick auf den Wahlkampf

Neben diesen Vorschlägen wurde besonders die Rolle des Bürgers als „Bildungspartner" als wichtig beschrieben.[27] Dies durch gezielte Marktforschung ernst zu nehmen und dadurch einen Beitrag zur Steigerung der Reichweite politischer Bildung zu leisten, ist das Ziel eines umfassenden aktuellen Forschungsprojekts eines der Autoren dieses Beitrags, das an der Professur für Didaktik der Sozialwissenschaften der Justus-Liebig-Universität Gießen betreut wird. In dem Projekt geht es vor allem darum festzustellen, was eigentlich die Bürger wollen bzw. wie aus ihrer Sicht ein Angebot politischer Bildung (generell und nicht beschränkt auf den Wahlkampf) inhaltlich und von den Rahmenbedingen her aussehen müsste, damit sie es wahrnehmen würden. Dazu wurde Ende 2001 eine umfassende Bevölkerungsbefragung zum Bedarf an politischer Bildung durchgeführt, die Anfang 2002 unter dem Titel „Bericht politische Bildung 2002 – Was wollen die Bürger? Eine Marktanalyse zur außerschulischen politischen Bildung in Deutschland" veröffentlicht wurde.[28]

Das aus drei Einzelumfragen bestehende Berichtssystem – einer telefonischen Befragung mit 1.005 Interviews und zwei face-to-face-Befragungen mit je 2.000 Interviews – liefert erstmals Erkenntnisse zu

- dem Bedarf der Bevölkerung an konkreten politischen Bildungsinhalten und -formen,
- dem Potenzial außerschulischer politischer Bildung in Deutschland,

---

25 Lau 2001 zum Nidderau-Projekt.
26 Vgl. dazu das Konzept der Demokratiewerkstätten, das in Rudolf/Albach/Zeller 2001 ausgeführt wird.
27 Vgl. Rudolf/Zeller 2000.
28 Vgl. Rudolf 2002.

- den Motiven zur Teilnahme an politischen Bildungsangeboten und
- den Erwartungen der Bürger an Bildungsangebote und -träger.[29]

„Mit der Database könnten beispielsweise Aussagen darüber getroffen werden, welche Gruppen (Alter, Geschlecht, Schulbildung, Einkommen etc.) in welchen Regionen sich für welche politischen bzw. gesellschaftlichen Themen interessieren und dazu welche Bildungsform (Seminar, Vortrag, politisches Fahrradfahren, Studienreisen, Internetangebote, Gesellschaftsspiele etc.) nutzen würden. Ebenso wird deutlich, welche Anforderungen der Bildungsträger erfüllen muss, wie hoch die Bereitschaft ist, es tatsächlich zu nutzen und welche Motive die Teilnahmebereitschaft leiten."[30]

Das Marktforschungsinstitut TNS Emnid war mit der Durchführung der 5.000 Befragungen beauftragt; unterstützt werden die Umfragen sowie der Bericht durch ein Bündnis aus Bildungsträgern *und* Wirtschaftsunternehmen, zu dem neben Emnid der Büdinger Kreis e.V. (BK), der Deutsche Volkshochschulverband e.V. (DVV), die Dresdner Bank AG und die Hessische Landeszentrale für politische Bildung (HLZ) zählen.

Bei den erhobenen Daten, die sich auf die Inhalte beziehen und die zu allen Lernfeldern politischer Bildung erhoben wurden, wurde auch der Wahlkampf als wichtiges Handlungsfeld politischer Bildung beschrieben und näher beleuchtet. Dabei stand zudem die Dienstleistungs- und Beratungsfunktion politischer Bildung mit zur Disposition. Diese Daten sind aufschlussreich für das im vorliegenden Aufsatz zunächst theoretisch Beschriebene.

2.000 Bürgern wurde folgende Frage gestellt: „Besonders vor Wahlen ist die Flut an Informationen groß. Die Medien berichten verstärkt über die Standpunkte der Kandidaten und die Parteien versuchen mit großen Werbekampagnen, möglichst viele Stimmen zu gewinnen. Würden Sie sich in Wahlkampfzeiten Unterstützung durch eine überparteiliche und unabhängige Stelle wünschen, die zum Beispiel gebündelt alle Standpunkte der Parteien auf den Punkt bringt?"

43,2% der Bevölkerung wünschen sich eine solche Unterstützung in Wahlkampfzeiten. Berücksichtigt man dabei den hohen Anteil politisch nicht interessierter Bürger und setzt diesen ins Verhältnis zu den 55,6% (die sich keine Unterstützung wünschen), wird die große Bedeutung des hier geäußerten Bedarfs noch deutlicher.[31]

Die Analyse des Antwortverhaltens auf einzelne soziodemographische Merkmale hin (von denen an dieser Stelle nur einige angeführt werden kön-

29 Zu Bildungsangeboten: Rahmenbedingungen (Kosten, Begleitangebote, Qualitätsaspekte, Werbung im Vorfeld, Entfernung, Dauer, Aktualität etc.), die ein Bildungsangebot erfüllen muss, um wahrgenommen zu werden. Zu Bildungsträgern: Zum Beispiel, bei welchen politischen Bildungsträgern die Bürgerinnen und Bürger Angebote wahrnehmen würden.

30 Entnommen aus dem Internet am 25. März 2002 unter *http://www.berichtpolitischebildung.de*.

31 Vgl. Rudolf 2002, S. 104.

nen) ergibt, dass es vor allem die Männer sind, die sich mehr für unterstützende Angebote in Wahlkampfzeiten interessieren. Mit Blick auf das Alter fällt die Gruppe der unter 40-jährigen auf. Sie ist es besonders, die gerne auf eine solche Unterstützung durch eine Beratungsstelle in Wahlkampfzeiten zurückgreifen würde. Im Gegensatz dazu lehnen rund zwei Drittel der über 60-jährigen dieses Angebot ab. Die Schulbildung ist besonders relevant für das Nachfrageverhalten. So steigt der Wunsch nach Unterstützung im Wahlkampf durch eine Beratungsstelle mit dem Bildungsabschluss, was zwar auf Grund des größeren politischen Interesses der formal besser Gebildeten nicht verwundert, dennoch wegen deren besserer Ausbildung überrascht. Darüber hinaus ist festzustellen, dass sich eher Westdeutsche als Ostdeutsche sowie eher Berufstätige als Nicht-Berufstätige und eher Gewerkschaftsmitglieder als Nicht-Gewerkschaftler für diese Bildungsangebote interessiert zeigen. Diese Unterschiede im Antwortverhalten sind signifikant. Die Bewohner des Nielsengebietes VII (Sachsen und Thüringen) bringen das geringste und die der Gebiete III b (Hessen, Rheinland-Pfalz und Saarland) sowie V (Berlin) das größte Interesse auf.[32] Besonders interessant ist auch das Ergebnis unter Berücksichtigung der Sonntagsfrage: „Schaut man auf das Antwortverhalten und die Parteipräferenz bzw. die Wahlabsicht der Befragten, dann zeigen die Nichtwähler eine mit 67,2% signifikant höhere Ablehnungsquote als die Bürger, die wählen würden. Nur bezogen auf die Wähler der Republikaner ist dies – auf Grund deren geringeren Fallzahl – nicht nachweisbar. Besonders die Wähler von Bündnis 90/Die Grünen wünschen unabhängige Informationen und unterscheiden sich in der Häufigkeit der Nennung dieses Wunsches deutlich von den Wählern der CDU und den Nichtwählern (56,4% gegenüber 43,6% bzw. 32,6%).“[33]

Weil Effekte „Sozialer Erwünschtheit“ bei quantitativen Befragungen immer eine Rolle spielen und zwischen Verhaltensäußerung und tatsächlich vollzogener Handlung oft eine Kluft besteht, wurden die Personen, die angaben, ein Bildungsangebot nutzen zu wollen, am Ende der Befragung nach der tatsächlichen Nutzungswahrscheinlichkeit gefragt. Dieser Wert gibt Aufschluss über das realistisch erreichbare Potenzial.[34] 7,4% der 2.000 Befragten gaben an, das Angebot einer politischen Beratungsstelle „sehr wahrscheinlich“ nutzen zu wollen und (zusätzliche) 24,8% der Bevölkerung sind „wahrscheinlich“ zur Nutzung bereit. Auch mit diesen Werten der Erreichbaren in der Bevölkerung, die bei insgesamt 32,2% liegen, wird noch ein deutlich sichtbares Potenzial für politische Bildungsangebote in Wahlkampfzeiten sichtbar, das es auszuschöpfen gilt. Der signalisierte Bedarf liegt mit 43,2% noch darüber. Von diesem allgemeinen Bedürfnis nach einer Unterstützung

32 Zu den Ergebnissen vgl. ebd., S. 106f. und Auswertungsdaten in Tabelle P-3 auf der CD-ROM im Anhang des Berichts.

33 Ebd., S. 106.

34 Vgl. Ausführungen zur Ermittlung und Bewertung der Nutzungswahrscheinlichkeit in ebd., S. 75ff. und darüber hinaus für das folgende Ergebnis ebd., S. 95.

durch eine Beratungsstelle in Wahlkampfzeiten nun zum konkreten Informationsbedarf. Den Personen, die sich für eine entsprechende Dienstleistung aussprachen wurde folgende Frage gestellt, die verschiedene inhaltliche und leistbare Bildungsangebote abdeckte: „Zu was wünschen Sie sich diese Unterstützung einer überparteilichen und unabhängigen Stelle? Sagen Sie mir bitte, was von dieser Liste auf Sie zutrifft. Im Falle einer Wahl wünsche ich mir Bildungs- und Informationsangebote besonders zu ..."

Tabelle 1 Konkrete Informationswünsche in Wahlkampfzeiten

	Total N=865	Bezogen auf die Bevölkerung
... den Zielen der Parteien	79,5%	34,4%
... den Sachthemen	72,0%	31,2%
... den Kandidaten	64,0%	27,7%
... den Machtinteressen, die hinter den Kampagnen stehen	61,4%	26,6%
... den Möglichkeiten, die ich habe, den Politikern meine Meinung zu sagen	44,0%	19,0%
... den Möglichkeiten, wie man sich gezielt Informationen holt	35,9%	15,5%
... der Frage, ob es tatsächlich was bringt, wenn ich wählen gehe	28,2%	12,2%
... der Sprache der Politiker, also wie sie sich im Wahlkampf verkaufen	23,9%	10,4%
Keine Angabe	0,2%	–

Quelle: Bericht politische Bildung 2002

Es lassen sich bei einer Reihe dieser Items signifikante Unterschiede im Antwortverhalten feststellen, aufgeschlüsselt nach verschiedenen soziodemographischen Merkmalen der Befragten. Diese sind besonders bei den Merkmalen Ost-West, Alter, Gewerkschaftsmitgliedschaft, Berufstätigkeit, Konfession und Parteiaffinität sowie den Ländergebieten vorhanden. Darauf an dieser Stelle näher einzugehen, würde den Ansatz dieses Beitrages sprengen, daher sei hier nur auf diese notwendig vorzunehmende Differenzierung in der Bildungsplanung verwiesen.[35]

Von dem überwiegenden Teil der im Rahmen der Umfragen zum Bericht gestellten Fragen, die sich nicht auf den Wahlkampf konzentrierten, sind vor allem die folgenden Ergebnisse zu zwei bewusst abstrakt formulierten Fragen interessant. Diese lässt weitere Aufschlüsse über den Bedarf der Bevölkerung zu, besonders mit Blick darauf, dass der Wahlkampf zunehmend zum beschriebenen *„permanent campaigning"*[36] wird und grundlegendes politisches Wissen eine wichtige Voraussetzung zur Beurteilung von Situationen in Wahlkampfzeiten ist. „Erst dann ist es dem Bürger möglich, die von den

35 Vgl. dazu ebd., S. 108ff. und Auswertungsdaten in Tabelle P-4 auf der CD-ROM im Anhang des Berichts.

36 Juni 2001.

Staatsorganen getroffenen Entscheidungen, Maßnahmen und Lösungsvorschläge genügend beurteilen, billigen oder verwerfen zu können."[37]

So wünschen sich 51,9% der Bevölkerung häufig oder zumindest manchmal mehr Hintergrundinformationen zu den in den Medien behandelten Themen, 37,8% äußern den Wunsch, sich in solchen Situationen schnell an eine überparteiliche und unabhängige Beratungsstelle wenden zu können, wo man Ihnen entweder ihre Fragen direkt beantwortet oder sie auf Bildungsangebote in ihrer Gegend aufmerksam macht.[38] „Dies zeigt einerseits einen großen abstrakten Bedarf auf, den politische Bildungsarbeit nutzen kann und muss. Andererseits wird deutlich, dass die Medienberichterstattung jedem zweiten Befragten zu oberflächlich erscheint."[39]

Dieses kurz skizzierte Ergebnis könnte man noch um weitere ergänzen, zum Beispiel, dass sich 23,2% der Bevölkerung mehr Informationen zu Begriffen in den (politischen) Nachrichten wünschen,[40] oder Befunde aus anderen Bevölkerungsbefragungen zum Wissen der Bürger über politische Prozesse und Institutionen, die bereits erwähnt wurden. Die hier genannten empirischen Befunde beziehen sich zwar nur in den zwei zuerst genannten Fragen konkret auf den Wahlkampf, verdeutlichen aber insgesamt die Handlungsnotwendigkeit – und das nicht abgehoben demokratietheoretisch formuliert, sondern von den Bürgerinnen und Bürgern als Wähler der Parteien und „Kunden" politischer Bildung gefordert.

Der Wahlkampf: ein vernachlässigtes Feld politischer Bildung

Nun ist der Wahlkampf also ein demokratietheoretisch und in der Bedarfsanalyse deutlich herausgehobenes Feld politischer Bildungsarbeit. Wie sieht es aber in deren Realität aus? Zunächst ist dabei festzustellen, dass in Publikationen und Zeitschriften politischer Bildungsträger sehr viel über den Wahlkampf geschrieben und in der Wissenschaft viel darüber geforscht wird. Dies verdeutlichen ein Blick in die einschlägigen Zeitschriften und Publikationsverzeichnisse politischer Bildungsträger sowie die Beiträge im vorliegenden Sammelband. In der real existierenden Bildungsarbeit, die den Bürgern einen Nutzen im oben geschilderten Sinne bieten könnte, scheinen Angebote nur punktuell, nicht aber systematisch und flächendeckend vorhanden zu sein. Ebenso mangelt es – und da wäre man wieder bei Alfred K. Tremls Feststel-

37 Bundesverfassungsgericht, 02. März 1977 zu Art. 20 Abs. 2 GG („Alle Staatsgewalt geht vom Volke aus ...").
38 Vgl. ebd., S. 98 und 100.
39 Ebd., S. 98.
40 Vgl. ebd., S. 138.

lung – an konkreten und abgesicherten Handlungsstrategien, die über das übliche Maß und die Arbeit mit dem elitären 5%-Stammpublikum hinausgehen. Zumindest ist dies im außerschulischen Bereich und den Bürger als Endverbraucher betreffend festzustellen.

Bestätigt wird diese Beobachtung durch das Ergebnis einer empirischen Angebotsanalyse, die anhand zweier Wahlkämpfe im Jahr 2001 durchgeführt wurde. Die Forschungsfrage der in Teilen veröffentlichten Untersuchung, die auch zum Forschungsprojekt zählt, dem der Bericht politische Bildung 2002 zuzuordnen ist, lautete: „Welche Unterstützung erhalten die Bürger in Wahlkampfzeiten von der politischen Bildung?" Betrachtungsgegenstand war zum einen eine typische Wahlkampfsituation (Landtagswahl Baden-Württemberg am 25. März 2001) und zum anderen eine Situation, in der die Bürger mit einem neuen Wahlrecht (u.a. Kumulieren und Panaschieren) konfrontiert wurden, was ihnen erstmals die Möglichkeit gab, ihre Stimmen gezielter und wirkungsvoller einzusetzen (hessische Kommunalwahl am 18. März 2001). In Baden-Württemberg wurden insgesamt 182 Einrichtungen mit politischem Bildungsauftrag angesprochen, in Hessen waren es 48 Träger. Von den antwortenden Bildungsträgern in Baden-Württemberg (92) hatten 80,4% keine Angebote zur Landtagswahl und 2,1% machten keine Aussage. In Hessen (es antworteten alle 48) gab es bei 66,6% der befragten Institutionen keine Bildungsangebote zur Einführung des neuen Kommunalwahlrechts. 4,1% (zwei politische Stiftungen) machten vor allem Angebote für bereits politisch Aktive.[41]

„Als Ergebnis lässt sich festhalten, dass die meisten der befragten politischen Bildungsträger dem Bürger keine Unterstützung im Wahlkampf bieten. Die wenigsten Bürger können also auf Angebote zur politischen Bildung in ihrer Region zurückzugreifen. (...) In der beschriebenen Untersuchung wurden zwei unterschiedliche Wahlkampfsituationen analysiert. Die Situation in anderen Bundesländern oder bei der Bundestagswahl kann sicherlich anders aussehen. Die Ergebnisse sind für die beiden Fallbeispiele jedoch zutreffend. (...) Durch die Ergebnisse wird nicht nur die Vernachlässigung eines wichtigen Handlungsfeldes deutlich. Zieht man die Begründungen derer hinzu, die keine diesbezüglichen Angebote durchführen, erkennt man ein defizitäres Verhältnis zwischen politischer Bildung und Wahlkampf. Politische Bildung muss hier umdenken. Die bevorstehende Bundestagswahl bietet dazu eine Chance."[42]

Mit der Veröffentlichung dieses Befundes wurde eine kleine Diskussion angestoßen, in der das Thema zumindest aufgegriffen und besprochen wird und die das Ergebnis der Trägerbefragung unterstützt: „Die Auseinandersetzung mit der Thematik Wahl und Wahlkampf spielt im Angebotsspektrum der außerschulischen politischen Bildung heute eine geringere Rolle als in der

---

41 Vgl. Rudolf 2001.
42 Ebd., S. 277f.

Vergangenheit.“[43] In dieser Stellungnahme wird allerdings nicht versucht, sich mit der im Ursprungsbeitrag geschilderten und auch im vorliegenden Aufsatz diskutierten Möglichkeit einer politischen Breitenbildung im Wahlkampf kritisch auseinander zu setzen, die eine Stärkung der interessenungebundenen Akteure voraussetzen würde. Statt dessen bauen die Autoren einen Kontrast zwischen einem eher traditionellen und einem modernen Ansatz auf, der u.E. so gar nicht vorhanden ist. Die politische Strategie unter besonderer Berücksichtigung der Mediengesellschaft ist unbestreitbar ein Kernelement politischer Bildung im Wahlkampf. Das wird in beiden Beiträgen so gesehen. Sie darf nur nicht zum alleinigen Betrachtungsgegenstand werden. Die Bedürfnisse der Bürger jedenfalls, die ihrerseits Unterstützungshilfen und Angebote zu vielen Aspekten – insbesondere zu den Sachthemen (Issues) – wünschen (s.o., Tabelle 1), sprechen hier eine deutliche Sprache.

Unabhängig davon, welche Handlungsstrategien politische Bildung entwickelt, sollte berücksichtigt werden, dass ein nachgewiesener ungedeckter Bedarf an politischer Bildung existiert. Dies ist eine Chance für politische Bildung, besonders – aber nicht nur – mit Blick auf die bevorstehende Bundestagswahl.

Mix politischer Bildungsarbeit: was ist alles möglich?

Was kann politische Bildung innerhalb und außerhalb der Schule konkret tun? Einige Beispiele für die außerschulische Bildungsarbeit wurden bereits in Tabelle 1 (s.o.) aufgezeigt, auf die an dieser Stelle nicht noch einmal eingegangen werden soll. Weitere finden sich im Schaubild 3 (s.u.).

Grundsätzlich ist es wichtig, den Menschen ein Dienstleistungsangebot zu offerieren, das zum einen einen Mehrwert gegenüber der Medienberichterstattung bietet und zum anderen berücksichtigt, dass sich viele Menschen nur am Rande mit Politik und dem Wahlkampfgeschehen auseinandersetzen wollen – oder es zeitlich nur eingeschränkt können. Daher müssen politische Bildner den Wunsch nach einer Unterstützungsfunktion aufgreifen und in der Angebotsplanung ernst nehmen. Es gilt, auf die Menschen zuzugehen, sie dort aufzusuchen, wo sie sich befinden (in ihrem Wohnort, beim Einkaufen, auf dem Weg zum Arbeitsplatz etc.) und nicht darauf zu warten, dass sie zu irgend einer zentral stattfindenden Veranstaltung in die nächst größere Stadt kommen. Das bereits im Nidderau-Projekt geforderte Hinausgehen der politischen Bildner auf die Marktplätze erscheint uns im Wahlkampf noch dringlicher. Hier sei deutlich gemacht, dass die an dieser Stelle der Diskussion oft und gerne zitierten Beispiele der Parteistiftungen, sie seien doch mit ihren Landesbüros „in der Fläche“ vertreten, das von uns geforderte Kriterium der

43 Mutius/Schillo 2002, S. 40.

Flächendeckung nicht erfüllen. Auch „Show-Aktionen“, wie der zum aktuellen 50-jährigen Bestehen der Bundeszentrale für politische Bildung vorgestellte Truck, der unter unverhältnismäßig hohem finanziellen Aufwand durch immerhin 27 Städte reist, sind keine Gegenbeispiele, da hier zum ersten keine inhaltliche politische Bildungsarbeit geleistet (vgl. zum Beispiel auch Stände der Zentralen für politische Bildung auf Messen), zum zweiten das so gezeigte Engagement keineswegs auf Nachhaltigkeit, sondern vielmehr gerade auf den Augenblick gerichtet ist und zum dritten schließlich auch 27 Städte nur eine sehr begrenzte Reichweite darstellen. Auch in den Umfragen zum Bericht politische Bildung 2002 stellte sich eine deutliche Tendenz zu aktuellen, überparteilichen, kompakten, selbstgesteuerten Lernformen heraus. Zudem müssen Angebote leicht zu finden sein und in der Nähe des Wohnortes oder Arbeitsplatzes stattfinden.[44]

Zu alledem ist eine Umorientierung politischer Bildungsarbeit notwendig, die auf eine breitere Grundlage aufbaut, regional ausgerichtet und aufgestellt ist und die Bürgergesellschaft ernst nimmt, indem sie sich ehrenamtliche Helfer sucht. Dies alles wird nicht kurzfristig, z.B. mit Blick auf die bevorstehende Bundestagswahl, zu realisieren sein und bezieht sich auch nicht nur auf die Wahlkampfzeit. Es kann jetzt aber schon durch eine Neuakzentuierung der Bildungsangebote und eine Parteiergreifung für die Bedürfnisse der Bürger mit Angeboten beginnen.

Politische Bildung kann ein Signal zum eigenen Neuanfang setzen, indem sie zum Beispiel den Wahlkampf als wichtiges Handlungsfeld wahrnimmt und bearbeitet. Dazu gehört auch die bereits im Bericht politische Bildung 2002 und im Beitrag zum Wahlkampf 2001 geforderte und skizzierte strukturelle und förderpolitische Trennung in eine politische Breiten- und Funktionselitenbildung. Grundsätzlich erfüllen alle Einrichtungen mit politischen Bildungsauftrag, interessengebunden oder -ungebunden, bereits im Vorfeld von Wahlen eine wichtige Funktion und müssen ihre ganzheitliche politische Bildung hier fortsetzen. Dennoch erscheint eine Differenzierung notwendig. Die Breitenbildung können und müssen vom eigenen Auftrag und Selbstverständnis her glaubwürdig und infrastrukturell nur die interessenungebundenen Einrichtungen wie Volkshochschulen und andere überparteiliche regionale Bildungsträger übernehmen. Die für die Demokratie notwendige Elitenbildung obliegt vorwiegend den interessengebundenen Einrichtungen wie den politischen Stiftungen, den kirchlichen, gewerkschaftlichen und wirtschaftlichen Bildungsträgern.[45] Im Schaubild 2 (s.u.) wird dieser Gedanke konkretisiert. In den Umfragen zum Bericht politische Bildung 2002 wurden die Bürger gebeten, aus einer Liste von kategorisierten Bildungsträgern die herauszusuchen, bei denen sie ein Angebot zur politischen Bildung wahrnehmen würden. Dabei ergab sich folgendes Bild, das die geschilderten Ausführungen zur Neu-

44 Vgl. Rudolf 2002, S.195ff.
45 Zu den Ausführungen vgl. ebd., S. 202ff.; Rudolf 2001, S. 278f.

strukturierung untermauert: „An erster Stelle stehen die ‚Öffentlich-kommunale Trägerschaft' (rund 39%) und ‚Sonstige überparteiliche Einrichtungen' (rund 25%). Mit deutlichem Abstand folgen dann der ‚Staatliche Trägerbereich' (rund 9%) und der ‚Interessengebundene Trägerbereich' (rund 7%).“[46]

Aus dieser von den Bürgern selbst festgelegten Reihenfolge ergeben sich die Hauptakteure, die politische Breitenbildung und besonders eine parteiunabhängige, ausgewogene Unterstützungshilfe im Wahlkampf leisten sollte. Einige dieser Träger müssen aber erst noch den Mut zur verstärkten politischen Bildungsarbeit (wieder)finden. Den Zentralen für politische Bildung kommt neben der Bereitstellung von Unterrichtshilfen für die Schule aber auch für den außerschulischen Bereich vor allem eine besondere Koordinierungs- und Klammerfunktion zu, die über eine allgemeine Förderpolitik weit hinausgeht. Der kirchlichen und gewerkschaftlichen Bildung kommt eine besondere ergänzende Funktion zu (die politischen Stiftungen seien im Wahlkampf ausgeklammert). Sie sollten verstärkt versuchen, ihren Vorteil zu nutzen und ihre sozialen Milieus durch entsprechende (aktivierende) Bildungsangebote zu erreichen.

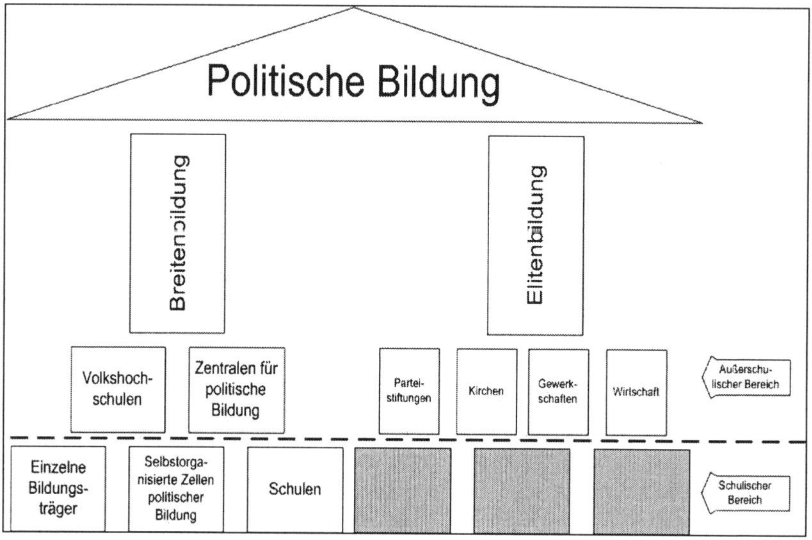

Schaubild 2: Notwendige Struktur politischer Bildung (nicht nur) mit Blick auf den Wahlkampf

46 Rudolf 2002, S. 214.

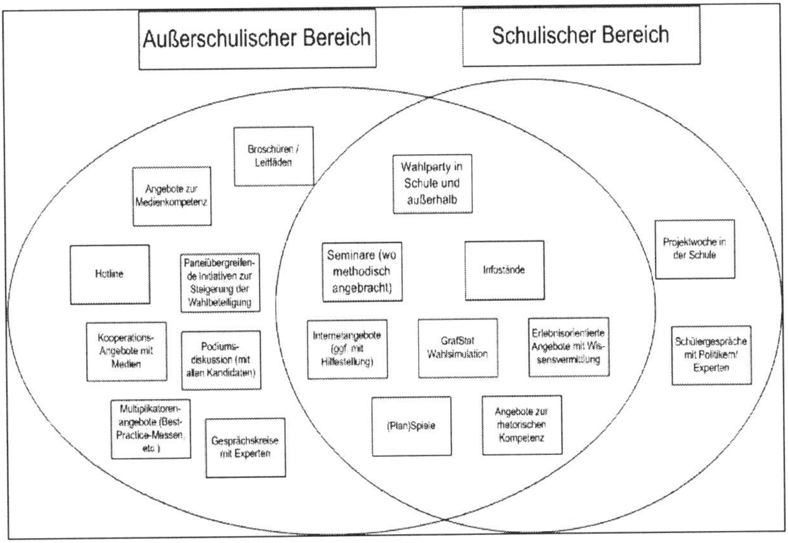

Schaubild 3: Teil des Aktionsportfolios politischer Bildung (nicht nur) im Wahlkampf

Auch mit diesem Beitrag ist das Thema keineswegs erschöpfend behandelt, im Gegenteil. Es ist notwendig, weiter an dem Thema zu arbeiten, Gedanken weiterzuentwickeln, Aktionen zu entwerfen, zu evaluieren und im Schulterschluss von Wissenschaft und Praxis nach Zugangswegen im Wahlkampf zu suchen, über die man mit den Bürgern ins Gespräch kommt und so Demokratie und Wählern einen konkreten Nutzen bringt. Nur so kann der Teufelskreis aus unzureichender Kenntnis der Wählerinnen und Wähler über die Funktionsweise des politischen Systems, deshalb mangelnder Bereitschaft, sich mit dem oft komplizierten politischen Prozess auseinander zu setzen und darum wissender „Augenblicksdramatisierung“ aufgelöst werden.

Unser Beitrag kann dazu nur ein erster Schritt sein, der aufmerksam machen und einige Gedankenanstöße liefern soll. Vor allem versteht er sich als Plädoyer, sich (langfristig) mit dem Verhältnis von Wahlkampf und politischer Bildung praxisorientiert auseinander zu setzen. Rückblickend betrachtet, wäre es nach dem Bundestagswahlkampf 2002 sinnvoll, einen Bericht zu erarbeiten, in dem Best-Practice-Beispiele und Erfahrungen zusammengeführt werden, um so zukünftig über ein Handbuch bzw. einen Leitfaden für politische Bildungsarbeit im Wahlkampf verfügen zu können – jederzeit offen für Ergänzungen. Was es in Ansätzen bereits für viele andere Bereiche gibt, sollte endlich auch für dieses so wichtige und ständig relevante Handlungsfeld politischer Bildung existieren.

Literatur

Althaus, Marco: Wahlkampf als Beruf. Die Professionalisierung der political consultants in den USA. Frankfurt am Main, 1998

Althaus, Marco (Hrsg.): Kampagne! Neue Strategien für Wahlkampf, PR und Lobbying. Münster, 2001

Beck, Ulrich: Risikogesellschaft – Auf dem Weg in eine andere Moderne. Frankfurt am Main, 1986

Beck, Ulrich: Die Erfindung des Politischen. Frankfurt am Main, 1993

Becker, Egon/Herkommer, Sebastian/Bergmann, Joachim/Teschner, Manfred: Erziehung zur Anpassung? Eine soziologische Untersuchung der politischen Bildung in den Schulen. Schwalbach/Ts, 1967

Bertelsmann Stiftung (Hrsg.): Politik überzeugend vermitteln. Wahlkampfstrategien in Deutschland und den USA. Gütersloh, 1996

Bretthauer, Kathrin/Horst, Patrick: Wahlentscheidende Effekte von Wahlkämpfen? Zur Aussagekraft gängiger Erklärungen anhand in der ZParl publizierter Wahlanalysen. In: Zeitschrift für Parlamentsfragen (ZParl) 2/01, S. 387-408, 2001

Bürklin, Wilhelm/Klein, Markus: Wahlen und Wählerverhalten. Opladen, 1998

Ciupke, Paul/Reichling, Norbert: Die Teilnehmerinnen und Teilnehmer. In: Beer, Wolfgang/Cremer, Will/Massing, Peter (Hrsg.): Politische Erwachsenenbildung. Ein Handbuch zu Grundlagen und Praxisfeldern. Bonn, 1999, S. 257-288,

Deutsches Jugendinstitut e.V. : Unzufriedene Demokraten – Studie zum Politikverständnis von Jugendlichen und jungen Erwachsenen. München, 2000

Diesener, Gerald/Gries, Rainer (Hrsg.): Propaganda in Deutschland. Zur Geschichte der politischen Massenbeeinflussung im 20. Jahrhundert. Darmstadt, 1996

Dietrich, Stefan: Im Seichten. Kommentar. In: Frankfurter Allgemeine Zeitung (FAZ) vom 22. Februar 2002, S. 1.

Dörner, Andreas: Politik im Unterhaltungsformat. Zur Inszenierung des Politischen in den Bilderwelten von Film und Fernsehen. In: Aus Politik und Zeitgeschichte – Beilage zur Wochenzeitung Das Parlament. Ausgabe B 41/99, 1999, S. 17-25.

Dörner, Andreas/Vogt, Ludgera: Der Wahlkampf als Ritual. Zur Inszenierung der Demokratie in der Multioptionsgesellschaft. In: Aus Politik und Zeitgeschichte – Beilage zur Wochenzeitung Das Parlament. Ausgabe B 15-15/02. Bonn, 2002, S. 15-22.

Dürr, Tobias: Neue Mitte alte Fehler. In: Blätter für deutsche und internationale Politik 4/98, 1998, S. 394-398.

Ebbinghausen, Rolf (Hrsg.): Die Kosten der Parteiendemokratie. Studien und Materialien zu einer Bilanz staatlicher Parteienfinanzierung. Opladen, 1996

Eilfort, Michael: Die Nichtwähler – Wahlenthaltung als Form des Wahlverhaltens. Paderborn, 1993

Fischer, Arthur (2000): Jugend und Politik. In: Jugendwerk der Deutschen Shell (Hrsg.): Jugend 2000 – 13. Shell–Jugendstudie. Opladen, 2000, S. 261-282.

Flaig, Berthold B./Meyer, Thomas/Ueltzenhöffer, Jörg: Alltagsästhetik und politische Kultur. Zur ästhetischen Dimension politischer Bildung und Kommunikation. Bonn, 1993

Frankfurter Allgemeine Zeitung: Wenig Politik, viel Arbeit. Jugendstudie der Universität Tübingen für die IG Metall. In: Frankfurter Allgemeine Zeitung vom 18. Februar 2002. Frankfurt am Main,2002, S. 5.

Friedrich-Ebert-Stiftung (Hrsg.): „Wa(h)re Nachrichten – Berichterstattung zwischen Medien-Realität und Wirklichkeit.“ Medien-Disput der Friedrich-Ebert-Stiftung vom 26. November 1998 in Mainz. Mainz, 1998

Friedrich-Ebert-Stiftung – Journalisten Akademie (Hrsg.): Von der Information zum Entertainment. Medienforum der Friedrich-Ebert-Stiftung. Bonn, 2001

Friedrich-Ebert-Stiftung/Land Rheinland-Pfalz (Hrsg.): Im Seichten kann man nicht ertrinken... Medien zwischen Sinn und Sensation. Medien-Disput der Friedrich-Ebert-Stiftung vom 9. Dezember 2000 in Mainz. Mainz, 2001

Glotz, Peter: Die beschleunigte Gesellschaft. München, 1999

Glücks, Elisabeth: Politische Bildung wider den Zeitgeist oder: mit Marketing und Management im Trend der Zeit. In: Außerschulische Bildung – Mitteilungen des Arbeitskreises deutscher Bildungsstätten e.V. Heft 1/90. Bonn, 1990, S. 31-33.

Grafe, Peter: Wahlkampf. Die Olympiade der Demokratie. Frankfurt am Main, 1993

Hamm, Ingrid/Mann, Thomas E. (Hrsg.): Politische Kommunikation in der Informationsgesellschaft. Ergebnisse eines deutsch–amerikanischen Workshops. Gütersloh, 1997

Harms, Hermann/Breit, Gotthard: Zur Situation des Unterrichtsfachs Sozialkunde/Politik und der Didaktik des politischen Unterrichts aus der Sicht von Sozialkundelehrerinnen und Sozialkundelehrern. In: Bundeszentrale für politische Bildung (Hrsg.): Zur Theorie und Praxis der politischen Bildung. Bonn, 1990, S. 13-167.

Hategan, Christa: Wirkungszusammenhang von Wahlkampf und Wahlergebnis am Beispiel von Landtagswahlen in Schleswig-Holstein und Hessen. Ein praxisorientierter Erklärungsansatz. In: Zeitschrift für Parlamentsfragen (ZParl) 2/01, 2001, S. 409-433.

Helms, Ludger (2001): Die „Kartellparteien" – These und ihre Kritiker. In: Politische Vierteljahresschrift (PVS) 4/01, 2001, S. 698-706.

Hepp, Gerd/Schiele, Siegfried/Uffemann, Uwe (Hrsg.) (1994): Die schwierigen Bürger. Schwalbach/Ts, 1994

Hetterich, Volker: Von Adenauer zu Schröder – Der Kampf um Stimmen. Eine Längsschnittanalyse der Wahlkampagnen von CDU und SPD bei den Bundestagswahlkämpfen 1949 bis 1998. Opladen, 2000

Holtz-Bacha, Christina: Entertainisierung der Politik. In: Zeitschrift für Parlamentsfragen (ZParl) 1/00, 2000, S. 156-166.

Holtz-Bacha, Christina: Massenmedien und Wahlen: Die Professionalisierung der Kampagnen. In: Aus Politik und Zeitgeschichte – Beilage zur Wochenzeitung Das Parlament. Ausgabe B 15-16/02, 2002 S. 23-28.

Hönemann, Stefan/Moors, Markus: Wer die Wahl hat... Bundestagswahlkämpfe seit 1957. Muster der politischen Auseinandersetzung. Marburg, 1994

Hufer, Klaus-Peter: Vom Bildungsziel zum Kostendeckungsgrad – politische Bildung auf dem „Weiterbildungsmarkt". In: kursiv – Journal für politische Bildung. Heft 1/98. Schwalbach/Ts, 1998, S. 28-32.

Hufer, Klaus-Peter: Herausforderungen für die politische Erwachsenenbildung. Konsequenzen nach der Einigung. Schwalbach/Ts, 1991

Hufer, Klaus-Peter : Für eine emanzipatorische politische Bildung. Konturen einer Theorie für die Praxis. Schwalbach/Ts, 2001

Hufer, Klaus-Peter: Unter dem Druck des Marktes. Politische Erwachsenenbildung in der Zange. In: Erziehung und Wissenschaft – Zeitschrift der Bildungsgewerkschaft GEW 1/02, 2001a, S. 15-16.

Jarren, Otfried/Sarcinelli, Ulrich/Saxer, Ulrich (Hrsg.): Politische Kommunikation in der Demokratischen Gesellschaft. Opladen, 1998

Jun, Uwe: Der Wahlkampf der beiden großen Parteien kostet 100 Millionen DM. Interview zwischen politik-digital und Dr. Uwe Jun (Universität Potsdam). Entnommen aus dem Internet am 10. Dezember 2001 unter *http://www.politik-digital.de/wahlkampf/bundestagswahl2002/jun.shtml*

Kaase, Max/Klingemann, Hans–Dieter (Hrsg.): Wahlen und Wähler: Analysen aus Anlaß der Bundestagswahl 1994. Wiesbaden, 1998

Katz, Richard S./Mair, Peter: Changing Models of Party Organization and Party Democracy: The Emergence of the Cartel Party. In: Party Politics 1/95, 1995, S. 5-28.
Kirchheimer, Otto: Der Wandel des westdeutschen Parteiensystems. In: Politische Vierteljahreszeitschrift (PVS), 1/65, 1965, S. 20-41.
Kleinhenz, Thomas (1995): Die Nichtwähler – Ursachen der sinkenden Wahlbeteiligung in Deutschland. Opladen, 1995
Klingemann, Hans–Dieter/Kaase, Max (Hrsg.): Wahlen und Wähler: Analysen aus Anlass der Bundestagswahl 1998. Wiesbaden, 2001
Knoblich, Axel/Rudolf, Karsten/Wicker, Alexander/Zeller, Melanie (Hrsg.): Jugend & Politik – Politik & Jugend. Der konsequente Weg zur Beteiligung Jugendlicher – Ein Modellprojekt für Kommunen und politische Bildner. Erschienen in der Schriftenreihe POLIS der Hessischen Landeszentrale für politische Bildung. Wiesbaden, 2001
Kornelius, Stefan (1998): Medien außer Kontrolle. In: Die politische Meinung – Monatszeitschrift zu Fragen der Zeit. Heft 342, 1998, S. 39-43.
Korte, Karl-Rudolf: Wie Wahlen in Zukunft gewonnen werden. Ohne kluge Führung kommt Politik nicht aus – doch Beständigkeit prämieren die Wähler immer weniger. In: Berliner Republik 1/02, 2002, S. 28-32.
Kuwan, Helmut/Gnahs, Dieter/Seidel, Sabine: Berichtssystem Weiterbildung VII – Integrierter Gesamtbericht zur Weiterbildungssituation in Deutschland. Herausgegeben vom Bundesministerium für Bildung und Forschung (BMBF). Bonn, 2000
Lau, Karin: Basare und Marktplätze – Politische Bildung muss besser „verkauft" werden. In: Das Parlament. Ausgabe 41/42. Berlin, 2001, S. VIII – Auch abrufbar im Internet unter *http://www.das-parlament.de/aktuelle _ausgabe/p-d-a-97.html.*
Lösche, Peter: Parteienverdrossenheit ohne Ende? Polemik gegen das Lamentieren deutscher Politiker, Journalisten, Politikwissenschaftler und Staatsrechtler. In: Zeitschrift für Parlamentsfragen (ZParl). Heft 1/95. Wiesbaden, 1995, S. 149-159.
Mair, Peter/Müller, Wolfgang C./Plasser, Fritz (Hrsg.): Parteien auf komplexen Wählermärkten. Reaktionsstrategien politischer Parteien in Westeuropa. Wien, 1999
Meyer, Thomas: Mediokratie. Die Kolonisierung der Politik durch die Medien. Frankfurt am Main, 2001
Meyer, Thomas/Kampmann, Martina: Politik als Theater. Die neue Macht der Darstellungskunst. Berlin, 1998
Motzko, Meinhard: Politische Bildung und Öffentlichkeit. In: Außerschulische Bildung – Mitteilungen des Arbeitskreises deutscher Bildungsstätten e.V. Heft 4/89.Bonn, 1989, S. 360-367.
Mutius, Giesela von/Schillo, Johannes: Wahlkampf und politische Bildung. In: Praxis Politische Bildung (PPB). Heft 1/02. Weinheim, 2002, S. 40-48.
Nitzschke, Volker: Forschungsberichte der Max Traeger Stiftung. Zur Wirksamkeit politischer Bildung Teil II – Schulbuchanalyse. Frankfurt am Main, 1966
Noelle–Neumann, Elisabeth: Ohne politische Bildung verfällt die Demokratie. In: Noelle–Neumann, E./Köcher, R.: Allensbacher Jahrbuch der Demoskopie 1984-1992. München, New York, London und Paris, 1993, S. 632-634.
Noelle-Neumann, Elisabeth/Kepplinger, Hans M./Donsbach, Wolfgang (Hrsg.): Kampa – Meinungsklima und Medienwirkung im Bundestagswahlkampf 1998. München, 1998
Oberreuter, Heinrich (Hrsg.) (1996): Parteiensystem am Wendepunkt? Wahlen in der Fernsehdemokratie. München, 1996
Patzelt, Werner J. : Das Wissen der Deutschen über Parlament und Abgeordnete. Indizien für Aufgaben politischer Bildung. In: Gegenwartskunde – Zeitschrift für Gesellschaft, Politik und Bildung. Heft 3/96. Opladen, 1996, S. 309-322.
Pehl, Klaus/Reitz, Gerhard: Volkshochschul-Statistik. Arbeitsjahr 2000. Herausgegeben vom Deutschen Institut für Erwachsenenbildung (DIE). Bielefeld, 2001

Roick, Michael: Marketing in der politischen Bildung – Streiflicht zu Kontroversen und Konzepten. In: Praxis Politische Bildung (PPB). Heft 4/98. Weinheim, 1998, S. 264-272.

Rohe, Karl: Wahlen und Wählertraditionen in Deutschland. Frankfurt am Main, 1992

Rothe, Klaus: Schüler und Politik – Eine vergleichende Untersuchung bayrischer und hessischer Gymnasialschüler. Opladen, 1993

Rudolf, Karsten: Politische Bildung und Wahlkampf – ein noch weitgehend unbestelltes Feld. In: Praxis Politische Bildung (PPB). Heft 4/01. Weinheim, 2001, S. 276-283.

Rudolf, Karsten: Bericht politische Bildung 2002 – Was wollen die Bürger? Eine Marktanalyse zur außerschulischen politischen Bildung in Deutschland. Buch und CD-ROM. Büdingen/Hessen, 2002

Rudolf, Karsten/Albach, Steffen/Zeller, Melanie: Eine Demokratiewerkstatt als ergänzendes Angebot zur politischen Bildung. In: Praxis Schule 5-10. Heft 3/01. Braunschweig, 2001, S. 20-23.

Rudolf, Karsten/Wicker, Alexander: Jugend im Parteienstaat – Ein Plädoyer für Konzeptvielfalt und einen offenen Prinzipienkatalog bei der Aktivierung Jugendlicher. In: Praxis Politische Bildung (PPB). Heft 4/00. Weinheim, 2000, S. 250-259.

Rudolf, Karsten/Zeller, Melanie: Politische Bildung und politisches Engagement: Das Nidderau-Projekt – Fallstudie und Perspektiven. In: Praxis Politische Bildung (PPB). Heft 1/99. Weinheim, 1999, S. 25–33.

Rudolf, Karsten/Zeller, Melanie: Wie entsteht politisches Engagement? Das Nidderau-Projekt – eine empirische Wirkungsstudie zur politischen Bildung. Schwalbach/Ts, 2001

Sander, Wolfgang : Von der Teilnehmer- zur Kundenorientierung? In: kursiv – Journal für politische Bildung. Heft 1/98. Schwalbach/Ts, 1998, S. 33-35.

Sander, Wolfgang : Beruf und Politik: Von der Nützlichkeit politischer Bildung. Schwalbach/Ts, 1996

Sander, Wolfgang: Politik entdecken – Freiheit leben. Neue Lernkulturen in der politischen Bildung. Schwalbach/Ts, 2001

Sarcinelli, Ulrich (Hrsg.): Politikvermittlung und Demokratie in der Mediengesellschaft. Bonn, 1998

Sarcinelli, Ulrich/Wissel, Manfred: Mediale Politikvermittlung, politische Beteiligung und politische Bildung: Medienkompetenz als Basisqualifikation in der demokratischen Gesellschaft. In: Sarcinelli, Ulrich (Hrsg.): Politikvermittlung und Demokratie in der Mediengesellschaft. Bonn, 1998, S. 408-427.

Schmitt–Beck, Rüdiger: Mediennutzung und Wahlentscheidungen: Fünf westliche Demokratien im Vergleich. In: Zeitschrift für Parlamentsfragen (ZParl) 4/98, 1998, S. 677-704.

Schmitt-Beck, Rüdiger/Pfetsch, Barbara: Politische Akteure und die Medien der Massenkommunikation – Zur Generierung von Öffentlichkeit in Wahlkämpfen. In: Kölner Zeitschrift für Soziologie und Sozialpsychologie. Sonderheft 34: „Öffentlichkeit, öffentliche Meinung, soziale Bewegungen", 1994, S. 106-138.

Spielmann, Jochen: Politische Bildung als Dienstleistung. In: Praxis Politische Bildung (PPB). Heft 4/01. Weinheim, 2001, S. 299-300.

Steffens, Guido: Schulentwicklung und (Schul-)Aufgabe der Politischen Bildung. Das Beispiel Hessen. In: POLIS – Report der Deutschen Vereinigung für Politische Bildung. Heft 3/00. Opladen, 2000, S. 18-19.

Torney-Purta, Judith/Lehmann, Rainer/Oswald, Hans/Schulz, Wolfram: Demokratie und Bildung in 28 Ländern. Politisches Verstehen und Engagement bei Vierzehnjährigen (IEA Civic Education Study). Deutscher Kurzbericht. Zu beziehen unter *wolfram.schulz@rz.hu-berlin.de*, 2001

Treml, Alfred K. : Didaktik der entwicklungspolitischen Bildung am Ausgang einer Epoche. In: Böttger, G./Frech, S. (Hrsg.) (1996): Der Nord-Süd-Konflikt in der politischen Bildung. Schwalbach/Ts, 1996, S. 113-129.
Unger, Frank/Wehr, Andreas/Schönwälder, Karen: New Democrats – New Labour – Neue Sozialdemokraten. Berlin, 1998
Wolinetz, Steven B. : Party System Change: The Catch-all Thesis Revisited. In: West European Politics 1/91, 1991, S. 113-128.

Jürgen W. Falter und Andrea Römmele

Professionalisierung bundesdeutscher Wahlkämpfe, oder: Wie amerikanisch kann es werden?

1. Einführung

Wahlkämpfe würden immer amerikanischer geführt, ja: von der völligen Amerikanisierung des deutschen Wahlkampfes ist mittlerweile zu lesen, nicht ohne kulturkritische Untertöne. Andere halten dieser Charakterisierung entgegen, dass sich zwar tatsächlich die Wahlkampfführung in den vergangenen zehn bis zwölf Jahren dramatisch verändert habe, dass dies aber in erster Linie das Resultat von gesellschaftlichen Modernisierungs- und sozialwissenschaftlichen Professionalisierungsprozessen darstelle und gerade nicht die blinde Übernahme von Vorbildern aus den USA bedeute. Ob Amerikanisierung oder Modernisierung, einig sind sich die Beobachter, darin, dass sich auch in Deutschland die Wahlkampfführung im Umbruch befindet. Der Trend zur Personalisierung, zum Themen- und Ereignismanagement und zur zielgruppenspezifischen Wähleransprache ist unverkennbar. Der geplante Beitrag setzt sich mit diesen Entwicklungen auseinander und gliedert sich in drei Teile: in einem ersten Schritt werden die wichtigsten Elemente professionalisierter[1] Wahlkämpfe dargelegt und diskutiert. Neben den Aspekten der Personalisierung und der Rolle und Bedeutung von Spin-Doctors wird das Augenmerk auf Marketing-Techniken gerichtet. Besonders hervorgehoben werden hier die neuen (direkten) Kommunikationsmöglichkeiten, die den politischen Akteuren zur Verfügung stehen. Welche Botschaften übermitteln Parteien an ihre Zielgruppen? Es ist heute nicht mehr schwer, in einem kurzen Zeitraum zu bestimmen, welche Wählergruppe was hören möchten; reden Parteien und Kandidaten deswegen dem Wähler verstärkt nach dem Munde? Dieser Frage wird in einem zweiten Teil am Beispiel von direct mailing empirisch nachgegangen. Abschließend sollen die empirischen Ergebnisse im Lichte der Diskussion über die so genannte Amerikanisierung politischer Wählkämpfe bzw. der Wahlkampfführung diskutiert werden.

---

1 In der Wahlkampfkommunikationsforschung spricht man seit einiger Zeit von postmodernen Wahlkämpfen (vgl. auch Norris 2000; Farrell und Webb 2000). Im vorliegenden Beitrag werden wir hingegen den Begriff professionalisierter Wahlkämpfe verwenden (vgl. Gibson und Römmele 2001).

2. Elemente eines professionellen Wahlkampfes

Der Wahlkampf 1998 war durch ein bisher unbekanntes Maß an Professionalität gekennzeichnet. Dies trifft vor allem auf den „Kampa"-Wahlkampf der SPD zu. Von zahlreichen Beobachtern wurde den Sozialdemokraten (im auffallendem Gegensatz zu früheren Wahljahren) diesmal die beste Wahlkampagne aller Parteien bescheinigt (Oberreuter 1998; Niedermayer 1999). Folgt man den Einschätzungen von Wahlkampfbeobachtern und -praktikern, so sind mittlerweile professionell geplante, durchgeführte und evaluierte Wahlkampagnen ein entscheidender Schlüssel zum Wahlerfolg. Welchen Einfluss Wahlkampagnen auf den Wahlausgang haben, ist mittlerweile auch Gegenstand sozialwissenschaftlicher Analysen geworden (vgl. Schmitt-Beck/Farrell 2002, Schmitt-Beck 2001, Holbrook 1996). Die Befunde deuten darauf hin, dass Wahlkampagnen zwar keinesfalls das enorme Gewicht haben, das ihnen von Praktikern und „Machern" zugeschrieben wird, jedoch dürfte ihnen für den Wahlausgang durchaus eine gewisse Bedeutung zukommen – „Do Political Campaigns Matter? Yes, but It Depends" (Farrell/Schmitt-Beck 2002: Conclusion).

In der Literatur wird der Sachverhalt der Professionalisierung politischer Wahlkämpfe unterschiedlich beschrieben. Das Schlagwort der „Amerikanisierung" ist in aller Munde, die Wissenschaft selbst spricht eher von der „Modernisierung" politischer Wahlkämpfe. Unter Amerikanisierung wird – kurz dargelegt – der Import der neuesten amerikanischen Wahlkampf- und Marketing-Technologien nach Westeuropa, zunehmend aber auch nach Osteuropa und Südamerika verstanden. Die US-amerikanischen Wahlkampftechniken und -rafinessen gelten als „state of the art"; so ist es bereits Tradition, dass die Wahlkampfverantwortlichen insbesondere der europäischen Parteien – mittlerweile samt ihrer Medien- und Strategieberater – zur Wahlkampfbeobachtung in die USA reisen. Der amerikanische Präsidentschaftswahlkampf gilt unter Experten als „the cutting edge of electioneering innovation" (Blumler et al. 1996:59). Besonders die Kampagne Tony Blairs war unverkennbar von Erfahrungen aus der Beobachtung des vorangegangenen Clinton-Wahlkampfes geprägt. Ähnliches gilt auch für den SPD-Wahlkampf 1998; die symbolische Auslagerung der Wahlkampfführung in das Kampagnenkoordinationszentrum „Kampa" imitierte das Konzept des „war room" der Clinton-Kampagne 1992. Angesichts der nach wie vor bestehenden gravierenden unterschiede der Wahlkampfführung in den USA und Europa zieht es die Wissenschaft allerdings vor, statt von einer Amerikanisierung von einer Modernisierung politischer Wahlkämpfe zu sprechen (zur kritischen Diskussion der Amerikanisierungsthese siehe u.a. Donges 2000; Gibson/Römmele 2001; Holtz-Bacha 2000). Ihrer Ansicht nach muss die Entwicklung im Bereich politischer Wahlkampfführung und Kommunikation als Resultat gesellschaftlicher Modernisierungsprozesse und der wachsenden Bedeutung der Massenmedien gesehen werden. Die Veränderungen im Bereich der politischen Kommunikation und der Einsatz neuer Kommunikationstechnologien werden als notwendige Konsequenz dieser Entwicklung betrachtet.

Wie sieht der professionalisierte Wahlkampf in der BRD aus? Genauer betrachtet werden hier die Personalisierung, die Rolle und Bedeutung der spin doctors, sowie die neuesten Marketing-Techniken.

2.1 Personalisierung

Im umfassenderen Sinne meint der Begriff der Personalisierung, dass der Kandidat in der medialen Berichterstattung eine deutlich hervorgehobene Rolle spielt und die eigentlichen politischen Fragen hinten anstehen. Neben einer sinkenden Partei-Identifikation bedingt vor allem die Visualisierung von Politik deren Personalisierung. Zur visuellen Darstellung von Politik eignen sich Persönlichkeiten weitaus besser als politisches Handeln und politische Ideologien. Personalisierung ist an sich nicht neu, sie gewinnt aber durch die fast vollständige Zuspitzung des Wahlkampfes auf die Person eines Kandidaten eine neue Qualität. Nach einem Wort des früheren Bundesgeschäftsführers und erfolgreichen Wahlkampfmanagers der CDU, Radunski, ist der Kandidat in den Wahlkämpfen neuen Stils „wichtiger als die Partei". Als Repräsentant bestimmter, untrennbar mit seiner Person verbundener politischer Botschaften ist er sozusagen selbst die Nachricht. Diese Form der Personalisierung von Wahlkämpfen ist in den Vereinigten Staaten bereits in der Struktur des politischen Systems angelegt. Begünstigt durch die herausragende, in der westlichen Welt einzigartige Position des Präsidenten, das Auswahlverfahren durch Vorwahlen, das Zweiparteiensystem und die Abwesenheit von Programmparteien sowie das stärker personenbezogene Wahlsystem Amerikas konzentriert sich im Präsidentenwahlkampf nahezu alles auf die Person der zwei – oder manchmal auch drei – Spitzenkandidaten. In den achtziger Jahren, seit den Wahlkampfauftritten des Darstellungsprofis Reagan, hat die Tendenz zur Personalisierung der amerikanischen Wahlkämpfe allerdings eine neue Qualität erlangt: Der Kandidat selbst ist die Botschaft, seine Auftritte, die Diskussion seiner Stärken und Schwächen sind das eigentliche Medienereignis. Inhalt der Berichterstattung, namentlich in den elektronischen Massenmedien, sind nicht mehr die Wahlprogramme und politischen Richtungsentscheidungen, die mit dem Wahlausgang verbunden sind, sondern das Abschneiden der Spitzenkandidaten in Debatten und Talk-Shows sowie die neuesten Ergebnisse von Meinungsumfragen darüber. Charakterfragen und die medienvermittelte Glaubwürdigkeit der Kandidaten sind wichtiger als der Inhalt ihrer Reden. Der Wahlkampf besteht folglich seit den achtziger Jahren hauptsächlich aus einer Abfolge von Interaktionen zwischen den Kandidaten und den Medien. In Clinton hatte „der große Kommunikator" Reagan übrigens hierin einen ebenbürtigen Nachfolger gefunden.

Personenzentrierte Wahlkämpfe wurden und werden auch in der Bundesrepublik geführt. Erinnert sei an die Wahlkämpfe der fünfziger bis siebziger Jahre mit Protagonisten wie Adenauer, Erhard, Brandt, Schmidt oder Strauß. In keinem Falle jedoch agierten die Kandidaten losgelöst von den Parteien, aus denen sie hervorgegangen waren und ohne die sie zur Erfolglosigkeit verdammt gewesen wären. Ihr Name stand stets für das Programm einer Partei und eine bestimmte Politik, nicht nur für einen bestimmten Politikstil. Charakterfragen wurden zwar ab und zu, etwa im Zusammenhang mit der Kanzlerkandidatur von Strauß, gestellt, aber sie beherrschten die Wahlkämpfe nicht. Seit den achtziger Jahren ist in der Bundesrepublik, obschon im Vergleich zu den Vereinigten Staaten in deutlich abgeschwächter Form, ebenfalls ein Trend zu verstärkter Personalisierung der Wahlkämpfe zu beobachten. Besonders ausgeprägt war dies im Bundestagswahlkampf 1994 der Fall, als die CDU auf Großplakaten ohne Parteilogo und ohne jede weitere politische Aussage den alle überragenden Kohl inmitten einer gesichtslosen Menschenmenge zeigte, worauf die SPD in abgeschwächter Form mit Plakaten und Fernsehspots antwortete, in denen Scharping nicht etwa als Politiker, sondern als Radfahrer, Familienvater oder Wanderer gezeigt wurde. Eine Inhaltsanalyse der Medienberichterstattung über den Wahlkampf von 1994 durch die Mainzer Publizistikwissenschaftler Kepplinger und Rettich belegt, dass fast zwei Drittel aller Medienaussagen 1994 auf die Person der Kandidaten bezogen waren; nur ein gutes Drittel der Berichte über den Wahlkampf wies einen Bezug zu Sachthemen auf (Kepplinger/Rettich 1996). In der Niedersachsen-Wahl vom 1. März 1998 schließlich erfuhr diese nahezu totale Konzentration des Wahlkampfgeschehens und des Medieninteresses auf in diesem Falle nur eine einzige Person eine weitere, bisher beispiellose Steigerung: Wie und von wem Niedersachsen künftig regiert würde, ob von einer Alleinregierung der SPD, einer rot-grünen oder gar einer schwarz-gelben Koalition, erschien zweitrangig gegenüber der Frage, wer sich als Kanzlerkandidat der SPD durchsetzen werde, Schröder oder Lafontaine. Schröder erwies sich dabei im Umgang mit den Medien als höchst versiert, was ihm wiederum den Beifall und die Aufmerksamkeit der Medien einbrachte.

2.2 Rolle der Spin doctors

Wurden früher Wahlkämpfe schwerpunktmäßig von den Parteizentralen mit Unterstützung eines Heeres freiwilliger Helfer gesteuert, so bestimmen inzwischen „Profis“ aus der Meinungsforschung, der Werbebranche und den elektronischen Medien sowie die sogenannten „Spin Doctors“ die Wahlkampfführung. „Spin Doctor“ ist ein schwer übersetzbarer Begriff, der in Wörterbüchern der siebziger Jahre noch nicht auftaucht. Gemeint ist damit eine Art Medizinmann der Wahlkampfführung, ein Wunderheiler, der zur rechten Zeit den geeigneten Zaubertrank mixt, um selbst „Underdogs“ zum Sieg zu führen. Hierzulande ist dieser Miraculix der modernen Politikwerbung einer breiteren Öffentlichkeit durch die Person Peter Mandelsons bekannt geworden, der den Wahlkampf Blairs nicht nur organisierte, sondern maßgeblich mitbestimmte. Nach Art der griechischen Pythia oder des römischen Haruspex wird der „Spin Doctor" vor jeder wahlkampfrelevanten Entscheidung befragt. Als graue Eminenz im Hintergrund zieht er die Fäden, entscheidet über Zeitpunkt und manchmal auch Inhalt von Wahlkampfaussagen, über Kandidatenauftritte und Imagebemühungen und bestimmt häufig stärker als der Kandidat selbst „die Themen der Tagesordnung im Wahlkampf" (Werner Holzer).

In der Bundesrepublik entsprach in den achtziger Jahren in allerersten Ansätzen Peter Radunski dem Bild des „Spin Doctor!"; 1998 dürfte wohl am ehesten Bodo Hombach als Berater Schröders die Rolle des Wahlkampfmagiers amerikanischer Prägung ausgefüllt haben. Während jedoch die amerikanischen „Spin Doctors" nahezu vollständig kandidatengebunden sind und häufig ohne engen Parteibezug agieren, haben hierzulande die Parteizentralen über die Generalsekretäre und Bundesgeschäftsführer nach wie vor erhebliche Bedeutung für die Wahlkampfführung. Werbe- und PR-Agenturen, die seit langem auch in Deutschland zur professionellen Gestaltung von Wahlkämpfen herangezogen werden, stellen, anders als in Amerika, Erfüllungsgehilfen ohne eigene Definitionsmacht dar. Die seltene Spezies des deutschen „Spin Doctor" ist überdies bisher ausnahmslos politisch motiviert und parteigebunden. Unabhängige Fachleute gewinnen allenfalls über die Medien oder im Rahmen punktueller Politikberatung Einfluss. In dem Maße allerdings, wie sich Kandidaten unabhängig von ihren Parteien durchsetzen, dürfte auch der parteiunabhängige, nur dem Kandidaten verpflichtete Wahlkampffachmann, der dann bei der nächsten Wahl möglicherweise einem Kandidaten anderer politischer Couleur dient, hierzulande an Bedeutung gewinnen. Der Berater von Edmund Stoiber, Michael Spreng, früher einmal Chefredakteur von Bild am Sonntag und in dieser Eigenschaft durchaus ein Schröder-Sympathisant, dürfte ein Vorbote dieser Entwicklung darstellen.

2.3 Marketing-Techniken

Personalisierung und Professionalisierung haben in Amerika zu einer tiefgreifenden Veränderung der Darstellungsformen im Wahlkampf geführt; Techniken des Marketing bestimmen mehr und mehr die politische Werbung, und davon bleiben auch die präsentierten Inhalte nicht verschont. Im Mittelpunkt der modernen Wahlwerbung steht heute der Verkauf des Produkts, steht letzten Endes der Gewinn nach Steuern, also: der Wahlerfolg des Kandidaten. Hierfür sind ständige Situationsanalysen unter Einsatz von Meinungsforschung, Medienbeobachtung, Zielgruppenanalyse, gezieltem Einsatz politischer Werbung und möglichst häufigem „Product Placement" zwingende

Voraussetzung. Dies alles wird durch Fortschritte in der Meinungsforschung und Medienanalyse erleichtert: Es ist heute nicht mehr schwer, innerhalb eines kurzen Zeitraums zu ermitteln, welche Wählergruppen was hören wollen, oder festzustellen, wo Werbung platziert werden muss, um den größten Effekt zu erzielen. Dreh- und Angelpunkt der Wahlwerbung sind dabei in den vergangenen zwei Jahrzehnten die elektronischen Medien geworden. Sie zu manipulieren, das heißt für die eigenen Zwecke einzuspannen, die Botschaft „Wählt mich!“ mediengerecht an Mann und Frau zu bringen, gehört zu den wichtigsten Formeln des Hexeneinmaleins der „Spin Doctors“.

Wie in der Konsumgüterwerbung muss in einem komplizierten Prozess der Wechselwirkung das Produkt, also der Kandidat und sein Programm, den Wünschen der Verbraucher angepasst und umgekehrt der Konsument von der Qualität des eigenen Produkts (und der Minderwertigkeit aller Konkurrenzprodukte) überzeugt werden. Die Versuchungen des Zielgruppenpopulismus sind dabei groß, seine Gefahren nicht zu unterschätzen. Kandidaten, die den Wählern zu sehr nach dem Munde reden, werden zu Recht als Populisten gebrandmarkt, Parteien, die vor der Wahl das Blaue vom Himmel herunter versprechen, um dann im Falle eines Wahlsiegs angesichts finanzieller und struktureller Zwänge doch die alte, graue Politik weiterzuführen, fördern die Politikverdrossenheit und zerstören auf Dauer das Vertrauen in die repräsentative Demokratie.

Politische Direktwerbung durch bezahlte Werbespots der Parteien ist teuer, auch ist die Abwehrhaltung der Zuschauer ausgeprägter, liegt der Griff zur Fernbedienung näher als im Falle indirekter Werbung durch „Product Placement“ und gezieltes Ereignis- und Themenmanagement innerhalb des normalen Programms. Zu den Kennzeichen moderner Wahlkampfführung in den Vereinigten Staaten gehört denn auch der Versuch, seine Botschaft (nochmals: vor allem der Kandidat ist hier die Botschaft) unmittelbar im Programm zu platzieren. Dies kann durch geschicktes Ereignismanagement geschehen, etwa die Terminierung wichtiger Konferenzen oder Staatsbesuche mitten im Wahlkampf, durch häufige Medienpräsenz des Kandidaten in Talk-Shows und Unterhaltungssendungen sowie durch die permanente Absonderung von Stellungnahmen zu allen wichtigen und unwichtigen Fragen der Politik.

Insgesamt hat es der Herausforderer naturgemäß schwerer als der Amtsinhaber, sich durch Ereignis- und Themenmanagement ins Gespräch zu bringen. Zunächst einmal ist der Amtsinhaber qua Amt generell häufiger Gegenstand der Berichterstattung der Medien. So wurde laut Media Control 1994 über Kohl rund zehn Stunden länger berichtet als über seinen Herausforderer Scharping. Auch fällt dem Amtsinhaber das Ereignismanagement viel leichter. Dazu gehören die Veranstaltung spektakulärer Konferenzen, Staatsbesuche, Visiten im Trainingslager der Fußballnationalmannschaft (auch im Wahljahr 2002 findet wieder die Fußball-Weltmeisterschaft statt), die Nutzung von Gedenktagen etc. Ziel dieser Form des Ereignismanagements ist es in jedem Falle, den Kandidaten in den redaktionellen Teil zu bringen, dadurch seine Sichtbarkeit zu erhöhen und durch die Verbindung mit positiven Inhalten der Berichterstattung seine Akzeptanz bei den Wählern zu erhöhen.

Angesichts der überragenden Bedeutung des Fernsehens ist es nicht verwunderlich, dass sich analog zu den Vereinigten Staaten auch in Deutschland die Wahlkampfplanung und -gestaltung immer stärker an den Gesetzen der Medienlogik orientieren. Wahlkämpfe werden heute bei uns wie in den Vereinigten Staaten als „politisches Kommunikationsdrama" gestaltet, so der österreichische Politikwissenschaftler Fritz Plasser, ein Drama, das durch die weitere Thematisierung in den Medien einen selbstverstärkenden Effekt entfaltet.

Techniken des „negative campaigning" sind auch in Deutschland bekannt, durch sie soll die jeweilige Konkurrenzpartei als unzuverlässig, unberechenbar und eine Gefahr für das Gemeinwohl hingestellt und das positive Image von Kandidaten nachhaltig zerstört werden. In Amerika geschieht dies in zunehmendem Maße durch moralische Kampagnen und öffentliches Waschen schmutziger Wäsche; vor allem Bill Clinton ist bekanntlich eine beliebte, allerdings auch geeignete Zielscheibe solch negativer, in vielen Fällen auch schmutziger Wahlkampfführung gewesen, vor der die „Spin Doctors" in den USA immer weniger zurückzuschrecken scheinen. Bei uns arbeitet negative Wahlkampfführung bisher eher mit politikbezogener Kritik, indem etwa auf Widersprüche in den Aussagen eines Kandidaten aufmerksam gemacht, ihm Populismus unterstellt oder auf gebrochene Versprechungen hingewiesen wird.

Ein im Ergebnis gelungenes Beispiel negativer Wahlkampfführung war 1994 die sogenannte Rote-Socken-Kampagne. Auch für 1998 war vom Konrad-Adenauer-Haus ein Lagerwahlkampf nach dem Motto: „Hier die Kräfte des Guten, dort die Kräfte des Bösen" geplant worden. Durch die Bestellung Schröders zum Spitzenkandidaten der SPD wurde diese Strategie weitestgehend hinfällig. Ein Kandidat, der sich selbst eher als Pragmatiker und Modernisierer ohne besondere ideologische Vorzeichen stilisiert und als Zielgruppe die „Neue Mitte" (wieder-)entdeckt hat, gibt keine gute Zielscheibe für einen Lagerwahlkampf ab. Mit Lafontaine wäre das einfacher gewesen. Erfolgversprechend hätte ein Lagerwahlkampf nach Art des Konrad-Adenauer-Hauses 2002 nur dann verlaufen können, wenn der Sachsen-Anhalt-Fauxpas des Jahres 1994 in veränderter, verstärkter Weise, etwa in Form einer formellen Koalition von SPD und PDS oder aufgrund einer schriftlich fixierten Duldungsabsprache einer SPD-Minderheitsregierung mit der PDS, wiederholt worden wäre. Das Wahlergebnis von Sachsen-Anhalt hat es jedoch verhindert, dass die SPD erneut in eine solche Versuchung geführt wurde. Überraschungen dieser Art sind daher erst nach der Bundestagswahl zu erwarten. Insofern spielt die Zeit in Form der Landtagswahltermine für die Bonner Koalition.

Obwohl auch in Deutschland folglich negative Wahlkampfführung keineswegs unbekannt ist, hat das „negative campaigning" in Amerika doch in den vergangenen zwei Jahrzehnten eine neue, wenn das Wortspiel erlaubt ist, höchst negative Qualität gewonnen. Erfolgreiche Wahlkampfplanung umfasst im Zeitalter der „Spin Doctors“ immer auch die gezielte Suche nach Negativmaterial über den politischen Konkurrenten, wofür die jeweils im Bereich der Erotik anzusiedelnden Gary-Hart- und vor allem die mannigfachen Bill-Clinton-Affären ein gutes Beispiel abgeben. Hinzugetreten ist in den letzten Jahren eine Form der Meinungsbefragung, die zutreffend als Dolchstoßdemoskopie charakterisiert worden ist. In echte oder fiktive Telefoninterviews werden schädliche Informationen über einen Kandidaten eingebaut. Ziel ist es im günstigeren Falle, künstlich positive Umfrageergebnisse für den eigenen und negative Umfrageergebnisse für den anderen Kandidaten zu generieren. Im ungünstigeren Falle wird die „Umfrage“ mit dem Ziel der gerichtlich nicht fassbaren, da nur in hypothetischer Form vorgetragenen Verleumdung in der Erwartung durchgeführt, dass immer etwas „hängen bleibt“.

Soweit sind wir in Deutschland noch nicht, obwohl die Pfeiffer-Barschel-Affäre schon vor Jahren einen Vorgeschmack davon gab, was auch hierzulande im politischen Machtkampf möglich ist. Unstrittig aber ist, dass das, was man die Amerikanisierung von Wahlkämpfen nennt, auch bei uns bereits weit fortgeschritten ist, selbst wenn vieles durch die andersartige Struktur unseres politischen Systems und vor allem durch die nach wie vor existierende, wenn auch allmählich erodierende Dominanz des Parteienstaates abgemildert und modifiziert erscheint. Inwieweit es sich allerdings tatsächlich dabei um eine Amerikanisierung von Wahlkämpfen im Sinne einer gezielten, das heißt nicht von den Verhältnissen aufgezwungenen Übernahme amerikanischer Vorbilder handelt, ist umstritten. Denn manches von dem, was wir Amerikanisierung nennen, ist wohl nichts anderes als die Anpassung an sich ändernde Rahmenbedingungen, ein Reflex von technischer Modernisierung und gesellschaftlichem Wandel, insbesondere auf dem Mediensektor. Hierfür spricht, dass sich ganz ähnliche Entwicklungen auch in anderen westlichen Demokratien beobachten lassen.

Im folgenden zweiten Teil unserer Analyse wird das Augenmerk nun auf die Inhalte gerichtet, die über neue Kommunikationskanäle an die Wähler übermittelt werden. Lassen sich auch hier Modernisierungs- bzw. Amerikanisierungstendenzen in bundesdeutschen Wahlkämpfen festmachen?

3. Empirischer Teil

Im folgenden Abschnitt wird mit dem so genannten direct mailing ein neues Medium ins Zentrum der Analyse gerückt. Aufgrund modernster technologischer Ausrüstung ist es den Parteien theoretisch möglich, mit diesem Medium unterschiedliche Zielgruppen mit unterschiedlichen Inhalten zu bedienen. Direct mailing ist ein quasi-personalisiertes Serienbriefverfahren, das zielgruppenspezifisch eingesetzt und auf dem Postwege zugestellt wird. Es besteht aus mindestens drei Elementen: einem Anschreiben, einer beigefügten Antwortmöglichkeit (der Marketing-Jargon spricht hier von einem „Reaktionsträger“) und einem Briefumschlag. Das Anschreiben als zentraler Bestandteil zeichnet sich durch folgende Merkmale aus: Der Adressat wird persönlich angesprochen („Sehr geehrter Herr Maier“, „Liebe Frau Müller“). Damit wird die persönliche Note erkennbar, die sich direct mailing zu geben versucht. Sie wird im gesamten Brieftext durch die Verwendung von Personalpronomen („Du“, „Sie“, „Wir“, „Unser“) unterstrichen. Der persönliche Charakter zeigt sich auch in der Unterschrift: Bei Briefsendungen an eine kleine Zielgruppe wird das mailing im Regelfall persönlich, d.h. handschriftlich, unterschrieben. Bei umfangreichen Mailing-Aktionen werden Unterschriftsgeräte („Kralle“) eingesetzt, die täuschend echt erscheinende Unterschriften produzieren können. Der Brieftext wird optisch unter Marketing-Gesichtpunkten konzipiert. Kurze Sätze und zahlreiche Absätze bestimmen das Layout. Wichtige Aspekte werden durch Unterstreichungen oder durch Kursivschrift hervorgehoben.

Direct mailing, Telemarketing und Internet sind allesamt neue Formen der direkten, d.h. nicht massenmedial vermittelten Kommunikation zwischen Parteien und Wählern. Dennoch bestehen zwischen den Mailings und dem Telemarketing auf der einen sowie dem Internet auf der anderen Seite gravierende Unterschiede. Der Kommunikationsimpuls liegt bei Mailings und Telemarketing eindeutig bei den Parteien. Sie treten in Kontakt mit den Wählern. Sie ergreifen die Kommunikationsinitiative. Hier kann das inhaltliche Angebot der Parteien zielgruppenspezifisch auf die Interessen und Bedürfnisse der Adressaten zugeschnitten werden. Die Auswahl der Themen und die Wichtigkeit, die ihnen beigemessen wird, liegt ganz in den Händen der Parteien. Anders sieht es hingegen bei der Nutzung des Internets aus: zwar stellen Parteien auch hier zielgruppenspezifische Informationen auf ihrer Homepage zur Verfügung. Diese muss sich der Bürger jedoch entsprechend seinen individuellen Interessen über „links“ auf der Homepage jeder Partei selbst zusammenstellen. Die Initiative zur Information sowie die Selektion der Themen liegt hier beim Bürger. Er muss das inhaltliche Angebot abrufen.

Die empirische Studie konzentriert sich auf die Mailings im Bundestagswahlkampf 1998. Hier waren die SPD, die CDU sowie die FDP aktiv. Bündnis 90/Die Grünen haben dagegen keine Mailings auf Bundesebene versandt; von der PDS waren keine Informationen erhältlich.

Die Tabellen 1-3 geben Aufschluss über Häufigkeit, Zielgruppe und Umfang der Mailings von SPD, CDU und FDP.

Tabelle 1: Mailing-Aktionen der SPD, 1998

Mailing-Aktion	Zeitpunkt	Zielgruppe	Anzahl
Extern 1	März 1998	Eigenadressen	50.000
Extern 2	April 1998	Geschäftspartner	54
Intern 1	April 1998	Mitglieder mit Monatsbeitrag > 10 DM	285.000
Extern 3	Juli 1998	Großspender aus den Rechenschaftsberichten	105
Extern 4	Juli 1998	Top 2000	1.250
Intern 2	August 1998	Alle Mitglieder	730.000

Quelle: Informationen des SPD-Parteivorstandes

Der SPD-Parteivorstand hat im Wahlkampf 1998 insgesamt 6 Mailing-Aktionen durchgeführt, wobei vier Mailing-Aktionen in den externen Bereich gingen, zwei richteten sich an Parteimitglieder. Bis auf das letzte interne Mailing, das kurz vor der Wahl an alle Mitglieder verschickt wurde, wurden die Mailings von der Schatzmeisterin der SPD, Inge Wettig-Danielmeier, unterzeichnet. Das interne Mailing im August wurde von dem Kanzlerkandidaten Schröder, dem Parteivorsitzenden Lafontaine sowie der Schatzmeisterin unterschrieben.

Tabelle 2: Mailing-Aktionen der CDU, 1998

Mailing-Aktion	Zeitpunkt	Zielgruppe	Anzahl
Extern	Juli 1998	CDU-Wähler mit hoher Kaufkraft	850.000
Extern	August 998	CDU-Wähler mit hoher Kaufkraft	900.000

Quelle: Informationen des CDU-Parteivorstandes

Die CDU startete in der heißen Wahlkampfphase zwei externe Mailings in beachtlichem Umfang. Im Juli sowie im August gingen an jeweils knapp 1 Millionen CDU-Wähler mit hoher Kaufkraft von der Schatzmeisterin Brigitte Baumeister unterschriebene Mailings heraus. Im Unterschied zur SPD richteten sich die Mailing-Aktionen nur an Nichtmitglieder. Nach Auskunft der CDU-Schatzmeisterin hatte der CDU-Parteivorstand eine Vereinbarung mit den Gliederungen getroffen, die eigenen Mitglieder nicht um eine Spende zu bitten, sondern dieses „Spendenterrain" den Landesverbänden zu überlassen. Nach Auskunft der Schatzmeisterin wurde die externe Zielgruppe nach Wahlverhalten und Kaufkraft bestimmt. Nach Wohngegend selektierte, potentiell wohlhabendere Bürger, die, so wurde erwartet, aufgrund ihrer finanziellen Situation eher zu einer Spende bereit waren und zudem in CDU-Hochburgen wohnten (was auf eine gewisse CDU-Sympathie schließen lässt), wurden kontaktiert.

Die FDP hat im Bundestagswahlkampf 1998 ausgewählte Nichtmitglieder über direct mailing angesprochen. Insgesamt wurden 49.000 Bürgerinnen und Bürger von der FDP kontaktiert. Die Mailings wurden vom damaligen

Bundesvorsitzenden der FDP, Wolfgang Gerhardt, unterzeichnet. Das empirische Material zeigt, dass politische Parteien sich den neuen Formen der direkten Kommunikation über direct mailing in durchaus beachtlichem Umfang bedienen; ferner werden unterschiedliche Zielgruppen definiert und kontaktiert. Wie es um die Inhalte der Mailings steht, ob unterschiedliche Zielgruppen mit unterschiedlichen Inhalten bedient werden, wird im nächsten Schritt analysiert. Vorab sei gesagt, dass sich nahezu 70% des Inhalts der Mailings auf politische Themen beziehen, 18% der Aussagen in den Mailings sind der Mobilisierung gewidmet und 14% beziehen sich auf die Spendenaquisition. Es werden im Mittel sechs inhaltliche Themen pro Brief angesprochen, jedem Thema sind vier Sätze zugeordnet.

Hier gibt es zwischen den Parteien kaum Variationen. Zum Vergleich: In den USA setzte sich ein durchschnittliches Mailing im Präsidentschaftswahlkampf 1996 zu 49% aus politischen Inhalten, zu 30% aus Mobilisierungsbemühungen und zu 21% aus Spendenaufrufen zusammen.

Tabelle 3: Mailing-Aktionen der FDP, 1998

Mailing-Aktion	Zeitpunkt	Zielgruppe	Anzahl
Extern	September	Frauen	4000
Extern	September	Jungwähler	12000
Extern	September	Selbständige	7000
Extern	September	Handwerker	6500
Extern	September	Ärzte	4000
Extern	September	Zahnärzte	3000
Extern	September	Apotheker	2500
Extern	September	Rechtsanwälte	3000
Extern	September	Wirtschaftsprüfer/Steuerberater	2000
Extern	September	Architekten	2000
Exterm	September	Landwirte	3000

Quelle: Informationen des FDP-Parteivorstandes

Es wurden in der Regel drei inhaltliche Themen angesprochen, diesen waren jedoch neun Sätze gewidmet. Die empirische Analyse macht auch deutlich, dass es sich bei direct mailing entgegen der vorherrschenden Meinung nicht um „Bettelbriefe“ handelt. Nur ein vergleichsweise geringer Anteil ist der Einwerbung von Spenden gewidmet.

Welche politischen Inhalte werden auf diesem Wege übermittelt? Welche Themen stehen im Zentrum der Mailings? Vergleiche mit dem entsprechenden Wahlprogramm stellen fest, welche Themen in den Mailings über- und welche unterbetont werden. Hierüber geben die Tabellen 4 bis 6 Aufschluss.

Tabelle 4: SPD-Mailings 1998 – im Vergleich zum Wahlprogramm über- bzw. unterbetonte Themen, Einträge in %

Kategorien (Rang im WP)	WP	Intern	Δ	Extern	Δ
Bevölkerungsgruppen (nicht ökonom.) (1)	12,0		- 12,0		- 12,0
Arbeitnehmer: positiv (2)	8,4	8,0	-0,4	23,8	+ 15,4
Umweltschutz (3)	7,8		- 7,8		- 7,8
Effiziente Regierung/Verwaltung (4)	6,8		- 6,8		- 6,8
Soziale Gerechtigkeit (5)	6,3	4,0	- 2,3	26,2	+ 19,9
Wirtschaftliche Ziele (6)	5,9		- 5,9	14,3	+ 8,4
Politische Führung (16)	2,1	84,0	+ 81,9	31,0	+ 53

Es wurden nur Differenzen > 5% berücksichtigt. Ein im Vergleich zum Wahlprogramm überbetontes Thema wurde mit „+" markiert, ein unterbetontes Thema entsprechend mit „-".

Quelle: Dataset CMP96, direct mailing DATA USA-1996/BRD-1998 (eigene Berechnungen)

Richten wir den Blick zuerst auf die SPD (Tabelle 4). Der Abgleich mit dem Wahlprogramm zeigt, dass zwei der zentralen Themen des Wahlprogramms Eingang in die Mailings finden. Mit „Arbeitnehmer" und „Sozialer Gerechtigkeit" stehen sowohl in den internen als auch den externen Mailings traditionelle SPD-Themen im Vordergrund. Diese werden im Vergleich zum Wahlprogramm deutlich stärker betont. Auffällig ist auch die exponierte Stellung der Führungsqualitäten im Vergleich zum Wahlprogramm. Durch die Bank werden Führungsqualitäten im Vergleich zum Wahlprogramm um ein Vielfaches mehr betont, wobei diese Betonung bei SPD-Mailings in den externen Bereich noch einmal stärker auffällt. Betrachten wir die Kategorie „Führungsqualitäten" etwas genauer. Wie eingangs dargelegt, stellt die Mediatisierung und hiermit einhergehend die Personalisierung von Politik mehr und mehr den Kandidaten in den Mittelpunkt der Berichterstattung. Dieser Tatbestand konnte auch in den Mailings gefunden werden. Bei der SPD nehmen 60% der unter dieser Kategorie vercodeten Nennungen klaren Bezug auf die Führungsqualitäten des Kandidaten, weitere 7% auf die Partei und den Kandidaten gemeinsam, und 33% auf die Partei allein.

Tabelle 5: CDU-Mailings 1998 – im Vergleich zum Wahlprogramm über- bzw. unterbetonte Themen, Einträge in %

Kategorien (Rang im WP)	WP	Intern	Extern	Δ
Effiziente Regierung/Verwaltung (1)	10,2			- 10,2
Europäische Union: positiv (2)	8	Keine internen		-8
Recht und Ordnung (3)	7,4	Mailings	31,9	+24,5
Technologie und Infrastruktur (5)	6,5			-6,5
Politische Führung (14)	3,3		31,3	+ 28

Es wurden nur Differenzen > 5% berücksichtigt. Ein im Vergleich zum Wahlprogramm überbetontes Thema wurde mit „+" markiert, ein unterbetontes Thema entsprechend mit „-".

Quelle: Dataset CMP96, direct mailing DATA USA-1996/BRD-1998 (eigene Berechnungen)

Bei der CDU ergibt sich folgendes Bild (vgl. Tabelle 5): Auch hier sehen wir eine Konzentration auf wenige zentrale Themen. Während die Spitzenthemen des CDU-Wahlprogramms keinen Eingang in die Mailings der Partei gefunden haben, wird mit dem Thema „Recht und Ordnung" – im Wahlprogramm an 3. Stelle – ein klassisches CDU-Thema transportiert. Erneut ist eine Überbetonung von Führungsqualitäten zu beobachten. Die Union stellte damals als Regierungspartei die Führungsqualitäten des amtierenden Kanzlers deutlich in den Vordergrund. In 66% der unter der Rubrik „Führungsqualitäten" vercodeten Nennungen wird auf Helmut Kohl abgehoben, die Partei wird dabei nicht genannt. In 7% der Fälle werden Partei und Kandidat gemeinsam genannt, die verbleibenden 27% weisen der Partei Führungsqualitäten zu.

Tabelle 6: FDP-Mailings 1998: im Vergleich zum Wahlprogramm über- bzw. unterbetonte Themen, Einträge in %

Kategorien (Rang im WP)	WP	Intern	Extern	Δ
Effiziente Regierung/Verwaltung (1)	11,7	Keine internen Mailings	3,3	-8,4
Europäische Union: positiv (2)	10,5		0,3	- 10,2
Freies Unternehmertum (3)	9,2		33,3	+24,1
Technologie und Infrastruktur (4)	6,7		1,0	-5,7
Politische Führung (32)	0,4		13,7	+13,3
Mittelstand (32)	0,4		9,6	+9,2

Es wurden nur Differenzen > 5% berücksichtigt Ein Vergleich zum Wahlprogramm überbetontes Thema wurde mit „+" markiert, ein unterbetontes Thema entsprechend mit „-".

Quelle: Dataset CMP96, direct mailing DATA USA-1996/BRD-1998 (eigene Berechnungen)

Bei der FDP spielen Führungsqualitäten keine allzu große Rolle; hier lässt sich jedoch ebenso die Konzentration auf ein zentrales FDP-Thema, nämlich „Freies Unternehmertum" beobachten. Dieses wird im Vergleich zum Wahlprogramm deutlich hervorgehoben.

Unsere Untersuchung hat gezeigt, dass sich die Mailings der Parteien im Bundestagswahlkampf auf wenige, aber zentrale Themen des jeweiligen Wahlprogramms konzentrieren. Dies kann als erste Richtgröße im Hinblick auf die Frage der Kongruenz zwischen Wahlprogramm und Mailings betrachtet werden. Im Rahmen einer größeren Forschungsarbeit (Römmele 2002) wurde eine Reihe von Maßzahlen (rangbasiert sowie prozentbasiert) entwickelt, die die Frage der Kongruenz aus unterschiedlichen Perspektiven beleuchten. Die Frage nach der Ähnlichkeit zwischen Mailings und Wahlprogramm ist komplex, da Ähnlichkeit und Übereinstimmung unterschiedliche Dimensionen erfasst. Für die Zwecke einer griffigen empirischen Analyse wurde eine Maßzahl K (0-100) entwickelt, die die verschiedenen Aspekte der Kongruenz zusammenfassend misst. Hier ergibt die Analyse für die Mailings der Parteien im Bundestagswahlkampf 1998 folgendes Bild:

Die SPD zeigt überraschende Unterschiede zwischen internen und externen Mailings: die Partei konzentriert sich mit einem Anteil von 39% ihrer Inhalte bei den externen Malings stärker auf die fünf wichtigsten Themen des Wahlprogramms als dies bei internen Mailings (mit nur 8 %) der Fall ist. Die Mailings an die eigenen Mitglieder weisen einen geringeren Kongruenzgrad auf als externe Mailings. Insgesamt lässt sich für die SPD ein K-Wert von 23 ermitteln.

Bei CDU und FDP ergab die Analyse folgendes Bild: knapp 40% der in den Mailings übermittelten Inhalte beziehen sich auf die zentralen Themen, d.h. die 5 wichtigsten Themen des jeweiligen Wahlprogramms. Unter Berücksichtigung unterschiedlicher Kongruenzaspekte ergibt sich für die CDU ein K-Wert von 31, für die FDP von 35.

4. Diskussion der empirischen Ergebnisse

Parteien stehen immer stärker unter dem Verdacht, sich als reine Wettbewerbsorganisationen inhaltlich und personell nur noch auf den Wahlsieg auszurichten. Die dieser Wettbewerbsorientierung zugrundeliegende Kommunikationsstrategie „parties formulate policies in order to win elections, rather than win elections in order to formulate policies“ (Downs 1957:28) hat die Analyse nicht bestätigt. Parteien werben über direct mailing ganz altmodisch mit ihren zentralen Inhalten. Eine zielgruppenspezifische inhaltliche Bedienung hat die Analyse zumindest für 1998 nicht feststellen können. Ein zweiter, in dem festgestellten Ausmaß nicht erwarteter Befund ist der Hinweis auf die Führungsqualitäten der Parteien bzw. der Kandidaten. Parteien versuchen folglich mit ihren zentralen Inhalten und mit dem Hinweis auf ihre Führungsqualitäten Wähler von ihrem politischen Angebot zu überzeugen. Nicht verkennbar ist allerdings der Trend zu verstärkter Personalisierung auch in den Mailings der Parteien.

Eines ist klar: Die Wahlkampfführung der Parteien erfolgt zunehmend professionalisierter; von reiner Amerikanisierung zu reden erscheint aber angesichts der vorgestellten Befunde als verfehlt. Nach wie vor spielen programmatische Gesichtspunkte eine große, deutlich bedeutendere Rolle als in den USA. Und auch die Parteien selbst nehmen noch immer einen zentralen Platz in der jeweiligen Wahlwerbung ein. Insofern lässt sich als Quintessenz unserer Ausführungen festhalten, dass zwar durchaus amerikanische Vorbilder von den Wahlkampfstäben der Parteien für die eigenen Zwecke genutzt werden, dass aber die durch den Parteienstaat gesetzten politischen und institutionellen Rahmenbedingungen auch weiterhin mit ausschlaggebend für die Art der Wahlkampfführung in Deutschland sind. Insofern beschreibt das Schlagwort von der „Amerikanisierung“ zwar eine richtig erkannte Tendenz, dennoch führt es gegenwärtig wohl eher in die Irre, charakterisieren die Termini „Modernisierung“ und „Professionalisierung“ den hierzulande dominierenden Typus moderner Wahlkämpfe adäquater als der häufig mit einem kulturkritischen Unterton versehene Begriff der „Amerikanisierung“.

Literatur

Ulrich von Alemann/Stefan Marschall (Hrsg.): Parteien in der Mediendemokratie. Opladen, 2002

Blumer, Jay/Dennis Kavanagh/T. Nossiter: Modern Communications versus Traditional Politics in Britain: Unstable Marriage of Convenience, in: David L. Swanson/Paolo Mancini (Hrsg.): Politics, Media, and Modern Democracy. An International Study of Innovations in electoral Campaigning and Their Consequences. Westport, 1996, S. 49-72.

Donges, Patrick: Amerikanisierung, Professionalisierung, Modernisierung? In: Klaus Kamps (Hrsg.): Trans-Atlantik – Trans-Portabel? Die Amerikanisierungsthese in der Politischen Kommunikation. Opladen, 2000, S. 27-42.

Downs, Anthony: An Economic Theory of Democracy. New York, 1957

Farrell, David M./Schmitt-Beck, Rüdiger (Hrsg.), Do Political Campaigns Matter? Campaign Effects in Elections and Referendums. London/New York

Farrell, David M. und Paul Webb: Political Parties as Campaign Organizations, in: Gibson, Rachel und Andrea Römmele : Political Parties and Professionalized Campaigning, in: The Harvard International Journal of Press/Politics, 6, 2001, S. 31-43.

Holtz-Bacha, Christina: Wahlkampf in Deutschland – Ein Fall bedingter Amerikanisierung, in: Klaus Kamps (Hrsg.): Trans-Atlantik – Trans- Portabel? Die Amerikanisierungsthese in der Politischen Kommunikation. Opladen, 2000, 43-56.

Kavanagh, Dennis: New Campaign Communications: Consequences for British Political Parties, in: Harvard International Journal of Press/Politics 1, 1996, 60-76.

Kepplinger, Hans Matthias und Markus Rettichg: Publizistische Schlagseiten. Kohl und Scharping in Presse und Fernsehen. In: Christina Holtz-Bacha, Lynda Lee Kaid (Hrsg.): Wahlen und Wahlkampf in den Medien. Untersuchungen aus dem Wahljahr 1994. Opladen, 1996, S. 81-100

Niedermayer, Oskar: Die Bundestagswahl 1998. Ausnahmewahl oder Ausdruck langfristiger Entwicklungen der Parteien und des Parteiensystems? In: Oskar Niedermayer (Hrsg.): Die Parteien nach der Bundestagswahl 1998. Opladen, 1999, S. 9-36.

Neumann, Sigmund (Hrsg.): Modern Political Parties. Chicago, 1956

Newman, Bruce I.: The Marketing of the President: Political Marketing as Campaign Strategy, Thousand Oaks, 1994

Norris, Pippa: A Virtous Circle. Political Communications in Postindustrial Societies. Cambridge, 2000

Römmele, Andrea: Direkte Kommunikation zwischen Parteien und Wählern. Postmoderne Wahlkampftechnologien in den USA und in der BRD, Opladen (im Erscheinen), 2002

Scammell, Margaret: Designer Politics: How Elections are Won. New York, 1995

Sven Plank

Kampagnen: Gut geplant ist halb geschafft?

„Die Wahlbeteiligung sinkt, die Parteien verlieren Mitglieder, das Ansehen der Politiker erreicht im Wettbewerb aller Berufe den untersten Rand, Verschuldung der öffentlichen Hand und steigende Arbeitslosigkeit, Skandale und Skandälchen, Rücktritte, das Gespenst rechtsradikaler Gruppierungen, neue bürgerliche Protestparteien. Die Aufzählung von Themen und Schlagzeilen mit ähnlichem Tenor könnte Seiten füllen: Wahlkämpfe sind Werbekampagnen in einer Branche mit schauerlichem Image" (Grafe 1994: 47).

Dieses düstere Bild, das Grafe zeichnet, mag man teilen oder nicht. Doch einen gewissen Argwohn seitens Teilen der Bevölkerung gegenüber dem politischen System wird man – bei aller Liebe zur Politik – nicht abstreiten können. Parteien sehen sich jedoch regelmäßig gezwungen, die Bevölkerung für sich zu gewinnen, um so Wahlen erfolgreich bestehen zu können. Da Parteien Wahlen gewinnen wollen, werden Wahlkämpfe geführt; deshalb machen Parteien regelmäßig Werbung in eigener Sache.

Doch sind es nicht alleine Werbekampagnen, die Wahlkämpfe auszeichnen. Im Kampf um Wählerstimmen starten Parteien noch ganz andere Kampagnen, die im Vorfeld geplant werden müssen. Von diesen unterschiedlichen Kampagnen und von der Planung derselben handelt dieser Beitrag.

Der Begriff der ‚Kampagne' ist keineswegs ein feststehender Ausdruck. Sowohl in der Fachliteratur als auch in nichtwissenschaftlichen Zusammenhängen wird der Begriff ‚Kampagne' ganz unterschiedlich gebraucht. Mal ist der gesamte Wahlkampf eine einzige Wahlkampagne, mal ist schlichtweg fast alles, was Parteien so treiben, eine Kampagne. Eine Abgrenzung der unterschiedlichen Kampagnenformen macht jedoch Sinn, wenn man diese gründlich planen will. Ohne eine gründliche Planung funktionieren Kampagnen nicht. In diesem Beitrag werden verschiedene Kampagnenformen unterschieden, um deren Planung zu erleichtern. Dass in Wahlkämpfen unterschiedliche Kampagnen ein Gesamtbild ergeben (müssen), bleibt davon unberührt. Denn alle Kampagnen gemeinsam haben zum Ziel, Botschaften zu vermitteln, Meinungen zu bilden bzw. zumindest zu beeinflussen und sich eigene Vorteile zu verschaffen.

In einem ersten Schritt wird allgemein beschrieben werden, was Kampagnen sind und warum sie im Wettbewerb der Parteien eine zentrale Rolle spielen. In einem zweiten Schritt werden unterschiedliche Kampagnenformen dargestellt und Kernpunkte einer erfolgreichen Planung dieser Kampagnen benannt. Ergänzt werden diese Überlegungen durch praktische Beispiele verschiedener Kampagnen – erfolgreicher und weniger erfolgreicher.

1. Aufgabe und Ziel von Kampagnen

Kampagnen sind ein zentraler Bestandteil von Wahlkämpfen. Doch steht vor der Kampagne die Strategie, mit der der Wahlkampf geführt werden soll. Strategien sind die Grundlage für die Planung von Kampagnen, aus ihnen resultiert der Kampagnenplan (Grafe 1994: 183).

1.1 Strategien

Parteien haben zum Ziel, Wahlen erfolgreich zu bestehen. Erfolg ist dabei ein dehnbarer Begriff: Für die eine Partei ist es ein Erfolg, über die 5%-Hürde zu kommen, während eine andere Partei die absolute Mehrheit anstrebt. Gemeinsam ist allen Parteien, dass sie über eine Strategie verfügen, wie ihr jeweiliges Ziel erreicht werden soll. Diese Strategie ist das Grundgerüst der Wahlkampfführung, auf dem die Parteien ihr Angebot erstellen, um so Wählerstimmen für sich zu gewinnen (Timm 1999: 10). Doch ist es nicht möglich, eine Strategie einfach zu entwerfen. Vielmehr braucht es dazu strategisches Denken mit dem Ziel, die eigenen Kräfte so einzuteilen und einzuplanen, dass dabei das Optimum an Durchsetzungsfähigkeit und das bestmögliches Ergebnis erzielt werden. Hierzu bedarf es eines Know-hows der Planung, und es bedarf umfassender Kenntnisse über das Umfeld der Partei und über Zielgruppen, die für die Partei interessant sind.

1.2 Kampagnen

Steht die Strategie, gilt es, diese umzusetzen. Benötigt werden Kampagnen, die innerhalb und außerhalb der eigenen Partei ansetzen.

Kampagnen haben zum Ziel, mit Bürgern in Kontakt zu treten, um mit Botschaften deren Meinung zu beeinflussen. Bürger sollen motiviert werden, zur Wahl gehen und eine bestimmte Partei oder einen bestimmten Kandidaten wählen. Andere Kampagnen haben zum Ziel, Bürger dazu zu bringen, eine Partei oder einen Kandidaten nicht erst bei der Wahl, sondern schon im Vorfeld zu unterstützen – beispielsweise durch Spenden oder durch die Mitarbeit im Wahlkampf. Man kann unterschiedliche Arten von Kampagnen unterscheiden. Gemeinsam ist allen Kampagnen die zeitliche Befristung und die Tendenz zur Zuspitzung von Sachverhalten (Busenbender 2001: 140). Die

Zuspitzung ist deshalb erforderlich, weil es schwierig ist, Sachverhalte in der ganzen Breite zu kommunizieren – dabei ist die Kommunikation mit dem Bürger zentral für eine politische Kampagne (Althaus 2001c: 12). Da sich Bürger heutzutage vor allem über Massenmedien Informationen beschaffen, sind diese bei der Durchführung von Kampagnen besonders relevant (Lutter/Hickersberger 2000: 13). Dabei müssen Informationen über Konzepte und handelnde Personen vermittelt werden. Informationen seitens der Parteien sind jedoch immer selektiv. Keine Partei informiert umfassend über einen gesamten Themenbereich. Stattdessen werden die Punkte hervorgehoben, die die eigene Position unterstützen. Die Chance, Bürger im Sinne der Parteimeinung zu informieren, lässt niemand gerne ungenutzt. Dass dabei die dargebotenen Informationen mitunter nur die halbe Wahrheit sind, mag nicht verwundern. Es geht in Wahlkämpfen eben doch primär darum, Wahlen zu gewinnen. Dazu werden Botschaften an die Wähler gerichtet, es werden Informationen in Botschaften verpackt. Begriffe und Botschaften sind die Grundlage einer Kampagne. Sie machen deutlich, worum es bei der Wahl gehen soll (Timm 1999: 78).

Kampagnen gehören seit jeher zu Wahlkämpfen. Doch haben sie sich im Lauf der Jahre verändert, indem sie sich beispielsweise stärker an der Vermittlung über Massenmedien orientiert haben. Dieser Trend wird teilweise als „Amerikanisierung von Wahlkämpfen“ umschrieben. Ohne näher auf diese Begrifflichkeit eingehen zu wollen, ist doch festzuhalten, dass in den letzten Jahren in Deutschland in Sachen Kampagnen Einflüsse identifiziert wurden, die vor allem aus den USA bekannt sind. Gleichzeitig wurden diese Einflüsse mit einer Professionalisierung von Wahlkämpfen in Verbindung gebracht. Dies zeigt sich auch daran, dass hierzulande ein reges Interesse daran herrscht, sich über das Campaigning vor allem in den USA zu informieren und dadurch die eigene Professionalität zu verdeutlich. So z.B. die SPD im Wahljahr 1998:

> „Überhaupt ließ die Wahlkampfleitung der – vor nicht allzu langer Zeit noch als verstaubt geltenden – Sozialdemokratie ein großes Interesse daran erkennen, ihre Kampagne als modernes und hochprofessionelles Campaigning zu kommunizieren. Vorausgegangen waren deshalb unter anderem Informationsbesuche bei Wahlkampfmanagern der Clinton-Administration in den USA sowie Beratungsgespräche mit den ‚Spin doctors‘ von New Labour in London“ (Bogumil/Schmid 2001: 156).

1.2.1 Kampagnen und Wahlverhalten

Kampagnen werden benötigt, um Wahlen gewinnen zu können. Hierbei spielt das Wählerverhalten, wie es sich in den letzten Jahrzehnten entwickelt hat, die entscheidende Rolle. Denn „wo die langfristige Bindung an eine Partei fehlt und die Beteiligung an der Wahl weniger selbstverständlich geworden ist, kann die Wahlkampagne etwas bewirken“ (Holtz-Bacha 1999: 11). Kampagnen in Wahlkämpfen sind nicht erst mit der Abnahme langfristiger Parteibindungen und einer sinkenden Wahlbeteiligung entstanden, sondern gehören seit jeher zu Wahlkämpfen, da das Werben um Zustimmung nur über den Kontakt mit Wählern – direkt und indirekt – möglich ist. Doch ist für die letzten Jahre festzuhalten: Während es früher für weite Teile der Bevölkerung klar war, erstens zur Wahl zu gehen und zweitens immer die gleiche Partei zu wählen, haben es Parteien heutzutage mit einer steigenden Zahl an Wechsel- und Nichtwählern zu tun. Zwar gilt es nach wie vor, die verbliebenen Stammwähler an die Wahlurnen zu bringen, doch sind es gerade die Wechselwähler und auch die Nichtwähler, um deren Stimmen gerungen werden muss. Die Bedeutung der Massenmedien hat hierbei stark zugenommen In diesem Zusammenhang hat Donsbach recht, wenn er beschreibt,

> „dass die Parteien ihre Stammwähler verlieren, weil dauerhafte ideologische Bindungen an Organisationen seltener werden und die Menschen von den Organisationen in erster Linie Dienstleistungen, „Output", erwarten. Dies führt zu einer Öffentlichkeit, die stärker als früher fluktuiert oder „oszilliert" und deren Aufmerksamkeit nur mit sehr großem Aufwand gewonnen werden kann. Hinzu kommt die wachsende Konkurrenz, die den Parteien aus den unorthodox auftretenden sozialen Bewegungen erwächst, die oft bei den Journalisten einen hohen Nachrichtenwert genießen. Als Folge dieser Entwicklungen werden die *Formen* [Hervorhebung im Original, S.P.] der kommunikativen Ansprache immer wichtiger. Wenn die inhaltliche, weltanschauliche Bindung an Bedeutung verliert, steigt der Einfluss der politischen Marketing-Konzepte und der kommunikativen Verpackung" (Donsbach 1999: 143f.).

Die von Donsbach angesprochenen Formen der kommunikativen Ansprache und der Einfluss der politischen Marketing-Konzepte verweisen direkt auf die Notwendigkeit, Kampagnen zu führen. Und es gibt noch einen Grund, warum es Kampagnen braucht: weil Wähler dies erwarten. Denn es ist nicht davon auszugehen, dass die Bevölkerung stets verfolgt, was Politiker und Parteien so treiben. Es ist sogar eine Minderheit, die sich regelmäßig über Politik informiert. Wenn Wahlen anstehen, wollen Wähler wissen, warum sie zur Wahl gehen sollen und warum sie ihr Kreuz bei Partei XY oder beim Kandidaten Soundso machen sollen. Also müssen Kampagnen geführt werden – und zwar gut gemachte. Denn gerade in den Massenmedien konkurrieren Parteien nicht nur mit ihrem politischen Gegner, sondern auch und vor allem mit anderen Informierenden und Werbenden mit viel höherem Etat und professionell gemachter Werbung. Es gilt, professionelles Marketing zu betreiben und Informationen so zu liefern, dass auch eher uninteressierte Bürger damit etwas anfangen können.

2. Kampagnenplanung

2.1 Kampagnenebenen

War im vorherigen Kapitel die Rede von Kampagnen im Allgemeinen, geht es nun darum, verschiedene Arten von Kampagnen zu unterscheiden und diese näher zu betrachten. Kampagnen verfolgen ganz unterschiedliche Zielrichtungen – neben dem übergeordneten Ziel, Wahlen zu gewinnen. Manche Kampagnen sollen Personen bekannt(er) machen, andere wollen Themen besetzen, dritte wiederum haben zum Ziel, die eigene Partei zu mobilisieren, usw. Werden diese Kampagnen nicht unterschieden und einfach als einzelne Maßnahmen unter einer großen Wahlkampagne subsummiert, resultiert daraus ein diffuses Gebilde, mit dem – wenn es um die Planung der Kampagnen geht – weder Theoretiker noch Praktiker arbeiten können. Eine Kampagne beispielsweise als „kommunikativen Feldzug" (vgl. Althaus 2001b) zu beschreiben ist sicherlich fürs erste hilfreich – näher betrachtet ist es aber ein einzelnes Blitzlicht in einem wahren Feuerwerk an einzelnen Kampagnen mit je eigenen Zielen und Bedingungen.

Auf der übergeordneten Ebene haben wir es in Wahlkämpfen mit einer Leitkampagne, gleichsam der „Klammer" des Wahlkampfs zu tun. Diese Kampagne umfasst alle einzelnen Kampagnenformen. Eng verbunden mit der Leitkampagne ist die Positionierungskampagne (vgl. Machnig 1999). Auf der nächsten Ebene geht es um Kampagnen mit dem Ziel, Themen, Personen oder Images zu vermitteln. Dabei ist es von großer Bedeutung, Zielgruppen zu identifizieren und diese durch verschiedene Kampagnenformen anzusprechen. Dies gelingt durch Kampagnen der nächsten Ebene: Werbekampagnen, Kampagnen in den Massenmedien und Mobilisierungskampagnen. Die nächste Ebene besteht dann noch aus verschiedenen Einzelkampagnen. Dass dabei einzelne Kampagnenformen sich wiederum auf andere beziehen bzw. sich gegenseitig bedingen, liegt darin begründet, dass Wahlkämpfe insgesamt betrachtet eine äußerst lebendige Angelegenheit sind.

2.1.2 Botschaften und Kampagnen

Keine Kampagne kann ohne Botschaft geführt werden. Die Botschaft in Wahlkämpfen ist zentral, sie fasst zusammen und spitzt zu. Doch kann eine Botschaft, ebenso wie eine Wahlkampfstrategie, nicht eben kurz entworfen werden – schon gar nicht unter Tagesordnungspunkt 27 einer beliebigen Sitzung des Parteivorstands oder am kalten Büffet am Rande eines Parteitags. Vielmehr benötigt dies ein umfassendes Wissen über die Struktur der Wahlbevölkerung im allgemeinen und der eigenen Wähler im besonderen. Es bedarf der Kenntnisse über aktuelle Stimmungen und Meinungen, die in der Bevölkerung vorhanden sind. Dabei kommt der Demoskopie eine gewichtige Rolle zu. Parteien geben regelmäßig eigene Meinungsumfragen in Auftrag und werten öffentlich zugängliche Ergebnisse von anderen Umfragen aus. Sie lassen durch Demoskopen ermitteln, wie das Bild der eigenen Partei und ihrer führenden Köpfe in der Bevölkerung ist. Sie lassen untersuchen, wie ihre vorgeschlagenen Konzepte in der Bevölkerung ankommen. Und haben sie sich vorläufig auf Botschaften und Slogans geeignet, lassen sie diese testen. Parallel dazu wird sehr genau beobachtet, wie der politische Gegner agiert. Wo liegen dessen Stärken und Schwächen, mit welcher Strategie könnte er in den Wahlkampf ziehen und wie ist darauf zu reagieren.

Bei all dem ist es wenig sinnvoll, Botschaften finden zu wollen, die jedermann erreichen und zufrieden stellen. Jede Partei hat ihre Stammwähler, und jede Partei hat Wähler, die sie erreichen könnte – wenn sie die richtige Strategie anwendet. Natürlich ist es wichtig, das Stammwählerpotenzial auszuschöpfen. Doch nicht minder wichtig ist es, gerade Wechsel- und auch Nichtwähler zu erreichen und zur Wahl der eigenen Partei zu bewegen.

Steht die Strategie und sind die Botschaften klar, geht es an die Planung der unterschiedlichen Kampagnen. Es können diverse Kampagnenformen unterschieden werden.

2.2 *Unterschiedliche Ebenen der Kampagnenformen*

- Leitkampagne
  - Positionierungskampagne
    - Themenkampagne
Personenkampagne
Imagekampagne
      - Zielgruppenkampagne
        - Werbekampagne
Kampagne in den Massenmedien
Mobilisierungskampagne
          - Announcement-Kampagne
Spendenkampagne
Verbindungskampagne
Multiplikatorenkampagne
Kampagne der direkten Ansprache
Online Campaigning
Kampagne durch Wählerinitiativen

2.2.1 Leitkampagne

Einen Wahlkampf ohne Leitkampagne führen zu wollen, ist schlicht undenkbar. Gerade weil sich Wähler – im Gegensatz zu den politischen Akteuren – oft nicht umfassend mit Politik beschäftigen, bedarf es einer Klammer um die gesamte Wahlkampagne, die das Hauptziel darstellt. Im Optimalfall ist dies *eine* zentrale Botschaft, die der Wähler mit einer Partei verbindet und für die die Partei in diesem Wahlkampf steht. Sei es das Versprechen, dass mit der eigenen Partei der Aufschwung kommt, oder aber, dass der erfolgreiche Weg fortgeführt wird. Eine Leitkampagne ist dabei niemals monothematisch. Schließlich sollen mit ihr alle für die eigene Partei relevanten Wählergruppen angesprochen werden. Daher kommt der Leitkampagne die schwierige Aufgabe zu, einerseits zuzuspitzen und andererseits doch möglichst offen zu sein. Gelöst wird dieses scheinbare Paradoxon beispielsweise durch Hochwertwörter (‚Innovation und Gerechtigkeit'), die sowohl inhaltlich als auch geistig in die viel versprechende Zukunft weisen. Die Leitkampagne für sich genommen macht noch keinen Wahlkampf. Dazu werden andere Kampagnen benötigt, die die Leitkampagne konkretisieren, mit Leben füllen und in die verschiedenen Bereiche hinein umsetzen.

2.2.2 Positionierungskampagne

Zwar ist grundsätzlich relativ klar, wo die einzelnen Parteien positioniert sind – zumeist eingeordnet in ein Links-Rechts-Schema, doch besteht gerade bei den der Mitte nahestehenden Parteien eine gewisse Variationsbreite, die gerade im Vorfeld von Wahlen immer wieder diskutiert wird. Wird eher betont, in der Mitte zu sein, oder wird mehr Wert darauf gelegt, ein wenig links oder ein wenig rechts von der Mitte zu sein? Für kleinere Parteien ist zudem eine Positionierung bezüglich der Frage einer möglichen Koalition wichtig. Positionierungen sind an sich noch keine Kampagne. Zu Kampagnen werden sie dann, wenn sie offensiv in den Wahlkampf hineingetragen werden.

2.2.3 Themenkampagne

Ohne Themen ist kein Blumentopf, geschweige denn ein Wahlkampf zu gewinnen. Der Wähler will wissen, worauf er sich einlässt, welche Inhalte die Partei vertritt, welche Themen für sie im Vordergrund stehen. Daher muss ihm vermittelt werden, in welche Richtung es geht, wenn die Partei an der Macht bleibt oder an die Macht kommt. Themen müssen besetzt werden, die für die Wähler von Bedeutung sind. Auch dabei spielt die Demoskopie eine wichtige Rolle. Es ist wichtig zu wissen, welche Politikfelder für die eigenen und für die potenziellen Wähler die zentralen Gestaltungsaufgaben der Zukunft darstellen. Wenn klar ist, dass die Problemlösungskompetenz in einem bestimmten Politikfeld mit der eigenen Partei verbunden wird, gilt es, diese Kompetenz zu verteidigen. Sollte die Kompetenz in einem Politikfeld eher dem politischen Gegner zugeschrieben werden, gilt es, daran zu arbeiten, in diesem Themenbereich Kompetenz hinzuzugewinnen – vor allem dann, wenn es sich um ein zentrales Politikfeld wie beispielsweise die Arbeitsmarktpolitik handelt. Aber Vorsicht: Der Versuch, in einem bislang vernachlässigten Politikfeld in den letzten Tagen vor der Wahl Boden gutmachen zu wollen, wird aller Voraussicht nach fehlschlagen. Auch wenn die meisten Wähler das politische Geschehen nicht umfassend verfolgen, werden sie ein solches Manöver leicht durchschauen.

2.2.4 Personenkampagne

So wie ohne Themen keine Wahl gewonnen werden kann, ist es auch nicht möglich, ohne die richtigen Köpfe Wahlen erfolgreich bestehen zu wollen. Es bedarf einzelner Personen, die verschiedene Politikfelder oder auch ein Gesamtprogramm glaubwürdig vertreten. Daher zielt die Personenkampagne darauf ab, einzelne Politiker bekannt(er) zu machen. Einige wenige Personen verkörpern für die Zeit des Wahlkampfs die Partei, sie absolvieren unzählige Wahlkampfauftritte und stehen dafür ein, nach der Wahl das Programm der Partei umsetzen zu wollen.

2.2.5 Imagekampagne

Zwar ist das Image nicht alles – aber wichtig ist es schon. Das gilt sowohl für einzelne Politiker als auch für die Partei im Gesamten. Wenn die Leitkampagne Aufschwung verspricht, die führenden Köpfe in der Partei aber eher für den Stillstand zu stehen scheinen, muss am Image gearbeitet werden. Genauso verhält es sich mit einzelnen Politikern. Wenn sie das Image haben, nicht durchsetzungsfähig zu sein, werden die Wähler kaum glauben, dass sie es schaffen, für eine rasche Umsetzung bestimmter Programme sorgen zu können. Das Image betrifft aber auch die moralische Integrität eines Politikers.

2.2.6 Zielgruppenkampagne

Parteien wissen zumeist relativ genau, wer ihre Zielgruppen sind, deren Ansprache sich lohnt. Zusätzlich erhalten sie Befunde darüber über demoskopische Ergebnisse. Die Gesamtkampagne ist an den jeweiligen Zielgruppen der Partei auszurichten. Das betrifft sowohl die Auswahl der Themen und die Darstellung dieser als auch die Art der Werbekampagne und der Kampagne in den Massenmedien. Auch die Kampagne der direkten Ansprache ist eng mit der Definition von Zielgruppen verbunden.

2.2.7 Werbekampagne

Die Werbekampagne umfasst die gängigen Mittel, um im Wahlkampf auf sich aufmerksam zu machen. Dazu zählen beispielsweise Kandidatenplakate und Prospekte, Zeitungsanzeigen und Großflächenplakate. Der Glaube daran, diese Kampagne würde Welten bewegen, ist ein Irrglaube. In den Wochen vor der Wahl sieht man auf den Straßen vor lauter Plakaten der unterschiedlichsten Parteien teilweise kaum noch die Häuser oder Bäume am Rand der Straße. Darauf verzichten kann aber keine Partei. Zumal über die Werbekampagne alle wichtigen Botschaften vermittelt werden. Doch klar ist: die Werbekampagne an sich ist eine schwache Kampagne, wenn nicht andere Kampagnen (Personen-, Themen- und Imagekampagne) den Boden bereiten, der die Botschaften richtig sprießen lässt. Das Besondere der Werbekampagne liegt darin begründet, dass die Partei die alleinige Macht darüber hat, wann welche Botschaft verkündet wird (Geisler/Tenscher 2002: 101).

2.2.8 Kampagne in den Massenmedien

An den Massenmedien kommt kein Wahlkampf vorbei. Über Massenmedien werden Wähler darüber informiert, was derzeit politisch geschieht. Daher ist die Kampagne in den Massenmedien auch schon lange vor der Wahl für die einzelnen Parteien wichtig – und wird von der Bevölkerung oftmals gar nicht als Teil des Wahlkampf wahrgenommen (vgl. Radunski 1980: 43ff.). Massenmedien berichten ohnehin über tagesaktuelle politische Ereignisse, auch in Zeiten des Wahlkampfs. Zudem versuchen Parteien in Wahlkämpfen Ereignisse zu schaffen, die für die Massenmedien interessant sind. Dabei spielt das Fernsehen als Leitmedium die zentrale Rolle (Geisler/Tenscher 2002: 97).

2.2.9 Mobilisierungskampagne

Parteien sind auf ihre Mitglieder und Sympathisanten angewiesen. Sie sind es, die in den Wochen vor der Wahl beispielsweise Infostände besetzen, Veranstaltungen durchführen, als Diskussionspartner zur Verfügung stehen und so vor Ort für das Angebot der Parteien an die Wähler stehen. Daher ist es wichtig, dass sie frühzeitig mobilisiert werden und bereit sind, im Wahlkampf motiviert und kompetent mitzuarbeiten. Dazu bedarf es der laufenden Information der Mitglieder. So informiert die CDU im Bundestagswahlkampf 2002 ihre Mitglieder mit einem „Kampagnen-Brief“ (ARENA02aktuell), in dem sie die Wahlkampfstrategie erläutert oder auf aktuelle Entwicklungen reagiert (im „Kampagnen-Brief“ vom 15.04.2002 z.B. auf einen Artikel der ZEIT, in dem über die Wahlkampfstrategie der Union berichtet wurde).

2.2.10 Announcement-Kampagne

Alle schönen Botschaften und alle klugen Köpfe helfen nichts, wenn nicht klar ist, dass die Partei als gesamtes dazu bereit ist, Verantwortung zu übernehmen. Es gilt bekannt zu machen: wir sind gut aufgestellt; wir schaffen es, wir werden die Wahlen gewinnen, wir werden Verantwortung übernehmen. Und jetzt geht es so richtig los! (vgl. Machnig 1999)

2.2.11 Spendenkampagne

Wahlkämpfe kosten Geld, viel Geld sogar. Daher sind Parteien auf Spenden angewiesen. Doch gerade in Zeiten diverser Spendenskandale herrscht Misstrauen und das alte Vorurteil, es herrscht noch immer das Vorurteil, Parteien würden im Geld schwimmen. Diese Vorurteile auszuräumen ist kein leichtes Unterfangen – doch gerade in Wahlkämpfen unverzichtbar. Daher führen alle Parteien Spendenkampagnen durch, um offensiv Spenden einwerben. Oftmals wird das Einwerben von Spenden mit politischen Botschaften verbunden. Die Bürger sollen in erster Linie nicht für die Partei spenden, sondern dafür, dass z.B. auch künftig eine Politik der Gerechtigkeit möglich ist.

2.2.12 Die Verbindungskampagne

Themen sind das eine, Personen das andere. Erfolg hat die Partei, die Personen und Themen miteinander verbindet. Wenn die Wähler das Gefühl haben, die Partei habe zwar ein ganz gutes Programm, aber niemanden, der bereit und fähig ist, dieses umzusetzen, wird der Wahlerfolg ausbleiben. So wie auch die interessanteste Person nicht gewählt wird, wenn thematisch nichts dahintersteckt. Daher ist es wichtig, Themen und Botschaften mit Personen zu verbinden, die zusammengenommen Glaubwürdigkeit ausstrahlen. Da dies häufig nicht automatisch eintritt, stellt eine Verbindungskampagne diese Verknüpfung her.

2.2.13 Multiplikatorenkampagne

Gerade vor Wahlen wird Politik verstärkt thematisiert – an Vereinsstammtischen und beim Altennachmittag wie auch in Betrieben und an Schulen. Gelingt es einer Partei, Multiplikatoren mit Argumenten zu überzeugen und für sich zu gewinnen, ist dies Gold wert. Wenn diese überzeugt sind, dass eine bestimmte Partei die richtigen Konzepte und Köpfe hat, werden sie dies in den allermeisten Fällen auch entsprechend vermitteln – beispielsweise am Vereinsstammtisch oder beim Altennachmittag. Daher wird in Wahlkämpfen verstärkt versucht, mit Multiplikatoren ins Gespräch zu kommen.

2.2.14 Kampagne der direkten Wähleransprache

Wähler sind es nicht gewohnt, direkt angesprochen zu werden. Der Überraschungseffekt ist dabei groß. In der direkten Ansprache können Botschaften viel treffender vermittelt werden, und der Wähler hat das Gefühl, wichtig zu sein und ernstgenommen zu werden. Instrumente der direkten Ansprache sind beispielsweise das direct-mailing, in dem einzelne Wählergruppen (z.B. Senioren) direkt angeschrieben und mit den für sie wichtigen Informationen versorgt werden oder Telefonaktionen, bei denen die Bürger in ausgewählten

Bezirken – natürlich in solchen mit einem hohen Wähleranteil für die eigene Partei – angerufen und aufgefordert werden, zur Wahl zu gehen.

2.2.15 Online-Campaigning

Das Internet gewinnt für Wahlkämpfe an Einfluss. Zwar werden Wahlen nicht über das Internet gewonnen, doch informieren sich mittlerweile eine ganze Menge Wähler auch online über das inhaltliche und personale Angebot der Parteien. Daher gewinnen Online-Kampagnen an Bedeutung. Dort werden beispielsweise Mailnetze aufgebaut und Newsgroups eingerichtet, um so auch in der Internetgemeinde möglichst viele Wählerstimmen auf die eigene Partei vereinen zu können.

2.2.16 Kampagne durch Wählerinitiativen

Auch Wählerinitiativen stellen eine Kampagne dar. Gerade über solche Initiativen ist es möglich, die breite Zustimmung zu einem Kandidaten oder einer Partei zu signalisieren. Oft sind es Prominente – auch „örtliche Prominente“ – die mit ihrer Beteiligung an Wählerinitiativen andere zur Unterstützung und zur Wahl einer Partei ermutigen. Da Wählerinitiativen häufig einzelne Themen abdecken (z.B. „Unternehmer für XY“), wird so nochmals die thematische Kompetenz eines Kandidaten oder einer Partei verdeutlicht und so die Themenkampagne und die Personenkampagne unterstützt.

2.2.17 Negativkampagnen auf Personen und Parteien bezogen

Negativkampagnen liegen quer zu den bislang dargestellten Kampagnen. Viele der bereits dargestellten Kampagnenformen können auch als Negativkampagne geführt werden. Jede Botschaft über das eigene Personalangebot kann mit einer (negativen) Aussage über das Personalangebot des politischen Gegners verbunden werden. Dabei muss diese Aussage nicht im Vordergrund stehen – ein leichter Seitenhieb genügt manchmal schon. Da viele Wähler das allzu heftige Gerangel der Parteien satt haben, kann es sogar schädlich sein, den Konkurrenten allzu heftig zu attackieren. Doch sind Negativkampagnen auch hierzulande nicht unüblich. Für das Wahljahr 2002 plant die CDU beispielsweise eine Negativkampagne gegen Bundeskanzler Schröder, wenn man einem Bericht der ZEIT glauben darf (ZEIT 15/2002).

2.2.18 Weitere Kampagnen

In Wahlkämpfen versuchen Parteien verstärkt, Mitglieder zu gewinnen, da gerade die Mitgliederzahlen der Volksparteien sinken. Solche Mitgliederkampagnen werden dadurch begünstigt, dass Parteien in Wahlkämpfen präsenter sind als in Zeiten des normalen Parteienwettbewerbs. Sollte es nicht gelingen, jemanden sofort als Mitglied zu gewinnen, so ist es immerhin einen Versuch wert, ihn als Freund der Partei mit ins Boot zu holen. Diese Form der Kampagne ist der Versuch, oftmals über die eigenen Mitglieder an Personen zu kommen, die sich für die Arbeit der Partei interessieren und bereit sind, vielleicht zunächst nur befristet und in begrenztem Umfang aktiv zu werden. Verläuft dieser Versuch erfolgreich, ist eine spätere Mitgliedschaft nicht ausgeschlossen.

3. Kampagnen – gut geplant und gut gemixt

Alle oben beschriebenen Kampagnen machen für sich allein genommen wenig Sinn und werden auch nicht zum Erfolg führen. Es gilt, je nach Phase des Wahlkamps die richtige Kampagne zu führen. Klar ist, dass ohne Leitkampagne der gesamte Wahlkampf diffus bleibt. Daher bedarf es einer Leitkampagne, die besonders die für die eigene Partei relevanten Zielgruppen anspricht. Und genauso klar ist, dass in jedem Wahlkampf Themen und Personen vermittelt werden müssen. In welcher Gewichtung und in welcher Phase, ist dabei schon weniger klar. Gerade darum ist es so wichtig, demoskopische Ergebnisse in die Planung mit einzubeziehen. Fördern diese zutage, dass der Spitzenkandidat der Opposition im direkten Vergleich mit dem Amtsinhaber deutlich zurückliegt, ist sicherlich ein Augenmerk auf die Personen- und die Imagekampagne zu richten – vor allem deshalb, weil der Person des Spitzenkandidaten eine zentrale Bedeutung zukommt. Man muss dabei kein Hellseher sein und auch nicht lange darüber sinnieren, wie weit die Personalisierung in Deutschland vorangeschritten ist. Es genügt einzusehen, dass vor allem die Massenmedien, vor allen Dingen das Fernsehen, über den Wahlkampf informieren und dass es vor allem Personen sind, die von eben diesen Medien vermittelt werden. Ein Spitzenkandidat, der in den Medien nicht gut ankommt, ist kein Spitzenkandidat, sondern ein schlechter Kandidat. Davon unberührt bleibt die Tatsache, dass es nicht genügt, wenn der Spitzenkandidat zwar mit den Medien gut umgehen kann, aber thematisch nichts zu bieten hat. So ernst sollte der Wähler doch genommen werden, um zu wissen, dass eine Partei mit einem rein personalisierten Wahlkampf zwangsläufig Schiffbruch erleiden wird. Deshalb ist die Verbindungskampagne nicht zu vernachlässigen. Wenn überzeugende Botschaften mit Personen in Verbindung gebracht werden, ist ein wichtiger Schritt hin zu einem erfolgreichen Wahlkampf getan.

Und noch eine Kampagnenform hat an Bedeutung zugenommen und wird weiterhin an Bedeutung zunehmen: die Mobilisierungskampagne. Da die Zahl der Wechselwähler und auch der Nichtwähler relativ hoch ist, sind es diese Wählergruppen, die erreicht werden müssen, um Wahlen gewinnen zu können. Erreicht werden diese Gruppen zwar auch über Medien, doch ist das persönliche Gespräch mit diesen Bürgern manchmal Gold wert. Daher braucht es Parteimitglieder und Sympathisanten, die im Vorfeld von Wahlen einen großen Ehrgeiz entwickeln, ihrer Partei zum Erfolg zu verhelfen. Doch dieser Ehrgeiz entsteht nicht, wenn das Parteimitglied erstens nicht weiß, wofür es sich zu kämpfen lohnt (klare Botschaften!), und zweitens nicht die nötigen Informationen hat, um seinen ganz persönlichen Wahlkampf für die Partei zu führen.

Alles in allem betrachtet wird der Kampagnenplaner einen Mix der unterschiedlichen Kampagnenformen wählen, um zum Ziel zu gelangen. Dabei beginnen manche Kampagnen schon lange vor dem Wahltag, die Planung der Kampagnen noch früher. Die Parteimitglieder und –sympathisanten werden sehr früh auf den Wahlkampf vorbereitet. Botschaften und Themen werden schon rund ein Jahr vor der Wahl in die Partei hineingetragen und dort diskutiert. Dies ist der Anfang der Mobilisierungskampagne und dient gleichzeitig der Positionierung. Schon in dieser Phase spielt die Kampagne in den Massenmedien eine wichtige Rolle. Sobald der Spitzenkandidat offiziell nominiert und das Wahlprogramm verabschiedet ist (zumeist rund vier bis fünf Monate vor der Wahl), werden die Mobilisierungs-, die Personen- und die Themenkampagne forciert. Die Imagekampagne beginnt schon vor dem Wahlparteitag und findet dort einen ersten vorläufigen Höhepunkt, indem die Parteistrategen diese Parteitage immer professioneller inszenieren. Spätestens der Wahlparteitag ist auch der Startschuss für die verstärkte Kontaktaufnahme mit Multiplikatoren. Die eigentliche Werbekampagne beginnt rund zwei Monate vor der Wahl. In den letzten vier bis sechs Wochen vor der werden alle verfügbaren Kräfte mobilisiert: Parteimitglieder und -sympathisanten sind fast im Dauereinsatz, Online-Campaigner schreiben sich die Finger wund, Bürger werden direkt angesprochen und angeschrieben, die Personen- und Themenkampagne läuft auf vollen Touren.

Selbstverständlich ist dies nur eine ganz grobe Beschreibung. Die einzelnen Kampagnen beziehen sich aufeinander und sind voneinander abhängig. Ein gutes Wahlkampfmanagement (vgl. den Beitrag von Griese in diesem Band) muss immer wieder schnell reagieren, um an der einen oder anderen Stelle Korrekturen vorzunehmen.

4. Beispiele

Sie ist zwar schon viel zitiert und zu Genüge besprochen worden, doch kommt man bei der Beschreibung einer gelungenen Gesamtkampagne am Bundestagswahl der SPD im Jahr 1998 nicht vorbei. Mit der Leitkampagne ‚Innovation und Gerechtigkeit' gelang es, zwei wichtige Strömungen innerhalb der Sozialdemokratie und innerhalb der Bevölkerung zu vereinen: die eher traditionalistische (Gerechtigkeit) und die eher modern geprägte (Innovation). Die Verbindungskampagne zielte darauf ab, mit Lafontaine und Schröder beide Strömungen auch personell zu besetzen. Die Positionierung erfolgte in der „Neuen Mitte“; damit wurde demonstriert, dass sich die SPD im Zentrum der Gesellschaft befindet (Machnig 1999). Auch wurde damit viele wahlentscheidenden Zielgruppen optimal bedient (vgl. Hetterich 2000: 395). Die Themen-, Personen- und Imagekampagne waren deutlich an der Leitkampagne ausgerichtet.

Die FDP Nordrhein-Westfalen führte bei der Landtagswahl im Jahr 2000 eine ebenso sehr erfolgreiche Kampagne. Mit der Leitkampagne ‚NRW braucht Tempo‘ gelang es, die 5-Prozent-Hürde deutlich zu überspringen. Der ganz auf Jürgen W. Möllemann als zentraler Figur der Kampagne zugeschnittene Wahlkampf beinhaltete mit den zwei Schwerpunktthemen Verkehr und Bildung zwei Themenkampagnen, die mit der Leitkampagne optimal korrespondierten (Hetterich 2000: 76). Die Personenkampagne Möllemann stand im gesamten Wahlkampf im Mittelpunkt.

Im gleichen Wahlkampf wurde auch eine wenig erfolgreiche Kampagne geführt. Die CDU versuchte, mit der Botschaft „Kinder statt Inder“ die Diskussionen um die Green Card aufzugreifen und für sich zu nutzen. Die Wirkung dieser Kampagne war jedoch eher kontraproduktiv. Von Beobachtern wurde diese Kampagne als Greifen nach jedem Strohhalm gedeutet (Hetterich 2000: 74), der Arbeitgeberpräsident Hundt nannte sie „erbärmlich populistisch“. Gerade die Kritik aus der Wirtschaft dürfte den Wahlkampf der CDU nicht erleichtert haben, da die Wirtschaftspolitik in jedem Wahlkampf eine wichtige Rolle spielt.

5. Fazit

Kampagnen als Teil jedes Wahlkampfs sind äußerst vielfältig. Jede Partei könnte unzählige verschiedene Kampagnen führen, um ans Ziel zu kommen. Doch das scheitert vor allem an den finanziellen Möglichkeiten. Denn zwar bedienen sich Kampagnen lustvoll der Instrumente, die aus der professionellen Werbung bekannt sind, doch liegt der Wahlkampfetat deutlich unter dem, was große Unternehmen für ihre Werbung zur Verfügung haben. Daher ist die Mobilisierungskampagne so wichtig. Mit ihr kann es gelingen, den Wahlkampf in die Breite zu tragen, ohne dafür viel Geld aufwenden zu müssen. Dieses Geld kann dann dazu genutzt werden, die Personen- und die Imagekampagne zu verstärken und das Spitzenpersonal, vor allem den Spitzenkandidaten, professionell zu vermarkten. Dies wird, wenn man erfahrenen Wahlkampfstrategen wie Peter Radunski glauben darf, immer wichtiger.

Die unterschiedlichen Kampagnenformen sind nicht nur auf Bundes- und Landesebene vorzufinden. Auch in den Wahlkreisen werden einzelne Kampagnen geführt. Zwar steht dort kaum Geld zur Verfügung, doch geht es auch auf Wahlkreisebene darum, Wahlkämpfe zuzuspitzen und den örtlichen Kandidaten zu vermarkten. Dies wird noch nicht überall so gesehen, doch werden die Wahlkämpfe der Zukunft zeigen, dass neben den großen Kampagnen auf überörtlicher auch kleinere Kampagnen auf örtlicher Ebene zunehmen werden und professionell geführt werden müssen.

Literatur

Althaus, Marco: Kampagne!, in: Althaus, Marco 2001a, S. 5-7 (b)

Althaus, Marco (Hrsg.): Kampagne!: Neue Strategien für Wahlkampf, PR und Lobbying – 2. Aufl., Münster, 2001 (a)

Althaus, Marco: Strategien für Kampagnen: Klassische Lektionen und modernes Targeting, in: Althaus, Marco 2001a, S. 11-44 (c)

Bertelsmann Stiftung (Hrsg.): Politik überzeugend vermitteln: Wahlkampfstrategien in Deutschland und den USA: Analysen und Bewertungen von Politikern, Journalisten und Experten, Gütersloh, 1996

Bogumil, Jörg/ Schmid, Josef: Politik in Organisationen: Organisationstheoretische Ansätze und praxisbezogene Anwendungsbeispiele, Opladen, 2001

Busenbender, Jörg G. : Die richtigen Köpfe finden: Bessere Personalrekrutierung für Politik- und Kampagnenteams, in: Althaus 2001a, S. 139-149

Donsbach, Wolfgang: Drehbücher und Inszenierungen: Die Union in der Defensive, in Noelle-Neumann/Kepplinger/Donsbach 1999, S. 141-171.

Geisler, Alexander/Tenscher, Jens: „Amerikanisierung“ der Wahlkampagne(n)? Zur Modernität von Kommunikationsstrukturen und -strategien im nordrhein-westfälischen Landtagswahlkampf 2000, in: Sarcinelli/Schatz 2002, S. 53-117

Grafe, Peter: Wahlkampf: Die Olympiade der Demokraten, Frankfurt am Main, 1994

Glotz, Peter: Politisches Wrestling – eine Schlachtbeschreibung: Nachtrag zum Bundestagswahlkampf 1994, in: Bertelsmann Stiftung 1996, S. 25-32

Hetterich, Volker: Von Adenauer zu Schröder – Der Kampf um Stimmen: Eine Längsschnittanalyse der Wahlkampagnen von CDU und SPD bei den Bundestagswahlen 1949 bis 1998, Opladen, 2000

Hinrichs, Jan-Peter: Wir bauen einen Themenpark: Wähler werden doch mit Themen gewonnen – durch Issues Management, in Althaus 2001a, S. 45-64

Holtz-Bacha, Christina: Bundestagswahlkampf 1998 – Modernisierung und Professionalisierung, in: Holtz-Bacha, Christina (Hrsg.): Wahlkampf in den Medien – Wahlkampf mit den Medien: Ein Reader zum Wahljahr 1998, Opladen/Wiesbaden, 1999, S. 9-23

Jarren, Otfried/ Bode, Markus: Ereignis- und Medienmanagement politischer Parteien: Kommunikationsstrategien im „Superwahljahr 1994“, in: Bertelsmann Stiftung 1996, S. 65-114

Lutter, Johannes/ Hickersberger, Michaela: Wahlkampagnen aus normativer Sicht, Wien, 2000

Machnig, Matthias: Die Kampa als SPD-Wahlkampfzentrale der Bundestagswahl `98: Organisation, Kampagnenformen und Erfolgsfaktoren, in: Forschungsjournal Neue Soziale Bewegungen 3/99, 1999, S. 20-39

Noelle-Neumann, E./ Kepplinger, H. M./ Donsbach, W. : Kampa: Meinungsklima und Medienwirkung im Bundestagswahlkampf 1998, Freiburg i. Br./ München, 1999

Radunski, Peter: Wahlkämpfe: Moderne Wahlkampfführung als politische Kommunikation, München, 1980

Rösler, Philipp: Füchse und Löwen: Eine Kampagne führen heißt entscheiden statt warten, in: Althaus 2001a, S. 150-158
Sarcinelli, Ulrich/Schatz, Heribert (Hrsg.): Mediendemokratie im Medienland? Inszenierungen und Themensetzungsstrategien im Spannungsfeld von Medien und Parteieliten am Beispiel der nordrhein-westfälischen Landtagswahl im Jahr 2000, Opladen, 2002
Timm, Andreas: Die SPD-Strategie im Bundestagswahlkampf 1998, Hamburg, 1999

Honza Griese

Von der Notwendigkeit des Wahlkampfmanagements

„Die Kunst des Wahlkampfes besteht in der inhaltlichen Koordination von Politik und Werbung durch eine gute Organisation.“ (Wolf 1985: 76)

Wahlen gehören zu den wichtigsten Legitimationsmechanismen politischer Systeme; in ihnen drückt sich der Wille des Volkes aus. Wahlen sind jedoch mehr als die Stimmabgabe des Bürgers als Souverän, sie sind zugleich von Parteien zunehmend professionell geführte Kampagnen, in denen mit den potenziellen Wählern kommuniziert wird. Dieses Phänomen wird mittlerweile zunehmend diskutiert und analysiert. Amerikanisierung ist dabei das zentrale Schlagwort. Leider ist die Verwendung dieses Begriffes vielfach unscharf, sodass man gut daran tut, ihn zu definieren. Welche Merkmale lassen sich dem Stichwort Amerikanisierung der Politik und der Wahlkämpfe in Deutschland zuordnen? Wichtig sind vor allem folgende Aspekte:

- „Die politischen Kommunikationsaktivitäten der Parteien richten sich vorwiegend nach den Selektions- und Präsentationsbedingungen der Massenmedien.
- Politische Vermittlung ist durch ihre Orientierung auf das Fernsehen von einer starken Visualisierung geprägt.
- Die strategisch kalkulierte Inszenierung von Ereignissen gewinnt in der öffentlichen Darstellung von Politik an Bedeutung, dabei wird Politik zunehmend in unterhaltenden Kontexten präsentiert.
- In der Ansprache von Wählern werden Strategien, die auf emotionale Loyalitätsbindungen zielen, wichtiger.
- Kampagnen als zeitlich wie sachlich fokussierte und lifestylegerechte Aktionsformen prägen die politischen Werbeaktivitäten.
- Politische Organisationen und Institutionen entwickeln eigenen professionellen Sachverstand (sog. Spin Doctors), um ihre Medien- und Kommunikationsstrategien optimal zu gestalten.
- Politik wird zunehmend personalisiert über wenige mediale Politik-Stars vermittelt; Prominent wird so zum politischen Herrschaftselement.
- Die Auflösung politisch-ideologischer Fundamentalalternativen erzeugt Pragmatismus oder gar Opportunismus und eine Konzentration auf die „Mitte“ der Gesellschaft.“ (Schmid/Griese 2002: 6)

Aus dem Munde eines Praktikers heißt es etwas einfacher: „Die Amerikanisierung der Wahlkämpfe bedeutet Professionalisierung der Methoden und

Personalisierung der Inhalte“ (nach DIE ZEIT Nr. 43/2001). Kritisch besehen wird so „die Werbung zur Fortsetzung der Politik mit privaten, persuasiven Mitteln. Werbefeldzüge sind auch Feldzüge, wenn auch nur unter Einsatz von symbolischen Zeichen.“ (Barringhorst 1994: 188)

Sichtbarster Ausdruck dieses für die Bundesrepublik noch relativ neuartigen Phänomens war bei der Bundestagswahl 1998 die sog. KAMPA der SPD. Dort wurde der Wahlkampf außerhalb der traditionellen Parteiorganisation geführt (vgl. Timm 1999) und war offensichtlich erfolgreich – was freilich nicht alleine auf diese Tatsache zurückzuführen ist (vgl. die Übersicht bei Bretthauer/Horst 2001).

Angesichts der gesellschaftlichen und politischen Veränderungen, die in Richtung Amerikanisierung wirken, soll sich der folgende Beitrag tiefer mit dem Begriff des Wahlkampfmanagement auseinandersetzen. Denn hinter allem steht doch eine ordnende Einheit. Hängt doch der Erfolg einer Kampagne in Zeiten sinkender Wählerbindung und geringer Mobilisierungsfähigkeit davon ab, ob sie professionell geplant und organisiert wird (vgl. Beitrag von Plank).

Ziel dieses Aufsatzes ist es, den Bereich Wahlkampfmanagement nach den bisherigen Erkenntnissen der politikwissenschaftlichen Forschung theoretisch und am praktischen Beispiel vorzustellen. Einleitend wird der Forschungsstand der Wahlkampfforschung dargestellt. Es folgt eine kurze Betrachtung von Wahlen und Wahlkämpfen in einem allgemeinen theoretischen Verständnis. Der Schwerpunkt der Arbeit versucht ein möglichst umfassendes Bild des Wahlkampfmanagements, mit den dazugehörigen Bestandteilen, Beteiligten und den beobachteten Ausprägungen zu zeichnen. Abschließend wird am Beispiel des SPD-Wahlkampfes zur Landtagswahl 2001 in Baden-Württemberg dargelegt, dass es sich hier nicht um ein ausschließlich bundespolitisches Phänomen handelt. Am Ende des Aufsatzes steht ein Fazit.

1. Einordnung der Wahlkampfforschung in die Parteienforschung

Bis in die 90er Jahre hinein hat sich die bundesdeutsche Parteienforschung äußerst zurückhaltend mit dem Forschungsgegenstand Wahlkampf auseinandergesetzt. Nicht zu Unrecht charakterisierte Sarcinelli die Wahlkampfforschung „als Stiefkind politikwissenschaftlicher und wahlsoziologischer Beschäftigung.“ (Sarcinelli 1984: 9) Es ist bezeichnend, dass die Mehrzahl der Standardwerke der Feder von Praktikern entstammt (vgl. Timm 1999: 7). Dennoch kann die Wahlkampfforschung systematisiert werden. Hetterich (2000: 22ff.) hat in seiner Längsschnittanalyse der Wahlkampagnen von CDU und SPD von 1949 bis 1998 den Ansatz von Bethschneider (1987: 23-27) zusammengefasst und unterteilt in:

- die zeitgeschichtlich-deskriptive Wahlkampfforschung
- die prozessanalytische Wahlkampfforschung
- die faktorspezifische Wahlkampfforschung
- die funktionalistische Wahlkampfforschung.

„Unter zeitgeschichtlich-deskriptiver Wahlkampfforschung lassen sich all die Untersuchungen subsummieren, die einen [Fehler im Original – H.G.] möglichst umfassende Gesamtdarstellung eines bestimmten Wahlkampfes geben wollen. In diese Darstellung gehen, in der Regel in chronologischer Reihenfolge, alle vom jeweiligen Autor für relevant befundenen Aspekte eines Wahlkampfes ein. Deren Auswahl richtet sich nach der subjektiv empfundenen Bedeutung für Verlauf und Ergebnis des Wahlkampfes. (...) Zur zeitgeschichtlich-deskriptiven Wahlkampfforschung kann auch ein Teil der lokalen Wahlkampfstudien gezählt werden, die sich überwiegend mit dem Bundestagswahlkampf auf Wahlkreisebene auseinandersetzen.

In erster Linie auf lokaler Ebene setzen auch die der prozessanalytischen Wahlkampfforschung zuzurechnenden Untersuchungen an, wohl aus dem forschungspraktischen Grund der besseren Überschaubarkeit dieser kleineren Untersuchungseinheiten. Bei ihnen liegt der Schwerpunkt des Erkenntnisinteresses auf wechselseitigen Abhängigkeiten und Beeinflussungsprozessen zwischen verschiedenen relevanten Wahlkampfaspekten. Dabei werden z.B. die lokalen Medienlandschaft sowie demographische bzw. soziologische Merkmale eines Wahlkreises im Zusammenhang mit Planung, Organisation, Durchführung und Ergebnissen von Wahlkämpfen thematisiert.

Die faktorspezifische Wahlkampfforschung analysiert detailliert Einzelaspekte von Wahlkämpfen. Dazu gehören synoptische Analysen von Wahlprogrammen ebenso wie Prozesse der Programmkonstruktion oder der Kandidatennominierung. (...) Teilweise werden aufgrund der Ergebnisse (...) Aussagen formuliert, (...) die Allgemeingültigkeit beanspruchen.

Ein für Deutschland relativ neuer Zweig ist die funktionalistische Wahlkampfforschung, die aus Sicht der handelnden Akteure organisatorische, technische und kommunikative Aspekte der Wahlkampfführung behandelt. Für sie ist Wahlkampfführung „eine moderne Managementaufgabe wie andere auch" (Radunski 1980: 24), die zu bewältigen ist, um ein bestmögliches Ergebnis erreichen zu können. Deshalb stehen im Zentrum dieser Ansätze zweckrationale Nützlichkeitserwägungen. Die hier angesprochene Literatur nähert sich zum Teil dem Charakter von Handbüchern oder Gebrauchsanweisungen an." (Hetterich 2000: 22ff.)

Da sich der vorliegende Aufsatz primär mit den Fragen des Wahlkampfmanagements auseinandersetzt, mag eine schwerpunktmäßige Berücksichtigung der funktionalistischen Wahlkampfforschung den Leser nicht verwundern.

2. Was ist Wahlkampf?

2.1 Parteien und Wahlen

Nach absolut herrschender Meinung sind Wahlen das wesentliche konstitutionelle Element, auf dessen Grundlage liberal-pluralistische Demokratien basieren. Sie haben vielfältige Funktionen (Nohlen 1986: 21f.; Andersen/Woyke 1997: 598f.):

- Verteilung und Legitimation von Macht
- Kontrolle der Regierung
- Konkurrenz durch eine Auswahl verschiedener politischer Führungsgruppen und Sachprogrammen

Repräsentation und Integration der Wahlbevölkerung im politischen System. Somit kommt den politischen Parteien die Aufgabe zu, die vielfältigen politischen und gesellschaftlichen Vorstellungen der Wahlbevölkerung zu bündeln und zu artikulieren (vgl. Woyke 1998: 87ff.).

2.2 Begriffsbestimmung: Wahlkampf und Wahlmanagement

Wie definiert sich Wahlkampf? Radunski (1980: 11) sieht im Wahlkampf „eine Auseinandersetzung der Parteien um Zustimmung zu Programm und Person." Darüber hinaus herrscht in der Wahlkampfforschung Uneinigkeit über den zeitlichen Beginn des Wahlkampfes. Hirsch-Weber/Schütz (1957: 5) vertraten die Ansicht, dass als Zeitmarke die offiziellen Auftaktveranstaltungen der großen Parteien gelten. Palmer (1993: 62) ergänzte diese Sichtweise dahingehend, dass unter Wahlkampf die durch Parteiplanung relativ exakt bestimmbare, strittige Vorwahlphase verstanden wird. Die Vertreter der funktionalistischen Forschungsrichtung hingegen greifen auf die alte Fußballregel „Nach dem Spiel ist vor dem Spiel" zurück. Für sie beginnt der neue Wahlkampf bereits mit den Hochrechnungen am Wahlabend (Hetterich 2000: 20). Timm (1999: 9) stellt zutreffend fest, dass eine solche Abgrenzung die besonderen organisatorischen und inhaltlichen Anstrengungen der Parteien übersieht, die das Wahlkampfgeschehen vom „normalen Parteienwettbewerb" unterscheidet. Seiner Ansicht nach sind diese besonderen Maßnahmen ein unverzichtbares drittes Definitionselement. Er liefert wohl die exakteste Begriffsbestimmung: „Wahlkampf ist derjenige Abschnitt im permanenten Parteienwettbewerb, in dem die Parteien zusätzliche organisatorische und inhaltliche Anstrengungen unternehmen, um Wählerstimmen für sich zu gewinnen."

2.3 Phasen des Wahlkampfes

Nach Wolf (1985: 75f.) kann der Wahlkampf in drei Phasen eingeteilt werden:

- die Vorbereitungszeit
- die Vorwahlkampfzeit
- die Schlussphase

Die Vorbereitungszeit ist erforderlich um eine für die Untergliederungen der Parteien einheitliche und verbindliche Jahresplanung zu erstellen. Mit ihrer Hilfe wird versucht alle organisatorischen Aufgaben wie Parteitage, bedeutende Wahlen (intern und extern), inhaltliche Stoßrichtung, thematische Schwerpunkte, etc. in die Wahlkampfplanung einzubetten. Auch wird zu diesem Zeitpunkt bereits mit der Herausbildung eines eigenen Images in den Medien angesetzt. Als Beispiel kann hier auf die Kampagne „Aktion 18%" der FDP im Vorfeld des Bundestagswahlkampfes 2002 verwiesen werden.

In der Vorwahlkampfzeit finden alle organisatorischen Herausforderungen statt. In ihr müssen genaue Pläne bestimmt werden, die alle politischen, organisatorischen und werblichen Termine, Aktionen und Arbeiten bis zum Wahltermin aufeinander abstimmen. Hierzu zählen insbesondere Einsatzpläne des Spitzenkandidaten und der Parteiprominenz, Ereignispläne von eigenen oder gesellschaftlichen Großveranstaltungen, Kongressen usw.

Die Schlussphase setzt ca. 20 Tage vor der Wahl ein. In ihr sollen noch einmal alle Kräfte bzw. Parteimitglieder und parteinahe Wählergruppen mobilisiert werden. Mittels bundesweiten Plakatierungsaktionen, Anzeigenkampagnen, verstärkter politischer Angriffe auf den Gegner und den großen Schlusskundgebungen bildet sie den Höhepunkt der politischen und werblichen Propaganda.

3. Wahlkampfmanagement

3.1 Veränderte Rahmenbedingungen

Die Neigung, sich an politischen Wahlen zu beteiligen, hat in der Bundesrepublik deutlich abgenommen. Bei Bundestagswahlen sank die Beteiligung von 89,1 Prozent im Jahr 1983 auf 77,8 Prozent im Jahr 1990 – der Anteil der Nichtwähler hatte sich mehr als verdoppelt (Bürklin/Roth 1994: 318ff). Bei den Bundestagswahlen 1994 und 1998 konnte sich der Anteil mit 79 bzw. 82,3 Prozent auf diesem Niveau stabilisieren. Die Parteien haben mit dem Zerfall ihrer traditionellen Milieus sehr zu kämpfen. Die Zeiten, in denen Bürger von der Wiege bis zur Bahre in einer Partei oder in deren vorpolitischem Raum angesiedelt waren, sind längst vorbei. Die traditionellen Milieus zersplittern immer mehr, der Einzelne löst sich aus dem sozio-strukturellen Kontext heraus. Die Individualisierung und Pluralisierung der Lebensstile hat zur Folge, dass traditionelle Lebensstile wie „eine Partei, eine Frau und das ganze lebenslänglich“ an Bedeutung verlieren (Beyme 1997: 370). Vor allem für die Großparteien hat der Individualisierungstrend zur Folge, dass das traditionelle Stammwählerpotenzial, das spezifischen und historischen Milieus entstammt, stetig sinkt. Zum Beispiel kann die SPD längst nicht mehr die großen Stimmenblöcke von (gewerkschaftlich orientierten) Arbeitnehmern erwarten, wie die CDU beispielsweise von den treuen (katholischen) Kirchgängern. Mit beiden Traditionsgruppen alleine kann keine Partei als erfolgreicher Sieger aus einer Wahl hervor gehen (Graner 2002). Auch Hetterich (2000: 62ff.) führt das veränderte Wahlverhalten auf den sozialstrukturellen Wandel zurück. Seiner Ansicht nach tragen mittlerweile auch verstärkt Kurzzeiteinflüsse zur Wahlentscheidung bei (Hetterich 2000: 36). Auch Radunski (1996: 35) vertrat die Auffassung, dass „kurzfristige Stimmungsschwankungen Wahlen entscheiden.“

Die optimale Ausnutzung des Stimmenpotentials erfordert somit zielgerichtete Kommunikationsstrategien, damit sowohl Nichtwähler, potenzielle Wechselwähler und die eigene Anhängerschaft von der Bedeutung des Urnengangs überzeugt werden (Hetterich 2000: 66ff.). Somit ist dann auch die Frage der organisatorischen Planung und Umsetzung des Wahlkampfes für den Wahlausgang entscheidend (Radunski 1990: 5). Dieser merkte bereits zu Beginn der 80er Jahre an, dass Wahlkampfführung Politik sei (Radunski 1980: 8). Schaut man sich den Erfolg der SPD bei der Bundestagswahl 1998 an, so mag man diese These bestätigt finden. In diesem Fall wurde die Kampagne selbst zum öffentlichen Thema. So ließ die Wahlkampfführung von Anfang an ein großes Interesse daran erkennen, ihre Kampagne als modernes und hochprofessionelles Campaigning zu kommunizieren (vgl. Bogumil/Schmid 2001: 156; Ristau 1998). Die Fortsetzung der professionellen Wahlkampfführung im Jahre 2002 in Form der KAMPA02 oder auch dem Gegenstück in Gestalt der ARENA02 verdeutlichen, dass die Parteien das Erfordernis eines professionellen Wahlkampfmanagements begriffen haben.

3.2 Interne Akteure des Wahlkampfes

3.2.1 Der Wahlkampfmanager

Auch wenn der funktionalistischen Wahlkampfforschung folgend „Wahlkampf eine moderne Managementaufgabe wie andere auch“ (Radunski 1980: 24) ist, so stellt diese Aufgabe weitere besondere Anforderungen an die handelnden Akteure. So reicht der Aufgabenbereich „von der Erarbeitung der Strategie über Werbemittelkonzeption, -produktion und -distribution bis hin zum Rednereinsatz.“ (Hetterich 2000: 42f.)

Mit Hilfe eines Drehbuches soll der Wahlkampf von der ersten bis zur letzten Minute durchgeplant werden, um so ein geschlossenes und zielorientiertes Handeln aller beteiligten Akteure zu gewährleisten. Anleihen an die Methoden des Projektmanagements sind hierbei unerlässlich (vgl. Beitrag von Plank im gleichen Band). Radunski (1980: 25) merkt zutreffend an, dass es eine Arbeitsplatzbeschreibung für Wahlkampfmanager nicht gebe. Folgende Kompetenten werden von ihm aber als unverzichtbar angesehen:

- direkter Zugang zum Kandidaten/der Parteiführung
- Mitgliedschaft/Teilnahme in/an allen wahlkampfrelevanten Gremien/Sitzungen
- Budgetrecht
- Personalhoheit (mind. Vorschlagsrecht)
- Kompetenz über die Festlegung des Zeitplans
- Hoheit über die Wahlkampfmaßnahmen

Neben dem Kompetenzrahmen entwirft Radunski zusätzlich ein Qualifikationsprofil des optimalen Wahlkampfmanagers:

- Kenntnis von Parteigeschichte, Programm, Politik und Organisation
- Politischer Überzeugungstäter
- Kenntnis der innerparteilichen Organisation und Willensbildung
- Kenntnis von Kommunikationswegen, die zum Wähler führen
- Bereitschaft zur Zusammenarbeit mit Werbeagenturen.

Diese Mischung aus Kompetenzen und Qualifikationen ist also die ordnende Einheit, die hinter einem Wahlkampf steht und die Partei als Ganzes erfasst und strukturiert (vgl. Hetterich 2000: 44f.).

3.2.2 Wahlkampfgremien

Bei der Betrachtung der Wahlkampfgremien muss differenziert werden. Auf der einen Seite stehen die von der Parteibasis legitimierten politischen Gremien wie Bundesvorstand und/oder Parteipräsidium. Bis in die späten 50er Jahre fiel beispielsweise in der SPD die Vorbereitung und Durchführung der Kampagnen in den Verantwortungsbereich der offiziellen Gremien und des Parteiapparates. Von der Zusammenarbeit mit Werbeagenturen und Meinungsforschungsinstituten wurde nur zögerlich Gebrauch gemacht (Hetterich 2000: 167). Mittlerweile kann der Einfluss der Parteigremien auf die realen Entscheidungen im Rahmen der Wahlkampfplanung und -umsetzung als gering erachtet werden. Heute treffen Einzelpersonen die Entscheidungen. „Wahlkampf ist Diktatur auf Zeit", so beschrieb beispielsweise der ehemalige Generalsekretär der baden-württembergischen SPD sein Selbstverständnis im Landtagswahlkampf 2001. Schaut man sich parteiübergreifend die Zusammensetzung vieler Vorstände und anderer Gremien an, so mag einen die faktische politische und organisatorische Entmachtung nicht verwundern. Bei der

Berücksichtigung von Geschlecht, regionaler Herkunft, Religionszugehörigkeit und Alter treten doch zu oft wichtigere Kriterien in den Hintergrund. (vgl. Geisel, Schaible, Thielbeer 2001).

Eine wichtige Bedeutung kommt aber den eingesetzten Planungsgruppen (Grafe 1994: 199f.) zu. In ihren Verantwortungsbereich fallen die Vorbereitungen für die Wahlkampfleitung sowie Kommunikations- und Umsetzungskonzepte für die Strategie in den einzelnen Politikbereichen. Die Mitglieder dieser Planungsgruppen sind nicht nur Angehörige der Partei, sondern auch hinzugezogener Sachverstand von außen (Hetterich 2000: 44). In der Praxis findet dann eine Zweiteilung in politische und technische Wahlkampfleitung statt.

Der politischen Wahlkampfleitung obliegt es, die Hauptbotschaft der Kampagne, die Schwerpunktthemen und die Präsentation des Spitzenkandidaten festzulegen. Eine Hauptaufgabe ist es, die Kongruenz zwischen vertretenen Inhalten und politischem Personal herzustellen. Denn was nützen die schönsten Inhalte, wenn sie vom politischen Personal nicht glaubhaft vermittelt werden können. Ein Beispiel für die erfolgreiche Verknüpfung von Person und Politik war die Strategie der SPD im Bundestagswahlkampf 1998. Kernthema des sozialdemokratischen Wahlkampfes war die Forderung nach Innovation und sozialer Gerechtigkeit. Verkörperte Oskar Lafontaine das Prinzip der sozialen Gerechtigkeit, so stand Gerhard Schröder in den Augen der Wähler für Innovation und Fortschritt.

Der politischen Wahlkampfleitung kommt somit vor allem die Aufgabe zu, den formalen Führungsgremien der Partei die Verantwortung für den Wahlkampf abzunehmen. So gehören der politischen Wahlkampfleitung nicht nur Vertreter wichtiger innerparteilicher Gruppen, sondern auch Politikberater und Wissenschaftler an. Die von der politischen Wahlkampfleitung erarbeiteten Konzepte und Maßnahmen werden von den Parteigremien in der Regel nach kurzer Diskussion nur noch abgesegnet (Hetterich 2000: 45). Die Umsetzung der beschlossenen Konzepte fällt dann in den Verantwortungsbereich der technischen Wahlkampfleitung.

3.3 Externe Akteure des Wahlkampfes

Nach Radunski (1980: 23) besteht die Professionalisierung der Politik in der Entwicklung von Konzepten, die eine Verbindung von Politik und moderner Kommunikation ermöglichen. Wahlkampf kann somit als politische Kommunikation verstanden werden. Es ist die Aufgabe des Wahlkampfmanagers, die entsprechenden Kommunikationswege zu finden, um dem Wähler die politische Botschaft zu vermitteln. Es liegt auf der Hand, dass eine einzelne Person nicht alle o.g. Fähigkeiten auf sich vereinen kann. Es geht vielmehr darum, dass die Bereiche Politik, Kommunikation und Organisation vom Wahlkampfmanager koordiniert werden. Eine der wichtigsten Fähigkeiten eines

Wahlkampfmanagers besteht also in seiner Bereitschaft, Menschen in seinem direkten Umfeld zu dulden, die in ihren Fachgebieten einen Kompetenzvorsprung vorweisen können.

Mittlerweile hat sich in der Politik die Erkenntnis verfestigt, dass externer Sachverstand nahezu unverzichtbar ist. Dieser reicht von Wissenschaftlern und Meinungsforschern über Werbefachleute bis hin zu Journalisten. Noch in den 80er Jahren wurden die hieraus entstehenden Abhängigkeitsverhältnisse kritisch diskutiert. So vertrat Bethschneider (1983: 16) „in einer Untersuchung zum Wahlkampf 1980 die Auffassung, dass schon die Tatsache der Einbeziehung von Werbeagenturen der „Delegation eines Teils ihrer [der Parteien – H.G.] langfristigen und grundlegenden Legitimationsplanung an außerhalb des eigenen Apparates stehende Instanzen, deren Handeln letztlich kommerziell motiviert ist", gleichkomme (zitiert nach Hetterich 2000: 45).

So galt es aber auch noch 1998 als Novum, dass die SPD mit der Hamburger Kreativagentur KNSK/BBDO einen Partner beauftragte, der keine Erfahrung mit politischer Werbung hatte. Mittlerweile hat sich aber die Erkenntnis durchgesetzt, dass man mittels Methoden der kommerziellen Werbung Marktanteile aufbauen kann, um diese dann geschickt zu verkaufen (Bogumil/Schmid 2001: 157).

3.4 Mobilisierung der Parteimitglieder

Nach Radunski (1980: 43ff.) kann der Wahlkampf in drei miteinander verbundene Kampagnen unterteilt werden. Die erste, und wohl wichtigste Kampagne findet in den Massenmedien statt. Diese bildet den Rahmen für alle anderen Aktivitäten, und ist vom außenstehenden Beobachter nicht unbedingt als Wahlkampf erkennbar. Mit selbst inszenierten Ereignissen und Reaktionen wird das Fundament für den eigentlichen Wahlkampf geschaffen. Die zweite Kampagnenform, die Werbekampagne, bildet den Wahlkampf im eigentlichen Sinn, und wird auch vom Publikum als solcher empfunden. Mittels Großflächenplakate, Fernsehspots, Anzeigen usw. werden die bisher angebotenen Inhalte untermalt. Die dritte, die Parteien- und Mobilisierungskampagne ist fest in die anderen beiden Kampagnen eingebunden. Was die Medien- und Werbekampagnen durch Massenkommunikation zu bewirken versuchen, wird in der Mobilisierungskampagne durch interpersonale Kommunikation weitergeführt und vertieft. Dabei geht es darum, dass die Parteimitglieder und -anhänger im Dialog mit potenziellen Wählern ihre politische Meinung fundiert und überzeugend vertreten können. Denn: „Eine überzeugte Parteien-Anhängerschaft ist nach wie vor der entscheidende Faktor in der interpersonalen Kommunikation und die entscheidende Ergänzung zur Massenkommunikation, weil sie erst die eigentliche Überzeugungsarbeit leistet" (Radunski 1980: 128). Damit aus Parteimitgliedern brauchbare Wahlkampfhelfer werden, bedarf es umfangreicher informations-, motivations- und identifikationsstiftender Maßnahmen, die zum Teil bereits im Vorfeld des eigentlichen Wahlkampfes stattfinden müssen und die in die permanente Öffentlichkeitsarbeit der Partei eingebunden sein sollten.

Eine wichtige Rolle kommt hier den oft belächelten Wahl- bzw. Regierungsprogrammen und deren Entstehungsprozessen zu. Real betrachtet ist die externe Werbewirkung als gering einzuschätzen. In die Partei hinein aber wirken sie in erster Linie integrierend, mobilisierend und disziplinierend (Czerwick 1984: 65). So werden bei der Entstehung der Vorlage, der Diskussion, Formulierung und letztlich Beschlussfassung der Programme alle innerparteilichen Flügel und Gruppen, als auch interessierte Gruppen und Organisationen aus dem vorpolitischen bzw. vorparteilichen Raum miteinbezogen. Die so erzeugte parteiinterne Einigkeit ist nach Wolf (1985: 110ff.) eine wichtige Grundvoraussetzung für den Wahlkampf.

Nach Radunski (1980: 120) kann eine Partei nur durch „langanhaltende vorbereitende Maßnahmen" mobilisiert werden. Aus diesem Grund bieten die Parteien, oft auch in Kooperation mit ihnen nahestehenden Bildungseinrichtungen, frühzeitig Schulungen, Seminare und Workshops an. Hinzu kommt eine Vielzahl schriftlicher Handreichungen in Form von Broschüren, Informationsdiensten und Handbüchern zum Wahlkampf. Mit diesen Instrumenten soll versucht werden, die zentrale Strategie bis auf die Untergliederungen vor Ort herunterzubrechen und ein einheitliches Auftreten sicherzustellen. Denn unkoordinierte und selbständig durchgeführte Aktionen können u.U. eher schaden als nützen. Radunski (1980: 121) verweist hier auf den CDU-Wahlkampf von 1972, der durch eine Fülle verschiedener Formen nicht koordinierten Engagements begleitet wurde. So werden bereits lange vor der heißen Wahlkampfphase die innerparteilichen Kommunikationssysteme ausgebaut, um ein flexibles und einheitliches Parteihandeln zu gewährleisten (Czerwick/Sarcinelli 1984: 79). Hinzu kommen die Großveranstaltungen der Parteien. Der Trend zur Delegation an Event-Marketing-Agenturen ist mittlerweile unübersehbar. Hier sollen mittels event- bzw. erlebnisorientierter Ansätze Wähler über die eigene Anhängerschaft hinaus erreicht werden (Hetterich 2000: 21).

4. Professionalisierung von Wahlkämpfen nicht nur im Bund

Über die zunehmende Professionalisierung von Wahlkämpfen auf Bundesebene ist bereits viel geschrieben worden. Die derzeit laufenden Planungen der Parteien für die Bundestagswahl im September 2002 zeigen, dass die SPD mit ihrem erfolgreichen Wahlkampf von 1998 die Meßlatte sehr hoch angelegt hat. Doch bleibt der Trend zur Professionalisierung von Wahlkämpfen nicht auf der Bundesebne stehen. In diesem Abschnitt soll in kurzer Form ein

Einblick in die Praxis moderner Wahlkampfführung am Beispiel des Landtagswahlkampfes der baden-württembergischen SPD im Jahre 2001 gegeben werden.

4.1 Die Wahlkampforganisation

4.1.1 Die „KAMPA-vor-Ort"

Die Einrichtung der „KAMPA-vor-Ort" war das Resultat früherer Wahlauswertungen der baden-württembergischen SPD, in denen eine verstärkte Einbindung der Basis in Entscheidungsprozesse und eine größere Flexibilität gefordert wurde. Und so wurden fast zwei Jahre vor der Wahl alle Wahlkreise aufgefordert, einen Ansprechpartner vor Ort zu benennen. Auf dieser Vertreter wurde dann auch das Bildungsprogramm des Landesverbandes zugeschnitten. Den Mitgliedern der „KAMPA-vor-Ort" kam keine Entscheidungsbefugnis zu. Vielmehr sollten sie eine kontinuierliche Rückkoppelung und Einbindung der Untergliederungen gewährleisten. Ihre Mitglieder fungierten den gesamten Wahlkampf über als zentrale Ansprechpartner und Ideengeber in den Wahlkreisen und ermöglichten so eine direkte Kommunikation zwischen Wahlkampfzentrale und Wahlkreis.

4.1.2 Die KAMPA

Die Gesamtleitung der baden-württembergischen KAMPA hatte der Generalsekretär und Wahlkampfleiter Wolfgang Drexler inne. Ihm zur Seite standen Mathias Klopfer (Gesamtkoordination) und der Landesgeschäftsführer Ulrich Henke (Controlling). Ähnlich dem Vorbild von 1998 „fielen allein die organisatorischen Belange des Wahlkampfes, nicht inhaltlich-politische Vorgaben" (Bogumil/Schmid 2001: 157) in den Aufgabenbereich der KAMPA. Kennzeichnend für ihre Arbeit waren niedrige Hierarchien. Sie setzte sich aus Mitarbeitern der Landesgeschäftsstelle, freien Journalisten und Politikberatern, jungen Wissenschaftlern, PR-Experten und Studierenden zusammen.

Ein halbes Jahr vor der Wahl begann die KAMPA offiziell mit ihrer Arbeit. Ihre Mitarbeiter waren mit der Planung der Großveranstaltungen, Referentenvermittlung, Medienauswertung, Gestaltung des Internet-Auftritts, Wahlkampfschulungen sowie der Organisation der Kundgebungen mit der Spitzenkandidatin betraut. Auch hielten sie Kontakt in die Wahlkreise und standen als Ansprechpartner bei Problemen zur Verfügung. Eventuelle Schwachstellen wurden früh erkannt und Pannen konnten so im Vorfeld verhindert werden.

4.2 *Wahlkampfmittel*

4.2.1 Internet und Intranet

Für die Hauptamtlichen, Kandidaten und regionalen Wahlkampleiter wurde ein passwortgeschützter Bereich im Internet eingerichtet. Hier fanden sich Umfrageergebnisse, Mustertexte für die Pressearbeit, Argumentationshilfen zur Landespolitik und Layout-Materialien für die Öffentlichkeitsarbeit vor Ort. Im offenen Bereich des Internet trat die SPD konzentriert in Erscheinung. Unter http://www.spd2001.de wurde die offizielle und regelmäßig aktualisierte Homepage zum Wahlkampf eingerichtet. Jedem Wahlkreiskandidaten wurde zusätzlich eine eigene Homepage zur Verfügung gestellt. Der äußere Rahmen dieser Homepage besaß ein landesweit einheitliches Design. Die weiteren Inhalte konnten dann durch die regionalen Wahlkampfteams eingestellt werden. Ergänzt wurde das Angebot durch Deutschlands erste Online-Wählerinitiative http://wir-fuer-ute-vogt.de (vgl. Matz 2002).

Die Sozialdemokraten nutzten die Möglichkeiten der neuen Medien umfassend aus. Der mittlerweile weit verbreitete Zugang zu Email und Internet ermöglichte es, den Wahlkämpfern in der Region eine breite Palette von Informationen und Hilfsmaterialien schnell und unkompliziert zur Verfügung zu stellen.

4.2.2 Veranstaltungsreihe „Ute Vogt im Gespräch“

Deutliche Veränderungen gab es auch bei den Auftritten der Spitzenkandidatin. Im Gegensatz zu früheren Wahlveranstaltungen, bei denen der Spitzenkandidat als Redner im Gasthaus „Zum röhrenden Hirschen“ in Erscheinung trat, setzte die SPD auf den Dialog mit den Bürgern. Man hatte erkannt, dass die althergebrachte Präsentation nicht mehr zeitgemäß ist und nur noch ein kleines Publikum anspricht. So besuchte die Spitzenkandidatin im Rahmen der Veranstaltungsreihe „Ute Vogt im Gespräch“ jeden Wahlkreis in Baden-Württemberg. Geboten wurde ein öffentlichkeits- und medienwirksames Programm, das zwar an die Bedürfnisse und Gegebenheiten des jeweilige Wahlkreises angepasst war, jedoch einem fest vorgegebenen Drehbuch der zentralen Planung der KAMPA unterlag. Der Erfolg gab dem Veranstaltungskonzept recht. So konnten selbst in Gebieten der sozialdemokratischen Diaspora teilweise über 1000 Besucherinnen und Besucher gezählt werden.

4.2.3 Ute Vogt Bustour

Ergänzend zu der Veranstaltungsreihe „Ute Vogt im Gespräch“ wurde in den letzten sechs Wochen des Wahlkampfes ein moderner Reisebus mit dem Konterfei Vogts durch Baden-Württemberg geschickt. Insgesamt war der Bus bei über 130 Terminen präsent. Da der Bus mit modernen Wahlkampfinstrumenten ausgerüstet war, ließ er die klassischen Infostände der Konkurrenten altbacken und uninteressant aussehen. Die Bustour war der zweite Baustein der Kampagne in der heißen Wahlkampfphase, der vollkommen auf die Spitzenkandidatin zugeschnitten war.

4.3 Deutlicher Zugewinn durch professionellen Wahlkampf

Die Spitzenkandidatin und ihr Team schafften es mittels einer professionellen Kampagne dem Ministerpräsidenten Sympathiewerte abzujagen. Die baden-württembergische SPD hat sich mit ihrem betont jungen und frischen Wahlkampf am eigenen Schopf aus dem Sumpf der 25,1 Prozent von 1996 herausgezogen, und erreichte mit 33,3 Prozent ihr bestes Ergebnis seit 25 Jahren. Offensichtlich ist es der SPD mit ihrer Kampagnenführung gelungen, auch im Land Baden-Württemberg die viel zitierte „Neue Mitte" anzusprechen, denn sie war die einzige Partei, die Zugewinne von allen Parteien verbuchen konnte.

5. Fazit

„Wahlkampfzeiten sind Ausnahmesituationen mit spezifischen Anforderungen und Bedingungen an die Organisation: Der Koordinationsaufwand erhöht sich; das Tempo wird schneller, der Einsatz aller Ressourcen muß optimiert werden; schnelle und effiziente Formen der Kommunikation in der Partei und in der Öffentlichkeit sind unverzichtbar." (Machnig 1999: 13)

Die Frage, was eine erfolgreiche Wahlkampfführung ausmacht, entscheidet sich demnach nicht, ob professionelles Kommunikationsmanagement im Sinne der funktionalistischen Wahlkampfliteratur Anwendung finden muss, sondern wie es dem Wahlkampfmanagement gelingt, deren Ansprüche umzusetzen. Eine erfolgreiche Mobilisierung von Unterstützung basiert also immer auch auf der Fähigkeit, eine klar strukturierte, auf Effizienz ausgelegte Planung und Organisation umzusetzen. Klar ist auch, dass sich der Trend zur Professionalisierung von Wahlkämpfen in kürzester Zeit bis auf die Kommunen niederschlagen wird.

„Organisation ist Politik, und Politik ist Organisation. Parteien können nur dann modern und erfolgreich sein, wenn sie über eine moderne und professionelle Organisation verfügen. Diese Tatsache mag nicht allen gefallen. Wahr bleibt sie gleichwohl." (Machnig 2002: 39)

Literatur

Andersen, Uwe/Woyke, Wichard (Hrsg.). Handwörterbuch des politischen Systems der Bundesrepublik Deutschland, 3., überarb. Aufl., Opladen, 1997

Barringhorst, Sigrid: Protest und Mitleid – Politik als Kampagne. In: Leggewie, Claus (Hrsg.), Wozu Politikwissenschaft? Über das Neue in der Politik. Darmstadt, 1994

Bethschneider, Monika: Wahlkampfstrategien. Themen- und Organisationsplanung im Bundestagswahlkampf 1979/80, Seminar für Politikwissenschaft Koblenz, 1983

Bethschneider, Monika: Wahlkampfführung und politische Weltbilder. Eine systematische Analyse des Wahlkampfes der Bundestagsparteien in den Bundestagswahlkämpfen 1976 und 1980. Frankfurt am Main, New York, Paris, 1987

Beyme, Klaus von: Funktionswandel der Parteien in der Entwicklung von der Massenpartei zur Partei der Berufspolitiker. In: Oskar W. Gabriel et al. (Hrsg.): Parteiendemokratie in Deutschland. Opladen, 1997, S. 359-383.

Bogumil, Jörg/Schmid, Josef: Politik in Organisationen. Organisationstheoretische Ansätze und praxisbezogene Anwendungsbeispiele. Opladen, 2001

Bretthauer, Wilhelm/Roth, Dieter: Das Superwahljahr 1994. Deutschland am Ende einer Ära stabilen Wahlverhaltens. In: Bürklin, Wilhelm/Roth, Dieter (Hrsg.): Das Superwahljahr: Deutschland vor unkalkulierbaren Regierungsmehrheiten? Köln, 1994

Czerwick, Edwin: Parteiprogrammatik und politisches Handeln. In: Sarcinelli, Ulrich (Hrsg.), Wahlen und Wahlkampf in Rheinland-Pfalz. Beiträge zur politischen Bildungsarbeit aus Anlaß der Landtags- und Bundestagswahlen am 6. März 1983, Landeszentrale für politische Bildung Rheinland-Pfalz, 1984

Czerwick, Edwin/Sarcinelli, Ulrich: Der Landtagswahlkampf 1983: Aspekte zu Strategie, Planung und Verlauf. In: Sarcinelli, Ulrich (Hrsg.): Wahlen und Wahlkampf in Rheinland-Pfalz. Beiträge zur politischen Bildungsarbeit aus Anlaß der Landtags- und Bundestagswahlen am 6. März 1983, Landeszentrale für politische Bildung Rheinland-Pfalz, 1984

Gehrig, Verena: Warum Wahlkampf? Unveröffentlichtes Manuskript. Freiburg im Breisgau, 2001

Geisel, Sofie/Schaible, Stefan/Thielbeer, Markus: Die SPD und ihre Reformbemühungen. In: Forschungsjournal Neue Soziale Bewegungen 3/2001, S. 40-45.

Gerster, Martin: Modernisierung und Auswirkungen im baden-württembergischen Landtagswahlkampf 2001. In: Schmid, Josef/Griese, Honza (Hrsg.), 2002: Wahlkampf in Baden-Württemberg – Bodenständigkeit gegen Amerikanisierung? Opladen, 2002, S. 31-41.

Grafe, Peter: Wahlkampf: die Olympiade der Demokratie, Frankfurt am Main, 1994

Graner, Jürgen: Personalisierung als erfolgreiche Wahlkampfstrategie? In: Schmid, Josef/Griese, Honza (Hrsg.), 2002: Wahlkampf in Baden-Württemberg – Bodenständigkeit gegen Amerikanisierung? Opladen, 2002, S. 43-60.

Griese, Honza: Wahlkampf im Wandel am Beispiel der baden-württembergischen SPD. In: Schmid, Josef/Griese, Honza (Hrsg.), 2002: Wahlkampf in Baden-Württemberg – Bodenständigkeit gegen Amerikanisierung? Opladen, 2002, S. 99-113.

Hetterich, Volker: Von Adenauer zu Schröder – Der Kampf um Stimmen. Eine Längsschnittanalyse der Wahlkampagnen von CDU und SPD bei den Bundestagswahlen 1949-1998. Opladen, 2000

Hirsch-Weber, Wolfgang/Schütz, Klaus: Wähler und Gewählte. Eine Untersuchung der Bundestagswahl 1953, Berlin, Frankfurt am Main, 1957

Machnig, Matthias: Organisation ist Politik – Politik ist Organisation. In: Forschungsjournal Neue Soziale Bewegungen 3/2002, S. 30-39.

Machnig, Matthias: Die Kampa als SPD-Wahlkampfzentrale der Bundestagswahl 1998. Organisation, Kampagnenformen und Erfolgsfaktoren. In: Forschungsjournal Neue Soziale Bewegungen 3/1999, S. 20-39.

Matz, Christian: Die Bedeutung des Internet für den Wahlkampf. In: Schmid, Josef/Griese, Honza (Hrsg.), 2002: Wahlkampf in Baden-Württemberg – Bodenständigkeit gegen Amerikanisierung? Opladen, 2002, S. 61-77.

Nohlen, Dieter: Wahlrecht und Parteiensystem, Opladen, 1986

Palmer, Christoph E. : Der Bundestagswahlkampf 1986/87. Eine systematische Darstellung der Wahlkampfführung der Bundestagsparteien und der Rahmenbedingungen der Wahl, Frankfurt am Main, New York, Paris, 1993

Radunski, Peter: Wahlkämpfe. Moderne Wahlkampfführung als politische Kommunikation. München/Wien, 1980

Radunski, Peter: Deutschlandwahl – Der Novemberwahlkampf entscheidet. In: Sonde, 1990, Nr. 3-4, S. 3-9.

Radunski, Peter: Politisches Kommunikationsmanagement. Die Amerikanisierung der Wahlkämpfe. In: Bertelsmann Stiftung (Hrsg.): Politik überzeugend vermitteln: Wahlkampfstrategien in Deutschland und den USA. Analysen und Bewertungen von Politikern, Journalisten und Experten, Gütersloh, 1996, S. 33-52.

Ristau, Malte: Wahlkampf für den Wechsel – Die Wahlkampagne der SPD 1997/98. Unveröffentlichtes Manuskript Bonn, 1998

Sarcinelli, Ulrich: Wahlen und Wahlkampf in Rheinland-Pfalz. Beiträge zur politischen Bildungsarbeit aus Anlaß der Landtags- und Bundestagswahlen am 6. März 1983. Landeszentrale für politische Bildung Rheinland-Pfalz, 1984

Schmid, Josef/Griese, Honza (Hrsg.): Wahlkampf in Baden-Württemberg – Bodenständigkeit gegen Amerikanisierung? Opladen, 2002

Timm, Andreas: Die SPD-Strategie im Bundestagswahlkampf 1998. Hamburg.

Wolf, Werner, 1985: Wahlkampf und Demokratie, Köln, 1999

Woyke, Wichard: Stichwort: Wahlen. Wähler – Parteien – Wahlverfahren. 10. Aufl., Opladen, 1998

Martin Gerster

Botschaften und Bilder: Messages und Images in Wahlkampagnen

1. Botschaften

Als platte, austauschbare und nichtssagende Parolen gelten bei Journalisten und in der Bevölkerung die Botschaften und Wahlslogans der Parteien und Kandidaten. Erfahrene Partei- und Werbestrategen sehen das anders. Für sie ist die richtige Botschaft mit den richtigen Bildern der Schlüssel zum Wahlerfolg.

Botschaft als Kompass

Die Botschaft steht im Mittelpunkt jeder Wahlkampagne und gilt als zentrale Wahlkampfaussage, als pointierte Zusammenfassung einer ganzen Wahlkampagne. Sie drückt aus, worum es bei der anstehenden Wahl geht und greift gleichzeitig Erwartungen und Einstellungen der Bevölkerung auf (Vgl. Radunski 1980: 100).

Die Botschaft einer Kampagne ist daher Grundlage jeglicher Aktivität und Kommunikation im Wahlkampf, sie bestimmt die Marschrichtung für alle Mitstreiter und deren Bemühungen. Ohne Botschaft treibt eine Kampagne orientierungslos vor sich hin – wie ein Boot auf hoher See ohne Kompass. Alle weiteren Schlagworte, Stichworte und Begriffe oder auch die Form der Vermittlung dürfen nicht mit der Botschaft verwechselt werden. Die Botschaft ist Ausdruck der Grundüberzeugungen der Partei und deren Personal und hebt auf Kontraste und Kontroversen zu den Konkurrenten ab.

Eine werteorientierte Grundlage bestimmt die politischen Positionen der Partei und des Kandidaten bei allen Themen; die Botschaft unterstützt und illustriert, um was es bei der Wahl geht. Eine Botschaft ist dabei meist eine mehr persönliche als themen-orientierte Aussage. Messen lassen muss sie sich daran, ob sie die Positionen der Partei und des Kandidaten in den wichtigsten Themen des Wahlkampfs abdecken kann. Andersherum: Im Idealfall unterfüttern Aussagen zu einzelnen Themen im Wahlkampf die eigentliche Botschaft.

Die zentrale und übergeordnete Stellung der Botschaft in Kampagnen;

Was soll sich einprägen?	BOTSCHAFT	Was wir wollen
Bei wem soll es ankommen?	DIALOGGRUPPE	Wem
Warum ist es wichtig?	BEGRÜNDUNG	Warum
Welche Instrumente und Medien sind geeignet?	MEDIUM/ INSTRUMENT	Auf welchem Weg
Welche Maßnahmen sind Erfolg versprechend?	METHODE	Wie
Welche Wirkung soll sich einstellen/hat sich eingestellt	WIRKUNG	Mit welchem Effekt mitgeteilt

Abgewandelt entnommen aus: Nafroth 2000: 11.

Botschaften in modernen Wahlkampagnen

Dass politische Parteien mit Botschaften arbeiten, ist alles andere als neu. Schon in den ersten Jahren der Bundesrepublik zogen die Parteien ihre Botschaften vor allem aus den Diskussionen um die Ausgestaltung der Demokratie und Wirtschaftsordnung. In Erinnerung geblieben sind dabei vor allem Botschaften, die einen Wahlerfolg nach sich zogen. „Wohlstand für alle“ und „Keine Experimente“ dienen als prominente Beispiele für Botschaften erfolgreicher Wahlkampagnen. Die CDU konnte die Bundestagswahl 1957 für sich entscheiden, weil ihre Botschaft bei allen Ängsten und Hoffnungen der Menschen in der damaligen Zeit am besten ankam, sich konkrete politische Aussagen in die eigentliche Botschaft gut einbetten ließen und politisches Personal leicht mit der Botschaft in Verbindung gebracht werden konnte (Vgl. Toman-Banke 1994: 48).

Im Vergleich zu damals haben sich die Rahmenbedingungen für Wahlkämpfe aber enorm verändert, eine Fülle relativ neuer Entwicklungen wirkt sich auf das Verhalten und die Meinungsbildung der Menschen in Deutschland aus. Die klassischen, sozial prägenden Milieus, die noch vor wenigen Jahren einen Großteil der Wählerschaft an die eine oder andere Partei gebunden haben, lösen sich zusehends auf. Individualisierung und Mobilität haben zur Folge, dass das Stammwählerpotenzial der Parteien erheblich schrumpft. Ganz besonders trifft das für die neuen Bundesländer zu. Dort konnten sich in den Jahrzehnten vor der Einheit keine oder nur schwach ausgeprägte Milieus entwickeln, das eigentliche Stammwählerpotenzial der Parteien ist dort besonders gering (Vgl. Graner 2002: 41-42).

Einschneidende Veränderungen in der Medienwelt kommen hinzu. Noch vor 15 Jahren galten drei Fernsehkanäle (ARD, ZDF und ein Drittes Programm) als Standard. Als weitere Informationsquellen dienten fast ausschließlich die ebenfalls in begrenzter Anzahl ausgestrahlten Programme der öffentlich-rechtlichen Hörfunksender, Tageszeitungen und rund ein Dutzend Zeitschriften am Kiosk.

Inzwischen haben sich die Möglichkeiten der Informationsbeschaffung deutlich erweitert. Über Kabel und Satellit empfangen heute viele Haushalte weit mehr als 20 TV-Programme, im Radio hat sich die Zahl der Sender durch das Aufkommen privater Anbieter ebenfalls verdoppelt und am Kiosk ist das Zeitschriftenangebot breiter gefächert als je zuvor. Dazu kommt das Internet mit seinen vielfältigen Funktionen zur Informationsbeschaffung.

Auf die Non-Stop-Information auf allen Kanälen reagieren die Konsumenten unterschiedlich. Besonders in der Politik ist die Mär vom nachlassenden Interesse der Bürger weitverbreitet. Und in der Tat fühlt sich ein Großteil der Wähler überfordert, angesichts der „Informationsflut" den Überblick zu behalten. Festzustellen ist aber, dass die meisten Leute insgesamt nicht weniger Informationen aufnehmen. Vielmehr wird Information selektiert – je nach Interesse.

Parteiaktivisten unterliegen häufig einem fatalen Irrtum, wenn sie glauben, dass alle Leute täglich ihr Hauptaugenmerk auf die Aktivitäten der Parteien und Kandidaten legen. Wahlkampf und Politik machen häufig betriebsblind. Wer sich Monate und Jahre mit Politik intensiv beschäftigt und wer Wahlkampf über Wochen und Monate in den Mittelpunkt seines eigenen Lebens rückt, verkennt leicht, dass sich die allermeisten Wähler überhaupt nicht oder nur peripher für die Kampagnen interessieren. Die allermeisten Leute haben mit ganz anderen, nämlich ihren alltäglichen Problemen zu kämpfen und sind durch diese voll ausgelastet. Sich den Kopf zu zerbrechen, welcher Kandidat nun möglicherweise ausgerechnet heute eine Anzeige in der Zeitung geschaltet hat oder sich abends im Schützenheim den Fragen der Wähler stellt – dafür bleibt weder Zeit noch Raum. Im Umkehrschluss bedeutet das für Parteien und Kandidaten: Besonders für sie wird es auf dem heiß umkämpften Markt der Informationen immer schwieriger, das eigene Politikangebot so zu präsentieren und zu positionieren, dass es überhaupt wahrgenommen wird. Parteien und Kandidaten stellt das vor neue Herausforderungen – gerade auch im Hinblick auf ihre Botschaften. Botschaften können heutzutage nicht mehr nur ein bestimmtes Thema oder ein bestimmtes Klientel ansprechen. Auch eine zielgenaue Ansprache wird dadurch schwieriger. Statt klar umrissener Zielgruppen oder gar treuer Stammwählerkohorten bilden sich heute mehr und mehr Ad-hoc-Allianzen: Lose Mehrheiten zu einzelnen Themen quer durch alle Schichten und Milieus, die sich von Fall zu Fall anders zusammensetzen und jeweils in angemessener Form angesprochen werden müssen. Die Zahl derjenigen, die noch am Vorabend der Wahl nicht wissen, ob überhaupt und wen sie wählen, steigt von Wahl zu Wahl. Langfristige Parteineigungen spielen eine immer geringere Rolle. Die „Last-Minute-Wahlentscheidung" (Gerster 2002: 28) liegt voll im Trend. Die Konsequenz für Botschaften lautet: Sie müssen allgemeingültiger werden und möglichst alle potentiellen Wähler, also sowohl die geringer werdende Zahl an Stamm- als auch die größer werdende Zahl an Wechsel- und Nichtwählern ansprechen.

Für bundesweite Kampagnen ist noch ein anderer Faktor relevant: Eine Botschaft muss den unterschiedlichen Lebensbedingungen und der unterschiedlichen Auslegung von bestimmten Begriffen – zum Beispiel jener in den alten und neuen Ländern – Rechnung tragen. Das alles macht es nicht gerade leichter, eine Botschaft zu finden, hinter der sich möglichst viele potentielle Wähler wiederfinden.

Die SPD fuhr mit den Botschaften „Die neue Mitte“, „Wir sind bereit“ sowie „Innovation und soziale Gerechtigkeit“ im Bundestagswahlkampf 1998 gut. Auf Länderebene zogen in jüngster Zeit die Botschaften „NRW braucht Tempo“ (FDP in Nordrhein-Westfalen, 2000), „Es ist Zeit“ und „Die Menschen gewinnen“ (SPD in Baden-Württemberg, 2001) oder auch „Die rote Laterne muss weg“ (CDU in Sachsen-Anhalt, 2002) Erfolge nach sich.

Vom Kopf aufs Papier

Wer glaubt, dass Botschaften am Abend im Hinterzimmer einer Kneipe aus einer Bierlaune heraus entstehen, liegt völlig falsch. Im Gegenteil: Um eine wirklich gute Botschaft zu formulieren, ist ein enormer Aufwand notwendig. Eine Botschaft zu entwickeln, setzt zunächst einmal große Recherche-Anstrengungen voraus. Alles, was die Partei, den Kandidaten, die Mitbewerber sowie Einstellungen und Wahlverhalten der Bevölkerung anbelangt, muss in Erfahrung gebracht werden. Und nicht zu vergessen: Die Medienlandschaft muss analysiert werden, denn nur mit ihrer Hilfe kann eine Botschaft bei den gewünschten Empfängern ankommen.

Umfragen liefern dazu gutes und gesichertes Material. Deswegen beauftragen Parteien auf Bundes- oder Landesebene dafür in der Regel frühzeitig geeignete Institute. Die gewonnenen Erkenntnisse helfen, wichtige Fragen im Hinblick auf die Formulierung einer Botschaft zu klären. Dazu gehören insbesondere:

- Wer wird sich wohl am ehesten für den eigenen Kandidaten und die eigene Partei entscheiden? Und: Wer kann tatsächlich überzeugt werden, zur Wahl zu gehen und das Kreuz an der „richtigen“ Stelle zu machen? Welche Themen sind für dieses potenzielle Wählerklientel relevant und führen zur Wahlentscheidung?
- Wann treffen diese Wähler allen Erfahrungen und aller Voraussicht nach ihre Wahlentscheidung?
- Wo wohnen sie und welche Informationsquellen nutzen sie bevorzugt?
- Wofür hegen sie Sympathien und Antipathien?

Wenn Kandidaten für (Ober-)Bürgermeisterwahlen sowie Parteigliederungen und Wählergemeinschaften auf kommunaler Ebene nicht über entsprechende finanzielle Ressourcen verfügen, um solche Fragen professionell beantworten zu lassen, sollten sie im Hinblick auf eine gute Botschaft und einen erfolgreichen Wahlkampf intensive Überlegungen anstellen, um o.g. Fragen möglichst treffend zu beantworten. Für die anschließende Formulierung einer Botschaft muss auf fünf wichtige Kriterien eingegangen werden:

- Klarheit: Die Botschaft braucht einige wenige klar verständliche Worte, die von allen Mitstreitern und Wählern schnell verinnerlicht werden können.
- Prägnanz: Die Botschaft muss so gewählt werden, dass sie als Überschrift für möglichst viele Teilbereiche der politischen Forderungen verwendet werden kann.
- Beständigkeit: Die Botschaft kann nicht alle Tage geändert werden, wenn sie wahrgenommen werden soll. Sie muss deshalb Höhen und Tiefen einer langen Wahlkampagne standhalten.
- Kontrast: Die Botschaft betont Unterschiede gegenüber den Konkurrenten.
- Überzeugungskraft: Die Botschaft muss diejenigen überzeugen, die tatsächlich auch zu überzeugen und zu bewegen sind. Ziel muss sein, Stamm- und Wechselwähler zu mobilisieren.

Im Einklang mit Themen

Mit dem Formulieren der richtigen Botschaft ist es natürlich nicht getan. In einem zweiten Schritt geht es darum, die Botschaft mit Positionen zu Themen zu unterfüttern. Welche Themen das tatsächlich sind, sollte im Vorfeld genau überlegt und in eine Reihenfolge gebracht werden. Wer kein Themen-Management betreibt, läuft heutzutage Gefahr, im Sammelsurium der Themen unterzugehen.

Notwendig sind dabei vor allem Überlegungen, welche Themen überhaupt aller Voraussicht nach im Laufe des Wahlkampf eine Rolle spielen könnten. Für jedes Thema muss darüber hinaus eine Einschätzung getroffen werden, ob und in wieweit die eigene Position, Ansicht oder Argumentation tragfähig und geeignet ist, eine öffentliche Auseinandersetzung zu bestehen oder gar als vorteilhaft für den weiteren Verlauf des Wahlkampfs eingestuft werden kann. Versetzt man sich auch in die Lage der politischen Mitbewerber, kristallisieren sich insgesamt vier Gruppen von Themen heraus (Vgl. Hinrichs 2001: 52/vgl. Beitrag von Althaus in diesem Band):

- Gewinnerthemen: Im Zentrum der eigenen Kampagne stehen die Themen, bei denen man klare Vorteile gegenüber dem Gegner hat. Diese Themen müssen mit aller Konsequenz vorangetrieben und alle Vorteile ausgespielt werden.
- Positionsthemen: Diese Themen werden vom Kontrahenten nach vorne gebracht, weil er darin große Vorteile für sich sieht. Notwendig ist, dass man eine eigene Position bezieht und diese klar artikuliert. Gut, wer es schafft, zu einem Gewinnerthema überzuleiten.

- Hoch-Konflikt-Themen: Beide Parteien beziehen bei diesen Themen klare Positionen und haben Signale der Unterstützung wie Ablehnung bereits erfahren – gerade auch, weil die Themen heiß diskutiert werden und nur eindeutige Positionen erlauben.
- Niemandsland: Hierunter sind Themen zu verstehen, die für beide Seiten Schwachpunkte darstellen und dadurch allerhöchstens von äußeren Faktoren (Medien, Interessengruppen etc.) „thematisiert“ werden. Doch Vorsicht: Es sind gerade diese Themen, die ganz überraschend zum eigenen Vor-, aber auch Nachteil geraten können, weil man nicht damit rechnet, dass diese Themen hochkochen.

In einem weiteren Schritt gilt es, klare Prioritäten zu setzen und sich auf einige wenige Themen zu beschränken, die man tatsächlich selbst vorantreiben will. Das können logischerweise eigentlich nur Gewinnerthemen sein. In der Praxis gestaltet sich das schwierig, weil einzelne Mitstreiter oder Sympathisanten eine ganze andere Sicht der Dinge mitbringen und die Prioritäten anders sehen. Hier klaren Kopf zu behalten und richtige Entscheidungen zu treffen bzw. bei den getroffenen Entscheidungen zu bleiben, ist eine der großen Herausforderungen für das Kommunikationsmanagement einer Kampagne. Gleichzeitig stellt genau dies einen wichtigen Faktor dar, ob eine Botschaft mit den richtigen Themen transportiert werden kann.

Der Weg durchs Dickicht

Eine Botschaft zu formulieren und eine Prioritätenliste für Themen anzulegen, reicht noch nicht. Es bedarf bestimmter Techniken, die die Chancen erhöhen, dass Botschaften bei den gewünschten Empfängern auch ankommen, wahrgenommen werden und zum politischen Vorteil geraten.

Verkürzen

Komplexe Sachverhalte müssen so vermittelt werden, dass sie jeder versteht. In den Medien steht dafür nur beschränkt Zeit zur Verfügung. Die Argumentation muss in sich schlüssig sein und beinhalten, warum dieses Thema gerade jetzt wichtig ist. Es bedarf deswegen eines klaren und einprägsamen Begriffs oder Satzes, um die Position verständlich zu machen und den Ton für die weitere Diskussion anzugeben.

Personalisieren

Träger einer Botschaft ist in der Politik der Kandidat, der Frontmann/die Frontfrau einer Kampagne oder auch Vorsitzende einer Partei. Sie verkörpern Ideen, transportieren Botschaften und Themen. Ob diese Personalisierung so alt ist wie die Politik selbst oder auch in bislang ungekannter Intensität ausgespielt wird, ist zweitrangig. Wichtig ist: Personalisierung entspricht einem aktuellen Trend in den Medien, Menschen mehr in den Mittelpunkt der Berichterstattung zu stellen als irgendwelche Papiere.

Politische Führungspersönlichkeiten mit einer gewissen Ausstrahlungs- und Faszinationskraft wecken das Interesse der Medien und der Wähler tausendmal eher als ein Pfund Papier mit seitenlangen Ausführungen. Vor allem: Gedruckte Bleiwüsten haben deutlich an Anziehungskraft verloren – sofern sie diese vor Jahren überhaupt hatten. An Talkshows teilzunehmen und Redaktionsstuben zu besuchen ist deshalb wichtig. Eine Botschaft muss mit einer Person verknüpft werden, sonst läuft sie Gefahr, in den Medien keine Berücksichtigung zu finden.

Wiederholen

Eine Botschaft kann nur dann ihre Wirkung entfalten, wenn sie präzise und prägnant formuliert ist und gleichzeitig dafür gesorgt wird, dass sie tatsächlich auch wahrgenommen oder – besser noch – einen Wiedererkennungseffekt hervorruft. Wenn eine Botschaft einmal den Weg durch das Dickicht der vielen Informationen und Informationsanbieter findet, ist das in Ordnung, aber noch lange nicht gut.

Es gilt, mehrmals, ja so oft wie möglich, die gewünschten Empfänger mit der eigenen Botschaft zu konfrontieren. Eine Botschaft ist dann „angekommen“, wenn sie nicht nur auf einen eingängigen und verständlichen Punkt reduziert, sondern dieser auch erbarmungslos wiederholt wird. Erst wenn sich die ersten Leute – zumeist sind das Journalisten und die eigenen Mitstreiter – beschweren, sie könnten „es“ nicht mehr hören, ist eine Botschaft annähernd angekommen. Wirklich durchgedrungen ist sie allerdings erst, wenn die Botschaft mehrfach, also mindestens zwei bis dreimal, vom Empfänger wahrgenommen worden ist (Vgl. Hinrichs 2001: 59).

Wiederholungen verlangen eiserne Disziplin. Kommunikationsmanagement ist gefragt, damit eine Botschaft tatsächlich gebetsmühlenartig wiederholt werden kann und in allen Veröffentlichungen von der Pressemitteilung bis zur Plakatwand und vom Redemanuskript bis zur Reklame in Tageszeitungen an prominenter Stelle platziert wird.

Rational, emotional und moralisch Argumentieren

Um eine Botschaft auch bei bestimmten Themen unterbringen, ist eine nachvollziehbare Argumentationskette notwendig. Hierzu eignen sich heutzutage drei Argumentationsarten besonders:

- Wer rational argumentiert, appelliert an das Eigeninteresse des einzelnen bzw. der Zielgruppe. Dazu gehören vor allem Qualität, Wirtschaftlichkeit, Leistungsfähigkeit.
- Emotionale Argumentationen wecken beim Empfänger positive oder negative Emotionen. Dazu gehören Freude, Angst, Scham und auch Schuldgefühle.
- Moralische Argumentationen wenden sich an das Gewissen der Empfänger bzw. Zielgruppe. Besonders Erfolg versprechend kann das bei Themen wie Umwelt, Rente oder auch Ausländerfeindlichkeit sein.

Tempo machen

Was vor 14 Tagen aktuell war, ist heute schon (halb) vergessen oder zumindest kalter Kaffee. Gute politische Kampagnen setzen heute deswegen „Rapid-Response-Teams“ ein. „Be first“ oder „Speed kills“ ist das Arbeitsmotto von Kommunikationsteams, um eigene Aussagen und im Gepäck die Botschaft in die Medien bringen zu können. „Tempo machen“ lautet die Devise. Entscheidungen müssen dauernd und schnell getroffen werden, im Kern ist Wahlkampf vor allem ein Wettlauf mit der Zeit. In Hülle und Fülle produziert unsere Gesellschaft neue Ereignisse und Entwicklungen. Themen kommen auf, manche halten sich länger, andere verschwinden wieder, bevor sie überhaupt richtig aufkommen konnten. Das gilt für die große Politik genauso wie für die Kommunalpolitik.

Entscheidungen im Hinblick auf den Wahlkampf und die Botschaft müssen her: Die Frage ist, ob man auf Entwicklungen überhaupt reagiert, und wenn ja, wie? Welches Thema versucht man, am Kochen zu halten, welches versucht man, hochzuziehen? All diese Fragen müssen beantwortet werden, und zwar schnell und nicht erst bei der nachsten Besprechung in 21 Tagen nach förmlicher Einladung mit 14 Tagen Vorlaufzeit.

Tempo ist heute zu einem wesentlichen Faktor geworden, ob es gelingt, zu agieren oder zumindest zu reagieren; oder besser überhaupt in den Medien Beachtung zu finden. Die CDU hat für den Bundestagswahlkampf 2002 führende Leute in eine Wahlkampfkommission zusammengefasst, weil erfolgreiche Kommunikation nur dann geleistet werden kann, wenn die Führung sich selbst als Teil eines Kommunikationsteams versteht und seine strategischen Entscheidungen mit Vorgaben und Zielen für die Kommunikation verbindet. (Vgl. Wallrabenstein 2002: 27)

Zum Tempo gehört natürlich auch das Timing. Viele Termine und Events stehen schon weit im voraus fest und können deswegen auch geplant werden. Grundsätzlich gilt: Wer zuerst oder zum richtigen Zeitpunkt mit einer Aussage an die Öffentlichkeit tritt, hat seine Botschaft an den Mann und die Frau gebracht, gleichzeitig bestimmte Begriffe bereits geprägt, und damit den weiteren Verlauf der Diskussion vorbestimmt.

Visualisieren

Dass Bilder schneller und tiefgründiger wirken, predigen Kommunikationswissenschaftler seit langem. Demnach entscheiden häufig nur wenige Bilder, ob ein Politiker Sympathien auf sich vereinigen kann oder gegen Antipathien ankämpfen muss. Die erste Entscheidung darüber fällt in Bruchteilen von Sekunden. Dieser Prozess läuft im Unterbewusstsein ab und kann nur schwer gesteuert werden (Vgl. Frey 1999: 118).

Wer seine Botschaft platziert haben will, kann auf Bilder nicht verzichten. Mehr noch: Ohne Bilder gibt es praktisch keine Botschaft, keine richtige Kampagne. Bilder haften im Gedächtnis. Sie zu löschen, fällt schwer. Starke Bilder wirken auf Medienleute wie ein Magnet. Das gilt besonders für das Fernsehen, wo bei Redaktionskonferenzen eine Frage immer ganz oben steht; nämlich die, ob das Thema Bilder „hergibt“. Beispiel gefällig? Als in Baden-Württemberg die 35jährige Ute Vogt bekannt gab, als Spitzenkandidatin gegen Ministerpräsidentin Erwin Teufel anzutreten, krempelte sie beim „Tag der offenen Tür“ des Landtags die Ärmel hoch und bezwang eine von der SPD aufgestellte Kletterwand. Die Botschaft war klar: Eine Frau will nach oben, hat Kraft, Mut und auch Erfolg. Diese Aufnahme entwickelte sich im anschließenden Wahlkampf zu einem der meist nachgefragten Fotos überhaupt.

2. Bilder

Imagebildung

Zu Wahlkampfzeiten ist heutzutage immer häufiger vom Image des Kandidaten und der Partei die Rede. Je nach dem, ob ein Politiker ein gutes oder schlechtes Image hat, steigen oder sinken die Chancen, als Sieger aus der Wahl hervorzugehen. Politiker und deren Berater werden deshalb nicht müde, am Image zu arbeiten. Mehr noch: Das Image wird konstruiert und – wenn nötig – auch modifiziert. (Vgl. Schulz 1997: 51)

Für die Botschaft heißt das, dass sie genau darauf ausgerichtet sein muss, dass die anvisierte Zielgruppe mit dem Kandidaten ein ganz bestimmtes

Image verbindet. Es sollte so zugeschnitten sein, dass man nur dieser Person zutraut, die versprochene Dienstleistung wirklich erfüllen zu können. (Vgl. Vowe/Wolling 2000: 67)

Bilder als Botschaften

Ein Sprichwort sagt, ein Bild sagt mehr als tausend Worte. Politiker hingegen reden und reden und reden. Sie sind Wortmenschen, sie verkennen die Macht der Bilder. Dass das Gros der Wähler heutzutage keine Chance und unter Umständen auch gar kein Interesse hat, die Kandidaten einer Wahl persönlich in Augenschein zu nehmen und folglich das Bild auf Plakaten und Prospekten, in Zeitungen und im Fernsehen als einzige Möglichkeit bleibt, sich im wahrsten Sinne des Wortes ein Bild zu machen, scheint in der Politik oft vergessen zu werden.

Dabei sind es Bilder und nicht Wörter, die den Menschen persönlich ansprechen. Botschaften werden am besten über Bilder transportiert, weil sie den Empfänger motivieren, sich mit dem Bild zu beschäftigen. Dabei kommt es zunächst weniger darauf an, ob es sachliche oder emotionale Bilder sind. Die Abbildung eines High-Tech-Gerätes lässt das Herz des Technikers höher schlagen, das Bild eines Palmenstrandes wird dem urlaubsreifen Betrachter unter die Haut gehen. Auf diese Weise lässt sich bei der gewünschten Zielgruppe mit einem Bild Aufmerksamkeit erregen, auch wenn er sie unter Umständen für das eigentliche Produkt wenig oder kein Interesse hat.

Hinzu kommt, dass Bilder selbst denjenigen ins Auge springen, die eine Zeitung nur oberflächlich durchblättern oder das Fernsehgerät nur als Hintergrundberieselung laufen lassen. Für die Umsetzung einer Botschaft gelten deswegen folgende wichtiger Grundsätze (Vgl. Kroeber-Riel 1996: 75 und 78):

1. Reale Objekte bleiben besser in Erinnerung als Bilder davon.
2. Bilder, die persönliche Betroffenheit auslösen, bleiben am ehesten im „Kopf hängen“.
3. Bilder prägen sich prinzipiell besser ein als konkrete Worte.
4. Konkrete Wörter werden besser erinnert als abstrakte Worte.

Grundsätzlich lassen sich zwei Arten von Wahlkampfbildern unterscheiden: Da sind zum einen die selbst in Auftrag gegebenen Fotos (und auch Filme) für eigene Publikationen wie etwa Plakate, Prospekte oder auch Werbespots. Daneben gibt es eine zweite Kategorie von Aufnahmen, bei denen Parteien und Kandidaten zwar nichts unversucht lassen, um Ort, Zeit und Motiv der Bilder zu beeinflussen – wie noch aufzuzeigen sein wird, lassen sich diese Bilder aber nur in bescheidenem Umfang beeinflussen.

Bestellte Bilder

Die bestellten Aufnahmen gehören im Laufe eines Wahlkampfs zu den leichteren Übungen. Fotografen und Regisseure sowie Zeit und Ort samt den Motiven können Parteien und Kandidaten zu ihrem eigenen Vorteil selbst bestimmen.

Bei Landtags-, Bundestags- und Europawahlen verpflichten etablierte Parteien für ihre Kandidaten professionelle Fotografen, die dann in Serienproduktion an ein, zwei oder drei aufeinanderfolgenden Tagen möglichst alle Kandidaten ablichten. Diese Massenproduktionen sparen in erster Linie Kosten, gleichzeitig sind sie aber auch Gewähr dafür, dass sich die Partei mit einem einheitlichen Erscheinungsbild in der Öffentlichkeit präsentiert. Wiedererkennungseffekte stellen sich ein, den Ansprüchen der Corporate Identity und des Corporate Design soll damit genüge geleistet werden.

In der Praxis zeigt sich aber immer wieder, dass etliche Kandidaten von der gemeinsamen Werbelinie abweichen und eigenen, oft viel schlechteren Fotoproduktionen den Vorzug geben. Sei es, weil sie im Bekanntenkreis einen vermeintlich besseren Fotografen kennen oder auch, weil sie sich ganz bewusst von den Kolleginnen und Kollegen abheben wollen. Für diese wird das aber spätestens zum Problem, wenn mehr und mehr Kandidaten ausscheren, weil dann das gemeinsame Erscheinungsbild nach und nach verloren geht und gleichzeitig die Kosten für den einzelnen wiederum steigen.

Ein weiteres Problem: Selbst Politikprofis neigen dazu, diese doch wichtigen Termine als lächerlich abzutun. Beispiele: Gerald Thalheim, Staatssekretär im Ministerium für Verbraucherschutz, Ernährung und Landwirtschaft erschien zum offiziellen Fototermin für seine Wahlprospekte und Wahlplakate mit einer bunt verzierten Krawatte mit bunten Hähnen. Bundestagspräsident Wolfgang Thierse wollte vermeiden, dass eine ganze Fotoserie angefertigt wird und so später eine Auswahl getroffen werden kann. Einem anderen Bundestagsabgeordneten war das Foto-Shooting sogar derart lästig, dass er die Bilder vom vorherigen Wahlkampf verwenden wollte mit dem Hinweis, er habe mit jenen Portraits schon mal eine Wahl gewonnen (Vgl. Otte 2002: 61).

Je nach dem, wie viel Geld Parteigliederungen in die Produktion stecken, achten Fotografen auf Details – wichtige Details. Wer clever ist, lässt Kandidatenfotos im Laufe des Sommers aufnehmen, auch wenn die eigentliche Wahl erst im darauf folgenden Frühjahr ansteht. Nicht nur Werbemanager wissen: Nach einem Urlaub nimmt jeder noch so blasse Kandidat Farbe an. Hinzu kommt, dass Kandidaten – wie viele andere Menschen auch – im Sommer meistens ein paar Kilos weniger auf den Rippen haben als im Winter, ein Politiker erscheint auf Bildern dadurch gleich viel sportlicher – und unter Umständen auch wählbarer.

Fällt das Budget üppiger aus, lassen sich Bilder auch retouchieren. Ein paar Falten weg, Augen hervorheben und ein wenig Farbe an wichtigen Gesichtspartien – mit einem mehr oder weniger tiefen Griff ins Portemonnaie kann heutzutage ein 0-8-15-Kandidat mit Hilfe moderner Computerprogramme schnell Gesicht zeigen und Profil gewinnen.

Neben dem offiziellen Kandidatenporträt, dem Basisbild, bei dem der Kandidat ruhig und freundlich frontal in die Kamera schaut, lässt der wirklich erfahrene Politiker weitere Aufnahmen anfertigen. Insbesondere für Prospekte empfiehlt sich, zusätzliche Fotos einzubauen, weil das Pamphlet sonst droht, zu textlastig zu werden. Folgende Motive haben sich in der Vergangenheit bewährt (Vgl. Nürnberger 2001: 122-123):

- Das Bei-der-Arbeit-Foto: Wer bereits in einem Parlament sitzt, kann hier auf vorhandene oder auch gestellte Aufnahmen mit (möglichst beliebten) Politpromis setzen. Andernfalls bieten sich Fotos mit Situationen in einer Werkshalle eines Betriebes oder auch im Büro an.
- Das Leute-Foto: Wer vom Volk gewählt werden will, steht im Dialog mit den Menschen, die ihn wählen. Das gehört auf einem Bild festgehalten und zählt zum Standardrepertoire für alle, die heutzutage Wahlkampf machen wollen.
- Das Familienfoto: Soweit vorhanden, muss auch die Familie des Kandidaten abgelichtet werden. Ein Bild im trauten Kreis der Familie zeigt auf, dass der Kandidat aus einem intakten Umfeld kommt und gleichzeitig die Sorgen und Nöte von Familien mit Kindern kennt. Wer keine Familie vorweisen kann, sollte darauf verzichten, Wählern etwas vorzuspielen. Im baden-württembergischen Landtagswahlkampf 2001 umgab sich der Spitzenkandidat der Republikaner, Rolf Schlierer, obwohl ledig und ohne Kinder, sich auf Großflächenplakaten mit einer Familie – für die Medien ein gefundenes Fressen und der beste Beweis dafür, dass diese Partei den Leuten etwas vormacht.
- Das Strategiefoto: Je nachdem, welche Botschaft und welche Themenschwerpunkte der Kandidat verfolgt, kommt ein weiteres Bild hinzu. Wer sich soziale Gerechtigkeit auf die Fahnen schreibt, zielt am besten auf ein Gespräch mit Patienten und Krankenschwestern ab. Wer den Wählern Wirtschaftskompetenz vermitteln will, setzt auf ein Foto mit der Chefetage eines Industrieunternehmens.
- Das Fotoalbum-Fundstück-Foto: In den Fotoalben befinden sich fast ausnahmslos brauchbare Bilder, die dokumentieren, dass der Kandidat erstens „einer von uns“ ist und sich zweitens praktisch seit Geburt für die Gemeinschaft engagiert. Jugendfotos aus der Schule, dem Sportverein, der Lehre, dem Wehr- oder Zivildienst, Studium oder Job machen Wählern auf einen Blick klar, dass der Kandidat schon immer seinen Mann oder auch seine Frau gestanden hat und die Kandidatur nur eine ganz logische Folge des bisherigen Lebens ist.

Bei all diesen Fotos gilt: Kleider machen Leute. Und deswegen spielt auch eine große Rolle, welche Hemden und Blusen Politiker tragen und nicht zuletzt, wie sie getragen werden. Ob Kandidaten ein gutes oder schlampiges Bild in der Öffentlichkeit und auch auf Fotos abgeben, liegt nicht zuletzt daran, ob eine Krawatte zum Hemd passt. Wem es gelingt, sich so in Schale zu werfen, dass Kleider die Person zu einem schlüssigen Ganzen machen, hat schnell Pluspunkte beim Publikum gemacht. Ganz wichtig: Sauber sollte das Outfit sein. Ein Soßenfleck an prominenter Stelle auf der Krawatte droht sonst unter Umständen länger beim Publikum in Erinnerung zu bleiben als die eigentliche Botschaft. Das gilt insbesondere dann, wenn Flecken auch noch auf Bildern verewigt werden.

Bilder bei Events

Parteitage, Großkundgebungen und andere Wahlkampfveranstaltungen gehören seit Jahr und Tag zu den großen Medienereignissen in der Politik. Neben den Textjournalisten, die alles geben müssen, um eine möglichst exklusive Geschichte zusammenzukratzen, rammen sich Hunderte von Fotografen Ellenbogen in die Rippen, treten sich gegenseitig auf die Füße, um das Bild des Tages zu machen und anschließend in den Agenturen und Redaktionen an den Mann und an die Frau zu bringen.

Diese Bilder gehen unter Umständen um die Welt, zumindest aber durch das Land – je nach dem, welcher Stellenwert der Parteiveranstaltung eingeräumt wird. In Zeiten, in denen immer weniger Leute regelmäßig eine Zeitung richtig durchlesen, kommt eben jenen Bildern immer größere Bedeutung zu.

Politische Regisseure zerbrechen sich deshalb den Kopf darüber, wie sie ihren Kandidaten und ihre Partei bei solchen Events ins rechte Licht rücken können. Die Fotografen wissen ihrerseits ganz genau um die Show, die zum einem Gutteil ihretwegen veranstaltet und inszeniert wird. Geduldig machen sie ihre Bilder, zumeist solange, bis sie dann doch noch etwas entdecken, was den Kern der Veranstaltung trifft. Zu Hilfe kommen ihnen dabei zumeist spontane Gesten oder Missgeschicke der Hauptdarsteller oder deren Regisseure im Hintergrund.

Wenn mehr oder weniger Prominente bei einer Parteiveranstaltung wie beim XXII. Parteitag der KPdSU stundenlang auf einem Podium sitzen, dann lockt das bei Fotografen nicht einmal mehr ein Fingerzucken am Auslöser hervor, geschweige denn es ist ein einziges Negativ oder auch einen winzigen Speicherplatz einer Digitalkamera wert. Fotos von Podien mit Kaffeekannen, Mineralwasserflaschen samt Etikette und Politiker beim Gähnen, Strecken oder Aufstöhnen finden eigentlich in keiner Redaktion Abnehmer.

Ausnahmen bestätigen die Regel: Als sich nach einer Rede von Bundeskanzler Gerhard Schröder beim Parteitag der baden-württembergischen SPD die Delegierten und Besucher vor Begeisterung tobten und die Spitzenkandidatin Ute Vogt feierten, blieben andere auf dem Podium gelangweilt sitzen und verkörperten in den Tageszeitungen am darauf folgenden Montag zumindest auf dem Foto alles andere als ansteckende Aufbruchstimmung.

Fotos mit Prominenten am Rednerpult sind bei Redaktionen wie Fotografen gleichermaßen aus der Mode. Zu oft hat man Politiker schon bei ihrer Lieblingsbeschäftigung – Reden schwingen – gesehen, so die vorherrschende Meinung. Faux-pas kommen jedoch immer wieder vor und werden von den Fotografen gnadenlos ausgenutzt. Dass am Rednerpult nicht der Schriftzug des gastgebenden Hotels kleben sollte, hat sich rumgesprochen; wohl aber noch nicht bis zum Bündnis 90/Die Grünen-Landesverband Baden-Württemberg. Den prominenten Werbeplatz am oberen Ende des Rednerpults überließ man der Lindenhalle Ehingen, das die Bündnis 90/Die Grünen beim Parteitag beherbergte und sich über so viel unerwartete kostenlose Werbung in Zeitungen und TV-Sendungen freute.

Großtransparente gehören bei Kundgebungen zum Standardrepertoire der Parteien. In riesigen Lettern prangt der Slogan hinter dem Podium – in der Hoffnung, möglichst viele Fotografen lichten den Hauptdarsteller samt Werbespruch ab und sorgen so dafür, dass der Spitzenmann oder die Spitzenfrau samt Slogan im Land bekannt wird. Häufiger als man annimmt, geht das daneben. Viel zu wenig wird darauf geachtet, was bei tollen Slogans stehen bleibt, wenn man einzelne Teile abschneidet. Je größer, desto besser lesbar, dachte sich die CDU in Baden-Württemberg, als sie für den Auftritt des Ministerpräsidenten Erwin Teufel die Schriftgröße so wählte, dass nur noch ein „er" hinter ihm übrig blieb.

Nicht besser die Bündnis 90/Die Grünen: Für den Parteitag im Frühjahr 2002 entschieden sie sich für den Slogan „Grün geht gut". Aus der für Fotografen vorgesehenen Perspektive konnte der Parteivorsitzende Fritz Kuhn aber nur mit einem Teil des eigentlich gewünschten Botschaft abgelichtet werden. Aus „Grün geht gut" wurde auf den Titelseiten der Tageszeitungen „Grün geht" – wobei sich die Bündnis 90/Die Grünen sicher sein können, dass jene Fotos mit Parteichef Fritz Kuhn dann wieder aus dem Archiv geholt werden, wenn es um die Zukunft der Öko-Partei schlecht bestellt sein sollte.

Welche Fotos tatsächlich von einem Event den Weg in die Medien machen, ist oft schwer vorhersehbar. Ermutigt von ihren Auftraggebern, egal ob Agenturen oder Redaktionen, ziehen aber immer mehr Fotografen freie, inhaltlich passende Fotos den inszenierten Bühnenbildern der Parteien vor. Als optimal gilt in der Branche, wenn sich beides miteinander verbinden lässt – wie ein Beispiel vor der SPD-Urwahl in Baden-Württemberg zur Kür des Herausforderers von Erwin Teufel zeigt. Während Ute Vogt unter dem Text des Transparents „Neue Ideen" aufschaut und gelöst wirkt, schaut ein eher enttäuscht wirkender Kontrahent Siegmar Mosdorf nach unten und zieht die Jacke aus – direkt unter dem Schriftzug „alte Köpfe". Wer die Urwahl der Mitglieder für sich entscheiden konnte und Spitzenkandidat wurde, wird allein durch dieses über alle Gazetten in jedes Fleckchen des Landes transportierte Foto offensichtlich.

Was sonst immer mehr im Trend der Zeit liegt, schlägt an Wahlabenden schon voll durch. So wie Parteimanager gelernt haben, den Fotografen Motive vorzusetzen, haben letztere gelernt, diese zu umgehen. Eine Niederlage lässt sich mit dem schönsten Lächeln nicht mehr verstecken. Szenen, die für eine Niederlage stehen, finden sich immer, selbst wenn der Auftritt noch so kurz sein mag. Die Bilder machen den Weg in die Medien und transportieren Botschaften – garantiert.

1) Spitzenkandidaten-Kür der SPD in Baden-Württemberg: Ute Vogt und Siegmar Mosdorf. Foto Martin Storz, Stuttgart

2) Baden-Württembergs Ministerpräsident Erwin Teufel (CDU) mit reduziertem Wahlkampfslogan. Foto: Martin Storz, Stuttgart

3) „grün geht“ statt „Grün geht gut“ mit Parteichef Fritz Kuhn am Rednerpult beim Parteitag in Ehingen. Foto: Martin Storz, Stuttgart

4) Baden-Württembergs Wirtschaftsminister Walter Döring (FDP) und sein einfacher, aber gut platzierter Slogan „mehr“. Foto: Martin Storz, Stuttgart

Literatur

Althaus, Marco: Kampagne! Neue Strategien für Wahlkampf, PR und Lobbying, 2.Auflage, Münster, 2001

Frey, Siegfried: Die Macht des Bildes. Der Einfluß der nonverbalen Kommunikation auf Kultur und Politik, Bern, 1999

Kroeber-Riel, Werner: Bildkommunikation, München, 1996

Gerster, Martin: Wahlkampf im Wandel, in: Schmid, Josef/Griese, Honza: Wahlkampf in Baden-Württemberg – Bodenständigkeit gegen Amerikanisierung. Die Wahl vom März 2001, Opladen, 2002

Graner: Jürgen: Personalisierung als erfolgreiche Wahlkampfstrategie? – Prinzessin mit dem Mahagonihaar oder geröteter Haarschopf?, in: Schmid, Josef/Griese, Honza: Wahlkampf in Baden-Württemberg – Bodenständigkeit gegen Amerikanisierung. Die Wahl vom März 2001, Opladen, 2002

Hinrichs, Jan-Peter: Wir bauen einen Themenpark, in: Althaus, Marco: Kampagne! Neue Strategien für Wahlkampf, PR und Lobbying, 2. Auflage, Münster, 2001, Seite 45-64.

Nafroth, Wolfgang: Themen zum Thema machen, Berlin, 2000

Nürnberger, Frank: Image-Building mit Bildern, in: Althaus, Marco: Kampagne! Neue Strategien für Wahlkampf, PR und Lobbying, 2. Auflage, Münster, 2001

Otte, Carsten: Ich stelle mich, in: DIE ZEIT, Nr. 12 vom 14. März 2002, Seite 61-62.

Radunski, Peter: Wahlkämpfe. Moderne Wahlkampfführung als politische Kommunikation. München/Wien, 1980

Schmid, Josef/Griese, Honza: Wahlkampf in Baden-Württemberg – Bodenständigkeit gegen Amerikanisierung. Die Wahl vom März 2001, Opladen, 2002

Schulz, Winfried: Politische Kommunikation. Theoretische Ansätze und Ergebnisse theoretischer Forschung, Wiesbaden, 1997

Steinseifer-Papst, Anita/Wolf, Werner: Wahlen und Wahlkampf in der Bundesrepublik Deutschland, Heidelberg, 1994

Toman-Banke, Monika: Die Wahlslogans von 1949-1994, in: Aus Politik und Zeitgeschichte, B 51-52, Bonn, 1994

Vowe, Gerhard/ Wolling, Jens: Amerikanisierung des Wahlkampfs oder Politisches Marketing? Zur Entwicklung der politischen Kommunikation, in: Kamps, Klaus: Trans-Atlantik – Trans-Portabel? Zur Amerikanisierungsthese in der Politischen Kommunikation, Wiesbaden, 2000

Wallrabenstein, Axel: Ab in die Talkshow, in: Summary – die w&v-Dokumentation zum Deutschen Werbekongress 2002, Sonderbeilage der Zeitschrift w&v Werben und Verkaufen, Heft 17 vom 26. April 2002, München.

Marco Althaus

Kommunikationsmanagement im Wahlkampf: Spielregeln für Strategie und taktische Disziplin

1. Die Herausforderung

„Strategie ist die Wissenschaft von Zeit und Raum. Ich bin weniger geizig auf diesen als auf jene. Raum mögen wir wiedergewinnen; verlorene Zeit nie wieder. – *General August Graf Neithardt von Gneisenau*

Eine Wahlkampagne ist ein kommunikativer Feldzug. Sie ist vorrangig eine Serie von Kommunikations-Ereignissen mit dem Ziel, eine psychologische Verbindung zwischen Kandidat und Wähler zu schaffen und den Wähler zu einer Entscheidung (Ja/Nein) und Handlung (Wählen gehen) zu motivieren.

Eine Kampagne muss dabei geplant Aufmerksamkeit erregen, eine einheitliche Botschaft in Wort und Bild in kurzer Zeit auf den Markt bringen, Kandidaten und Partei klar von der Konkurrenz unterscheiden und als wichtigstes Ziel die Wiederholung ihrer Kontakte mit den von ihr bevorzugten Wählergruppen anstreben. Sonst geht ihre Botschaft unter.

Sie muss dazu erst einmal als „Kampagne" auftauchen, also als Ereignis für sich sichtbar werden. Sie muss ihre Gesichter und Namen einführen. Sie muss (als Kampagne!) eine eigene Beziehung zur Presse aufbauen, einen Kampagnen-Stil als Marke und ihre rhetorische Agenda etablieren.

Eine Kampagne hat mehrere Phasen, weil die Wähler, mit denen sie kommunizieren will, mehrere Phasen durchlaufen: 1. Ein Wähler muss den Urheber erst einmal wahrnehmen, dann 2. kennen lernen, dann 3. seine Botschaft anhören, und 4. allmählich zu einer Bewertung dieser Botschaft kommen. Dieser Prozess braucht Zeit. Zudem wird er durch Ferien, Feiertage, Fußballweltmeisterschaft oder Finten des Gegners immer wieder unterbrochen, so dass er immer neu verstärkt werden muss.

Ein Wettkampf der Willensstärke

Unser Gegner versucht dies alles nicht nur für sich selbst zu tun, konkurriert also um die Aufmerksamkeit der Wähler. Er setzt auch alles daran, uns bei unserem Tun zu stören und uns zu überlisten. Er will uns seinen Willen aufzwingen, um auf seinem Terrain und nach seinen Spielregeln den Kampf auszutragen. Wir widersetzen uns dem Willen des Gegners, und er widersetzt sich uns: Wahlkampf ist also ein Wettkampf der Willensstärke.

Das sorgt für Dynamik, aber auch für Brüche und Verwirrung. Wahlkampf bringt eine an sich eingespielte Partei, Fraktion oder Regierung stets in eine Situation, in der das an sich Einfache kompliziert wird. Entscheidungen verzögern sich aus Unsicherheit. Ein unbekanntes Thema taucht auf, in dem sich Prominente oder Lobbygruppen massiv einmischen. Um Medienvorwürfe zu kontern, sind notwendige Informationen tagelang nicht zu beschaffen. Wohlgeplante Aktionen werden zum peinlichen Flop oder zur Affäre. Krise wird zum Dauerzustand. Wahlkämpfer müssen das akzeptieren und sich unter diesem Risiko der Unordnung bewegen können.

Was schief gehen kann, geht also gerne schief, Reibungsverluste werden immer größer, einfach so, ohne dass es dafür einen triftigen Grund gibt. „Friktion“ nannte dies der preußische General Carl von Clausewitz. Sie ist – neben der Trägheit – die große Feindin der Effizienz und tritt immer dann auf, wenn der „Nebel des Krieges“ hochsteigt, wenn Informationen stocken, Logistik streikt, Kugeln pfeifen und Nervenstricke reißen.

In diesem Chaos liegen aber auch Chancen, wenn alle im eigenen Wahlkampfteam darauf vorbereitet sind, mit hohem Tempo auf Unerwartetes zu reagieren. Kampagnen, die immer auf maximalen Touren laufen, gibt es allerdings kaum. Es gibt in jeder Kampagne Zeiten, in denen der Wahlkampf dahindümpelt, in denen man Wunden leckt, Informationen sammelt oder sich selbst für einen großen Auftritt. Der Rhythmus eines Wahlkampfes ergibt sich daraus, das sich zwischen den Kontrahenten ein Wettbewerb um die Beeinflussung des Tempos und der Ereignisse entwickelt.

Für die Mitarbeiter sind Kampagnen eine Achterbahnfahrt der Emotionen: Einerseits entflammen die Kämpferherzen, andererseits sind Wahlkämpfe schlicht eine Zumutung. Statt Routine warten Risiko, Erschöpfung, Entbehrung, auch die Angst vor Versagen und irreparablen Fehlern. Nur starke Führung und Motivation reduzieren die mögliche „Friktion“, erhalten die Kampfmoral und klare Köpfe in der eigenen Truppe. Und damit die Disziplin, die ein gutes Kommunikationsmanagement einfach braucht.

Eine Kampf-Doktrin für das Kommunikationsmanagement

Kommunikationsmanagement in Wahlkampagnen unterscheidet sich von anderen PR-Aufgaben durch die brutale Art, wie die Kontrahenten aufeinander treffen, und durch die Geschwindigkeit der Kommunikationsprozesse. Die Herausforderung besteht nun darin, eine operative Doktrin zu finden, die ungeschminkt den Spielregeln dieser politischen Kampfarena entspricht.

Wir brauchen ein Konzept, das unter chaotischen und fließenden Bedingungen nicht nur funktioniert, sondern sie sogar zum eigenen Vorteil ausnutzt. Wir brauchen ein Konzept, das den täglichen Wettlauf gegen die Zeit und den Rhythmus von Angriff und Verteidigung akzeptiert. Wir brauchen ein Konzept, das im Kommunalwahlkampf im Prinzip genauso funktioniert wie bei Landtags-, Bundestags- oder Europawahlen. Wir brauchen ein Konzept, das nicht nur die Etats, Personalstärken, Werbemittel und die Zahl der Großveranstaltungen bemisst, sondern die psychologische Basis eigener und gegnerischer Kampfmoral – weil diese wichtiger ist als die Masse des Materials. Und: Wir brauchen ein Konzept, mit dem wir auch gegen einen zahlenmäßig stärkeren Gegner Erfolg haben können.

Wahlkampf-Manöver: Schnell, flexibel, opportunistisch

Das Konzept für ein Kommunikationsmanagement unter diesen Bedingungen ist eine Doktrin (oder ziviler ausgedrückt: eine Philosophie) der Wahlkampfführung, die auf Bewegung setzt und damit auf überraschende Manöver: schnell, flexibel, initiativ und, jawohl, skrupellos opportunistisch.

Opportunistisch deshalb, weil jeder Vorteil, der sich irgendwann ergibt, ohne Verzögerung ausgenutzt werden sollte. Wahlkämpfer wollen den Gegner nicht in seiner Festung belagern, sondern ihre Stärken auf Schwächen des Gegners konzentrieren. Bewegung statt Stellungskrieg ist das Ziel.

Diese Doktrin will den Zusammenhalt des Gegners brechen, und zwar durch eine Serie aggressiver und unerwarteter Aktionen. Sie sollen eine turbulente Situation schaffen, die für den Gegner zu einer Spirale negativer Ereignisse wird. Er wird stetig zu Reaktionen gezwungen, mit denen er mangels Vorbereitungszeit nicht mehr fertig wird. In ihm soll das panische Gefühl aufsteigen, dass er sich permanent am falschen Ort, zur falschen Zeit und in der falschen Formation und Richtung befindet.

2. Grundregeln der Strategie

„Die Ansicht, wonach der strategische Sieg allein durch taktische Erfolge entschieden werde, ist falsch, denn dabei wird übersehen, dass Sieg oder Niederlage hauptsächlich und vor allem davon abhängt, ob die Gesamtsituation und die einzelnen Stadien gehörig in Betracht gezogen werden. Enthält die Berücksichtigung der Gesamtsituation und der einzelnen Stadien ernste Mängel oder Fehler, dann wird der Krieg unweigerlich verloren gehen. Man sagt: Ein unvorsichtiger Zug verdirbt die ganze Partie.“ – *Mao Tse-tung*

Die meisten Wahlkämpfer wissen nicht genau, was sie mit ihrer Kommunikation erreichen wollen. Sie verlieren sich in taktischen und organisatorischen Details, bevor die Ziele formuliert sind. Wahlkampfzentralen werden mit Trompetenschall viele Monate vor der heißen Phase eröffnet, Millionenbudgets bis zum letzten Euro und Mobilisierungsaktionen bis in die letzten Stunden des Wahltags geplant, bevor die Frage beantwortet ist: Wer wird wo warum für uns stimmen? Wie bewegen wir die Menschen dazu? Wie müssen wir dafür uns organisieren? Und was tun wir *nicht?*

Die meisten Wahlkämpfe bieten ein Feuerwerk der Improvisation ohne jede Tempo- und Erfolgskontrolle. Strategie ist oft ein luftiges Konzept, über dessen Verknüpfung mit der Steuerung von Ressourcen nie entschieden wird. Manche Wahlkampfplaner meinen, Strategie sei bereits die Auswahl von Plakatmotiv, Slogan und die Klassifizierung des traditionellen Senioren-Kaffees als „Zielgruppen-Event". Manche meinen, Strategie sei allein das Sammeln von Munition und Abwarten, bis der Gegner strauchelt. Und dann: Feuern, bis die Gurte durch sind? Nein, auch das ist keine Strategie.

Was soll Strategie? Sie soll, noch ein Clausewitz-Wort, die „Ökonomie der Kräfte" garantieren. Sie soll Zielgruppen definieren, Themen steuern und Erfolg kontrollieren, Zeit, Personal, Geld und Organisation sparsam einsetzen. Aber nicht so sparsam, dass Parteifunktionäre Däumchen drehen, Journalisten nichts zu schreiben haben und nach der Wahl Tonnen unverteilter Broschüren im Keller der Parteigeschäftsstelle vergilben.

Immer wieder einimpfen: Strategie heißt Disziplin

Die „Ökonomie der Kräfte" ist eine Philosophie rationalen Managements knapper Ressourcen, die immer wieder gepredigt, eingeimpft, eingehämmert und abgefordert werden muss. Es genügt nicht, eine Strategie zu *haben*, man muss sich und seine Leute auch darauf verpflichten. Sie sollen einsehen: Wer mit bescheidenen Mitteln die richtigen Dinge tut, erreicht mehr als der, der mit aller Kraft an den falschen Aufgaben arbeitet. Es geht um das Ziel, begrenzte Kräfte auf einen möglichst kleinen Punkt zu lenken, um damit größtmögliche Kraftwirkung zu erreichen. Das ist das Grundprinzip jedes Werkzeugs, jeder Waffe – und jeder Strategie.

Bei der „Ökonomie der Kräfte" geht es zunächst darum zu entscheiden, was man *nicht* tut. Das heißt: Ein Nein zu vielen Themen, ein Nein zur Nutzung vieler Medien, ein Nein zu vielen Veranstaltungen, ein Nein zu bestimmten Zielgruppen, ein Nein zum Besuch vieler Wahlkreise. Diese Neins sind in Parteigremien oft schwer durchzusetzen – aus Gründen, die ebenso mit Macht wie mit Angst oder Faulheit zu tun haben können.

Ein nicht schriftlicher Plan ist praktisch keiner. Jede Kampagne durchlebt eine Achterbahnfahrt in kritischen Situationen, euphorischen Momenten, dröhnendem Leerlauf und konturlosen Aktionismus. Ohne einen eindeutig fixierten Plan wird es sehr viel schwieriger, dabei auf klarem Kurs zu bleiben. Gemeint ist nicht Detailplanung von Anfang bis Ende; entscheidend ist aber die sorgfältige Vorbereitung der Eröffnungszüge und die Definition der weiteren Ziele. Nach der ersten Begegnung mit dem Gegner, meinte schon der preußische Generalstabschef Helmuth von Moltke, sei „alles ein System von Aushülfen". Umso wichtiger sind klare Ziele.

Elementare Komponenten: ein Plan für Bürgerkontakt (Events, Infostände, Telefonaktionen), ein Plan für Medien (Pressearbeit und Werbung), ein Plan fürs Spendensammeln (Fundraising), ein Zeitplan, der externe Ereignisse vom Parteitag bis zur Fußball-WM berücksichtigt, ein Personalplan (Profis und Helfer) und ein Finanzplan mit Cash-Flow. Aber der schwierigste Teil dieses Plans ist sicher nicht, Organisationsdiagramme zu zeichnen, den Etat zu verteilen oder Terminkalender zu kalkulieren. Der schwierigste Teil ist es, die Ziele und die Botschaft einer Kampagne festzulegen. Wie geht das? Der britische Militärtheoretiker Basil Liddell Hart hat versucht, den harten Kern der Strategie herauszuschälen. Er nennt sechs positive und zwei negative Leitsätze:

1. *Stimme dein Ziel auf die zur Verfügung stehenden Mittel ab.* Wenn du mehr abbeißt, als du kauen kannst, setzt du das Selbstvertrauen und die Kampfmoral deiner Truppen aufs Spiel.
2. *Verliere das Ziel niemals aus den Augen, wenn du deinen Plan den Verhältnissen entsprechend abwandelst.* Es gibt immer mehrere Wege zum Ziel, aber nicht alle Wege führen zum Ziel. Auf Nebenstraßen auszuweichen, ist vielleicht nicht gut, aber schlimmer ist die Sackgasse.
3 *Wähle einen Weg, den der Gegner am wenigsten erwartet.* Versetze dich in die Lage deines Gegners und frage dich, auf welches Vorgehen er am wenigsten vorbereitet ist.
4. *Nutze die Richtung des geringsten Widerstands aus, solange sie dich dem Endziel näher bringt.* In der Taktik heißt das: Nutze Reserven, um weiter vorzudringen. In der Strategie: Nutze deine taktischen Erfolge.
5. *Nimm eine Operationsrichtung, die verschiedene Ziele anbietet.* Stelle deinen Gegner vor die Hörner eines Dilemmas.
6. *Stelle sicher, dass sowohl dein Kriegsplan als auch die einzelnen Dispositionen so flexibel sind, dass sie sich kurzfristig anpassen lassen.* Berücksichtige, was passiert und was du tust, wenn du einen taktischen Erfolg, Teilerfolg oder Misserfolg hast.
7. *Wirf dich nicht auf einen Gegner, der auf der Hut ist, dessen Stellung so gut ist, dass er deinen Schlag parieren oder ihm ausweichen kann.* Ein Frontalangriff ist nur sinnvoll, wenn der Gegner desorganisiert und demoralisiert ist, seine Widerstandskraft also so gut wie gebrochen ist.
8. *Nimm keinen Angriff in der gleichen Richtung oder in der gleichen Form wieder auf, wenn der erste fehlgeschlagen ist.* Es reicht nicht aus, es noch einmal mit Verstärkung zu versuchen, weil der Gegner wahrscheinlich auch Reserven geholt hat. Wenn dein Angriff wieder abprallt, verstärkst du nur seine Kampfmoral. (Liddell Hart 1991: 335)

Die Menschen hören nie richtig zu

Wähler sind nicht wie Politiker und Parteifunktionäre. Sie sind ganz normale Leute. Man darf ihre Intelligenz nie unterschätzen, aber ihr Interesse an Politik auch nie überschätzen. Sie hören nie richtig zu.

Nur eine winzige Minderheit verwendet freiwillig Zeit darauf, relevante Wahl-Informationen aufzuspüren, Sachfragen und Persönlichkeiten genau zu studieren. Keine drei Prozent der Bürger besuchen zu Wahlkampfzeiten eine Wahlveranstaltung. 75 Prozent der Menschen sagen in Umfragen: „Politik interessiert mich eigentlich nicht besonders." Das sind aber die Menschen, mit denen Wahlkämpfer kommunizieren *müssen*.

Aber auf welcher Basis fallen überhaupt Wahlentscheidungen? Ein Gutteil ihrer Informationen basiert auf Klatsch und zwanglosen Konversationen an der Kneipentheke, in der Betriebskantine oder im Damensalon. Je simpler und leichter wiederholbar unsere Botschaft ist, desto eher wird sie eben dort weitergegeben. Ein eingängiger, glaubwürdiger Slogan funktioniert darum immer noch besser als „Bauchladenbotschaften" mit vielen Spiegelstrichen. Harry Walter, der legendäre Chefstratege der SPD-Werbeagentur ARE hinter den Wahlkämpfen von Willy Brandt, Helmut Schmidt und Johannes Rau, erinnerte immer an „die Oma mit der Plastiktüte an der Bushaltestelle" – versteht auch sie, was wir meinen?

Für die meisten Menschen ist eine Wahlentscheidung nichts weiter als eine Nebensächlichkeit. Politische Bewertungen sind ein Nebenprodukt des banalen Alltags: die Verlängerung und Verallgemeinerung persönlicher Erfahrungen mit dem Wirtschafts- und Arbeitsleben, Kriminalität, Drogen, Gesundheitsvorsorge und Arztbesuchen, bürokratischen Ärgernissen und Verwaltungskram. Wenn diese Menschen eine Entscheidung darüber fällen, ob sich die Präferenzen einer Partei mit ihren eigenen decken, richten sie sich nach ihrem Erfahrungsschatz und ihrer Menschenkenntnis, um zu einem Urteil wie „gut", „schlecht" oder „besser" zu kommen. Die Wähler haben zudem ganz gut gelernt, aus Medien und Wahlkampf Relevantes herauszulesen. Sie suchen aber nicht systematisch nach politischen Informationen; sie sammeln sie dort auf, wo sie welche sehen. Sie sind nicht gut darin, viele widersprüchliche Informationen aus widersprüchlichen Quellen zu verarbeiten. Sie glauben nicht jedem Politiker jedes Patentrezept, aber sie mögen es gern eindimensional.

Also muss unsere Botschaft klar, simpel und kontrastreich sein, sie muss ein Entweder-Oder ermöglichen. Wir müssen diese Botschaft nicht variieren, sondern wiederholen. Sonst erreichen wir die Menschen nicht, sie nehmen das Falsche mit, ihnen entgeht die Relevanz, oder sie haben unsere Botschaft am Wahltag wieder vergessen. Wenn ein Teil der Bürger sich schon entschieden hat, beginnt ein anderer überhaupt erst zuzuhören.

Und: Weil Bilder länger haften bleiben als Worte, müssen Kampagnen Bilder liefern. Bilder können provozieren, Schocks auslösen oder auf Humor setzen, sie können Symbole und Slogans transportieren und auf Charakter und Vita einer Person anspielen, die zur Projektionsfläche für die Botschaft wird. In jedem Fall: Die Botschaft muss ins Bild kommen.

Der Aggressor gewinnt, und Negatives wird geglaubt

Im Wahlkampf gewinnt häufig der geschickte Aggressor. Hoffnung ist zwar das wichtigste Element der positiven Kampagnenbotschaft. Aber Angst machen lohnt sich. Einer der wichtigsten Gründe, bei der Wahl *für* jemanden zu stimmen, ist immer noch, *gegen* seinen Gegner zu sein.

Negativkampagnen funktionieren meistens. Die Wähler sagen zwar, dass sie sachliche Argumente wollen und dass sie die Attacken und Schlammschlachten hassen. Aber das ist relativ irrelevant, denn sie halten negative Informationen für glaubwürdiger und absorbieren diese Informationen. Journalisten transportieren Negatives schneller und platzieren es besser, weil Kontrast und Konflikt Auswahlfaktoren für Nachrichten sind.

Wer gewählt werden will, muss eine positive Botschaft vermitteln, aber das reicht nicht für einen klaren Kontrast. Und am Kontrast entscheiden sich Wahlen. Wahlkämpfer müssen bereit sein, ihren Gegner zu verletzen. Sie müssen nach Stellen suchen, an denen er verwundbar ist, und sie müssen ebenso eigene Schwachpunkte suchen, um sich auf Angriffe vorzubereiten.

Ziele zu Zahlen machen

Ziele sollen messbar sein, also muss eine Zahl darin vorkommen. Wenn man seine Aktivitäten nicht quantitativ bemessen und bewerten kann, ist ihr Einsatz möglicherweise gar nicht sinnvoll. Zählen und Messen ist wichtig, damit man weiß, was man tun will, wann man es erreicht hat und was nicht funktioniert. Wer nicht zählt, obwohl er zählen könnte, verschenkt wichtige Informationen für die Steuerung seiner Ressourcen.

Konsequenz: Operative Ziele sind in Zahlen zu fassen. Beispiel: Wir wollen im Wahlkreis X 10 Prozent mehr Stimmen haben. Wir wollen 30 Prozent der wechselbereiten, regierungskritischen Frauen zwischen 25 und 55 Jahren durch unsere Informationen zur Schulpolitik direkt erreichen. Wir wollen 500 Unternehmer für unsere Wählerinitiative gewinnen. Bis zu einem bestimmten Zeitpunkt sollen Zeitungsanzeigen 700.000 Bürger erreicht haben, eine Renten-Broschüre an 11.000 Rentnerhaushalte verteilt, 20.000 Klicks auf unserer Internetseite registriert, 70.000 Euro bei Kleinspendern eingesammelt oder 35.000 Telefonanrufe erledigt worden sein.

Negative Campaigning

Gute Gründe für eine Negativkampagne

Wenn der Gegner viel mehr Geld im Wahlkampf ausgibt
Wenn man in der Opposition ist
Wenn der Gegner sein Amt klar missbraucht hat
Wenn viele „Leichen im Keller“ des Gegners kaum bekannt sind
Wenn der eigene Kandidat kaum bekannt ist
Wenn man spät ins Rennen geschickt wird, z.B. als Ersatzkandidat

Risiken einer Negativkampagne

Man wird als Neinsager, Nörgler und Nervensäge wahrgenommen
Ein Ruf als integrer Saubermann wird beschmutzt
Besonders Wechselwähler wenden sich ab
Der Gegner könnte auf die gleiche Weise, aber härter zurückschlagen
Wenn die Fakten nicht stimmen, ist der Schaden für die Glaubwürdigkeit groß
Parteibasis und Wählerinitiativen werden vielleicht demotiviert
Die Schlammschlacht könnte wichtige Themen verdrängen
Wie man sich wehren kann
Gründlich informieren: Wie genau lautet der Vorwurf, wie wird er verbreitet?
Den Inhalt komplett richtig stellen – alle Fakten, keine Salamitaktik, falls am Vorwurf etwas dran sein sollte
Auch in peinlichen Situationen professionell bleiben: nicht eiern, nicht lügen
Glaubwürdige Dritte zur Unterstützung heranziehen
Den Angriff moralisch zurückweisen, als unredliche Propaganda attackieren
Gegenschlag: Nicht Angriffe stoisch ertragen, sondern massiv Kontra geben
Humor nutzen, wenn möglich: Nicht verbittert oder jammernd reagieren, sondern die Menschen zum Lachen (oder zumindest zum Lächeln) bringen
Kommunikative Disziplin wahren – zurückkehren zur eigenen Botschaft und zur eigenen Themensetzung

Wahlkämpfer dürfen Umfragen nicht nur als Stimmungsbarometer sehen, sondern als Testmethode und als Erfolgskontrolle von Wahlwerbung und Aktionen. Quantitativ soll sich auch der Werbe- und PR-Effekt messen lassen: Dafür gibt es Mediadaten über Auflagenhöhen, Hörerreichweite, Sehbeteiligung und Tausend-Kontakte-Preis. Plakate, Anzeigen, Spots, Auftritte sollten dort konzentriert werden, wo die Analyse große Wählerpotenziale feststellt. „Dominiert das dort dominante Medium“, sollte das Motto lauten. Wo Mailings, Telefonaktionen, Hausbesuche und andere Mobilisierungsmaßnahmen geplant sind, sollte Straßenzug für Straßenzug gerechnet und datenbankgestütztes Kontaktmanagement eingesetzt werden. Es gibt genug Zahlen: Man muss sie aber nutzen wollen. Daten zwingen zu Entscheidungen, und genau deshalb werden sie von Faulpelzen vermieden.

3. Die Botschaft formulieren

„Wenn unsere Gedanken chaotisch sind, dann wird auch unser Handeln chaotisch sein; also muss die gedankliche Disziplin der körperlichen Disziplin vorangehen, und ohne den Zusammenhalt dieser beiden wird es nicht zu einer Ökonomie der Kräfte kommen." *Basil Liddell Hart*

Die Botschaft (Werber sprechen lieber von der Message) ist nicht unbedingt der sie begleitende plakative Slogan. Sie ist auch nicht das, was Parteien gern als Miniliste von Wahlversprechen ins Scheckkartenformat pressen und millionenfach verteilen. Sie ist die zentrale Aussage, für die alle Themen nur Kontrastmittel sind. Die Botschaft ist die knappe Antwort des Kandidaten auf die Frage: Warum soll ich dich wählen?

Die Botschaft zu entwickeln, ist nicht einfach. Die Botschaft soll auf die Zielgruppen passen, persönliches Interesse wecken oder Betroffenheit ausnutzen. Sie muss sie rational oder emotional ansprechen. Sie muss verständlich, packend, relevant, kontrastreich, glaubwürdig sein. Sie muss ein moralisches oder Sachproblem ansprechen, das mit praktischen Lösungsideen verknüpft werden kann. All das, bitte sehr, in wenigen Sätzen.

Erster Schritt: Recherchen und Diskussionen

Es liegt auf der Hand, dass die Botschaft nicht nur in einem einstündigen Brainstorming von fünf Möchtegern-Strategen ausgeheckt werden kann. Sie ist das Ergebnis intensiver Diskussion von Rechercheergebnissen:

- Über den Wahlbezirk samt aktueller Daten über Einwohner, Wahlbeteiligung, Sozialstruktur und was immer an Zahlen und Fakten für die anvisierten Kampagnenthemen relevant erscheint (z.B. bei einem Schulpolitik-geprägten Wahlkampf: Zahl der Schüler nach Jahrgängen, Abschlüssen, Fächern, Noten, Eltern, Lehrer, Schulgebäude...).
- über politische Einstellungen, Wahlabsichten, Politiker-Popularität und Themen – mit Hilfe von Meinungsumfragen lassen sich Wählerblöcke definieren, die sich zu einer Ad-hoc-Koalition zusammenfügen lassen.
- über eigene Stärken und Schwächen und die der Gegner: persönliche (Reputation, Erfahrung, Kontakte, Charisma), ideologische (radikale oder gemäßigte Positionen), strategische (regionale Verankerung, Hausmacht, Organisationsstärke, Verbündete).

– über Kontraste: Hat der Gegner spiegelbildlich eine Stärke in einem Feld, wo die eigene Seite Schwächen feststellt, ist das ein erheblicher Nachteil. Umgekehrt ergibt es einen Vorteil. Spiegelbildlichkeit im Vergleich ermöglicht gute Kontraste in der Kampagne. Eine Stärke oder Schwäche, für die es keine spiegelbildliche Entsprechung gibt, ist sowohl in der positiven Werbung wie im Angriff weniger effektiv.

Regierungsparteien und Wahlkreisabgeordnete stellen zum Wahlkampf gern ihre „Erfolgsbilanzen" zusammen. Das ist gut und richtig, führt aber häufig zu einer diffusen Auflistung mit viel Beamtenjargon. Eine Erfolgsbilanz sollte klar besagen, welche Leistungen für welche Zielgruppen, in welchen Gebieten, in welchen Politikfeldern und – wen möglich und sinnvoll – für welche Einzelpersonen errungen worden sind. Auch die Kategorien sollten für den Wähler relevant sein: Unterstützung von Blockade von Gesetzentwürfe, Sichern oder Einfordern von Zuschüssen oder Infrastrukturzusagen, Abstimmungsverhalten, Verhalten zu und Bewertung durch Lobbygruppen.

Zweiter Schritt: Themenpark und Message Matrix

Jede gute Kampagne wird sich einen „Themenpark" bauen aus Grundpositionen und schlichten Wahlversprechen, aus maximal drei Kernthemen und einigen Nebenthemen zur Flankierung und für Zielgruppen.

Themen-Karrieren verlaufen individuell, die Aufmerksamkeit, der Handlungsdruck und die Zahl der Handlungsoptionen steigen oder sinken unterschiedlich stark und schnell *(siehe Grafik)*. Wer mit Themen gewinnen will, muss daher genau ihren Verlauf beobachten und sich verhalten wie an der Börse: Bei möglichst niedrigem Kurs einsteigen und bei hohem Kurs verkaufen.

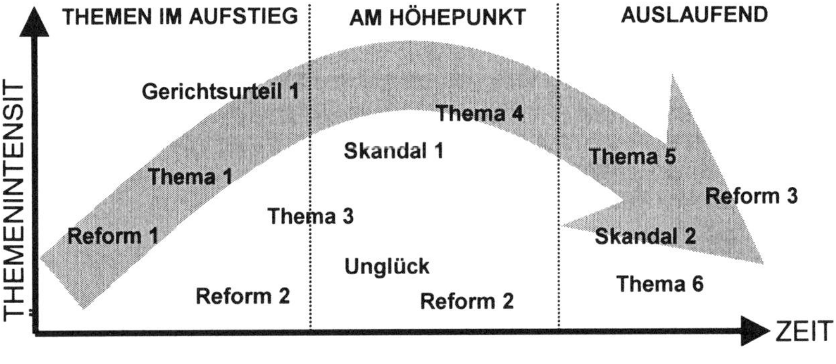

Wahlen werden durchaus mit Themen gewonnen. Neue Themen erhalten oft erst in Wahlkämpfen von der Opposition das Gewicht, das sie zur Wahrnehmung in Parlament und Regierung brauchen. Regierungen müssen sich mit ihrer Bilanz („Versprochen – Gehalten") auseinander setzen und darüber die Wahl entscheiden. In jedem Fall gilt: Eine Ressourcen schonende Kampagne wird sachliche „Issues" nach Einflussmöglichkeiten und Dringlichkeit des Handelns bewerten, und anschließend die Themen grob nach folgendem Muster in eine Stärken-Schwächen-Matrix einsortieren (vgl. Beitrag von Gerster):

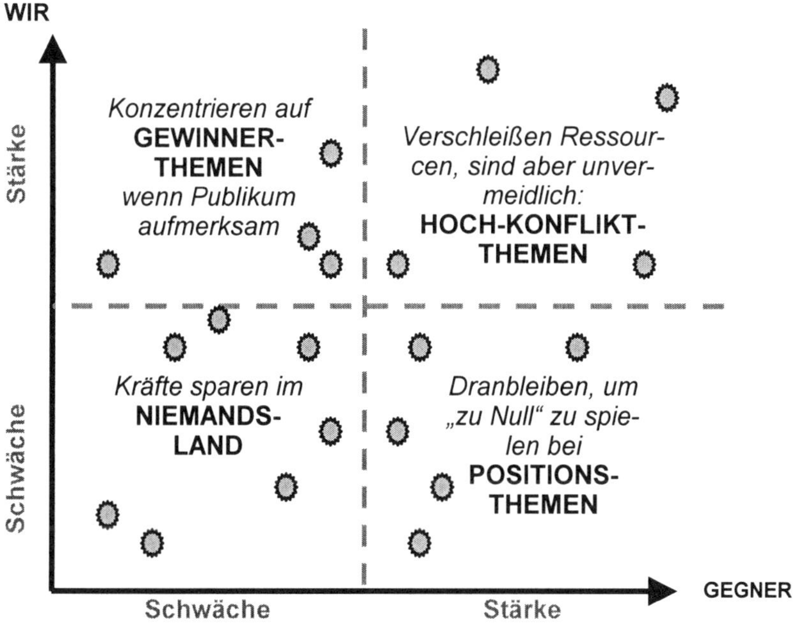

Scharfkantig formulierte Positionen sind gut. Aber Menschen vertrauen nur Menschen, nicht Papieren. Und sie hören eher zu, wenn man statt Fakten eine Story erzählt mit Helden und Bösewichten. Das kann vom Plot her ein biographischer Bildungsroman sein, ein Kriminalthriller oder ein Western sein – Hauptsache spannend. So macht erst die populäre Verkopplung der Themen mit dem Kandidaten die Wahlkampagne wahrnehm- und erinnerbar, so in den Dimensionen Kompetenz/Erfahrung, Vertrauenswürdigkeit, Führungsstärke, Sympathie/Charisma und Empathie/Mitgefühl. Oder auch Lifestyle. Vom schwulen „...und das ist auch gut so" (Klaus Wowereit) bis zur Gebirgsschützenparole „Kantig. Echt. Erfolgreich." (Edmund Stoiber) ist die Authentizität des Überbringers ein Türöffner für die Inhalte: Der Kandidat verkörpert die Botschaft.

Typische Grundaussagen definieren ihn mit Sätzen wie „Anwalt der kleinen Leute", „Mann der Mitte", „Er kämpft für euch", „Er ist einer von uns", „Wir können ihm vertrauen", „Er hört uns zu", „Er ist eine ehrliche Haut", „Er ist neu und anders", „Er ist ein Macher", „Er ist die Kraft, die bewegt", „Bei ihm zählt nur Leistung", „Er ist ein Mann fester Prinzipien", „Er ist wütend wie wir", „Bewahrer von Sicherheit, Wohlstand und Werten". Es warten Etiketten wie „Bewährter Staatsmann", „Der Amtsträger", „Der Favorit", „Der Siegertyp", „Der Underdog unter Beschuss", „Der Reformer", „Der Rebell", „Der Nicht-Politiker" oder „Der unbestechliche Experte". Für den Gegner mag eine Rolle gefunden werden, die beschrieben wird als „Alt und verbraucht", „Keiner von uns", „Ein Extremist", „Ein Exzentriker", „Ein Blender", „Klientelpolitiker und Amigo", „Ein fauler Hund", „Ein Verschwender", „Ein Verhinderer", „Ein brutaler Machtmensch", „Ein Skandalpolitiker", „Ein Langweiler", „Ein Besserwisser", „Eine Marionette", „Ein Verlierer" oder schlicht „Ein Risiko".

Eine „Message Matrix" führt je drei zentrale Aussagen über uns und den Hauptgegner zusammen. Wer das für zu wenig hält, sollte bedenken: Allein in dieser 2x2-Tabelle mit je drei Aussagen sind bereits zwölf Argumente enthalten. Eine ganze Menge für die Parteibasis am Infostand vorm Aldi. Wer nicht reduziert, erzeugt nur Rauschen.

	Kandidat A über...	Kandidat B über...
Kandidat A	1. .... 2. .... 3.	1. .... 2. .... 3. ....
Kandidat B	1. .... 2. .... 3.	1. .... 2. .... 3. ....

Dritter Schritt: Ist die Botschaft „groß genug"?

Kampagnen bedürfen Ideen, die für eine große Öffentlichkeit hohe Relevanz besitzen. Die Botschaft muss „groß genug" sein. Wahlen werden mit großen Themen und Kontrasten gewonnen – Krieg oder Frieden, Wohlstand oder Wirtschaftskrise, Hoffnung oder Angst, Veränderung oder Status quo, Ehrlichkeit oder Lüge und Korruption. Allerdings: Ein dominantes Thema kann in der Sache klein sein, aber als Symbol sehr groß sein. Relevanz kann man herstellen, indem man populär erklärt und massiv bewirbt. Aber oft genug haben Politiker Lieblingsthemen, die die Öffentlichkeit eher quälen. Wahlkämpfer müssen dafür sorgen, dass ihre Plädoyers wegen Irrelevanz nicht schulterzuckend mit „Na und?" quittiert werden.

Kandidaten in lokal geführten Wahlkämpfen mit weitgehend unbekanntem Politpersonal und ohne dominante Themen, die die Wähler erregen, sollten sich keine Illusionen über die Bedeutung ihrer persönlichen Agenda machen. Die Botschaft besteht dann zu 90 Prozent allein aus ihrem Namen. Auch eine lange Wahlkampagne hat dann keine andere Aufgabe, als Aufmerksamkeit für das Gesicht zu erregen und dabei Vor- und Zunamen endlos zu wiederholen: „Hallo, ich bin Stefanie Schmitt von der CDU, ich kandidiere für den Landtag." Wer nicht weiß, dass Frau Schmitt kandidiert, wird nicht am Wahltag darüber entscheiden, ob ihm ihre Ideen gefallen.

Vierter Schritt: Das Publikum verkleinern

Eine Kampagne kann niemals alle Menschen gleichermaßen erreichen. Die Ressourcen sind begrenzt; es gibt niemals genug Leute, die Infostände besetzen oder Telefonlisten abtelefonieren, es gibt niemals genug Geld, um weitere Radiospots oder Zeitungsanzeigen zu schalten. Und es ist viel effektiver, die gleiche Botschaft der gleichen Person gegenüber mehrmals zu wiederholen, als sie auf möglichst viele Menschen zu streuen.

Also muss sich die Kampagne konzentrieren, und zwar auf zwei Gruppen, deren Disposition sie nur zu verstärken hat: Sympathisanten und mögliche Wechsler. Sympathisanten sind etwas träge Anhänger, die nicht lange mit Argumenten überzeugt werden müssen. Sie haben uns in der Vergangenheit gewählt und werden es wieder tun. Was sie brauchen, ist Motivation zum Mitmachen und wählen gehen. Sie sind Schläfer, die man nur weckt und dafür sorgt, dass sie kurz vor dem Wahltag nicht wieder gemütlich einnicken. Mögliche Wechsler sind Menschen, die von sich aus politisch involviert, aber unentschlossen sind und wahrscheinlich zu Unterstützern werden, wenn sie nur die richtigen Argumente oft genug hören.

Aber was ist mit den anderen – sollte man nicht auch diejenigen zu überzeugen versuchen, die mehr oder minder fest im anderen Lager sind? Oder diejenigen zu mobilisieren versuchen, die sich bisher politisch nie beteiligt haben? Die professionelle Antwort im Kommunikationsmanagement ist kompromisslos: absolut nein. Mit diesen Wählern wollen wir nicht kommunizieren. Es wäre unökonomisch. Jede Minute und jeder Euro, die in Kommunikation mit anderen Gruppen gesteckt wird, geht an unseren Sympathisanten und möglichen Wechslern vorbei. Es geht im Wahlkampf eben ums Gewinnen, nicht um einen volkspädagogischen Anspruch. Kommunikationsmanagement heißt darum auch: das Publikum verkleinern, die eigene Reichweite beschränken. Die Streuverluste werden, weil es nur sehr grobe Selektionsfilter für Analyse, PR und Werbung gibt, ohnehin sehr groß sein. Wo wir konzentrieren können, tun wir es. Wir gehen nicht in jedem Garten Äpfel pflücken, sondern nur dort, wo die größten Äpfel wachsen.

Es gibt eine Ausnahme von der Regel, dass nur mit Sympathisanten und möglichen Wechslern kommuniziert werden soll. Diese Ausnahme ist die De-Mobilisierungskampagne. Öffentlich werden Wahlkämpfer nie zugeben, dass sie so etwas betreiben. Aber Negativkampagnen zielen auch darauf, Sympathisanten des Gegners zur Wahlenthaltung zu treiben. Wer den Kopf voll hat mit Zweifeln und Verdachtsmomenten, bleibt eben lieber zu Hause und entzieht sich dem Konflikt einer unkomfortablen Entscheidung.

4. Angriff und Verteidigung

„Unbesiegbarkeit liegt in der Verteidigung. Die Möglichkeit des Sieges im Angriff."
– *Sun Tsu*

Wer sich allein auf Verteidigung beschränkt, kann nur durch Abnutzung gewinnen. Ergebnis ist ein Patt, aber kein Sieg. Es kann aber genügen, den Gegner vom Gewinnen abzuhalten, niederwerfen muss man ihn nicht. Vor allem für eine Regierung genügt es.

Mehr Wahlen werden verloren als wirklich „gewonnen". So spricht vieles dafür, direkte Konfrontationen zu vermeiden und sich möglichst aus der Reichweite des Gegners zu bewegen, bis er ernste Fehler macht. Den Ausrutschern zusehen und der Schwerkraft ihren Lauf lassen – das ist oft der klügste Weg. Eigene taktische Niederlagen vermeiden, den Gegner durch Nadelstiche pricken und durch Ermattung zur Aufgabe seiner Ziele zwingen: Das ist eine wirtschaftliche, aussichtsreiche Strategie, vor allem für Regierungen, die dem Gegner möglichst wenig Öffentlichkeit bieten wollen.

Ein Publikumsrenner ist diese Strategie allerdings nicht! Der Angriff hat mehr Prestige: Denn wer angreift, hat automatisch die Initiative. Die Medien belohnen den Aggressor fast immer, weil er ihnen Nachrichten liefert. Und unter den Wählern ist es weit einfacher, das Image eines Gegners negativer zu tönen, als ein eigenes positives aufzubauen.

Im allzu schnellen Umkehrschluss wird die Position des Verteidigers zugleich als die schwächere bezeichnet. Dabei ist sie prinzipiell die stärkere, denn jede Attacke verbraucht viel mehr Ressourcen und Reserven. Wer angreift, exponiert sich und neigt zum Zögern, wenn die Kraft nachlässt.

Clausewitz erläutert im VI. Buch in *Vom Kriege* die Stärke der Defensive: „Was ist der Zweck der Verteidigung? Erhalten. Erhalten ist leichter als gewinnen, schon daraus folgt, dass die Verteidigung bei vorausgesetzten gleichen Mitteln leichter sei als der Angriff. Worin liegt aber die größere Leichtigkeit des Erhaltens oder Bewahrens? Darin, dass alle Zeit, welche ungenutzt verstreicht, in die Waagschale des Verteidiger fällt. Er erntet, wo er nicht gesät hat. Jedes Unterlassen des Angriffs aus falscher Ansicht, aus Furcht, aus Trägheit, kommt dem Verteidiger zugute."

Daraus soll man aber nicht schließen, dass sich Wahlkombattanten in der Defensive wohlfühlen sollen. In der Verteidigung soll man nur bleiben, solange man schwach ist, und man muss sie verlassen, sobald man stark genug ist, für das positive Ziel zu streiten. Siege in der Abwehr muss man als taktische Überlegenheit nutzen. Verteidigung besteht nicht nur aus einem Schild, sondern aus gezielten Gegenstößen. „Ein schneller, kräftiger Übergang zum Angriff – das blitzende Vergeltungsschwert – ist der glänzendste Punkt der Verteidigung“, behauptet Clausewitz, und er hat Recht. Ebenso richtig beklagt er, es sei „eine grobe Verwechslung, wenn man unter Angriff immer einen Überfall versteht und sich folglich unter Verteidigung nichts als Not und Verwirrung denkt.“ (Clausewitz 2000: 370f.)

Denn: Ob der Verteidiger wirklich überrascht ist, hat mit seiner Aufgabe als Verteidiger nichts zu tun, sondern mit seinem Informationsstand, seiner Vorbereitung und Einsatzbereitschaft.

Kommunikationsmanager im Wahlkampf müssen den Unterschied verstehen zwischen strategischer Offensive/Defensive und taktischer Offensive/Defensive. Die strategische Defensive mag durch eine Vielzahl taktischer Offensiven den Gegner brillant schlagen, eine strategische Offensive dagegen immer wieder in der taktischen Defensive ins Fiasko steuern.

Clevere Taktiker warten in der Verteidigung genau den Punkt ab, an dem der Angreifer, der seine Kräfte auf die Attacke konzentriert hat, Probleme bekommt, nach erstem Stoß durchzuhalten und für Nachschub zu sorgen. Hier gilt es, genau auf Umfragen, Presseecho und die Gegnerbeobachtung zu hören. Den Punkt, an dem die relative Stärke des Angreifers und des Verteidigers in etwa gleich sind, die Aussichten für eine nennt man Kulminationspunkt, also einen möglichen Wendepunkt: Hier ist der Angriff fast – aber nicht sicher – gestoppt, und eine wacklige Chance für einen erfolgreichen Gegenangriff öffnet sich. Wartet der Verteidiger aber passiv ab und will oder kann der Angreifer nicht „nachlegen“, kommt es mit großer Wahrscheinlichkeit zu einem Unentschieden.

ZEIT UND THEMENDOMINANZ

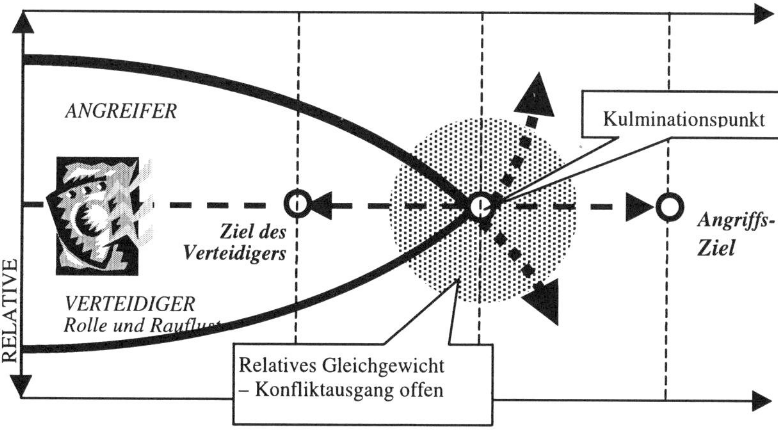

Zwar lassen sich Regierungspolitiker nicht immer voll auf die typische Rolle der Amtsinhaber festlegen und mahnen „Keine Experimente“, sondern suchen ein Mandat für Veränderung und Erneuerung gegen das etablierte Alte, mit dem sie den Gegner identifizieren. Nicht immer macht eine Opposition Wahlkampf im Habitus des Herausforderers, sondern stellt sich als die Partei erfahrener Staatslenker dar. Aber in den meisten Fällen muss das Kommunikationsmanagement mit diesen typischen Rollen umgehen:

Die Amtsinhaber der Regierungspartei nutzen die Symbole ihrer öffentlichen Ämter, ihre Titel, ihre Prominenz, ihre staatsmännische Distanz, ihren Tross, die Aura der Macht. Sie setzen auf den Führungsanspruch und die repräsentative Legitimität ihres Amtes, das durch vorherigen Urnengang ausgedrückte Vertrauen des Volkes, das sie automatisch zum glaubwürdigen Amtsanwärter macht. Sie setzen auf die Attribute der Kompetenz, mit denen das Amt ausgestattet ist („Er kann es.“). Und sie versuchen, das Amt zu nutzen, um Charisma und Glamour des Politikers als Star zu stärken.

Jenseits dieser Symbolik gibt es eine ganze Reihe von strategisch nutzbaren Werkzeugen, die einer Regierungspartei zu Angriff oder Verteidigung bereit liegen: Pseudo-Ereignisse von Pressekonferenzen bis zu Eröffnungsfesten, Personal- und Haushaltsentscheidungen, Treffen mit anderen Mächtigen und Prominenten und so fort. Es gibt also unzählige Gelegenheiten, die Regierungspolitik zu erläutern, zu erklären, sie gegen Angriffe zu verteidigen und mit neuen Versprechen und Ankündigungen zu verbinden, um also für eine Fortsetzung der Regierung zu werben. Theoretisch ist das jedes Mal eine Gelegenheit, die Opposition anzugreifen. Praktisch bevorzugen Regierungen den Kontrast, nicht das Kampfgeschrei.

Diese Festlegung auf die tatsächlichen Ergebnisse der Regierungsarbeit kann auch ein Handicap sein. Die Herausforderer sind freier in ihren Forderungen, besonders wenn es ums Geld geht. Regierungskommunikatoren bewegen sich in einem viel engeren Korsett der Sachzwänge. Zugleich kann es ihnen passieren, dass sie vom Bürger für Probleme verantwortlich gemacht werden, an denen sie keine und wenig Schuld tragen (z.B. Firmenkrisen, Entlassungswellen, Einwohnerabwanderung, Umweltverschmutzung, Korruption, Verbrechen, Unfälle, Naturkatastrophen). Aus unverdienter Kompetenzvermutung wird ein unfairer Inkompetenzverdacht.

Die Erwartungen an die kommunikative Wahlkampf-Leistung einer Regierung sind zudem groß. Die Medien beobachten jeden Schritt. Wer diese hohen Erwartungen verfehlt, die von Journalisten wie im eigenen Lager kolportiert werden, wirkt schnell wie ein potenzieller Verlierer. Das wird potenziert, wenn die bisherige Amtszeit lang und die parlamentarischen Mehrheiten komfortabel waren. Eine Kampagne der leisen Töne birgt darum Gefahren, wenn der Vorsprung nicht sehr groß ist.

Schließlich haben Regierungen das Problem, dass sie auch im Wahlkampf weiter vernünftig regieren müssen, während die Opposition sich voll auf die Kampagne konzentrieren kann. Verwaltungsdetails, Haushaltsverhandlungen, Länderkonferenzen lenken von der Kampagne ab und zehren an Zeit und Energie des Spitzenpersonals. Antwortet die Regierung auf Attacken mit massiven Gegen7angriffen, ist ihr der Vorwurf sicher, sie vernachlässige die Alltagsarbeit und missbrauche ihr Vertrauen. Tut sie es nicht, wirkt sie schwach, mutlos und zu feige, um sich den Wählern und dem Herausforderer zu stellen. Das Kommunikationsmanagement muss – mit Hilfe der Meinungsforscher – hier beständig die Balance austarieren.

Die Opposition hat die doppelte Aufgabe, ein Meinungsklima des Wechsels zu befördern und die Wähler zu überzeugen, dass ihre Leute die notwendigen Veränderungen auch herstellen können. Am Angriff auf die Regierungsbilanz geht darum kein Weg vorbei; und zwar in der Sache wie im Habitus der Kandidaten. Konkrete Lösungen werden von ihnen kaum erwartet, höchstens Ideen für solche. Je präziser ihre Lösungsvorschläge ausfallen, desto mehr macht sich die Opposition zur Zielscheibe.

Ist die Bilanz der Regierung hervorragend, muss der Herausforderer trotzdem angreifen: Er muss die Leistungen herunterreden oder einen Dritten dafür loben, die Vernachlässigung bestimmter Aspekte herausstellen oder vor Gefahren eines „Weiter so“ in der Zukunft warnen. Gibt es an der Regierung direkt wenig zu kritisieren, muss die Schwachstelle eben anderswo gefunden werden und die Attacke indirekt erfolgen. Roland Koch und die Hessen-CDU machten es im Landtagswahlkampf 1999 mit der Unterschriftenkampagne gegen die doppelte Staatsbürgerschaft vor.

Die Regierung wird stets sagen „Die Opposition redet unser Land schlecht“ und versuchen, deren Kritik zur Publikumsbeschimpfung zu wenden. Kassandra wählt man nicht, sagen Wahlkampfveteranen und erinnern an die Warnungen Oskar Lafontaines vor den Risiken der deutschen Einheit im Bundestagswahlkampf 1990. Dagegen war Gerd Schröders „Wir wollen nicht alles anders, aber vieles besser machen“ von 1998 ein Slogan, der dem Wähler die Zumutung des Wandels freundlich und selbstbewusst beschrieb. Zugleich setzte die SPD auf viel Humor und Kleinkunst, um die Regierung durch Ironie, Spott und Klamauk zu diskreditieren – unsachliche Attacken wurden so in reichlich Watte gepackt, ohne ihre Wirkung zu schmälern.

Herausforderer müssen ihrem Angriff eine positive Perspektive geben: das Versprechen, für aktive Politik statt Passivität zu sorgen, für einen neuen Stil, neue Offenheit, eine anständigere, moralischere, leidenschaftliche oder mitfühlende Regierung. Die Opposition ist trotz aller Angriffe auf optimistische Rhetorik verpflichtet, die eine bessere Zukunft verheißt.

Das gilt ganz besonders für den Spitzenkandidaten. Er muss als Hoffnungsträger wirken, möglicherweise auch als Saubermann nebst eisernem Besen, aber nicht als Pitbull. In jeder Partei gibt es für die harten Attacken Wadenbeißer, wenn man sie nicht lieber über Medien oder Dritte in die Arena einführt. Wahlkämpfe sind für die Wähler auch eine Art Charaktertest: Wer Tabus in eigener Person verletzt, disqualifiziert sich schnell.

Kommunikative Disziplin

Was immer wir sagen: Wiederholen wir die Kernbotschaft?
Vermeiden wir das Variieren und Plaudern?

Erzählen wir heute eine Geschichte, die jeder versteht?
Haben wir einen Helden, einen Bösewicht und ein Opfer?
Eine mögliche Auflösung von Konflikt und Drama?
Sind wir dabei kurz genug?
Wenn wir einen Punkt hinzufügen – streichen wir einen?

Schlagen wir eine emotionale Brücke?
Sprechen wir Ängste, Hoffnungen, Grundwerte an?
Haben wir Metaphern – Symbole – TV-Bilder dafür?

Sind wir für die Zuhörer relevant?
Wenn die erste gelangweilte Reaktion auf unser
Statement ist: „Na und?“, was sagen wir dann?

Lassen wir uns vom Gegner oder den Medien ablenken?
Springen wir mit einer Reaktion aus der eigenen Spur?
Steuern wir den Nachrichtenzyklus noch (oder er uns)?

Bei Attacke durch den Gegner: Vermeiden wir defensive Antworten?
Beinhaltet unsere Antwort einen Gegenangriff?
Ist unser Gegenangriff glaubhaft, klar, dokumentiert?
Erfolgt er schnell genug im gleichen Medium?
Sind wir auf erneutes Kontra vorbereitet?
Sorgen wir für Penetration? Sind wir hart und laut genug?

Haben wir alle rechtzeitig an Bord geholt, die unsere
Botschaft unterstützen und wiederholen könnten?

Haben wir klar und eindeutig verabredet, wer was wann
auf welcher Ebene sagt? – Und: wer definitiv nicht?

Verunglimpfung und Angriffe „unter die Gürtellinie" mobilisieren im Zweifelsfall auch weniger Anhänger, als sie Unentschiedene vergraulen – und man kann sogar die eigenen Leute dabei verlieren (wie beim CDU-Plakat mit dem Schröder-Fahndungsfoto „Rentenbetrüger 1998–1999–2000" oder die Gegenattacke von Jürgen Trittin, CDU-Generalsekretär Meyer habe nicht nur das Aussehen, sondern auch die Mentalität eines Skinheads). So, meint der Politologe Werner Wolf, können „Abwehrmechanismen entstehen, die einen Angreifer, der gegen die Spielregeln verstößt, ins Unrecht rücken bzw. den Angegriffenen in Schutz nehmen und ihm Solidarität bzw. Mitleid zukommen lassen. Der Bumerangeffekt besitzt somit eine gesellschaftliche Kontrollfunktion, die die Aggression der Parteien untereinander einzuschränken vermag. [...] Jede im Wahlkampf massiv angegriffene Partei versucht, den Bumerangeffekt für die eigene Wahlkampfführung dadurch nutzbar zu machen, dass sie die Methoden der gegnerischen Propaganda zum Wahlkampfthema macht. [...] Moralische Zurückwiesungen gegnerischer Angriffe bilden stets auch einen taktischen Schutzschild, hinter dem eigene Aggressionen mit scheinbar größerer Berechtigung vorgetragen werden." (Wolf 1980: 224f.)

5. Das Kommunikationsmanagement aufbauen

„Ungeordnete Leute fürchten sich immer vor geordneten." – *Niccolò Machiavelli*

Kommunikationsmanagement beginnt mit dem Management der eigenen Kommunikatoren, die auf die Strategie verplichtet werden müssen: den Pressesprechern, Redenschreibern, Medienbeobachtern, Internet-Werkern, Kontaktleuten aus der Werbeagentur, aber auch den Leute aus der Gegnerbeobachtung, den Betreuern der Terminplanung, denjenigen, die Kommunikations-Ideen und Hilfen für die örtlichen Kandidaten verantworten, Schulungen für lokale Wahlkampfkoordinatoren organisieren und wichtige örtliche Aktionen vorbereiten – von der Großveranstaltung bis zur Telefonkampagne. Am Rande gehören auch die Logistiker dazu, die den zentralen Rednereinsatz (ohne den Spitzenkandidaten) und den Plakat- und Werbemittelversand in der Hand haben.

Wenn die Spendensammler auch öffentlichkeitswirksame Fundraising-Events veranstalten, gehören auch sie in den Kreis: Fundraising ist, wenn es offen und nicht heimlich betrieben wird, nämlich eine wirkungsvolle Zielgruppen- Kommunikation. 2001/02 hat die Bundes-FDP mit ihrer durch die PR-Agentur WeberShandwick betreuten Kampagne „18/2002 – Bürgerfonds für Deutschland" einen Meilenstein für Professionalität gesetzt.

Der wichtigste Kommunikator ist der Spitzenkandidat selbst. Er ist nicht immer der professionellste: Meist ist das Bedürfnis nach eigenem Eingreifen ins tägliche Kommunikationsmanagement größer als die Bereitschaft, sich der kommunikativen Disziplin einer Kampagne zu unterwerfen, Entscheidungen zu delegieren, seine Beauftragten mit sichtbarer Autorität auszustatten und klare Entscheidungswege zu etablieren.

Zu viele Häuptlinge, zu wenig Indianer

Dass große Wahlkampforganisationen einen „War Room" als strategisches Zentrum brauchen, gilt als unverrückbare Lektion der Neunziger Jahre. Leider geht ebenso das Missverständnis um, man benötige unbedingt ein *externes* Hauptquartier, also ein räumlich von der Parteizentrale getrenntes. Dann sei die Kampagne unabhängiger vom schwergängigen Apparat und verklüngeltem Machtgefüge. Das ist natürlich Unsinn – zumal die Leute im „War Room" meist identisch sind mit den Parteimitarbeitern und der Entscheidungsgewalt der Parteigremien mit ihrem Flügel- und Regionalproporz unterliegen. Quirliger wird die Kampagne aber dann, wenn sie *externe Mitarbeiter* auf Zeit holt und sie mit erheblicher Verantwortung ausstattet.

Ein „War Room" ist ein strategisches Zentrum, aber hier entsteht nicht die Strategie. Sie wird hier umgesetzt. Taktische Entscheidungen fallen hier natürlich, aber auch diese nicht in einer Art hierarchiefreien Kreativworkshop, sondern bei allem Teamgeist durchaus unter autoritärer Führung. Gibt es gar keine Strategie, wird im „War Room" sofort sichtbar: ein Defizit an Organisation, Motivation und Geschlossenheit.

Wichtig nicht für die Selbstinszenierung als grandiose Profitruppe, sondern für effizientes Kommunikationsmanagement ist die Zentralisierung der Wahlkampf-Entscheidungen und die kreative Werkstatt-Atmosphäre. Letztere lässt sich in einem Großraumbüro mit einer guten technischen Ausstattung und einer Bereitschaft, Hierarchien zu vermeiden und Initiative zu belohnen, relativ einfach herstellen. Die Zentralisierung dagegen nicht.

Die Vorbereitung von Wahlkämpfen führt fast zwangsläufig zur Bildung von vielen offiziellen und inoffiziellen Kreisen und Arbeitsgruppen, die sich parallel zu den Parteigremien und üblichen Fraktions- oder Regierungsrunden bilden. Alsbald entsteht ein unübersichtliches Kompetenzgerangel und Buhlen um das Ohr des Spitzenkandidaten. Führen wollen viele, sich führen lassen dagegen nicht. Ergebnis: zu viele Häuptlinge, zu wenige Indianer – und zu viel Palaver statt Arbeitsaufträge. Noch schlimmer ist die sich verstärkende Neigung zum Sich-alle-Optionen-Offenhalten, zum feigen Vermeiden kritischer Punkte und zur Paralyse durch Analyse.

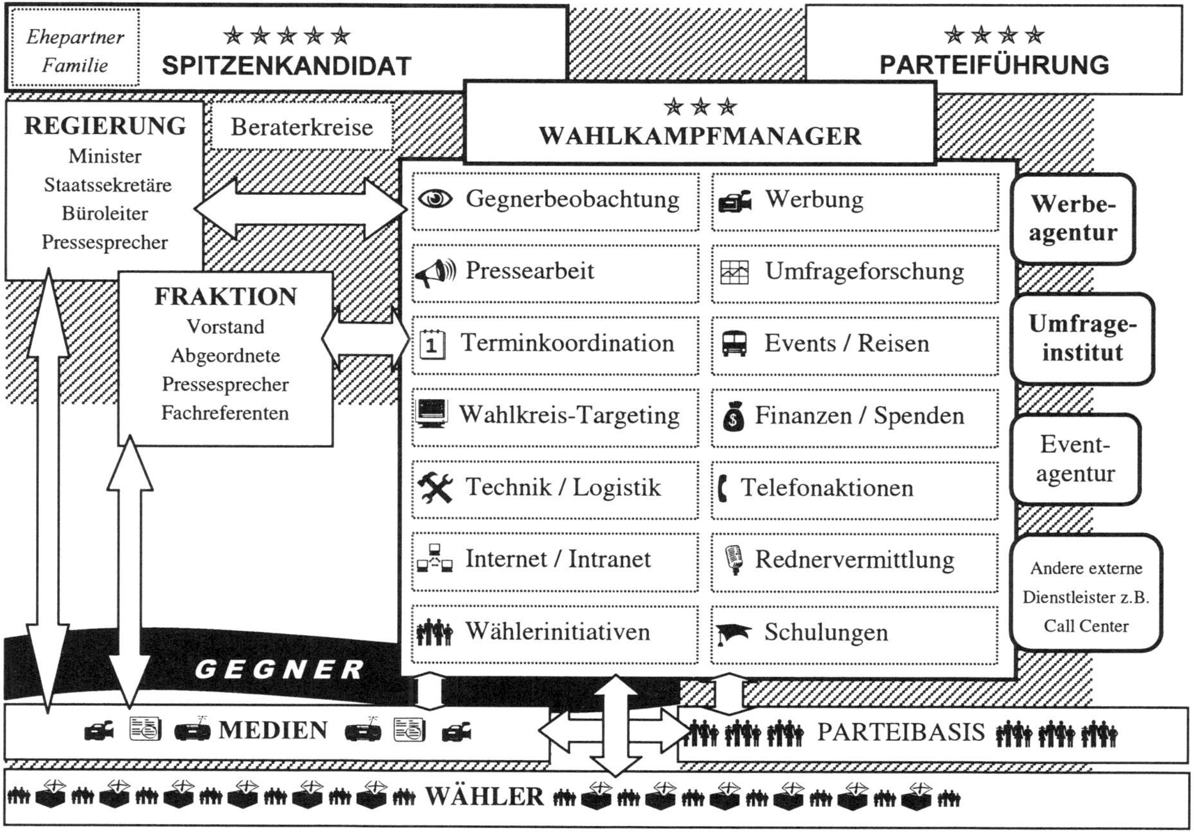
Ehepartner
Familie
SPITZENKANDIDAT
PARTEIFÜHRUNG
REGIERUNG
Minister
Staatssekretäre
Büroleiter
Pressesprecher
Beraterkreise
WAHLKAMPFMANAGER
FRAKTION
Vorstand
Abgeordnete
Pressesprecher
Fachreferenten
Gegnerbeobachtung
Werbung
Pressearbeit
Umfrageforschung
Terminkoordination
Events / Reisen
Wahlkreis-Targeting
Finanzen / Spenden
Technik / Logistik
Telefonaktionen
Internet / Intranet
Rednervermittlung
Wählerinitiativen
Schulungen
Werbe-agentur
Umfrage-institut
Event-agentur
Andere externe Dienstleister z.B. Call Center
GEGNER
MEDIEN
PARTEIBASIS
WÄHLER

Und für die Kampagnenmitarbeiter wird immer unklarer, wer eigentlich die Strategie bestimmt – und wie diese genau aussieht. Verwischt wird dabei zudem der Unterschied zwischen dem Definieren einer Strategie, die kooperativ entstehen und von möglichst allen Parteigranden mitgetragen werden sollte, und der disziplinierten Umsetzung durch ein kleines, entscheidungsfähiges Team von Kampagnenprofis mit ihren Mitarbeitern.

Theoretisch sehen die Beteiligten zwar ein: Es braucht so wenige unterschiedliche Runden wie möglich, so viel versammelte Kompetenz wie nötig. Aber in der Praxis sieht es anders aus – man denke nur an das Wirrwarr in der Union zu Beginn des Bundestagswahlkampfes 2002 zwischen „Arena02", „Stoiber-Team", „Team 40 plus" und diversen Beraterrunden, die sich Merkel, Meyer, Stoiber und Goppel jeweils persönlich hielten.

Besonders schlimm erwischt es aber meist Regierungsparteien, wo die Spitzenpolitiker ihr Kommunikationsmanagement lieber in der Exekutive betreiben, statt es einer aus dem Boden gestampften Wahlkampfzentrale zu überlassen, in der oft genug mehr Amateure als Profis sitzen.

Mangelnde Koordination im Regierungslager ist oft die Achillesferse einer ansonsten materiell und personell üppig ausgestatteten Wiederwahl-Kampagne – clevere Oppositionswahlkämpfer nutzen diese Schwäche aus.

Erforderlich sind darum in so einer Situation die einvernehmliche Arbeitsteilung, frühmorgendliche Routinekontakte, kurze Drähte und eine sichtbar und unzweifelhaft vom Regierungschef abgeleitete Autorität in der Wahlkampfzentrale. Kommunikationsmanagement beginnt hier damit, die Vielzahl von Spitzen-Kommunikatoren auf gemeinsame Verfahren und gemeinsame Disziplin zu verpflichten. Entscheidungen im Wahlkampf fallen oft unter hohem Zeitdruck. Sie erfordern echtes Schnelldenkertum und Diskussionen, die fix auf den Punkt kommen.

Kommunikationsmanagement muss sich im Kampagnenalltag nicht nur mit dem Nachrichtenzyklus der Medien auseinandersetzen, sondern auch mit dem eigenen Entscheidungszyklus: der Zeitspanne, in der eine neue Lage registriert und bewertet wird, Maßnahmen beschlossen und ausgeführt werden. Durch die Handlung entsteht eine neue Situation, und der Zyklus beginnt erneut. Wahlkämpfer befinden sich hier im permanenten Wettlauf mit den gegnerischen Teams: Wer diese Zyklen, diese Entscheidungsrunden also, immer wieder schneller absolvieren kann als sein Gegner, gewinnt beständig einen Vorteil – und demoralisiert den Gegner. Aber Achtung: Tempo, nicht Hektik, ist das Ziel.

Gute Wahlkampfplaner tun daher alles, um die eigenen Entscheidungsprozesse zu beschleunigen. Sie zerbrechen sich den Kopf, um Reibungsverluste zu minimieren. Sie stellen die Truppe so auf, dass sich niemand darauf verlässt, dass schon irgendjemand für eine Aufgabe zuständig ist. Sie sorgen dafür, dass ihre Crew stets gut im Bild ist, niemand wichtige Informationen hamstert, damit sie Entscheidungen auch selbst fällen können.

Es wäre ein grober Fehler, sich bei zu sehr auf die Technik zu verlassen, um schnelle Abstimmungsroutinen zu ermöglichen. Handy-SMS, Telefonschaltkonferenzen, Email und Intranet erleichtern diese zwar, aber noch wichtiger ist: Die Menschen, die die Strategie ausführen sollen, müssen sich aneinander gewöhnt und miteinander umgehen gelernt haben.

Das ist nicht einfach, weil politisches Personal immer auch Machtpositionen und Interessenzonen im Hinterkopf hat, ganz besonders vor einer Wahl. Vertrauen und Respekt vor der Professionalität und Urteilskraft des anderen bedingen die Verständigung auf eine Arbeitsteilung, die garantiert, dass die Kommunikations-Maschine auch bei Turbulenzen ruhig läuft.

Wettlauf im Nachrichtenzyklus

Wenn sie können, holen sich clevere Wahlkampfmanager mehrere Journalisten, Medienleute und PR-Werker ins Hauptquartier. Denn Wahlkampf ist ein täglicher Wettlauf im Nachrichtenzyklus: Die Medien geben den Takt vor. Kommunikationsmanagement ist ja nur zu einem vergleichsweise geringen Teil damit beschäftigt, Plakate, Broschüren, Kino- und Radiospots, also bezahlte und durch den Kauf von Werbezeiten und Werbeflächen voll kontrollierbare Kommunikationsleistung zu erbringen. Stattdessen dominiert die „redaktionell" geprägte Kampagne die täglichen Aufgaben, das Ausrichten aller Events auf die Erzeugung von Berichterstattung. Dazu gehört aber auch tägliche Pressearbeit im Detail: Etwa das Reagieren auf Radiointerviews, die der Gegner um 7 Uhr morgens zur besten Autopendlerzeit gegeben hat, vielleicht mit einem Kontra per digitalem O-Ton an alle Rundfunkstationen bis zum Redaktionsschluss der Mittagsnachrichten um 11.30 Uhr. Das sofortige Richtigstellen oder Kommentieren einer dpa-Agenturmeldung, so dass eine Stunde später noch einmal eine „Zusammenfassung" über den Ticker laufen kann, in der unser Statement enthalten ist – damit die Meldung am Nachmittag in den Zeitungen nicht ohne unsere Antwort platziert wird. Das Bedienen eines Fernsehjournalisten, der bis zum Wochenende einen Interviewtermin und Vorschläge für abwechslungsreiche Bilder braucht, um ein Porträt über den Spitzenkandidaten drehen zu können. Das schnelle Vermitteln eines vertrauensvollen Hintergrundgesprächs mit einem Journalisten, der drauf und dran ist, ein verzerrtes Gerücht zu unserem Nachteil auf den Markt zu werfen. Oder das Vorbereiten eines spontan zugesagten Redaktionsbesuchs bei einem Küsten-Blatt, dessen Redakteure ausschließlich über die vermutete hohe Bedeutung der Hafenpolitik in der Wahlkampfstrategie sprechen wollen.

„Redaktioneller" Wahlkampf heißt, in der Planung von Ereignissen und Kommunikation den journalistischen Auswahl- und Bewertungskriterien für Nachrichten (Nähe, Drama, Konflikt, Außergewöhnlichkeit, Überraschung, Negativismus, Prominenz, Emotion, Nutzwert u.a.) entgegen zu kommen; aber es bedeutet ebenso die sofortige Reaktion auf Berichte und gegnerische Manöver noch im selben Nachrichtenzyklus – bevor der Redaktionsschluss verstrichen ist und die „heiße" Story erkaltet ist. Ein Nachrichtenzyklus ist dabei längst nicht mehr eine 24-Stunden-Spanne; Nachrichtenagenturen, Fernsehen, Radio und Internet verkürzen die Lebensdauer einer Geschichte oft genug auf wenige Stunden. Aber nur wer sich darauf einlässt, kann die Berichterstattung wirklich dominieren.

Die Wecker müssen früh klingeln: Wer taktische Entscheidungen für den Tag fällen will, muss das in der Regel bis 9 oder 10 Uhr vormittags getan haben. Wenn die Presseauswertung bis 7.30 Uhr die News des Morgens präsentiert hat, kann das Wahlkampfteam bis 8.30 Uhr die Lage diskutieren und einen Entscheidungsvorschlag machen; bis dieser mit Spitzenkandidaten und anderen wichtigen Politikern oder Sprechern abgestimmt ist, vergeht eine weitere Stunde. Wenn die meisten Journalisten tagesaktueller Medien in ihre Redaktionen kommen, ihren ersten Bürokaffee getrunken und einmal in die Nachrichtenlage der Agenturen geschaut haben – zwischen 9.30 und 11 Uhr – ist die taktische Entscheidung in der Wahlkampfzentrale bereits gefallen: eine Presseerklärung wird vorbereitet, Fakten und Daten werden durch Fachleute ergänzt, ein Auftrag für eine kreative Postkarte oder einen Internet-Gag ist an die Werbeagentur gegangen, eine betroffene Parteigliederung für Aktionen alarmiert.

Das muss auch am Wochenende und abends funktionieren; schließlich sind die Abendstunden und Wochenenden die Hauptzeit für zahlreiche regionale Wahlkampfveranstaltungen. Die Wahlkampfzentrale, die um 21 Uhr nicht den Hinweis eines örtlichen Parteimitglieds auf eine gegnerische Attakke annehmen kann, die am nächsten Morgen als Schlagzeile in 200.000 Exemplaren Auflage die Frühstückstische einer ganzen Landesregion bedeckt, lebt riskant. Banale Dinge wie Wochenenddienst, Telefonlisten und Krisenpläne garantieren geringe Reaktionszeiten. Kommunikationsmanagement muss dann eben auch Details sicherstellen – zum Beispiel, dass die Stallwache auch selbst den Presseverteiler im Faxgerät aktivieren kann.

Gegnerbeobachtung: Weniger Papier, mehr Pfeffer

„Rapid Response" oder „Rebuttal" gilt inzwischen als wichtiges Merkmal professioneller Wahlkampfführung. Es bedeutet nichts anderes als das schnelle Zurückweisen eines Angriffs durch Erläutern, Erklären und meist eine Konterattacke auf die Glaubwürdigkeit des Gegners. Im engeren Sinn sorgt „Rapid Response" per Internet-Verbreitung vor allem für das minutenschnelle Richtigstellen und Kommentieren gegnerischer Statements bei Live-Interviews, Parteitagen oder Großveranstaltungen.

Übersicht: Zeitplanung und Höhepunkte im Wahlkampf

Strategisches Timing

Dass sich viele Wahlen erst ganz kurz vor dem Ende entscheiden, ist unbestritten. Dass viele Bürger den Wahlkampf aber in der Heißen Phase ignorieren und die Journalisten für Inhaltliches „dicht machen", ebenso. Vier Timing-Strategien bieten sich als Standards an:

AUTOPILOT-STRATEGIE. Auftritte, Presseaktionen, Anzeigen, Plakate und Spots werden über längere Zeit in gleich bleibendem Umfang und Intensität gestreckt organisiert, um die Präsenz konstant hoch zu halten. Geeignet für Politiker, die einen Vorsprung halten wollen. Kann durch einen intensiveren Werbe-Endspurt ergänzt werden.

FAST-FINISH-STRATEGIE. Verzichtet auf einen Startschuss, beginnt langsam und leise, geht aber mit größter Geschwindigkeit und Lautstärke in die letzten Tage. Anzeigen, Plakate, Spots werden vom Wahltag an rückwärts in immer geringerem Umfang geschaltet. Besonders geeignet für Kandidaten und Kampagnen, die bereits einen hohen Bekanntheits- und Unterstützungsgrad haben und daher auf einen „großen Aufschlag" zur Wahlkampferöffnung verzichten können; weniger geeignet für solche, die wenig bekannt und beliebt sind.

REALLY-BIG-SHOW-STRATEGIE. Setzt den Werbeetat vorrangig zur Verstärkung des Event-Marketing ein. Während die Aufmerksamkeit der Journalisten und Bürger auf eine Serie groß angelegter Veranstaltungen, Reden, Pressekonferenzen, Prominentenbesuche, Präsentationen von Wahlprogrammen und ähnliches zieht, werden parallel Anzeigen, Plakate und Spots geschaltet. Ziel ist es, die maximale Aufmerksamkeit der Wähler statt kontinuierlich nur zu ausgewählten Zeitpunkten auf sich zu ziehen.

SPRINT-STRATEGIE. Starke Eröffnung und starker Endspurt, besonders für weniger bekannte Kandidaten und Kampagnenzwecke geeignet. Ziel ist es, lange *vor* der heißen Wahlkampfphase für ein bis drei Wochen eine starke Präsenz durch Anzeigen, Plakate, Spots und Auftritte zu erhalten. Durch diesen Kurzstreckenlauf wird der Name in kürzester Zeit bekannt. Auf dieser Basis konzentriert sich die Kampagne dann auf eine weniger sichtbare Kommunikation mit Zielgruppen, z.B. kleinere Parteiveranstaltungen, Besuche bei Vereinen, Hausbesuche, Telefonaktionen, Mailings. Kurz vor dem Wahltag kommt es für eine bis drei Wochen zum zweiten Sprint durch die Medien: Auf diesen Endspurt wird ein Großteil des Werbebudgets verwendet.

Voraussetzung ist eine kontinuierliche Gegnerbeobachtung, die sich sowohl als Lieferant von Munition, als Frühwarnsystem und auch als taktischer Ratgeber versteht. In der Strategieentwicklung liefern die „Opposition Researcher" (kurz: „Oppo") bereits zahlreiche Analysen zu, entwickeln ein Gegnerprofil und spielen die Wunschkontraste des Gegners durch; sie schlagen auch vor, mit welchen Etiketten und Aussagen der Gegner kontinuierlich zu belegen ist. Die Gegnerbeobachter sollten allerdings nicht darauf zielen, dicke Aktenordner mit wissenschaftlicher Akribie zu füllen. Verwendbarkeit ist der Maßstab. Amerikanische Oppo-Experten sagen: „Less paper, more pepper".

Die richtige Würze erhalten Daten nur, wenn man sie plastisch macht. Wenn man die gegnerische Partei für den Anstieg der Arbeitslosigkeit in einer Gemeinde verantwortlich machen will, wirkt es besser, die Entlassungen von 2000 Arbeitern in der örtlichen Schuh- und Lederindustrie herauszustellen als der Anstieg von 8 auf 9 Prozent Arbeitslosenquote, auch wenn das den gleichen Sachverhalt beschreibt. Ebenso ist es sinnvoller zu dokumentieren, dass Kandidat X „Dutzende wichtiger Abstimmungen im Landtag geschwänzt hat" statt festzustellen, dass er in der vergangenen Legislaturperiode an fünf Prozent der Plenartage nicht anwesend war.

Gegnerbeobachtung kann im Idealfall voraussagen, was der Gegner jede Woche an Terminen und Themen plant. Sie liefert durch tägliche Medienauswertung sowie Besuch und Analyse von Veranstaltungen, Parteitagen, Pressekonferenzen, Aktionen und mitgeschnittenen Reden des Gegners permanent eine Aktualisierung der Liste der Erwartungen, Argumentationsmuster, Widersprüche und Schwachpunkte des Gegners. Dazu zählt natürlich auch die Sammlung kritischer Stimmen Dritter über den Gegner, zum Beispiel von Unternehmern, Verbänden, Gewerkschaftern, Kirchen, Prominenten und natürlich Pressekommentaren. Daraus wird sich ein steter Fluss von Arbeitsaufträgen an Pressearbeiter, Rechercheure und örtliche Parteigliederungen ergeben.

Kommunikatoren „sprechfähig" machen

Medienzentrierte Wahlkämpfe sind zentralisierte Wahlkämpfe. Aber Kommunikationsmanagement muss alle Wahlkämpfer im Auge behalten, nicht nur die Crew der Kampagnenzentrale, der Fraktionsspitzen oder der Regierung. Kommunikatoren sind ja nicht nur die wenigen Profis an der Spitze, sondern auch der örtliche Kreistagsfraktionschef beim Redaktionsbesuch seines Lokalanzeigers. „Unsere Leute sind nicht sprechfähig", wird oft gejammert. Professionalität zeigt sich aber eben auch darin, effektive interne Kommunikation vorzubereiten. Allein mit einem sporadischen Email-Newsletter wird das aber nichts.

Eine Tagesparole an die 30 wichtigsten Spitzenpolitiker und Sprecher auszugeben, ist die eine Sache; sie auch an 500 oder 5000 örtliche Wahlkämpfer zu bringen, eine andere. Eine Kommunikationsstrategie lässt sich flächendeckend nur umsetzen, wenn man nicht permanent seine eigenen Leute überrascht. Zudem müssen die örtlichen Wahlkämpfer wissen, was sie mit neuen Informationen tun sollen. Das lernen sie durch Schulungen.

Warum ist das wichtig? Eine strategisch wichtige Veranstaltungsserie mit dem Spitzenkandidaten, die ein bestimmtes Kampagnenthema und eine bestimmte Stimmung in die lokalen Medien tragen soll, wird ohne zentrale Steuerung oder gar Anheuern einer teuren Event-Management-Agentur in Ablaufqualität und Kommunikationswirkung massiv schwanken. Es sei denn, die örtlichen Organisatoren sind bis ins Detail über Ziel und Form der Veranstaltung gebrieft, mit Checklisten versorgt und in die Lage versetzt, eine gleichbleibende Qualität zu gewährleisten: von der permanenten Anwesenheit eines Tontechnikers, falls die Regler oder Mikrofone ausfallen, über das Management der Fragerunde mit vielen Claqueuren (die wissen, wann sie jubeln müssen) bis zum Gespräch für die Lokalpresse hinterher und zur Gelegenheit für Fotos mit dem Spitzenkandidaten am Rande.

Schulungen ermöglichen auch erst den flächendeckenden Einsatz von neueren Wahlkampftechniken wie etwa Telefonaktionen. Wer kein Profi-Call-Center für seine Mobilisierungstage finanzieren kann, muss „High Tech" und „High Touch" eben in der Hand von Amateuren verschmelzen.

Ebenso bei Gegnerbeobachtung: Keine Wahlkampfzentrale ist in der Lage, auch nur die zehn wichtigsten Politiker des Gegners permanent zu beobachten – es sei denn, sie nutzt die örtlichen Wahlkampfkoordinatoren. Unter Umständen wird eine Kampagnenidee auch erst lokal getestet, bevor sie überregional eingesetzt wird. Die Gefahr ist aber groß, dass diese gegnerische Aktion erst einmal unter dem Radar hinweggleitet. Wenn an weit entfernten Orten ähnliche PR-Gags, Telefonaktionen, Mailings oder Anfragen zum selben Thema im selben Strickmuster auftauchen, ist das vermutlich eine zentrale Kampagnenidee des Gegners.

Also: Örtliche Wahlkampfkoordinatoren sollten das Gefühl haben, dass ihre Hinweise, Beobachtungen, Warnungen oder Zeitungsclippings in der Zentrale willkommen sind. Sie sollten auch wissen, dass die Zentrale für sie ein Partner und Dienstleister ist, kein Kommandobunker, aus dem hin und wieder irgendein Wichtigtuer Befehle bellt. Gutes Kommunikationsmanagement garantiert die Offenheit der Wahlkampf-Crew nach außen.

Fazit

Kommunikationsmanagement in Kampagnen hat eine klare Aufgabe: zu garantieren, dass sich die eigene Crew schneller, schlauer und aggressiver bewegt als der Gegner. Die Notwendigkeit schneller Entscheidungen auch bei hohem Risiko wird akzeptiert. Weil Wahlkampf so ist, wie er ist, nämlich voller Turbulenzen und Themenwellen, funktioniert dies nur auf der Basis einer Strategie. Nur so wird es auch möglich, dem Gegner immer einen Schritt voraus zu sein und ihn abzulenken, zu provozieren, zu stören, zu demoralisieren, ihn aus dem Gleichgewicht zu bringen. Ohne Strategie risikiert die Kampagne Kurzatmigkeit und Krisenkoller.

Vor allem erreicht sie dann auch die Wähler nicht: Professionalität beweist sich an der Formulierung einer auf gründliche Recherche und klaren Kontrast zum Gegner gebauten Botschaft. Sie zeigt sich an einer strengen Ressourcen-Orientierung als Ökonomie der Kräfte. Sie zeigt sich ebenso an einer entscheidungsstarken Führung, die Angriff und Verteidigung in Stärke und Timing sowohl strategisch wie taktisch zu bewerten weiß.

Professionelles Kommunikationsmanagement ermöglicht Koordination, Kreativität und Offenheit in der Wahlkampfzentrale, sichert den Informationsfluss nach außen. Es entscheidet, was gesagt wird, wie es gesagt wird, wiederholt diese Botschaft immer, immer wieder – und setzt gegen Medien, Rivalen und Rebellen im eigenen Lager konstant kommunikative Disziplin durch.

Literatur

Altendorfer, Otto u.a. (Hg.): Der Moderne Medienwahlkampf: Professionelles Wahlmanagement unter Einsatz neuer Medien, Strategien und Psychologien. Eichstätt, 2000.

Althaus, Marco (Hg.): Kampagne! Neue Strategien für Wahlkampf, PR und Lobbying. Münster, 2001.

Althaus, Marco: Wahlkampf als Beruf: Die Professionalisierung der Political Consultants in den USA. Frankfurt a.M., 1998.

Becker-Sonnenschein, Stephan/Manfred Schwarzmeier (Hg.). Vom schlichten Sein zum schönen Schein? Kommunikationsanforderungen im Spannungsfeld von Public Relations und Politik. Wiesbaden, 2002.

Behrent, Michael/Peter Mentner: Campaigning: Werbung in den Arenen der Öffentlichkeit. Münster, 2002.

Carville, James/Paul Begala : Buck Up, Suck Up… And Come Back When You Foul Up. 12 Winning Secrets From the War Room. New York, 2002.

Clausewitz, Carl von: Vom Kriege. München, 2000.

Drosdek, Andreas: Sunzi und die Kunst des Krieges für Manager. München, 1996.

Horowitz, David: The Art of Political War And Other Radical Pursuits. Dallas, 2000.

Johnson, Dennis: No Place for Amateurs. How Political Consultants are Reshaping American Democracy. New York, 2001.

Köppl, Peter: Public Affairs Management: Strategien und Taktiken erfolgreicher Unternehmenskommunikation. Wien, 2000.

Liddell Hart, Basil: Strategy. New York, 1991.

Morris, Dick: The New Prince. Machiavelli Updated for the Twenty-First Century. Los Angeles, 1999.

Oetinger, Bolko u.a. (Hg.): Clausewitz – Strategie denken. München: Hanser 2001.

Pitney, John J.: The Art of Political Warfare. Norman, 2000.

Reuber, Ludger: Politik im Medienzirkus. Frankfurt, 2000.

Rössler, Patrick/Heribert Schatz: Politische Akteure in der Mediendemokratie. Politiker in den Fesseln der Medien? Wiesbaden, 2002.
Schröder, Peter: Politische Strategien. Baden-Baden, 2000.
Siller, Peter/Gerhard Pitz (Hg.): Politik als Inszenierung. Zur Ästhetik des Politischen im Medienzeitalter. Baden-Baden, 2000.
Shea, Daniel: Campaign Craft. The Strategies, Tactics, and Art of Political Campaign Management. Westport, 1996.
Stahel, Albert A.: Strategisch denken: Ziel-Mittel-Einsatz in Politik, Wirtschaft und Armee. Zürich, 1997.
Stevens, Stuart: The Big Enchilada. Campaign Adventures with the Cockeyed Optimists from Texas Who Won the Biggest Prize in Politics. New York, 2001.
Trent, Judith/Robert Friedenberg: Political Campaign Communication. Principles and Practices. New York, 1991.
Wolf, Werner: Der Wahlkampf – Theorie und Praxis. Köln, 1980.

Eva Stern/Jürgen Graner

It's the Candidate, Stupid? Personalisierung der bundesdeutschen Wahlkämpfe

1. Zum Begriff der Personalisierung

Politik braucht Personen: „Personalisierung ist eine Grunddimension der Wahrnehmung von Politik schlechthin" (Sarcinelli, 1987: 178). In der Geschichte finden sich zahllose Beispiele dafür: Das „Wirtschaftswunder" ist eng mit dem Namen Ludwig Erhard verbunden, Ostpolitik und Willy Brandt bilden eine fast untrennbare Einheit. Auch die Gegenwart hat ihre Stars: Arbeitsminister Walter Riester hat es sogar zu einem eigenen Produkt gebracht – „Riester-Rente" geht jedem Versicherungsvertreter flott über die Lippen. Und Renate Künast steht nicht nur für die Agrarwende, sondern schaffte auch den Sprung in die Politiker-Top-Ten des von der Forschungsgruppe Wahlen erhobenen Politbarometers: Premiere für eine(n) Landwirtschaftsminister(in).

Der Begriff der Personalisierung umfasst aber nicht nur solche personalisierte Politik, sondern auch personalisierte Politiker (Lass 1995: 11). Lass unterscheidet die globale Personalisierung und die spezifische Personalisierung. Bei der spezifischen Personalisierung stehen persönliche Merkmale des Politikers im Vordergrund, zum Beispiel Aussehen, Sympathie, Vertrauenswürdigkeit oder allgemein das Privatleben. Unter dem Stichwort der Personalisierung des Wählerverhaltens werden die wachsende Bedeutung der Kandidaten gegenüber den Sachthemen (issues) für die individuelle Wahlentscheidung sowie der wachsende Einfluss unpolitischer Merkmale bei der Kandidatenbewertung diskutiert. Gerade die (vermeintliche) Tendenz zur spezifischen Personalisierung wird immer wieder kritisiert, denn sie legt eine entpolitisierte Wahlentscheidung nahe. Und ein Votum, das auf einem netten Eindruck und der Haarfarbe des Kandidaten basiert, passt nun einmal nicht zum mündigen Wahlbürger, der problemorientierte Entscheidungen fällt.

1.1 Medien, Parteien, Wähler

Personalisierung ist kein „isoliertes" Phänomen, sondern hat eine Angebots- und eine Nachfrageseite. Es ist sinnvoll, analytisch drei Ebenen zu unterscheiden, nämlich: die Medien, die Parteien und die Wähler (Brettschneider

2001: 352/ Roth 2002: 27). In diesem Beitrag werden die Wähler und die Parteien im Mittelpunkt stehen, die Medien werden eine untergeordnete Rolle spielen. Allerdings wird an entsprechender Stelle ausdrücklich auf weitere Literatur zum Thema verwiesen.

Honorieren Wähler an der Wahlurne einen personalisierten Wahlkampf, wählen sie tatsächlich Personen statt Programme, einen Kanzler statt einer Partei? Setzen Medien und Parteien verstärkt auf personenzentrierte Berichterstattung bzw. Wahlkampfführung? Wie sehen die Wahlkampfstrategien der Parteien aus? Wie erfolgt die Kandidatenauswahl? Wie verpasst man den Kandidaten das richtige Image? Diesen Fragen wird nachgegangen.[1] Wir konzentrieren uns dabei auf die beiden Volksparteien CDU und SPD, weil nur diese beiden Volksparteien in Frage kommen den Kanzler zu stellen.

Schon an dieser Stelle muss betont werden, dass empirische Arbeiten oft zu widersprüchlichen Aussagen gelangen, insbesondere wenn sie der Frage nach einer zunehmenden Bedeutung von Kandidaten im Allgemeinen und deren persönlichen Merkmalen im Besonderen für die individuelle Wahlentscheidung nachgehen: „Anders als in der Personalisierungsdebatte unterstellt, weisen die entsprechenden Studien keine kontinuierliche Bedeutungszunahme der Kandidatenorientierungen nach“ (Brettschneider 1998: 403f.). Nichtsdestotrotz lohnt eine Auseinandersetzung mit den verschiedenen Arbeiten, enthalten sie doch auch eine Reihe theoretischer Überlegungen zur Rolle der Kandidaten bei der Wahlentscheidung. Auch jenseits der Diskussion als Krisensymptom ist „Personalisierung“ ein interessantes Forschungsfeld. Dass Kandidaten einen Einfluss auf die Wahlentscheidung haben, bleibt unberührt von der Frage, ob der Einfluss im Sinne eines linearen Trends stetig zunimmt. Eben jene Trendaussagen verleihen der Personalisierungsdebatte aber ihre normativen Sprengkraft.

1.2 Personalisierte Wahlkämpfe – Ein neuer Trend?

Im Vorgriff auf den zweiten Teil der Arbeit soll mit einigen Bemerkungen zur Wahlkampfführung die Aufgeregtheit aus der (normative) Debatte ge-

1 Als Beispiel für die in der Öffentlichkeit geführte Diskussion um Personalisierung dient folgendes Zitat aus einem Gespräch von Bundeskanzler Gerhard Schröder mit Künstlern unter der Überschrift „Alles nur Theater“: „Natürlich braucht Politik Darstellung, natürlich haben die Medien eine unglaubliche Macht und werden Politiker durch Fernsehen gemacht. Die Leute wählen Kandidaten, keine Parteien, wenig Inhalte...“(zit. nach „Spiegel-Reporter“ 2000: 19). Oder Forsa-Chef Manfred Güllner, der auf Grund der Abnahme der Stammwählerschaften und der Angleichung der Programme der Parteien den Wandel der Bundestagswahlen in Richtung der Präsidentschaftswahlen in den USA prognostiziert (http.//www.spiegel.de/panorama/ 0,1518,189630,00.html.) Über den Wandel von Politikstilen und Darstellungspolitik allgemein vgl. Korte/Hirscher 2000

nommen werden. Geht man von der realistischen Annahme aus, dass gerade die Wahlkampfexperten die wissenschaftliche Diskussion[2] mit Interesse verfolgen und deren Ergebnisse bei der Wahlkampfführung berücksichtigen, so lässt sich festhalten: Schon seit den 50er Jahren gehört Personalisierung zur Strategie bei bundesdeutschen Wahlkämpfen, wird den „Spitzenkandidaten" ein Potenzial zur Stimmenmaximierung eingeräumt, und zwar durchaus nicht unter ferner liefen (Hetterich 2000: 295ff.). „Personalisierung" hat sowohl eine wissenschaftliche und publizistische als auch eine praktische Tradition (Müller 1999). 1961 urteilt Konrad Adenauer über die Brandt-Kampagne der SPD: „Der Wahlkampf der SPD ist einfach ein Trick. Sie wollen die amerikanischen Präsidentschaftswahlen kopieren, indem sie einen Mann, nämlich den Herrn Brandt herausstellen. Sie wollen die Sympathie, die Berlin bei uns allen hat, benutzen, um den Regierenden Bürgermeister von Berlin entsprechend herauszustellen. Ich glaube, man muß mehr als bisher betonen, dass Parteien gewählt werden und nicht ein Bundeskanzler" (zitiert nach Hetterich 2000: 300). Der nächste (wie auch die vorausgegangenen) Wahlkampf der CDU basiert allerdings nicht minder auf Personalisierung: So lautet einer der Thesen für die Wahlkampfführung: „Neben einer zunehmenden Personalisierung der Wahlentscheidung steht die anhaltend heftige Ablehnung der politischen Parteien schlechthin. Alle Werbeaussagen sollten deshalb so stark personalisiert werden wie es nur irgend möglich ist" (zitiert nach Hetterich 2000: 301). Überspitzt formuliert: Die Demokratie ist nicht erst in jüngster Zeit, sondern bereits seit Bestehen der Bundesrepublik durch potenziell trivialisierte Wahlentscheidungen gefährdet. Denn die Blicke der Wähler wurden von Anfang an auch auf die personellen und nicht nur auf programmatische Alternativen gelenkt.

In einer Längsschnittanalyse der Wahlwerbespots seit 1957 kommt Holtz-Bacha zu der Einschätzung: „Ein Trend zu verstärkter Personalisierung, der sich bei CDU und SPD wegen der Prominenz ihrer Kandidaten und der Professionalität ihrer Kampagnen am ehesten zeigen müsste, ist jedoch nicht festzustellen. Vielmehr sprechen die Ergebnisse für den Einsatz von Personalisierungsstrategien in Abhängigkeit von Wahlkampfkontext und Kandidat (Holtz-Bacha 2000: 192). Wenn schon keine verstärkte Personalisierung im Allgemeinen zu verzeichnen ist, werden dann im Rahmen der Personalisierung wenigstens persönliche Eigenschaften bzw. Lebensumstände (spezifische Personalisierung) stärker betont? „Der persönliche, private Bereich der Politiker bleibt in der deutschen Wahlwerbung weitgehend ausgespart. Die Präsentation der Kandidaten ist weitgehend formell und rollennah, von einer Privatisierung der Politikdarstellung in den Parteienspots lässt sich daher kaum sprechen. Auch hier zeichnet sich kein eindeutiger Trend ab, vielmehr

2 für einen Überblick und Literaturhinweise: Lass 1995: 18-44, auch: Gabriel/Vetter 1998, Klein/Ohr 2001, Ohr 2000, Sarcinelli, 1987: 166-180,

scheint das Einstreuen privater Elemente eher kontext- und strategieabhängig zu sein" (a.a.O.: 200).

1.3 Medien setzen auf Köpfe – Auf was denn sonst?

Auch die gängigen *Klischees* zur Politikdarstellung in den Medien, die Politik würde zunehmend in das Korsett von Unterhaltungsformaten gedrängt, Köpfe ersetzten Themen, dementsprechend Talk-Shows die politischen Debatten etc., sollten nicht nur was ihre normativen Implikationen betrifft, kritisch hinterfragt werden. Analysen neueren Datums geben Anlass zu einer *differenzierteren* Betrachtungsweise bezüglich der Darstellung, des Wirkungspotenzials und des Zustandekommens „mediatisierter" Politik (Bruns/Marcinkowski 1997)[3]. Es wird natürlich nicht die Tendenz zur Personalisierung der Politik in den Medien verneint, die durch das Aufkommen privater Hörfunk- und Fernsehprogramme seit 1984 einen weiteren Schub erfahren haben dürfte, aber: „Das Fernsehen kann (...) gar nicht anders, als Politik zu personalisieren, denn wie soll man eine Regierung, eine Partei oder das Parlament sonst darstellen? Es kann nicht anders, als zu symbolisieren, denn wie sollte man beispielsweise das ‚Telekommunikationsdienstegesetz' sonst vermitteln (etwa durch Abfilmen oder Verlesen des Textes?), es kann nicht anders, als Prozesse auf Ergebnisse zu verkürzen, denn wer wollte mehrwöchige Verhandlungen in ‚Echtzeit' miterleben? Es kann sich nur auf ‚Pseudoereignisse' (wie Pressekonferenzen und ähnliches) konzentrieren, denn bei den ‚eigentlichen' Ereignissen ist es nicht dabei" (Marcinkowski 1998: 183). Darüber hinaus ist zu bedenken, dass die privaten Rundfunkangebote zu einer *Normalisierung* der Mediennutzung beigetragen haben: „Die Zuschauer sind in die Lage versetzt worden, ihre ‚wahren' Bedürfnisse relativ ungehindert auszuleben, und über die Struktur dieser Bedürfnisse konnte es, angesichts der vergleichbaren Lage auf dem Pressemarkt, wo die *Bild*-Zeitung bekanntlich auch mehr gelesen wird als die *Zeit*, eigentlich keinen Zweifel geben" (a.a.O.: 182).

Aber selbst wenn die Zuschauer, Hörer und Leser Politik tatsächlich als trivialisierte, (im negativen Sinne) personalisierte und inhaltsleere Veranstaltung erleben würden, bleibt die Frage, inwieweit sie sich in ihrer Wahlentscheidung überhaupt durch die Medien beeinflussen lassen. So konnte Schmitt-Beck in einer international vergleichenden Analyse (Schmitt-Beck 2000) zeigen, dass gerade in Westdeutschland die individuellen Wahlentscheidungen in

---

3 zur Transformation der Parteien – in die Mediendemokratie: Sarcinelli/Schatz 2002; zum Medienwandel und den Folgen für Wahlkampf und Wählerverhalten: Schulz/Zeh/Quiring 2000; zur These der „Amerikanisierung" der Wahlkämpfe und der Wahlkampfberichterstattung: Genz/Schönbach/Semetko, 2001, internationaler Vergleich: Schönbach/Semetko 1996; Beispiele für Inhaltsanalysen Rettich/Schatz 1998 und Rölle/Müller/Steinbach 2001; allgemein: Kamps/Meckel 1998, Kamps 1999, Jarren et. al 1998

vergleichsweise hohem Ausmaß durch Prädispositionen[4] festgelegt sind (a.a.O.: 159f.) und entsprechend wenig Raum für genuine Medieneinflüsse bleibt. „Das ist eine ernüchternde Nachricht für die Wahlkampfmanager der Parteien, die sich von personalisierten Medienkampagnen durchschlagende Überzeugungsleistungen versprechen" (ders. 1998: 619).

Die Wahl 1998 samt ihrem Aufsehen erregenden Wahlkampf, der zweifelsohne im Zeichen von Personen stand, lässt sich demnach eher als ein – nicht der erste und vermutlich auch nicht der letzte – Höhepunkt schon immer vorhandener Personalisierung, nicht aber als Trendsetter interpretieren.

2. Kandidaten und Kandidatenorientierung in der Wahlforschung: theoretische und empirische Aspekte

Obwohl Kandidaten und Einstellungen gegenüber Kandidaten bei der Wahlentscheidung nicht erst seit der vergangenen Wahl eine Rolle spielen, „fristen sie in der empirischen Wahlforschung ein Schattendasein" (Gabriel/ Vetter 1998: 506). Verstärkte Aufmerksamkeit wurde und wird ihnen vor allem im Hinblick auf eine abnehmende Parteiidentifikation[5], dem Schmelzen der traditionellen Unterstützer-Milieus der großen Volksparteien und dem Wertewandel zuteil. Der sozialpsychologische Ansatz, das dominierende Modell zur Erklärung von Wahlverhalten, zeigt, warum. In diesem Modell wird Wahlverhalten mittels einer Determinanten-Trias: Parteiidentifikation, Kandidatenorientierung und Orientierung an Sachthemen (issues), erklärt. Die Wahlentscheidung basiert demnach sowohl auf langfristig wirksamen Einflüssen, die sich in einer Parteiidentifikation manifestieren als auch auf kurzfristigen Einflüssen. Erodieren oder wandeln sich nun diese sozialstrukturell bzw. kulturell intendierten Einflüsse, so kommt den kurzfristigen Einfluss-

4 Unter Prädispositionen fasst Schmitt-Beck zusammen: Berufsgruppe, Gewerkschaftsbindung, Konfession, Kirchenbindung als sozialstrukturelle Prädispositionen, quasi als „politisierte Gruppenbindungen", ideologische Identifikationen und Wertorientierungen als kulturelle Prädispositionen sowie die Parteiidentifikation. Diese Prädispositionen finden sich als Determinanten des Wahlverhaltens sowohl im mikro- und makrosoziologischen als auch im sozialpsychologischen Modell des Wahlverhaltens (Roth 1998: 23-56).

5 Parteiidentifikation ist eine Art „psychologischer Mitgliedschaft" in einer Partei. Sie ist das Ergebnis langfristiger Einflüsse und wird durch Sozialisation erworben. Unter dem Stichwort der abnehmenden Parteiidentifikation werden zwei Trends zusammengefasst: Zum einen geht der Anteil derjenigen, die sich überhaupt mit einer Partei identifizieren, kontinuierlich zurück, zum anderen nimmt auch die Intensität der PI ab, das heißt, es gibt immer weniger starke Identifikateure (Roth 1998: 44)

größen eine tendenziell stärkere Bedeutung zu (natürlich immer vorausgesetzt, Wahlverhalten weiterhin mit diesem Modell erklären zu wollen).[6]

2.1 Personen statt Programme?

Hinsichtlich der kurzfristig wirksamen Bestimmungsfaktoren sind zwei Entwicklungen denkbar. Themenbezogenes Wählen gewinnt an Bedeutung oder Kandidaten werden wichtiger für die Wahlentscheidung. Dass ersteres bereits hinreichend erforscht wurde, dürfte nicht zuletzt normative Implikationen gehabt haben (Gabriel/Vetter 1998: 509/ Brettschneider 2000: 113). Zu schön wäre doch der von sozialstrukturell vermittelten Bindungen befreite und kognitiv hoch mobilisierte Wähler, der ausschließlich an Sachthemen orientiert ist. Die empirische Sozialforschung wird aber weder den hochinformierten und problemorientierten Wähler noch den von Fernsehkurzweil stimulierten Personenwähler in Reinform auffinden. Nicht nur empirische Evidenz, sondern auch theoretische Überlegungen sprechen mehr für eine komplementäre denn alternative Sichtweise von Themen und Kandidaten: Der Wähler wählt nicht Personen statt Programme, sondern „Programme mit Personen" (Roth 2002: 29). Er wählt nicht den Kandidat anstelle der Partei, sondern den Kandidaten (s)einer Partei. „Kandidaten nehmen keinen gelegentlichen Einfluß auf das Wahlverhalten an der Parteibewertung vorbei, sondern sie sind integraler und damit dauerhafter Bestandteil der Parteiwahrnehmung und -bewertung" (Lass 1995: 191). Allerdings sieht Lass einen größeren, wenngleich indirekten, Kandidateneinfluss für die Gruppe der Wähler ohne Parteibindung (a.a.O.: 188). Aber: „Das liegt nicht daran, daß ein Zusammenhang an sich stärker wird, sondern die Gruppe, in der ein vergleichsweise starker Zusammenhang auffindbar ist, wird größer" (ebenda).

Es spricht vieles dafür, von „themenspezifischer Kandidatenorientierung" zu sprechen (Brettschneider 2001: 382) Statt Themen und Kandidaten zu kontrastieren, schlägt Brettschneider deshalb in einer Modifikation des sozialpsychologischen Ansatzes vor, zwischen Parteiorientierung und Kandidatenorientierung zu unterscheiden. Partei- und Kandidatenorientierung sind dabei aber nicht kontradiktorisch angelegt, sondern stehen in Wechselbeziehung: In den meisten Fällen werden Partei und Kandidat bezüglich ihrer Kompetenz im Einklang beurteilt (a.a.O.: 386). Als Bewertungsdimensionen für *beide* Akteure nennt Brettschneider Themenkompetenz, Integrität, Leadership-Qualitäten und „Unpolitisches" (z.B. das Erscheinungsbild einer Partei bzw. des Kandidaten) „Candidate-Voting" wäre in diesem Sinne nicht die

6 Bleibt man innerhalb des sozialpsychologischen Ansatzes, gibt es zwei (!) mögliche Alternativen: Kurzfristige Einflüsse gewinnen, wie oben erläutert, an Gewicht. Denkbar ist aber auch, dass sich langfristig wirksame Einflüsse „neu" entwickeln. Ersteres passt in die Lesart gesellschaftlicher Erosionstendenzen. Letzteres zielt stärker auf den „Wandel" (vgl. hierzu auch Zelle 1998: 252 und Zelle 1995)

Alternative zum „Issue-Voting“, sondern letzteres wäre ein Teilaspekt der Kandidatenorientierung. Das Ausmaß von Candidate-Voting würde Aufschluss geben über die wahrgenommene Differenz zwischen Partei und Kandidat (bzw. zwischen Kandidaten) geben. „Candiate-Voting“ als eigenständiger Einfluss des Kandidaten an der Partei vorbei ist deshalb um so wahrscheinlicher, je geringer die Bindung an eine bestimmte Partei ist, je kleiner die (wahrgenommenen) programmatischen Unterschiede und Problemlösungskompetenzen zwischen den Parteien sind und je größer die Unterschiede zwischen den Spitzenkandidaten ausfallen (a.a.O.: 388).[7] Im Gegensatz zu Lass' Ergebnissen, kommt Brettschneider (sowohl theoretisch als auch empirisch) zu dem Schluss, dass durchaus ein *eigenständiger* Einfluss der Kandidatenorientierungen besteht. So votierten 1998 16 Prozent der SPD-Wähler in den neuen und zehn Prozent in den alten Bundesländern für diese Partei, obwohl sie sich weder mit ihr identifizierten noch für kompetenter hielten als Union, aber den SPD-Kandidaten präferierten: Der Schröder-Effekt bewegte sich also immerhin im zweistelligen Bereich. Einen kontinuierlich steigenden Einfluss der Kandidatenorientierung konnte Brettschneider in seiner Analyse (Zeitraum: 1960-1998) nicht nachweisen. Kandidatenorientierung ist stark an den Kontext, also die beherrschenden Sachfragen und das Profil des oder der Gegenkandidaten, der jeweiligen Wahl gebunden. Zu dem selben Ergebnis kommen auch Gabriel/Vetter in ihrer Analyse der Bundestagswahlen von 1990 und 1994. Die Annahme maximaler Kandidateneffekte bei Befragten ohne Parteibindung und ohne Zuweisung der Problemlösungskompetenz an eine der beiden großen Parteien bestätigte sich (Gabriel/Vetter 1998: 527).

Konträr zu den Ergebnissen von Brettschneider und Gabriel/Vetter kommt Ohr in einer Längsschnittanalyse der Bundestagswahlen von 1961 bis 1998 (Ohr 2000) zu dem Ergebnis, dass es trotz schwankenden Einflusses der Kandidatenbewertung auf die Wahlenentscheidung von Wahl zu Wahl einen *Trend* in Richtung stärkerer Personalisierung gibt, das gelte insbesondere für die beiden jüngsten Wahlen (a.a.O.:298).

2.2 Vertrauenswürdigkeit als rationale Bewertungsgrundlage

Die Orientierung an Personen ist nicht die Folge mangelnder kognitiver Fähigkeiten. Denn sie ist zum einen, wie oben erläutert, nicht losgelöst von der Problemorientierung zu betrachten. Zum anderen ist selbst spezifische Personalisierung, also die Beurteilung persönlichkeitsbezogener Merkmale, des Charakters im weitesten Sinne (im Gegensatz zu leistungsbezogenen Merk-

7 Möglich ist neben dem Vergleich der beiden Spitzenkandidaten miteinander auch der Vergleich der Kandidaten mit einem idealtypischen Kandidaten. Bedeutungsvoll – gerade im Hinblick auf die Wahlkampfführung – wäre in dieser Hinsicht, ob Amtsinhaber und Herausforderer in unterschiedlicher Weise an einem Ideal gemessen werden, wie für die USA nachgewiesen (Brettschneider 1998: 421).

malen), durchaus rational. Da Wählen in der Regel nicht mit einer konkreten, sondern generalisierten Auftragsvergabe verbunden ist, kann der Wähler nur *hoffen*, dass die Gewählten gemäß seinen Vorstellungen handeln. „Vertrauen spielt in unterschiedlichen sozialen Situationen eine Rolle und kann auch im politischen Leben nicht von vornherein als irrationale oder demokratietheoretisch bedenkliche Erscheinung abqualifiziert werden" (Gabriel/Vetter 1998: 506/ Bentele1998: 305-311). Die Wähler handeln bei ihrem Rückgriff auf Integritätsmerkmale[8], zum Beispiel Ehrlichkeit und Glaubwürdigkeit, rational: „Sie verlassen sich auf Urteilskriterien, die sich in ihrem Alltag bewährt haben" (Kepplinger et.al. 1994: 500) und treffen ihre Entscheidung demnach auf Grundlage *eigener* Erfahrungen im Umgang mit anderen Menschen. Man spricht in diesem Zusammenhang auch von Alltagsrationalität. Kepplinger et. al betonen, dass diese Vorgehensweise die Grenzen der eigenen Urteilsmöglichkeit gerade nicht außer Acht lässt, sondern einrechnet. Zudem sind Informationen dieser Art verhältnismäßig „kostengünstig" zu erwerben: Man nimmt sie quasi im Vorbeigehen auf. Kenntnisse zur Problemlösungskompetenz oder zu Leadership-Qualitäten der Kandidaten erfordern hingegen ein Mehr an Investition. Eine personalisierte Wahlentscheidung ist demnach gut mit Rational-Choice-Ansätzen (Roth 1998: 48ff.) verein- und erklärbar: Der Wähler handelt um so rationaler, je mehr er sich bei seinem Wahlentscheid auf die (kostengünstig zu erwerbenden) Informationen über die Vertrauenswürdigkeit des Kandidaten verlässt, von dem er ja nicht (sicher) weiß, wie er in Zukunft handeln wird. Man kann auch formulieren: Personalisiertes Wählen hat eine Erfolg versprechende Kosten-Nutzen-Bilanz.

Wird die Bedeutung von Integritätsmerkmalen empirisch überprüft, so erweisen sich diese als relativ *stabile* aber nicht als einflussreichste Größe in den Vorstellungsbildern über Kandidaten (Lass 1995). „Stabile" meint: Sie unterliegen keinen großen Schwankungen von Wahl zu Wahl und werden auch nicht von bestimmten Gruppen von Wählern, wie z.B. (formal) weniger gebildeten oder weniger politisch interessierten – bevorzugt zur Beurteilung der Kandidaten herangezogen. Das spricht für die theoretische Annahme der generellen Bedeutsamkeit solcher Charaktereigenschaften der Kandidaten für die Wähler. Kandidatenbeurteilungen auf der Basis persönlicher (aber deshalb noch lange nicht unpolitischer) Eigenschaften können sich Wähler im Falle einer Parteiendemokratie wohl auch eher „leisten": „Die Last des ‚Leaderships', des Lösens von politischen Problemen liegt in Deutschland nicht beim Kandidaten oder zumindest nicht ausschließlich beim Kandidaten, wie das in den USA eher der Fall ist. Instrumentelle Orientierungen richten sich in Deutschland im Vergleich zu den USA stärker auf die Parteien" (ders. a.a.O.: 181).

---

8 Die unterschiedliche Zuordnung politischer, persönlicher und (vollkommen) unpolitischer Eigenschaften eines Kandidaten ist eines der Probleme beim Vergleich der verschiedenen Analysen. Für eine kurze Übersicht der verschiedenen Eigenschaftsprofile vgl. Gabriel/Vetter 1998: 518f., ausführlicher: Vetter/Brettschneider 1998.

2.3 Können Kandidaten mit Attraktivität und einem intakten Privatleben punkten?

Während es für die Dimension Vertrauenswürdigkeit (auch normativ) überzeugende Gründe für einen Einfluss dieser Eigenschaft auf die individuelle Wahlentscheidung gibt, werden Einflüsse des Privatlebens und der physischen Attraktivität der Kandidaten in einem Atemzug mit einer trivialisierten Wahlentscheidung genannt – oft verbunden mit der Sorge, vor allem weniger gebildete und politisch wenig interessierte Wähler seien bei ihrer Urteilsbildung auf diese Bewertungsaspekte angewiesen.

Klein/Ohr (2001) weisen in ihrer Analyse zur Wahrnehmung der politischen und persönlichen Eigenschaften von Schröder und Kohl bei der Bundestagswahl 1998 darauf hin, dass es eher verwundern würde, wenn Attraktivität gerade für Politiker *nicht* wichtig wäre und berufen sich dabei auf das Stereotyp körperlicher Attraktivität. Dieses besagt, dass attraktiven Menschen auch positive Charaktereigenschaften zugeschrieben werden (a.a.O.:101). Analog zur Dimension Vertrauenswürdigkeit könne man zudem die Maßstäbe der Alltagsrationalität auch auf das Privatleben von Kandidaten anwenden, um daraus dann in einem zweiten Schritt auf politische Fähigkeiten zu schließen. Allerdings dürften die Folgerungen recht unterschiedlich ausfallen: Was sagt z.B. die Heiratshäufigkeit über einen Menschen aus? Dass er konsequent ist und eingefahrene Beziehungen lieber beendet als sich weiter durchwurstelt? Dass er egoistisch ist? Dass er prinzipienlos ist? Dass er rücksichtslos ist?[9] Völlig abwegig sind die Bezüge zum politischen Handelns dennoch nicht (a.a.O.: 102). Bisher existieren keine wissenschaftlich fundierten Studien zu diesem Bereich.

Für die 98er Wahl kommen Klein/Ohr zu dem Schluss, dass sich persönliche Kandidateneigenschaften (darin enthalten ist auch die Vertrauenswürdigkeit!) als gewichtiger als die politischen erwiesen hätten. Darüber hinaus ergibt sich ein sehr differenziertes Bild: „Nicht jede Eigenschaft ist demnach für jeden Kandidaten gleich wichtig" (a.a.O.: 125). Unpolitische Eigenschaften hätten insbesondere für die Wahl Gerhard Schröders eine Rolle gespielt. Die wichtigste Eigenschaftsdimension für Kohl sei die des Vertrauensmanns gewesen.

Auch in dieser Studie wurde der bekannte Befund bestätigt, dass eine fehlende Parteibindung und geringes politisches Interesse eine an den Eigenschaften der Spitzenkandidaten orientierte Wahlentscheidung begünstigen.

Zu eher differenzierten und uneinheitlichen Ergebnissen kommt die Subgruppenanalyse. Schröders Privatleben hat z.B. einen signifikanten Effekt bei

---

9 Ähnlich verhält es sich aber auch mit genuin politischen Bewertungsaspekten: Die einen werden z.B. den Parteisoldaten als loyalen Politiker bewerten, andere werden die Nähe zur Partei als Schwäche empfinden. Die Grenzen von Führungsstärke und Rücksichtslosigkeit sind ebenso fließend.

weniger gebildeten, politisch wenig interessierten und nicht parteigebundenen Wählern. Aber die Attraktivität Schröders wirkt sich bei Personen mit hoher Bildung und ohne Parteibindung und auch bei Unionssympathisanten aus. Allgemein stellen Attraktivität und Privatleben nach Einschätzung von Klein/Ohr „nicht zu vernachlässigende Kriterien der Wahlentscheidung" (a.a.O.: 127) dar (Klein/Ohr, 2000).

3. It's the candidate, stupid?

Nachdem die theoretischen Hintergründe für Personalisierung und personalisiertes Wahlverhalten erläutert wurden, wird der Blick nun in die Praxis gelenkt. Es wird gefragt, inwieweit in Sachen Personalisierung die oft beschworenen und viel geschmähten „amerikanischen Verhältnisse" herrschen und was an Bundestagswahlkämpfen eben doch (noch?) „made in Germany" ist.

3.1 Trend zu Personalplebisziten bei der Kandidatenauswahl?

Der Blick über den Atlantik ist zur Routine geworden (Filzmaier/Plasser 2001). Die Vereinigten Staaten von Amerika sind nicht nur für deutsche Wahlkämpfer die erste Adresse, wenn es darum geht, Wahlkampf- und Werbestrategien zu beobachten. Ein zentrales Merkmal amerikanischer Wahlkämpfe ist die hochgradige Personalisierung der Wahlkämpfe[10]. Trotz unterschiedlicher institutioneller Rahmenbedingungen werden in Deutschland verstärkt Instrumente der amerikanischen Wahlkampfführung übernommen – zumindest modifiziert und auf die spezifischen nationalen Bedingungen abgestimmt. In den USA spielen Parteien im Vergleich zur Parteiendemokratie europäischer Prägung eine untergeordnete Rolle. Das präsidentielle Regierungssystem sowie das Wahlrecht fördern geradezu die Personalisierung der Politik.

Charakteristisch für die Kandidatenauswahl sind die „primaries". Diese Vorwahlen ermöglichen den Wählern Mitwirkungschancen bereits im Prozess der Kandidatennominierung und mindern den Einfluss des Parteiapparates.

---

10 Als weitere Elemente der Amerikanisierung gelten gemeinhin: Professionalisierung, Inszenierung, Ent-Ideologisierung, Emotionalisierung, Ereignis-, Themen- und Messagemanagement, Negative campaigning, Spindoctoring, Meta-Kommunikation über Wahlkämpfe, Fernsehen als bedeutendstes Kommunikationsmittel (vgl. Müller 1999). Professionalisierung in den USA wird auch als Wandel vom „selling" zum „marketing" von Politik beschrieben. Wurde früher versucht, die Wähler von der Richtigkeit der Programme zu überzeugen, werden heute Stimmungen, Erwartungen und Bedürfnisse der Wähler bereits im Vorfeld miteingebunden (Filzmaier/Plasser 2001: 199f.)

Die Anwärter auf das Amt des Präsidenten können sich durch Primaries ihrer Popularität und Wahlchancen vergewissern.. Für die Frage nach dem Ausmaß der Amerikanisierung der deutschen Wahlkämpfe sind deshalb die Trends und Entwicklungen bei der *Auswahl* der Kanzlerkandidaten und Parteivorsitzenden im *Vorfeld* der Bundestagswahlen von Bedeutung. Wir beschränken unsere Beobachtungen auf die beiden jüngsten Wahlen: Gibt es auch in Deutschland einen Trend zu (quasi-)plebiszitären Elementen bei der Auswahl von Kandidaten für politische Führungsämter?

Interessant ist hierbei vor allem der Blick auf die jeweilige größte Oppositionspartei. Die Zeit in der Opposition bietet immer auch die Chance zur personellen, organisatorischen und programmatischen Erneuerung.[11] Im Gegensatz dazu verfahren die Regierungspartei(en) in der Regel nach dem Motto „never change a winning team". Gerade die SPD ließ während ihrer 16jährigen Oppositionszeit der Experimentierfreudigkeit freien Lauf. Als Björn Engholm im Jahr 1993 zurücktrat, konnten sich die Parteigremien nicht auf einen gemeinsamen Kandidaten für den Parteivorsitz einigen. Aus der Not entstand jedoch eine Tugend. Erstmals wurde ein Parteivorsitzender per konsultativem Mitgliederentscheid gewählt. Am „Tag der Ortsvereine" setzte sich der Rheinland-Pfälzische Ministerpräsident Rudolf Scharping gegen seinen Amtskollegen aus Niedersachsen, Gerhard Schröder, und die Bundestagsabgeordnete Heidemarie Wieczorek Zeul durch.[12] Die Wahl zum Parteivorsitzenden sicherte Rudolf Scharping die Kanzlerkandidatur. Geradezu handstreichartig wechselte die SPD 1995 auf dem Mannheimer Parteitag ihren Vorsitzenden aus. Oskar Lafontaine setzte sich gegen Rudolf Scharping durch. Zuvor füllte die SPD zur Freude der Journalisten das Sommerloch mit heftigen Personalquerellen. Die Krise wurde letztendlich Scharping angelastet. Er rutschte gemeinsam mit seiner Partei in ein demoskopisches Loch. Entgegen bisheriger Abläufe von Parteitagen, in denen die Regie und Mehrheiten im Vorfeld abgestimmt wurden, fuhr in die Delegierten der „plebiszitäre Kobold" (Mielke 1997: 45).

Als Quasiprimary ging die Niedersachenwahl am 1. März 1998 in die deutsche Wahlkampfgeschichte ein (FR 05.03.1998). Die sozialdemokratische „K-Frage" hatte die Medien bereits über einen längeren Zeitraum beherrscht. Der SPD Parteivorsitzende Oskar Lafontaine hatte deutlich gemacht, dass der aussichtsreichste Kandidat für die SPD ins Rennen um die Spitzenkandidatur gehen würde. Die beiden Kontrahenten um das Amt des Kanzlerkandidaten lieferten eine gekonnte Show mit einer Mischung aus inszenierter Harmonie und Rivalität ab. So präsentierten sich die beiden mediengerecht im Vorwahljahr mit ihren Ehefrauen vor der „Saar-Schleife", hielten sich aber

11 Über die Probleme von „Kanzlerparteien" bei der Nachfolgeregelung vgl. Niclauß 2000: 46/ Hirscher 2000: 52

12 für einen detaillierten Überblick zum Mitgliederentscheid der SPD 1993 vgl. Leif/ Raschke 1994

gleichzeitig in ihren Positionspapieren inhaltlich auf Distanz. Mit diesem Wettkampf um die Spitzenkandidatur sicherte man sich nicht nur die Aufmerksamkeit der Medien. Die beiden Wettbewerber sprachen gleichzeitig auch die verschiedenen Lager innerhalb der Partei an.

Schon früh wurde deutlich, dass Gerhard Schröder in Umfragen besser bewertet wurde als Oskar Lafontaine. Schließlich setzte Schröder die Latte für seine eventuelle Kanzlerkandidatur noch einmal höher, indem er klar machte, im Falle von einem mehr als zweiprozentigen Verlust bei der Niedersachsenwahl nicht als Kandidat zur Verfügung zu stehen. Die Landtagswahl-Kampagne der SPD war auf Gerhard Schröder zugeschnitten und durch geschickte Coups konnte Schröder – verbunden mit der Kanzlerkandidatenfrage – eine hohe Mobilisierung für die SPD erzielen. Erstmals konnte die SPD nach längerer Zeit wieder bei Landtagswahlen zulegen.

Auch die CDU tat sich mit der Führungsauslese nach der verlorenen Bundestagswahl 1998 schwer. Zwar verlief der Übergang von Helmut Kohl zu Wolfgang Schäuble als Parteivorsitzenden reibungslos, aber die Spendenaffäre brachte die CDU in Bedrängnis und endete mit der Demission des ewigen Kronprinzen Wolfgang Schäuble. Es war zunächst längst nicht ausgemacht, wer die Nachfolge antreten sollte. In dieser Situation entdeckte die CDU die Basis und die Umfragen: Wer ist der populärste Politiker? In Regionalkonferenzen verstand es die damalige Generalsekretärin Angela Merkel geschickt, ihr Image als Aufklärerin und personalisierter Neuanfang zu vertreten, nachdem sie sich zuvor von Helmut Kohl distanziert hatte. Potenziellen Konkurrenten war schnell klar, dass eine Kandidatur gegen Merkel aussichtslos gewesen wäre. Auch hier kann durchaus ein quasi-plebiszitärer Charakter bei der Auswahl des Führungspersonals festgestellt werden. Schließlich hatte Merkel ab einem gewissen Zeitpunkt keinen intensiven Kontakt mehr zu Repräsentanten der Landesverbände gepflegt (Bösch 2002: 153). Sie holte sich ihre Legitimation von der Basis. Je näher die Bundestagswahl rückte und je stärker die Spendenaffäre in der öffentlichen Diskussion an Bedeutung verlor, desto mehr rückte die sogenannte „K-Frage“ in den Mittelpunkt. Die CDU/CSU orientierte sich hierbei an den positiven Erfahrungen der SPD, den Kanzlerkandidaten möglichst nah am Wahltermin zu bestimmen. Für das Amt des Kanzlerkandidaten kamen die beiden Parteivorsitzenden Angela Merkel und Edmund Stoiber in Frage. Zum Jahreswechsel 2001/2002 gewann die Auseinandersetzung an Schärfe. Überraschend und weitgehend von der Öffentlichkeit unbemerkt trafen sich die beiden Bewerber zu einem Vier-Augen-Gespräch, um die Personalfrage zu klären. Ähnlich wie die niedersächsische Landtagswahl schrieb nun das „Frühstück von Wolfratshausen“, dem Wohnort Stoibers, Geschichte. Die Unionsparteien und vor allem das Führungspersonal waren sich zuvor uneinig gewesen, wer bessere Chancen hätte, die Union zurück an die Fleischtöpfe der Macht zu führen. Während die CDU in sich gespalten war, stand die CSU geschlossen hinter ihrem Parteivorsitzenden und Ministerpräsidenten Edmund Stoiber. Ein gewichtiger Faktor für den innerparteilichen Erfolg für Stoiber dürfte auch hier die Demoskopie gewesen sein. In Umfragen wurde deutlich, dass Stoiber im Vergleich zu Merkel besser bewertet wurde. Im Vergleich zum Bundeskanzler konnten zwar weder Merkel noch Stoiber in ausreichendem Maße punkten, aber auch hier hatte Stoiber im Vergleich zur CDU-Parteivorsitzenden die besseren Karten (Forschungsgruppe Wahlen 2001).

Für die Auswahl der Kanzlerkandidaten in den 90er Jahren kann – mit aller Vorsicht – von einem Trend zu quasi-plebiszitären Elementen gesprochen werden. Die Parteigremien verlieren an Bedeutung, während die Parteibasis und die Wähler – indirekt in Form von Umfragen[13] – an Bedeutung gewinnen. Allerdings kann von einem formalisierten Vorwahlsystem nicht die Rede sein, aber dennoch gibt es einige Entwicklungen, die in der Zukunft ein solches System hervorbringen könnten: Die politische Kommunikation zwischen Politikern und Wählern verläuft einseitig von oben nach unten, abgefedert und rückgekoppelt durch Meinungsumfragen, auf die Politiker äußerst sensibel reagieren. Politikwissenschaftler sehen in dieser Entwicklung einen neuen Parteityp entstehen, der die Volkspartei ablöst: Professionelle Medien- und Wählerparteien, geführt von „Mediencäsaren" (Lösche 1996), die weitgehend losgelöst von der Partei agieren. Um den Namen des neuen Parteityps konkurrieren mehrere Begriffe. Peter Radunski, CDU-Wahlkampfexperte, spricht von der „Fraktionspartei", Parteienforscher Joachim Raschke entwirft die „Rahmenpartei" und aus dem Willy-Brandt-Haus kommt die Idee der „Netzwerkpartei". Klaus von Beyme untersucht den Funktionswandel der Parteien und spricht von der „Partei der Berufspolitiker". Merkmale des Wandels sind die Professionalisierung der Politik und der Ausbau der Rekrutierungsfunktion (Beyme 1997). Spitzenpolitiker werden empfänglicher für Stimmungen. Die Lektüre demoskopischer Studien wird zur Pflicht.

Nicht zuletzt deshalb gab es in der Vergangenheit in Politik und Wissenschaft Diskussionen, das Prinzip des Mitgliederentscheids bzw. eine Art Vorwahlsystem auch in Deutschland einzuführen. Auf politischer Ebene brach der SPD-Generalsekretär Franz Müntefering die Lanze für mehr Mitbestimmung. Und auch die CDU diskutierte im Rahmen einer Projektgruppe „Lebendige Volkspartei" plebiszitäre Elemente (Bösch 2002: 154). Aus dem wissenschaftlichen Bereich plädierte Gerd Mielke für plebiszitäre Elemente und forderte mehr „Demokratie im partizipatorischen Zeitalter" (Mielke 1997). Schließlich blieben auch die positiven Erfahrungen der britischen Labour-Party mit der Institutionalisierung von Mitgliederentscheiden zur Überwindung maroder Parteistrukturen und Aktivierung innerparteilicher Demokratie nicht ohne Konsequenzen für die deutsche Diskussion (Becker 2001). Wie bereits vor zehn Jahren unter SPD Bundesgeschäftsführer Karlheinz Blessing

---

13 zur Berichterstattung und möglichen Effekten von Umfragen auf das Wahlverhalten vgl. Brettschneider 2000a, zur Nutzung der Umfragen seitens der Parteien vgl. Müller 1999

sind viele Reformbemühungen des SPD-Generals unter dem Motto „Demokratie braucht Partei" kaum umgesetzt worden. Angewandt wird das Instrument vermutlich nur in Krisenzeiten oder Orientierungslosigkeit wie dies in der Vergangenheit auch schon der Fall auf Länderebene war (Schieren 1996), anstatt es in geordnetem Rahmen turnusgemäß im Falle mehrerer Kandidaten anzuwenden.[14] Der mediale Erfolg und die Mobilisierungseffekte für solche Verfahren sind jedenfalls beachtlich. Zuletzt war dies bei der SPD Baden-Württemberg zu beobachten, als sich die SPD-Landesvorsitzende Ute Vogt gegen Wirtschaftsstaatssekretär Siegmar Mosdorf durchsetzte.

3.2 Wahlkampf als Personality-Show?

Kandidatenimages lassen sich in Sympathie- und Leistungsaspekte auffächern (vgl. oben: persönliche und politische Eigenschaften der Kandidaten) Wie ein Kandidat präsentiert oder besser gesagt: vermarktet wird, entscheiden die Wahlkampfstrategen. Wird der Kandidat nach den Bedürfnissen der Wähler getrimmt, spricht man von „Packaging the candidate". So haben beispielsweise „Imagebuilder" bei Tony Blair im Wahlkampf jeden Makel vermieden. Sie gaben ihm verschiedene „Rollen" auf und er spielte seine Rollen perfekt. Zum einen wurde auf sein jugendlich-dynamisches und sympathisches Erscheinungsbild („every mother's favourite son-in-law") gesetzt. Sein demoskopisch ermitteltes Defizit in der Beliebtheit bei Frauen sollte unter anderem eine neue und moderne Frisur wettmachen.

Eine weitere Variante, den Kandidat zu präsentieren, ist seine Darstellung als unverfälschter und echter Typ mit all seinen „Fehlern": Der Makel wird zum Potenzial. Eng verbunden mit dieser Strategie ist die medienwirksam vorgetragene Abgrenzung vom „Image-gebuildteten" Gegenkandidaten. „Packaging the rival candidate" (Sarcinelli 1987: 174) ist die Spielart des personalisierten „negative-campaigning".

Personalisierung heißt aber nicht immer One-Man-Show. Es gibt mehrere Möglichkeiten, dem Kandidaten ein Team bei Seite zu stellen, um die bunte Vielfalt der Wählerschaft einer Volkspartei optimal anzusprechen. Folgende Variationen sind möglich: Spitzenkandidat allein, Spitzenkandidat mit Mannschaft (ca. 2-5 Personen), Spitzenkandidat mit großer Mannschaft (über 5 Personen), Spitzenkandidat mit abgestufter Mannschaft (große Mannschaft, einige Mitglieder mit besonderer Rolle) (Timm 1999: 32f.). Schließlich gelte

14 So ging es den politischen Eliten in der SPD 1993 bei der Urwahl des SPD-Parteivorsitzenden vor allem darum, Gerhard Schröder zu verhindern. Außerdem gab es keinen zweiten Wahlgang, obwohl keiner der Kandidaten die absolute Mehrheit auf sich vereinigen konnte. Schröder konnte unter diesen Umständen das Ergebnis nur schwer akzeptieren. Eine überwältigende Mehrheit der Genossen wollte ihn zwar als Kanzlerkandidaten nicht aber als Parteivorsitzenden (Leif/Raschke 1994).

es noch zu klären, wie mit dem gegnerischen Spitzenkandidat umzugehen ist: Ignorieren, das direkte Duell suchen, frontal angreifen oder Angriff auf die „Hintermänner" des Spitzenkandidaten.

3.2.1 Kohls Erfolg? – die Bundestagswahl 1994

Das Politbarometer der Forschungsgruppe Wahlen zeigt nicht nur die politische Großwetterlage, sondern gibt auch Auskunft über die Popularität der Kanzlerkandidaten. Im Vorfeld der Bundestagswahlen 1994 lag der Kanzlerkandidat der SPD, Rudolf Scharping, lange Zeit vor Amtsinhaber Helmut Kohl. Zunächst hatte Scharping durch den Newcomer-Bonus bei der SPD-Urwahl für Medienaufmerksamkeit gesorgt. Scharping war aber nicht mit Mediencharisma ausgestattet (Leif/Raschke 1994) und keinesfalls ein Clinton vom Westerwald. Der „spröde" Scharping konnte auch nicht durch eine Imagekampagne „Mensch Scharping" punkten (Timm 1999: 31). Im Mai/Juni des Superwahljahres zogen allerdings dunkle Wolken für die SPD auf. Die Union erzielte gute Ergebnisse bei den Europawahlen und war bei der Bundespräsidentenwahl erfolgreich. Hinzu kamen Fehler des SPD-Kanzlerkandidaten, der bei der Vorstellung eines SPD-Steuerkonzepts Brutto mit Netto verwechselte. Eindrucksvoll gelang es außerdem Helmut Kohl, die optimistische Grundstimmung in der Bevölkerung bezüglich der Verbesserung der Wirtschaftslage auf seine Person zu fokussieren. Das Profilierungsthema „Arbeitslosigkeit" der SPD wurde durch die optimistische Zukunftseinschätzung der Bundesbürger hinsichtlich der wirtschaftlichen Entwicklung gewaltig eingeschränkt. Es trat das ein, was gemeinhin als „Kohl-Effekt" bezeichnet wird: Kohl lief immer eine ganze Weile hinter seinen Herausforderern hinterher, um dann mit näherrückendem Wahltermin einen eindrucksvollen Endspurt hinzulegen. Der Wahlgewinn der CDU wurde von Wahlforschern deshalb auch als „persönlicher Erfolg für Helmut Kohl" (Emmert/Jung/Roth 1998: 77) interpretiert. Kohl war sozusagen der personalisierte wirtschaftliche Aufschwung, er verkörperte den Zukunftsoptimismus. Der Amtsbonus war bei der Bundestagswahl 1994 ein gewichtiger Faktor. Kohl lag in allen Führungseigenschaften vorne. Die auf Helmut Kohl zugeschnittene Kampagne war von Erfolg gekrönt. Wie CDU-Strategen im Adenauer-Haus berichteten, war die Kanzlerkampagne das Herzstück des Wahlkampfes und die Person selbst die Botschaft (Brettschneider 1999: 76). Die zugeschriebene Wirtschaftskompetenz und der Amtsbonus waren bedeutende Faktoren, um als Kanzler bestätigt zu werden.

Obwohl der SPD in anderen Politikfeldern die Kompetenz zugesprochen wurde, reichte es auch diesmal nicht, die Regierung zu übernehmen. Die SPD antwortete auf die negativen Entwicklungen bei den Umfragen ebenfalls mit einer Personalisierung. Aus dem Spitzenkandidat Rudolf Scharping wurde die Troika Scharping, Lafontaine, Schröder. Die Opposition konnte dadurch in der Endphase des Wahlkampf noch einmal punkten.

„Das alte Schlachtross“ (Kohl über Kohl) (zitiert nach Langguth: 139) blieb davon aber unbeeindruckt und verwies die SPD mit ihrem Herausforderer und mittlerweile viertem SPD-Kanzlerkandidat, Rudolf Scharping, abermals in die Schranken.

Helmut Kohl wurde, und das relativ stabil vom Juni 1994 bis 1998, als verantwortungsbewusster, tatkräftiger und führungsstärker als sein Herausforderer Rudolf Scharping eingeschätzt. Managementqualitäten und Integrität zog der Wähler als entscheidende Eigenschaften bei dieser Wahl vor (Gabriel/Vetter 1998: 525). Apolitische Eigenschaften hatten kaum einen Einfluss auf die Kandidatenpräferenz (ebenda). Insgesamt kommen die Autoren der Studie zu dem Schluss, dass „kandidatenorientiertes Wählen für die Wählerschaft der Unionsparteien typischer war als für die SPD ist“ (Gabriel/Vetter 1998: 527).

3.2.2 Die Bundestagswahl 1998: Schröders Sieg?

Der Wahlerfolg der SPD lässt sich in seiner Gesamtheit nur erklären, wenn die zähe Vorarbeit seit 1995 mitberücksichtigt wird. Auf dem Mannheimer Parteitag von 1995 wurde Rudolf Scharping von Oskar Lafontaine abgelöst. Vorangegangen waren Personalquerelen, die die SPD in ein tiefes Umfrage-Loch fallen ließen. Dies änderte sich mit der neuen Parteiführung. Konsequent und erstmals in den langen Jahren der Opposition mit selbstbewusstem Siegeswillen wurden die Grundlagen für den Erfolg geschaffen. Dem Konsolidierungsjahr 1996 folgte das inhaltliche Profilierungsjahr 1997. Die SPD baute ihr „Wählbarkeitsdefizit“ ab und besetzte moderne Begriffe wie zum Beispiel „Innovation“ (Machnig 1999). Geschickt inszenierte die SPD die Niedersachsenwahl als parteiinternes Kanzlerkandidatenplebiszit. In einem bisher unbekannten Maße unterwarf sich die SPD der Demoskopie. Mit dem überwältigenden Erfolg für den Niedersächsischen Ministerpräsident Gerhard Schröder eröffnete die SPD schließlich mit einem Paukenschlag den Wahlkampf und schickte den bis dahin populärsten deutschen Politiker ins Rennen um das Kanzleramt. Die „Neue Mitte“ wurde durch Gerhard Schröder personifiziert. Über den „Mediendarling“ wurde schon vor der Niedersachsenwahl positiv berichtet. Ähnlich wie Bill Clinton und Tony Blair versteht es Schröder, mit den Medien umzugehen. Ein zentraler Bestandteil der Kampagne war deshalb auch die „Cäsarisierung“ des Kanzlerkandidaten (Lösche 1999), wie es schon bei Clinton (1992) und Tony Blair (1997) der Fall war. Die SPD ließ sich keinen polarisierenden Lagerwahlkampf aufdrängen und packte Helmut Kohl sanft an: „Danke Helmut, es reicht“ (Ristau 2000: 475). Diese Art von verdecktem Negative Campaigning stand auch hinter der Aussage, nicht alles anders, aber vieles besser machen zu wollen. Gerhard Schröder hatte sich in seiner Zeit als Ministerpräsident ein wirtschaftliches Profil erarbeitet und setzte sich als „Automann“ und „Genosse der Bosse“ in Szene. Mit Forderungen wie „Kriminelle Ausländer raus“ machte er sich bei den Bürgern, nicht aber bei der Partei populär. Gerade seine Managementqualitäten im Zuge der Übernahme „Preussag-Stahl AG“ zeigten Schröder auch als tatkräftigen Politiker, der um Arbeitsplätze kämpft. Mit diesen Positionen und konkretem Handeln konnte Schröder einen emotionalen Draht zur Gruppe der „sozialdemokratisch“ orientierten Arbeitnehmerschaft herstellen. Der Parteivorsitzende Oskar Lafontaine sprach den eher linken Flügel der SPD an und disziplinierte die Partei. Lafontaine verkörperte „soziale Gerechtigkeit“.

Die Gesamtbeurteilung von Gerhard Schröder war positiver als die des „Rekordkanzlers“ Helmut Kohl (Brettschneider 2000b: 115). Bei der Bewertung politischer Führungseigenschaften lag Helmut Kohl allerdings vor seinem Herausforderer Gerhard Schröder. Kohl galt als glaubwürdiger, verantwortungsbewusster, ehrlicher und wurde als Garant angesehen für die Vertretung deutscher Interessen. Gerhard Schröder lag in der Eigenschaft Tatkraft knapp vor Kohl. Die langjährige Erfahrung als Regierungschef dürfte auch dazu beigetragen haben, dass Kohl nach Ansicht der Wähler besser die Regierung führen kann und die bessere Mannschaft aufbietet. Im Gegenzug fanden die Bürger den SPD-Kanzlerkandidaten sympathischer. Gerhard Schröder hatte das Image des Siegertyps und ihm wurde stärker die Kompetenz bei der Bewältigung der anstehenden Probleme zugesprochen. Diese Kompetenzvermutung seitens der Wähler dürfte einen enormen Einfluss auf die individuelle Wahlentscheidung gehabt haben (Forschungsgruppe Wahlen 1998: 59), was sich mit dem Befund der themenspezifischen Kandidatenorientierung (vgl. 2.1.) deckt. Unmittelbar nach der Niedersachsenwahl wünschten sich 66 Prozent der Bürger Gerhard Schröder und lediglich 26 Prozent Helmut Kohl als Bundeskanzler. Diesen Vorsprung konnte selbst der „Rekordkanzler“ und „Hexenmeister“ (Hofmann 1996) Helmut Kohl nicht mehr aufholen. Obwohl der sogenannte Kohl-Effekt, wenn auch diesmal nur sehr leicht, eintraf, lag Gerhard Schröder am Wahltag mit 52 Prozent gegenüber 39 Prozent klar vor Kohl. So ein großer Vorsprung kurz vor einer Wahl wurde bisher noch nie gemessen (Brettschneider 2000b: 117).

Wie wurden aber die beiden Kanzlerkandidaten im Verhältnis zu ihrer Partei bewertet? Als wahlentscheidend kann bei der Bundestagswahl die Tatsachse angesehen werden, dass die CDU in Sachen Wirtschaftspolitik vor der SPD lag. In der Kandidatenfrage jedoch stellte Schröder Kohl in den Schatten. Nahezu fatal für Helmut Kohl war bei der Bundestagswahl, dass die Union im Vergleich zu Kohl in allen Themenfeldern deutlich vorne lag. Die Partei hatte gegenüber ihrem Spitzenkandidaten einen Kompetenzvorsprung. Aus diesen Daten kann zu Recht von einer „persönlichen Niederlage“ oder einem „Kanzlermalus“ von Bundeskanzler Helmut Kohl gesprochen werden (Brettschneider 2000b: 125, Pappi 1999:10, Jung/Roth 1998). Denn schließlich änderte er auch nicht seine Wahlkampfstrategie, als selbst von der CDU in Auftrag gegebene Umfragen diesen Trend bescheinigten. Während die SPD 1994 mit einer Troika einen weiteren Absturz verhindern konnte, war Kohl nicht bereit, den in den Umfragen populärsten Unionspolitiker Wolfgang Schäuble an seine Seite zu stellen. Vermutlich wäre das Ergebnis für die CDU weniger desaströs ausgefallen (Forschungsgruppe Wahlen 1998). Kohl aber ignorierte die Umfragen (Langguth: 138ff.). Tatsächlich wurden „Team- und Doppelpackoptionen“ in der CDU-Bundesgeschäftsstelle diskutiert, aber trotz der enormen Popularität von Schäuble in Partei und Bevölkerung verworfen (Preschle 2001: 32)

Die Dominanz von Gerhard Schröder bei der Kanzlerpräferenz ist ein Indiz, dass der Kandidat Schröder einen großen Beitrag für den Wahlsieg der SPD geleistet hat. Gerade das politisch ungebundene Wählerpotential konnte Schröder an die SPD binden. Insofern hat Gerhard Schröder den nötigen „swing“ gegeben, um die SPD nach 1980 wieder über die 40-Prozent-Marke zu hieven.

3.3 Machen Medien Kanzler?

Erfahrungen aus dem Ausland, aber auch die Entwicklungen bei den vergangenen Bundes- und Landtagswahlen haben gezeigt, dass die Medien eine bedeutende Rolle in Wahlkämpfen spielen.[15] Allerdings können die Partei- und Werbestrategen die Medien durchaus für ihre Ziele einspannen. Welche Themen die Agenda beherrschen, was im Mittelpunkt des Wahlkampfs steht, können die Politiker durchaus (mit)steuern (Pappi 1999: 26, Lösche 1999: 36, Sarcinelli/Schatz 2002).[16]

Wenn der Gruppe der parteiungebunden, politisch wenig interessierten Wähler wahlentscheidende Wirkung beigemessen wird, kann es nicht verwundern, dass Spitzenpolitiker nach Auftrittsmöglichkeiten im apolitischen Raum suchen. So nutzte Gerhard Schröder zum Beispiel im Bundestagswahlkampf 1998 die Gelegenheit, um bei einer Kurzszene in der 1500.Folge der daily soap „Gute Zeiten, schlechte Zeiten“ mitzuspielen. „(...) auch dies ist nicht neu. Die Auftritte von Politikern in Karnevalssendungen hat eine lange Tradition. Politiker zeigten sich schon immer gerne bei Sportveranstaltungen, die vom Fernsehen übertragen wurden; sie umgaben sich mit Starlets und glänzten damit in den Wochenschauen und Fernsehübertragungen: „Ich erinnere mich noch gut daran, wie wichtig es der Leitungsetage des Bundeswirtschaftsministeriums und den Wahlkampfplanern der SPD war, als es der damalige Bundeswirtschaftsminister Karl Schiller mit Hilfe seines Pressesprechers schaffte,

---

15 Thomas Meyer prognostiziert einen politischen Systemwechsel von der Parteien- zur Mediendemokratie, was zur Folge hätte, dass sich Wahlen in ihrer Grundtendenz von Sach- zu Personalplebisziten entwickeln (Meyer 2001: 153).

16 So lässt sich beispielsweise Al Gores Niederlage bei den Präsidentschaftswahlen auch ein Stück weit daher erklären, dass er die gute wirtschaftliche Entwicklung auf Grund strategischer Fehler seines Wahlkampfstabs nicht mit seinem Namen verband (Filzmaier/Plasser 2001: 209).

im Vorfeld des Wahlkampfes 1969 bei Robert Lembkes heiterem Beruferaten als prominenter Gast aufzutreten“ (Müller 1999: 44)

Aber nicht nur in Wahlkampfzeiten gehören Showauftritte, home-stories u.ä. zum Repertoire der Politiker. Diese Marketing-Strategie birgt allerdings das Risiko der Überdosierung. Rudolf Scharping hat das beispielsweise schon zu spüren bekommen, aber auch die Schröder-Tournee durch deutsche Talk-Shows kurz nach seiner Wahl als Bundeskanzler stieß nicht nur auf Begeisterung (Dörner 2001).

Während Schröder es verstand, sich zu präsentieren, scheute Kohl öffentliche Talkrunden. Während Schröder als Medienkanzler gilt, machte Kohl nie einen Hehl aus seiner eher distanzierten Haltung gegenüber Journalisten. Helmut Kohl ist aber gerade deshalb ein gutes Beispiel dafür, dass es möglich ist, als „Anti-Star“ über lange Zeit politisch erfolgreich zu sein. Schließlich wurde Kohl während seiner Amtszeit stets schlechter bewertet als seine Partei und lag jeweils lange Zeit in den Umfragen hinter seinen sozialdemokratischen Herausforderern zurück, um kurz vorm Ziel zur Höchstform aufzulaufen (Gabriel/Brettschneider 1999: 22).

4. Zusammenfassung und Ausblick auf die Wahl 2002

Sind Bundestagswahlkämpfe personalisierte Wahlkämpfe? Darauf kann man mit einem klaren Ja antworten. Sind Bundestagswahlkämpfe themenbezogenen Wahlkämpfe? Eindeutig: Ja. Sachthemen- und Kandidatenorientierung sind kein Widerspruch, sondern ergänzen sich.[17]

Auf den Kanzler kommt es nicht erst seit der vergangenen Wahl an. Dass die Wählerschaft labiler und launischer geworden sei und eher nach eindeutigen personellen denn programmatischen Alternativen verlange, gehört seit Jahrzehnten zum Glaubensbekenntnis der Wahlkampfmanager. Mediengerechte Inszenierung politischer Ereignisse, personalisierte Werbemittel, der Kandidat als Privatmann? Das spielte bereits 1953 im CDU-Wahlkampf eine Rolle (Hetterich 2000). Sind Bundestagswahlkämpfe amerikanisierte Wahlkämpfe? Ja, aber: Es spricht einiges dafür, zu hinterfragen, „was an der Amerikanisierung eigentlich amerikanisch ist“ (a.a.O.: 379). Das Bedürfnis nach personalisierter Politik und auch nach personalisierten Politikern dürfte genauso universellen Charakters sein wie die Wirkungsweise und Arbeitsbedingungen des Fernsehens (ebenda). Es ist insofern sinnvoller, von Professionali-

17 So widersprach auch Bundeskanzler Gerhard Schröder der eingangs zitierten Personalisierungsthese (Anm. 1): „Halt Einspruch. Die Differenz zwischen persönlicher Wertschätzung und Wertschätzung der Partei hilft wenig. Man muß das zusammenhalten. Letztlich wird nicht die Person gewählt, sondern die Partei. Die Person ist wichtig, weil sie Inhalte der Partei repräsentiert und ausdrückt und darstellt“ (zit. nach „Spiegel-Reporter“ Juni 2000, S. 19)

sierung zu sprechen, deren „Wesen das ständige Bemühen ist, in einer gegeben Situation für Kampagnen das bestmögliche technische und methodische Know-how anzuwenden“ (a.a.O.: 380).

Dass gerade die Wahlkämpfe der 90er Jahre immer wieder das Etikett „Personalisierung“ und „Amerikanisierung“ nie gekannten Ausmaßes angeheftet bekommen, hat mehrere Gründe. Der erste dürfte darin bestehen, dass die jüngsten Wahlkämpfe oder zumindest Teile der Kampagnen schon deshalb als Novitäten gewertet werden, weil man weiter zurückliegende nicht mehr korrekt erinnert. Ein anderer Grund könnte die *offene und breite* Metakommunikation über die Wahlkämpfe sein. Wahlkämpfe und Werbemittel waren zwar schon immer auch selbst Thema der Berichterstattung,[18] aber die „Bewunderung für die Verführungskünste der kommerziellen und politischen Werbung in unserer Zeit ist Zeichen einer beachtlichen Veränderung. (...) Noch vor 20 bis 30 Jahren war die Erinnerung an die Bedrohung der Weimarer Demokratie, die von Propaganda- und Verführungsmechanismen eines Joseph Goebbels ausging, zumindest den politisch wachen Zeitgenossen so bewusst, daß sie sensibel für jede Art von Manipulationen waren“ (Müller 1999: 62).

Es gibt jedoch auch Gründe, die über die beschriebenen universellen Mechanismen der Personalisierung und Professionalisierung sowie die (im spezifisch deutschen Kontext zu sehende) verspätet einsetzende Metakommunikation und den allgemein wirksamen Tatbestand nicht vollständiger Erinnerung hinaus auf eine („tatsächliche“) Amerikanisierung der Wahlkämpfe verweisen. Diesbezüglich wurde die Bedeutung der nachlassenden Parteienbindung und deren Folgen für die individuelle Wahlentscheidung sowie den Trend zu quasi-plebiszitären Elementen bei der Kandidatenauswahl diskutiert. Personalisierung ist nicht zuletzt deshalb eine viel versprechende Option für die Parteien, weil sich Einstellungen gegenüber Personen erwiesenermaßen schneller ändern und somit auch manipulierbarer sind als Wertorientierungen oder strukturell determinierte Parteipräferenzen, wie ja bereits im sozialpsychologischen Erklärungsmodell des Wahlverhaltens postuliert. Dabei macht sich eine fehlende Parteibindung doppelt bemerkbar: Sie schlägt einerseits direkt auf das individuelle Wahlverhalten durch, indem die Wähler bei ihrer Entscheidung nicht mehr „automatisch“ auf eine bestimmte Partei zurückgreifen können. Kurzfristigen Einflüssen kommt zwangsläufig eine größere Bedeutung zu. Zudem wächst auch die *Beeinflussbarkeit* der Wähler ohne Parteibindung, da diese Bindung als Filter für unerwünschte (weil der eigenen Überzeugung zuwiderlaufenden) Informationen wegfällt. Das Wahlverhalten von Personen mit Parteibindung ist auch deshalb so stabil, weil die Gefahr des Konvertierens schon aufgrund mangelnder wahrgenommener und akzeptierter Botschaften aus dem gegnerischen Lager stark eingeschränkt ist (Schmitt-

18 „(...) was wurde nicht lange über die Tatsache kommuniziert, daß die FDP Punkte zwischen ihre Buchstaben setzte: F.D.P.!“ (Müller 1999: 49).

Beck 2000): Informationen werden durch die Parteibrille wahrgenommen. Wo diese nicht wirksam wird, tritt die Rolle der Medien in den Vordergrund.

Welche Konsequenzen für den Wahlkampf 2002 lassen sich aus dem Dargestellten ziehen? Kandidatenorientiertes Wählen ist dann wahrscheinlich, wenn die parteiungebundenen Wähler zwischen den Parteien keine großen Unterschiede bezüglich des Programms oder der Problemlösungskompetenz ausmachen können. Die Alternative liegt dann im personellen Bereich. In der Gesamtschau scheint der Polarisierungsgrad in diesem Wahlkampf momentan (Stand: April 2002) eher geringer ausgeprägt als vor der Wahl 1998: An einen Regierungswechsel werden (scheinbar) nicht so viele Hoffnungen geknüpft wie 1998. Das ist für die SPD weitaus problematischer als für die CDU, die nach wie vor bezüglich der Mobilisierung ihrer Wählerschaft auf einen strukturellen Vorteil setzen kann. Für die SPD kommt es deshalb wohl viel mehr darauf an, ihr Stammwählerpotenzial zu mobilisieren. An zweiter Stelle steht die Werbung nicht parteigebundener Wähler, die ja am Wahlerfolg von 1998 einen beträchtlichen Anteil hatten. Die CDU wiederum kann die Karte ihres strukturellen Vorteils nur spielen, wenn ihre Anhänger den Kanzelkandidat der Union zumindest nicht rundweg ablehnen. Dass sich der „natürliche" strukturelle Vorteil der CDU bei entsprechendem Kandidatenangebot durchaus verflüchtigen kann, zeigt die Wahl von 1980 mit dem Unions-Kandidaten Franz Josef Strauß, der bei Teilen der CDU-Anhängerschaft keine Unterstützung fand.

4.1 Die SPD: Auf den Kanzler kommt es an!

Die SPD setzt nach eigenem Bekunden alles auf den Bundeskanzler Gerhard Schröder. Als Bundeskanzler genießt Schröder hohe Sympathiewerte und wird besser als seine Partei bewertet. Dies war im Übrigen auch bei Helmut Schmidt der Fall. Das Hauptproblem für die SPD dürfte, wie erläutert, in der Mobilisierung der eigenen Anhängerschaft bestehen. Seit dem Rückzug von Oskar Lafontaine im Frühjahr des Jahres 1999 ist es der SPD nicht bzw. nur teilweise gelungen, ihr Stammwählerpotential zu mobilisieren. Ob hier die Zuspitzung auf die Frage „Wollt ihr den, oder wollt ihr den?" ausreicht, bleibt fraglich, denn allem Gerede der „Deutungseliten" (Dürr/Walter 2000: 220) zum Trotz werden in Deutschland nicht überwiegend Personen, sondern Parteien gewählt. Die Landtagswahl in Sachsen-Anhalt hat zusätzlich deutlich gezeigt, dass sich bei synchroner negativer Grundstimmung der Prozess der Wahlenthaltung beschleunigt. Andererseits dürfte die Zuspitzung auf die personelle Alternative das einende Moment in der SPD-Anhängerschaft bzw. der Anhängerschaft der „linken Mitte" sein: Ein „Feindbild" eint und mobilisiert stärker als alle Zustimmung.

Eine tragende Rolle dürfte zudem Bundesinnenminister Otto Schily spielen, der der SPD analog zu New Labour in Großbritannien ein „law-and-order-Image" gegeben hat und vermutlich damit einen Teil der vielfältigen

Stammwählerschaft der CDU personell an sich binden könnte. Schließlich wird Bundesfinanzminister Hans Eichel als Garant des Konsolidierungskurses eine Rolle spielen, um die „neue Mitte" bei Laune zu halten (FAZ 17.04. 2002). Während Blüm und Geißler in Unions-Regierungszeiten im sozialdemokratischen Wählerbestand „wilderten", scheint die SPD mit Schily und Eichel nun einen Vorstoß in CDU-nahe Wählerkreise zu versuchen.

4.2 Der Unionskandidat: Erfolgreich, echt und kantig?

Nach Ansicht der CDU/CSU Wahlkampfstrategen soll der Kanzlerkandidat Stoiber so in Szene gesetzt werden, wie er ist: „Kantig. Echt. Erfolgreich". Damit setzt die CDU/CSU auf Stoiber als authentischen Leistungsträger und verzichtet auf das „candidate-packaging". Stoiber setzt zusätzlich mit dem „Team 40plus" auf ein gemeinsames Wahlkampfteam aus CDU und CSU. Tatsächlich ist es Stoiber auch gelungen, mit Wolfgang Schäuble einen der Strategen und Analytiker für den Wahlkampf zu gewinnen. Der Abbau sämtlicher Angriffslinien und der Verzicht auf Polarisierung sind weitere Merkmale, die im bisherigen Verlauf des Bundestagswahlkampfs zu beobachten sind. So machte Stoiber jüngst deutlich, dass er nicht bereit sei, das Klischee eines politischen Spalters und Polarisierers zu bedienen (FAZ 17.04.2002). Bekanntlich versuchte die SPD, genau dieses Image zu bedienen. Interessant dürfte auch sein, ob die Union mit einer Negativ-Kampagne gegen die Person des Bundeskanzler in Aktion tritt, die – wie oben beschrieben – oft Hand in Hand mit der Selbstdarstellung als authentischem Kandidaten einhergeht. „Schröder mies machen" titelte die *Zeit* am 4. April unter Berufung eines internen CDU Papiers. Da festsitzende Imagekomponenten des eigenen Kandidaten in den wenigen Monaten bis zur Wahl kaum ausgebügelt werden können, werden gezielt Schwachstellen des Gegners hervorgehoben und dessen Glaubwürdigkeit in Frage gestellt (Filzmaier/Plasser 2001: 213/ Althaus 2001: 26). Diese Strategie könnte um so wahrscheinlicher werden, je mehr Stoiber in die Defensive gerät. So bemerkte Matthias Geis jüngst in der *Zeit*, dass Stoiber unsicher und verschreckt wirke und die zündenden Ideen fehlen würden (*Die Zeit* 14.03. 2002). Auch für die CDU gilt, dass sie erst ihr Stammwählerpotenzial überzeugen muss. Um darüber hinaus die Wechselwähler anzusprechen, bedarf es einer entsprechenden „zündenden" programmatischen Positionierung, die erst einmal die Aufmerksamkeitsschwelle der parteiungebundenen und weniger politisch interessierten Wähler überschreiten muss, um wahrgenommen und in einem zweiten Schritt akzeptiert zu werden. (Typische Felder – die innere Sicherheit und die Konsolidierung des Haushalts – sind dabei bereits von der SPD besetzt.) Oder es bedarf eines vom Wähler als positive personelle Alternative zum amtierenden Kanzler wahrgenommenen Kandidaten. Diesbezüglich sprechen die Umfragen aber eine deutliche Sprache zugunsten Gerhard Schröders – gerade in den neuen

Bundesländern, in denen die meisten Wechselwähler vermutet werden. Allerdings besteht noch die Möglichkeit, dem Kanzelkandidaten eine Mannschaft zur Seite zu stellen. Auch bezüglich des Themas „Soziale Gerechtigkeit" kann die Union im Osten der Republik nicht darauf hoffen, Kompetenzen von der SPD abzuziehen: Hier ist die PDS wohl eher am Zug.

Bezüglich der Personalisierung besteht für beide großen Parteien ein Anreiz für Negativ-Kampagnen bzw. „packaging the rival candidate". Dabei sollte allerdings die verhältnismäßig gering ausgeprägte Konflikthaftigkeit der politischen Kultur in Deutschland nicht außer Acht gelassen werden. Hier muss auch nochmals an die Bedeutung der Vertrauenswürdigkeit der Kandidaten erinnert werden, die durch exzessives negative campaigning in Mitleidenschaft gezogen werden könnte. „Politikern wird von der Öffentlichkeit im Vergleich zu anderen Fachleuten – Piloten oder Chirurgen etwa – Sachkompetenz oft abgesprochen; Vertrauen müssen sie mehr als andere Berufsgruppen erst kommunikativ erlangen" (Kamps 1999: 83). Der Wahlkampf bietet hierfür die Chance, beinhaltet aber immer die gegenteilige Möglichkeit: die Gefahr, Vertrauen zu verlieren. Erstmals in der Geschichte der BRD finden auch TV-Duelle zwischen den beiden Kanzleraspiranten statt. Es wird sich zeigen, ob die jeweilige Performance einen deutlichen Ausschlag für die Wahlentscheidung geben wird. Jedenfalls ist diese Art der Auseinandersetzung ein weiterer Schritt hin zu amerikanischen Verhältnissen.

Literatur

Althaus, Marco: Kampagne! Neue Strategien für Wahlkampf, PR und Lobbying. Münster, 2001

Becker, Bernd: New Labour – Modernisierung der SPD – Dritte Wege?. In: Hirscher, Gerhard/Sturm, Roland: Die Strategie des „Dritten Weges". Legitimation und Praxis sozialdemokratischer Regierungspolitik. München, 2001, S. 96-113

Beyme, Klaus von: Funktionswandel der Parteien in der Entwicklung von der Massenmitgliederpartei zur Partei der Berufspolitiker. In Gabriel, Oscar W. u.a.(Hrsg.): Parteiendemokratie in Deutschland. Opladen, 1997, S. 359-383

Bösch, Frank: Macht und Machtverlust. Stuttgart, 2002

Bentele; Jürgen: Vertrauen/Glaubwürdigkeit. In: Jarren, Otfried/Sarcinelli, Ulrich, Saxer, Ulrich (Hrsg.): Politische Kommunikation in der demokratischen Gesellschaft. Ein Handbuch mit Lexikonteil. Opladen/Wiesbaden, 1998

Brettschneider, Frank: Kohl oder Schröder: Determinanten der Kanzlerpräferenz. In Zeitschrift für Parlamentsfragen 29 (1998) 3, S.401-421

Brettschneider, Frank: Auf den Kanzler kommt es an – aber nicht nur auf ihn. In: Friedrich-Ebert-Stiftung (Hrsg.): Wa(h)re Nachrichten – Berichterstattung zwischen Medien-Realität und Wirklichkeit. Mainzer Medien Disput. Mainz: Friedrich-Ebert-Stiftung, 1999, S. 72-81

Brettschneider, Frank: Demoskopie im Wahlkampf – Leitstern oder Irrlicht. In: Klein, Markus/Jagodzinski, Wolfgang/Mochmann, Ekkehard/Ohr, Dieter (Hrsg.): 50 Jahre Empirische Wahlforschung in Deutschland, Wiesbaden, 2000a, S. 477-505
Brettschneider, Frank: Kohls Niederlage? Schröders Sieg! Die Bedeutung der Spitzenkandidaten bei der Bundestagswahl 1998. In: Pickel, Gert/Walz, Dieter/Brunner, Wolfram(Hrsg.): Deutschland nach den Wahlen. Befunde zur Bundestagswahl 1998 und zur Zukunft des deutschen Parteiensystems. Opladen, 2000b, S. 109-140
Brettschneider, Frank: Candidate-Voting. Die Bedeutung von Spitzenkandidaten für das Wählerverhalten in Deutschland, Großbritannien und den USA von 1960 bis 1998. In: Klingemann, Hans-Dieter/Kaase, Max (Hrsg.): Wahlen und Wähler. Analysen aus Anlass der Bundestagswahl 1998. Wiesbaden, 2001, S. 351-400
Bruns, Thomas/Marcinkowski, Frank: Politische Information im Fernsehen. Eine Längsschnittstudie. Opladen, 1997
Dörner, Andreas: Politainment. Politik in der medialen Erlebnisgesellschaft. Frankfurt, 2001
Dürr, Tobias/Walter, Franz: Die Heimatlosigkeit der Macht. Berlin, 2000
Eith, Ulrich/Oberndörfer, Dieter/Mielke, Gerd: Die trutzigen Niedersachsen und ihre Kandidatenkür. In: Frankfurter Rundschau, Dokumentation 5.3.1998
Eith, Ulrich/Oberndörfer, Dieter/Mielke, Gerd: Der Befreiungsschlag. In: Frankfurter Rundschau, Dokumentation 2./3. Oktober 1998b)
Emmert,Thomas/Jung, Matthias/Roth, Dieter: Zwischen Konstanz und Wandel – Die Bundestagswahl vom 16.Oktober 1994. In: Kaase, Max/Klingemann, Hans-Dieter (Hrsg.): Wahlen und Wähler. Analysen aus Anlaß der Bundestagswahl 1994. Opladen/Wiesbaden, 1998, S. 45-83
Filzmaier, Peter/Plasser, Franz: Wahlkampf um das Weiße Haus. Presidential Elections in den USA. Opladen, 2001
Forschungsgruppe Wahlen e. V.: Bundestagswahl 1998. Eine Analyse der Wahl vom 27. September, Mannheim, 1998. Berichte der Forschungsgruppe Wahlen e. V., Mannheim, Nr. 91 – 30.September 1998
Forschungsgruppe Wahlen e. V.: Politbarometer 2001/11, Mannheim
Gabriel, Oscar W./Vetter, Angelika: Bundestagswahlen als Kanzlerwahlen? Kandidatenorientierungen und Wahlentscheidungen im parteienstaatlichen Parlamentarismus. In: Kaase, Max/Klingmann, Hans-Dieter (Hrsg.): Wahlen und Wähler. Analysen aus Anlaß der Bundestagswahl 1994. Opladen/Wiesbaden, 1998, S. 505-536
Gabriel, Oscar W./Brettschneider, Frank: Die Bundestagswahl 1998: Ein Plebiszit gegen Kanzler Kohl?. In: Aus Politik und Zeitgeschichte B52/98, S. 20-32
Genz, Andreas/Schönbach, Klaus/Semetko, Holli, A.: „Amerikanisierung“? Politik in den Fernsehnachrichten während der Bundestagswahlkämpfe 1990-1998. In: Klingemann, Hans-Dieter/Kaase, Max (Hrsg.): Wahlen und Wähler. Analysen aus Anlass der Bundestagswahl 1998. Wiesbaden, 2001, S. 401-414
Hetterich, Volker: Von Adenauer zu Schröder – Der Kampf um Stimmen. Eine Längsschnittanalyse der Wahlkampagnen von CDU und SPD bei den Bundestagswahlen 1949 bis 1998. Opladen, 2000
Hirscher, Gehard: Kanzler, Partei und Telepolitik. In: Korte, Karlheinz/Hirscher Gerhard: Darstellungspolitik oder Entscheidungspolitik. Über den Wandel von Politikstilen in westlichen Demokratien. München, 2000, S. 50-61
Hofmann, Gunter: Wahl 1994: Politik und Medien. In: Bertelsmann Stiftung (Hrsg.): Politik überzeugend vermitteln: Wahlkampfstrategien in den USA und Deutschland. Gütersloh, 1996, S. 53-64
Holtz-Bacha, Christina: Wahlwerbung als politische Kultur. Wiesbaden, 2000

Jarren, Otfried/Sarcinelli, Ulrich/Saxer, Ulrich (Hrsg.): Politische Kommunikation in der demokratischen Gesellschaft. Ein Handbuch mit Lexikonteil. Opladen/Wiesbaden, 1998
Jung, Matthias/Roth, Dieter: Kohls knappster Sieg. Eine Analyse zur Bundestagswahl 1994. In: Aus Politik und Zeitgeschichte B 51-52/1994, S. 3-15
Jung, Matthias/Roth, Dieter: Wer zu spät geht, den bestraft der Wähler. Eine Analyse zur Bundestagswahl 1998. In: Aus Politik und Zeitgeschichte B 52/98, S. 3-19
Kamps, Klaus: Politik in Fernsehnachrichten. Struktur und Präsentation internationaler Ereignisse – Ein Vergleich. Baden-Baden, 1999
Kamps, Klaus/Meckel, Miriam: Fernsehnachrichten. Prozesse, Strukturen, Funktionen. Opladen/Wiesbaden, 1998
Kepplinger, Hans Mathias/Brosius, Hans-Bernd/Dahlem, Stefan (1994): Charakter oder Sachkompetenz von Politikern: Woran orientieren sich die Wähler?. In: Klingemann, Hans-Dieter/Kaase, Max (Hrsg.): Wahlen und Wähler. Analysen aus Anlaß der Bundestagswahl 1990. Opladen, 1994, S. 472-505
Klein, Markus/Ohr, Dieter: Gerhard oder Helmut? „Unpolitische" Kandidateneigenschaften und ihr Einfluss auf die Wahlentscheidung bei der Bundestagswahl 1998. In: Politische Vierteljahresschrift 41 (2000), S. 199-224
Klein, Markus/Ohr, Dieter: Die Wahrnehmung der politischen und persönlichen Eigenschaften von Helmut Kohl und Gerhard Schröder und ihr Einfluß auf die Wahlentscheidung bei der Bundestagswahl 1998. In: Klingemann, Hans-Dieter/Kaase, Max (Hrsg.): Wahlen und Wähler. Analysen aus Anlass der Bundestagswahl 1998. Wiesbaden, 2001, S. 91-132
Korte, Karlheinz/Hirscher, Gerhard: Darstellungspolitik oder Entscheidungspolitik? Über den Wandel von Politikstilen in westlichen Demokratien. Hanns-Seidel-Stiftung eV/München, 2000
Langguth, Gerd: Das Innenleben der Macht. Krise und Zukunft der CDU. 2001
Lass, Jürgen: Vorstellungsbilder über Kanzlerkandidaten. Zur Diskussion um die Personalisierung von Politik. Wiesbaden, 1995
Leif, Thomas/Raschke, Joachim: Rudolf Scharping, die SPD und die Macht. Reinbek, 1994
Lösche, Peter: Die SPD nach Mannheim: Strukturprobleme und aktuelle Entwicklungen. In: Aus Politik und Zeitgeschichte, B6 1996, S. 20-28
Lösche, Peter: Parteienstaat in der Krise? Überlegungen zu 50 Jahre Bundesrepublik Deutschland. In: Friedrich-Ebert-Stifung (Hrsg.), Reihe Gesprächskreis Geschichte Heft 27, 1998
Machnig, Matthias: Das Geheimnis des Erfolgs oder: Ein Blick hinter die Kulissen. In: Frankfurter Rundschau, Dokumentation 8.9.1999
Marcinkowski, Frank: Politikvermittlung durch Fernsehen und Hörfunk. In: Sarcinelli, Ulrich (Hrsg.): Politikvermittlung und Demokratie in der Mediengesellschaft. Beiträge zur politischen Kommunikationskultur. Bonn, 1998
Meyer, Thomas: Mediokratie. Die Kolonisierung der Politik durch die Medien. Frankfurt, 2001
Mielke, Gerd: Mehr Demokratie wagen! SPD-Führung im partizipatorischen Zeitalter. In: Blätter für deutsche und internationale Politik. Jahrgang 1997, S. 38-47
Niclauß, Karlheinz: Das Schicksal der Kanzlerparteien. In: Korte, Karlheinz/Hirscher Gerhard: Darstellungspolitik oder Entscheidungspolitik. Über den Wandel von Politikstilen in westlichen Demokratien. München, 2000, S. 41-49
Ohr, Dieter: Wird das Wahlverhalten zunehmend personalisiert, oder: Ist jede Wahl anders? Kandidatenorientierungen und Wahlentscheidung in Deutschland von 1961 bis 1998. In: Klein, Markus/Jagodzinski, Wolfgang/Mochmann, Ekkehard/Ohr, Dieter (Hrsg.): 50 Jahre Empirische Wahlforschung in Deutschland. Wiesbaden, S. 272-308

Pappi, Franz-Urban: Die Abwahl Kohls. Hauptergebnis der Bundestagswahl 1998?. In: Zeitschrift für Politik, Jahrgang 1999, S. 1-29
Preschle, Klaus: Trotz Erfolg gescheitert – Die Strategie der CDU. In: Oberreuter, Heinrich (Hrsg.):Umbruch '98. Wähler. Parteien. Kommunikation. München, 2001, S. 29-46
Rettich, Markus/Schatz, Roland: Amerikanisierung oder Die Macht der Themen. Bundestagswahl 1998: Die Medien Tenor-Analyse der Berichterstattung und ihrer Auswirkung auf das Wählervotum, Bonn u.a., 1998
Rölle, Daniel/Müller, Petra/Steinbach, Ulrich W.: Politik und Fernsehen. Inhaltsanalytische Untersuchungen. Wiesbaden, 2001
Radunski, Peter: Politisches Kommunikationsmanagement. Die Amerikanisierung der Wahlkämpfe. In: Bertelsmann-Stiftung (Hrsg.): Wahlkampfführung in den USA und Deutschland. Gütersloh, 1996, S. 33-52
Ristau, Malte: Wahlkampf in der Mediendemokratie. Die Kampagne der SPD 1997/98. In: Klein, Markus/Jagodzinski, Wolfgang/Mochmann, Ekkehard/Ohr, Dieter (Hrsg.): 50 Jahre empirische Wahlforschung. Wiesbaden, 2000, S. 465-476
Roth, Dieter: Die Personalisierung der Politik: Programme mit Personen?. In: planung & analyse (2002) 1, S. 27-31
Roth, Dieter: Empirische Wahlforschung. Opladen, 1998
Sarcinelli, Ulrich/Schatz, Heribert (Hrsg.): Mediendemokratie im Medienland? Inszenierungen und Themensetzungsstrategien im Spannungsfeld von Medien und Parteieliten am Beispiel der nordrhein-westfälischen Landtagswahl im Jahr 2000. Opladen, 2002
Sarcinelli, Ulrich: Symbolische Politik. Zur Bedeutung symbolischen Handelns in der Wahlkampfkommunikation der Bundesrepublik Deutschland. Opladen, 1987
Schieren, Stefan: Parteiinterne Mitgliederbefragungen: Ausstieg aus der Professionalität? Die Beispiele der SPD auf Bundesebene und in Bremen sowie der Bundes-FDP. In: Zeitschrift für Parlamentsfragen 27 (1996) 2, S. 214-228
Spiegel-Reporter: Alles nur Theater, Herr Kanzler?, in Spiegel-Reporter 06/2000, S. 17-34
Schmitt-Beck, Rüdiger: Wähler unter Einfluß. Massenkommunikation, interpersonale Kommunikation und Parteipräferenz. In: Sarcinelli, Ulrich (Hrsg.): Politkvermittlung und Demokratie in der Mediengesellschaft. Bonn, 1998
Schmitt-Beck, Rüdiger: Politische Kommunikation und Wählerverhalten. Wiesbaden, 2000
Schönbach, Klaus/Semetko, Holli A.: Wahlkommunikation, Journalisten und Wähler: Fünft Thesen zum Bundestagswahlkampf 1990 – mit einem internationalen Vergleich und einem ersten Blick auf 1994. In: Oberreuter, Heinrich (Hrsg.): Parteiensystem am Wendepunkt? Wahlen in der Fernsehdemokratie. München, 1996
Schulz, Winfried/Zeh, Reimar/Quiring, Oliver: Wählerverhalten in der Mediendemokratie. In: Klein, Markus/Jagodzinski, Wolfgang/Mochmann, Ekkehard/Ohr, Dieter (Hrsg.): 50 Jahre Empirische Wahlforschung in Deutschland, Wiesbaden, 2000, S. 413-443
Timm, Andreas: Die SPD Strategie im Bundestagswahlkampf 1998. Hamburg, 1999
Vetter, Angelika/Brettschneider, Frank: „Idealmaße" für Kanzlerkandidaten. In: ZUMA-Nachrichten 22 (1998) 43, S. 90-115
Zelle, Carsten: Modernisierung, Personalisierung, Unzufriedenheit: Erklärungsversuche der Wechselwahl bei der Bundestagswahl 1994. In: Kaase, Max/Klingemann, Hans-Dieter (Hrsg.): Wahlen und Wähler: Analysen aus Anlaß der Bundestagswahl 1994. Opladen/Wiesbaden, 1998, S. 221-257
Zelle, Carsten: Der Wechselwähler. Opladen, 1995

Harald Schoen

Wirkungen von Wahlprognosen auf Wahlen

1. Einleitung

In der heißen Phase eines Wahlkampfes kann der Leser des politischen Teils einer Tageszeitung zuweilen den Eindruck gewinnen, er habe versehentlich zum Sportteil gegriffen; auch manchen Fernsehzuschauer beschleichen in diesen Zeiten verstärkt Zweifel, anstelle der angekündigten politischen Nachrichten werde eine Sportsendung ausgestrahlt. Denn immer wieder ist in den Berichten davon die Rede, es sei ein Kopf-an-Kopf-Rennen zu beobachten, der Verfolger hole auf, im Endspurt könne der Spitzenreiter aber seinen Vorsprung behaupten oder sogar ausbauen (siehe für Beispiele etwa Brettschneider 2000: 484). Zumeist erweisen sich die Bedenken des Medienkonsumenten jedoch als unbegründet, da er es durchaus mit der Politikberichterstattung zu tun hat: Gekleidet in Metaphern, die aus Sportreportagen wohlbekannt sind, werden Ergebnisse von Meinungsumfragen zur Beliebtheit von Spitzenpolitikern oder zur Wahlabsicht der Bürger beim anstehenden Urnengang dargestellt oder kommentiert.

Für die Berichterstattung über Wahlumfragen ernten die Massenmedien von mehreren Seiten Kritik. Sie berichteten, so wird beanstandet, nicht mit der erforderlichen Sorgfalt und Genauigkeit über demoskopische Befunde, da sie dem Publikum etwa wichtige Informationen über das Zustandekommen der präsentierten Resultate vorenthielten (siehe Brettschneider 2000: 485-487). Zudem räumten sie dem „horse race journalism", dies ist die angelsächsische Bezeichnung für diese Art der Berichterstattung, zu großen Raum ein. Auf diese Weise drängten sie die politischen Sachfragen in den Hintergrund, stellten den Wahlkampf vorwiegend als ein Strategie-Spiel dar und erweckten dadurch beim Bürger den Eindruck, nicht an einem gesellschaftlichen Diskurs über politische Probleme und Konzepte teilzunehmen, sondern lediglich einem sportlichen Wettkampf beizuwohnen, der sein tägliches Leben nicht berühre. In der Bevölkerung fördere dies die politische Passivität und nähre die Skepsis gegenüber dem politischen System. Ihren Ursprung hat diese Kritik am Ausmaß medialer Aufmerksamkeit für demoskopische Diagnosen in den USA (vgl. Patterson 1980, 1993; Sigelman/Bullock 1991; siehe aber auch Bartels 1992: 269) und blieb bisher auch weitgehend darauf beschränkt, da sich in der Bundesrepublik, wie in anderen Staaten, Umfrageergebnisse als

Gegenstand journalistischer Darstellungen, nicht zuletzt infolge der Kommerzialisierung der elektronischen Medien, zwar auf dem Vormarsch befinden (vgl. Brettschneider 1996: 478-480; 2000: 481), aber von einer Dominanz der strategiezentrierten Berichterstattung (noch) nicht die Rede sein kann (siehe Schönbach/Semetko 1994: 45-51; Wilke/Reinemann 2000).

Indessen werden nicht nur Qualität und Umfang der Medienberichte über Umfrageergebnisse getadelt, vielmehr wird deren Veröffentlichung auch ganz grundsätzlich in Frage gestellt. Denn die publizierten Resultate von Bevölkerungsumfragen nähmen illegitimen Einfluß auf das Stimmverhalten der Bürger am Wahltag und verfälschten auf diese Weise das Wahlergebnis. Von einer solchen Wirkung gehen Spitzenpolitiker aus, wenn sie Anhänger ihrer Partei davor warnen, sich von günstigen Wahlprognosen[1] nicht in falscher Siegeszuversicht wiegen zu lassen und deshalb die Wahlkampfaktivitäten einzustellen oder gar dem Stimmlokal fernzubleiben. Im gleichen Sinne mahnen andere Eliteakteure ihre Parteigänger dazu, sich von schlechten Umfragewerten nicht einschüchtern oder demoralisieren zu lassen, sondern weiterhin für ihre Sache zu werben und auf jeden Fall ihre Stimme abzugeben. Schwingt in diesen Appellen der Vorwurf der Unlauterkeit nur unterschwellig mit, kommt er unverhohlen in periodischen Forderungen aus dem Munde von Politikern zum Ausdruck, in Vorwahlzeiten müsse die Publikation von Wahlprognosen untersagt werden (siehe für Beispiele Brettschneider 2000: 477-478).

Diesen Einwänden könnte sich – im Gegensatz zu den beiden zuvor angeführten Beschwerden – selbst eine sorgfältige und zurückhaltende Umfrageberichterstattung nicht entziehen, wenn sich nachweisen ließe, daß vor einem Urnengang publizierte Wahlprognosen dessen Ausgang beeinflußten und diese Wirkung demokratischen Spielregeln widerspreche. Deshalb verdienen sie noch mehr Aufmerksamkeit als die Bedenken, die auf Art und Ausmaß der Darstellungen zielen, und werden daher im vorliegenden Beitrag genauer untersucht. Dazu wird zunächst dargestellt, wie vor einem Urnengang Wahlprognosen über das voraussichtliche Abschneiden der zur Wahl stehenden Angebote angefertigt werden. Im Anschluß daran wird untersucht, ob solche ‚Vorhersagen' das Verhalten der Stimmberechtigten am Wahltag beeinflussen. Abschließend wird der Frage nachgegangen, ob die demoskopieskeptische Haltung demokratietheoretische Argumente ins Feld führen kann.

1 Im vorliegenden Beitrag bezeichnet der Ausdruck „Wahlprognosen" nicht nur echte Prognosen, die mit Hilfe einer Gesetzmäßigkeit künftiges Verhalten vorhersagen, sondern er wird auch auf Aussagen über das voraussichtliche Ergebnis einer Wahl bezogen, die nicht auf einem solchen Verfahren beruhen, was für die meisten als „Wahlprognosen" firmierenden Ergebnisse gilt (siehe etwa Hilmer/Hofrichter 2001).

2. Zur Erstellung von Wahlprognosen

Seit jeher interessieren sich vor einer Wahl Menschen dafür, wie Parteien oder Kandidaten bei dem anstehenden Urnengang abschneiden werden. Lange Zeit mußten sich Antworten auf diese Fragen auf wenig mehr als reine Spekulation stützen. Bürger und Kandidaten gleichermaßen konnten sich an Ergebnissen früherer Wahlen orientieren, sich auf Spekulationen von ‚Experten' oder von Bekannten oder auf ihre eigene Intuition verlassen. Auf ein sichereres Fundament können sich Vermutungen über den Wahlausgang erst stützen, seit die Technik der Repräsentativbefragung entwickelt wurde. Sie erlaubt es Forschern, ein zuverlässiges Bild über die Verbreitung von Meinungen, Wertvorstellungen und Handlungsweisen zu erhalten, indem sie lediglich eine kleine Stichprobe von 1000 oder 2000 Personen zu den entsprechenden Themen befragen, also im Falle einer anstehenden Wahl nach der Wahlabsicht. Auf diese Weise versetzt die Umfragetechnik eine Gesellschaft in die Lage, Entwicklungen in der Bevölkerung erkennen zu können, ehe sie sich in manifestem Verhalten niederschlagen (siehe Ginsberg 1989).

Eine solche Momentaufnahme der Verteilung der Wahlabsichten verhilft dem Forscher indes nur dann zu einem zutreffenden Bild vom Ausgang einer bevorstehenden Wahl, wenn eine echte Zufallsstichprobe vorliegt und die Auskünfte der Respondenten über ihre Handlungsabsichten ihr künftiges Wahlverhalten korrekt abbilden. In beiderlei Hinsicht können freilich Probleme auftreten. Damit eine echte Zufallsstichprobe vorliegt, muß jedes Mitglied der (wahlberechtigten) Bevölkerung eine gleich große oder zumindest angebbare Chance besitzen, in die Stichprobe zu gelangen. In der Realität ist dies nur bedingt der Fall, da von den ursprünglich ausgewählten Personen häufig nur zwischen 50 und 80 Prozent schlußendlich tatsächlich befragt werden und die Ausfälle aus der Ausgangsstichprobe zumeist verstärkt in bestimmten Bevölkerungsgruppen – etwa mobilen und daher schwer erreichbaren Menschen oder auch politisch wenig interessierten Personen, die deshalb ein Interview ablehnen – auftreten (siehe Schnell 1997). Die Verzerrungen, die daraus resultieren und die Aussagen über die Stimmenverteilung beeinträchtigen können, werden mit verschiedenen Verfahren zu korrigieren versucht, die die Mitglieder der schwer erreichbaren Gruppen stärker gewichten (siehe Roth 1998: 89-92).

Die Auskünfte der schließlich interviewten Respondenten auf die Frage, welche Partei sie wählen würden, wenn am nächsten Sonntag eine Bundestagswahl abgehalten würde, können von deren tatsächlichem Wahlverhalten ebenfalls abweichen. Vor allem wenn diese Frage in großer zeitlicher Distanz zu einem Wahltermin gestellt wird, ist damit zu rechnen, daß zahlreiche Respondenten noch keine klare Parteipräferenz entwickelt haben und daher keine Partei angeben oder, da es sich um eine vergleichsweise unverbindliche hypothetische Frage handelt, eine Partei nennen, aber am Wahltag für eine andere votieren. Indessen können die Antworten auch kurz vor einem Wahltermin nicht unbedingt zum Nennwert genommen werden. Denn Befragte versuchen in einem Interview einen möglichst vorteilhaften Eindruck zu hinterlassen, weshalb sie sich für Antworten entscheiden, die sie für sozial erwünscht halten, und zwar auch dann, wenn diese nicht den Tatsachen entsprechen, also ihr Wahlverhalten nicht korrekt abbilden. Daher geben regelmäßig auch einige Nichtwähler an, sich an einem Urnengang zu beteiligen, wie sich aus dem gleichen Grund manche Wähler extremistischer Parteien nicht zu ihrem Votum bekennen. Damit stehen die Forschungsinstitute vor dem Problem, daß einige Respondenten überhaupt keine oder – verglichen mit ihrem tatsächlichen Handeln am Wahltag – unzutreffende Angaben zum Wahlverhalten machen. Um auf dieser Grundlage dennoch Aussagen über die Stimmenverteilung treffen zu können, bedienen sich die Meinungsforscher spezieller Korrekturtechniken, die nicht theoretischen Überlegungen entspringen, sondern pragmatisch auf der Basis von Erfahrungswerten entwickelt werden. Daher laufen sie Gefahr, in die Irre zu führen, wenn sich das Wählerverhalten im Laufe der Zeit verändert (siehe etwa Furmaniak et al. 1975: 570-571; Falter/Schumann 1989: 4-7; Rattinger/Ohr 1989).

Die Aussagekraft von Umfragen ist aber selbst unter idealen Bedingungen, also in Abwesenheit von Repräsentativitäts- und Meßproblemen, insofern zu relativieren, als sie auf einer Stichprobe basieren. Da nur ein repräsentativer Ausschnitt der Bevölkerung befragt wird, kann auf Grund der Stichprobenbefunde nicht mit letzter Sicherheit auf die Verhältnisse in der Gesamtheit der Bürger gefolgert werden. Vielmehr ist ein solcher Schluß stets mit Unsicherheit behaftet, weshalb sämtliche Aussagen über die Bevölkerung, die sich auf die Stichprobe stützen, mit einer Fehlertoleranz zu versehen sind. Wenn in einer Stichprobe von 1000 Personen auf die Frage nach der Wahlabsicht beispielsweise 50 Prozent eine bestimmte Partei nennen, dann kann nur geschlossen werden, daß diese in der Gesamtbevölkerung mit 95% Wahrscheinlichkeit einen Stimmenanteil zwischen 46,9% und 53,1% erhält. Ebenso kann bei einer Unterstützung durch 6% der 1000 Interviewten nur geschlossen werden, daß die Partei mit 95%iger Wahrscheinlichkeit mit 4,5% bis 7,5% der Stimmen rechnen darf, also die Fünfprozenthürde mit Bravour meistern, aber auch an ihr scheitern kann. Ebenso darf beispielsweise aus dem Befund, daß in einer Umfrage eine Partei 40% und eine andere 38% der Voten erhält, nicht gefolgert werden, in der Bevölkerung besitze die erste größeren Rückhalt als die zweite, da sich die 95%-Konfidenzintervalle überlappen. Anders gewendet: Umfrageresultate, die Stimmenanteile bis auf eine oder zwei Stellen nach dem Komma genau angeben, spiegeln eine Präzision vor, die sie nicht leisten können (siehe etwa Furmaniak et al. 1975: 572), und werden daher zu Recht in die Nähe astrologischer Auskünfte gerückt (vgl. Oberndörfer 1978: 36).

In jüngerer Zeit sind den traditionellen Meinungsumfragen in Deutschland zwei Konkurrenten erwachsen, die ebenfalls versuchen, den Ausgang eines bevorstehenden Urnengangs im vorhinein zu erfassen. Mit der zunehmenden Verbreitung des Internets konnten sich sogenannte Wahlbörsen etablieren. Sie funktionieren nach einem ganz anderen Prinzip als Umfragen: Die Teilnehmer an einer solchen Börse können ‚Aktien' der verschiedenen Parteien kaufen und verkaufen, wobei der jeweilige Aktienkurs den erwarteten Stimmenanteil der betreffenden Partei widerspiegelt. Dementsprechend wird ein Wahlbörsianer Aktien einer Partei in sein Portfolio aufnehmen, die er für momentan unterbewertet hält, während er Anteilsscheine einer Partei abstoßen wird, von der er meint, sie werde bei der Wahl tatsächlich einen niedrigeren Stimmenanteil erringen, als er sich im momentanen Kurswert abzeichnet. Der Prognoseerfolg dieses Instruments hängt davon ab, inwieweit die Marktteilnehmer – die in vielen Hinsichten keineswegs repräsentativ für die Gesamtbevölkerung sind – sich nicht von ihren politischen Präferenzen, sondern von ihren Erwartungen leiten lassen und wie gut die Händler insgesamt die tatsächlichen Stimmenverhältnisse vorausahnen. Wie sich den bislang ansprechenden Prognoseleistungen entnehmen läßt, scheinen die Bedingungen dafür prinzipiell günstig. Doch könnten Wahlbörsen bei einer weiteren Etablierung und öffentlichen Anerkennung als Wahlchancen-Barometer durchaus von Parteimitgliedern und –sympathisanten genutzt werden, nicht einen finanziellen Gewinn einzustreichen, sondern den Kurs einzelner Parteiaktien künstlich in die Höhe zu treiben oder zu drücken, um den öffentlichen Eindruck von den Wahlaussichten zu beeinflussen. Solange es dabei nicht zu massiven Transaktionen kommt, dürfte der Markt solche manipulativen Eingriffe korrigieren können. Doch bedürfen die Händler dazu Informationen, die die momentanen Kurswerte als verzerrt ausweisen – und dabei dürften gerade Meinungsumfragen eine wichtige Rolle spielen. Fließen aber Umfrageergebnisse in die Preisbildung ein, müßten Wahlbörsen beim Wegfall dieser Informationsgrundlage mit deutlich schlechteren Vorhersageresultaten rechnen. Mit anderen Worten: Wahlbörsen können zwar als interessante Ergänzung des Prognosearsenals in Vorwahlzeiten gelten, nicht jedoch als echte und eigenständige Konkurrenten der Umfragestudien, da sie zu einem Gutteil auf diese angewiesen sind (siehe etwa Shaw/Roberts 2000; Handrich/Roericht 2001).

Einen ganz anderen Weg schlägt schließlich ein drittes Instrument ein, das zwar in den USA etabliert ist (siehe etwa Campbell/Garand 2000), aber in der Bundesrepublik noch weniger verbreitet ist als die Wahlbörsen. Es betrachtet bei zurückliegenden Urnengängen den Wahlausgang sowie einige theoretisch wahlrelevante Merkmale, etwa die Kanzlerpopularität, die Wirtschaftslage oder die Zahl der Amtsperioden der Regierung, und formuliert auf Grund der empirischen Zusammenhänge den Stimmenanteil der Regierungsparteien als mathematische Funktion der anderen Größen, die es erlaubt, aus der Konstellation dieser Faktoren bei kommenden Wahlen das Abschneiden der regierenden Parteien zu errechnen; es wird also eine echte Prognose angestrebt, die bereits deutlich vor einem Wahltermin eine Vorhersage des Ergebnisses gestattet. Da sie auf Erfahrungswerten basiert, ist sie aber darauf angewiesen, daß die Wahl, für die eine Prognose abgegeben werden soll, nach dem gleichen Muster entschieden wird wie die zurückliegenden, auf denen die Modellrechnung beruht, weshalb bei ungewöhnlichen politischen Konstellationen nur dürftige Vorhersageerfolge zu erwarten sind (siehe etwa Gschwend/Norpoth 2001).

Obgleich zwischenzeitlich alternative Verfahren entwickelt wurden, stützen sich Wahlprognosen noch immer zumeist auf Umfragen. Dieses Instrument ist insgesamt recht gut in der Lage, den Ausgang eines Urnengangs im vorhinein abzuschätzen; wie die stets wiederkehrende Fälle spektakulärer Fehlprognosen dokumentieren, ist die Technik wegen der zahlreichen dargelegten methodischen Probleme jedoch nicht geeignet, in der Zukunft liegendes Stimmverhalten exakt abzubilden. Bei der Publikation von Wahlprognosen sollte daher nicht der Eindruck erweckt werden, sie gewährten einen ungetrübten Blick in die Zukunft; vielmehr sollten mögliche Schwierigkeiten ganz offen angesprochen und beispielsweise die Art der Datenerhebung sowie die stichprobenbedingten Fehlermargen angegeben werden (siehe etwa Brettschneider 2000: 485-487). Denn nur auf diese Weise können überzogene Erwartungen vermieden werden, die zwangsläufig enttäuscht werden müssen.

3. Wirkungen von Wahlprognosen auf den Wahlausgang

Mit der erforderlichen Sorgfalt durchgeführt und mit der gebotenen Vorsicht interpretiert, können Wahlprognosen wertvolle Informationen über das voraussichtlichen Ergebnis eines Urnengangs liefern. Doch wird häufig geargwöhnt, sie gäben nicht nur politisch neutral Auskunft über einen in der Zukunft liegenden Wahlausgang, sondern sie selbst beeinflußten diesen, weshalb sie zuweilen zum Gegenstand intensiver politischer Auseinandersetzungen avancieren. Daher wird im vorliegenden Abschnitt zunächst geklärt, welche Voraussetzungen für das Auftreten solcher Einflüsse erfüllt sein müssen und welche Wirkungen theoretisch denkbar sind, ehe untersucht wird, ob es in der empirischen Evidenz Anhaltspunkte für solche Effekte gibt.

3.1 Theoretische Überlegungen zur Wirkung von Wahlprognosen auf den Wahlausgang

Die Ergebnisse, die Wahlprognosen mit mehr oder weniger probaten Methoden ermitteln, können den Wahlausgang auf zwei Wegen beeinflussen (siehe Abbildung 1). Zum einen können Kandidaten und Parteiführer, also Teile der politischen Elite, auf demoskopische Diagnosen reagieren, und diese eliteseitigen Anpassungen können wiederum Verhaltensänderungen bei den Wahlberechtigten nach sich ziehen. Weil sie nur bei entsprechender Unterstützung seitens der Bevölkerung ihre politischen Ziele durchsetzen können und für Berufspolitiker vom Abschneiden bei einer Wahl zu einem erheblichen Teil ihre persönliche Existenz abhängt, sie sich also in einer Hochkostensituation befinden (siehe Kirchgässner 1992: 313; Zintl 1994), besitzen sie einen großen Anreiz, sich an den Präferenzen der Bürger – wie sie nicht zuletzt in Umfragen ermittelt werden – zu orientieren und sich responsiv zu verhalten. Daher steht – wie nicht zuletzt ein Blick in Handbücher für Wahlkämpfer verrät (siehe etwa Altendorfer et al. 2000; Althaus 2001) – außer Zweifel, daß die politische Elite Meinungsumfragen als ein wichtiges Instrument der Wahlkampfplanung und –führung nutzt und aus demoskopischen Befunden Folgerungen für ihre Selbstdarstellung in der Öffentlichkeit, ihr programmatisches Profil oder die Intensität ihrer Kampagnenbemühungen ableitet; eine Praxis, die herbe Kritik auf sich zieht, weil die Politiker auf diese Weise das Gemeinwohl auf dem Altar kurzfristiger Popularität opferten (siehe hierzu Gallus 2002: 36). Indessen liegen zum genauen Umfang des Einflusses von Umfragen auf das Handeln der politischen Elite keine fundierten Analysen, sondern nur anekdotische Evidenz vor (siehe etwa Oberndörfer 1978; Gallus 2002: 31-33). Daher kann dieser Aspekt im vorliegenden Beitrag nicht ausführlicher behandelt werden.

Abbildung 1: Mögliche Wirkungen von Wahlprognosen auf den Wahlausgang

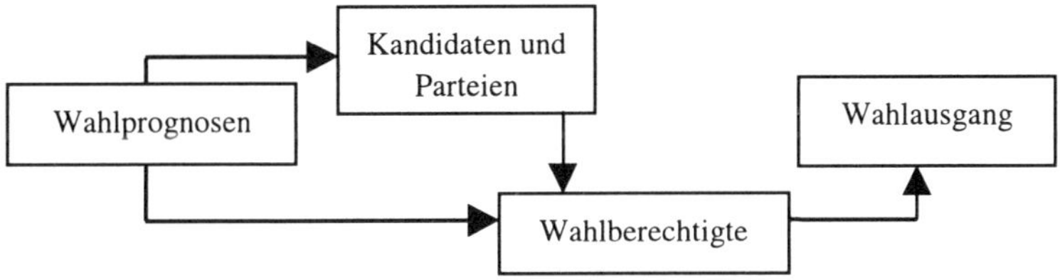

Umfrageergebnisse können zum anderen direkt, also ohne eine Vermittlung über die Aktivitäten von Kandidaten und Parteien, auf das Verhalten der Stimmberechtigten wirken. Dazu müssen die Bürger die Resultate der Wahlumfragen wahrnehmen, daraus ihre Erwartungen über den Wahlausgang speisen und diese in ihre Entscheidung, sich an der Wahl zu beteiligen und für ein bestimmtes Angebot zu votieren, einfließen lassen. Möglich ist dies auf zwei Wegen. Die Stimmbürger können einerseits ihre Parteipräferenz aus den wahrgenommenen Mehrheitsverhältnissen ableiten und gemäß dieser wählen. Andererseits ist es aber auch denkbar, daß sie aus anderen Überlegungen, etwa zu der Leistungsfähigkeit der Parteien auf verschiedenen Politikfeldern und den Kandidatenprofilen, eine Parteipräferenz entwickeln und die Entscheidung, ob sie entsprechend dieser ihre Stimme abgeben, von ihren Erwartungen an den Wahlausgang abhängig machen (siehe Abbildung 2).

Abbildung 2: Wirkungen: Wahlprognosen auf Verhalten der Stimmberechtigten

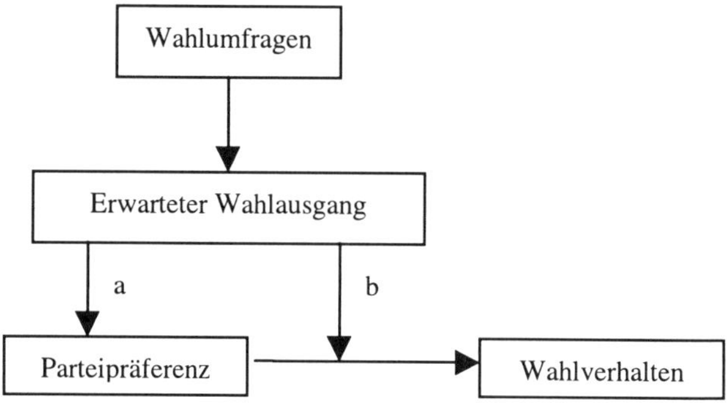

Ehe von einem Einfluß von Wahlprognosen auf das Verhalten der Wahlberechtigten gesprochen werden kann, müssen – wie sich dieser knappen Skizze entnehmen läßt – mehrere Bedingungen erfüllt sein. Es genügt nicht, daß Umfragen auf die Perzeptionen wirken oder daß die Erwartungen an den Wahlausgang auf das Stimmverhalten wirken, sondern beide Elemente müssen zusammenkommen. Daher erscheinen derartige Effekte alles andere als selbstverständlich. Zugleich weist die Struktur der Argumentation auf die Schwierigkeit hin, den Einfluß von Wahlprognosen auf den Wahlausgang in einem Zug zu untersuchen, da dies erforderte, gleichzeitig die Genese der Erwartungen und deren Wirkungen zu analysieren. Aus diesem Grund werden die beiden Argumentationsschritte im folgenden getrennt dargestellt und auf ihre empirische Stichhaltigkeit hin untersucht.

3.2 Der Einfluß von Wahlprognosen auf die Erwartungen der Wahlberechtigten

Damit Wahlprognosen auf das Verhalten der Stimmberechtigten wirken können, müssen sie von diesen überhaupt zur Kenntnis genommen werden und deren Vermutungen über das Abschneiden der verschiedenen Kandidaten und Parteien bestimmen. Demoskopische Diagnosen stellen indessen nur eine von mehreren Quellen dar, aus denen Bürger ihre Schätzungen über den Ausgang einer anstehenden Wahl beziehen können. Beispielsweise können sie ihre Erwartungen bilden, indem sie in ihrer unmittelbaren Umgebung die Mehrheitsverhältnisse beobachten und daraus schließen, wie die Gewichte zwischen den politischen Kräften in der Gesamtbevölkerung verteilt seien. Die medienvermittelte Diskussion in der Gesellschaft offeriert dem Bürger ein noch reicheres Angebot an Möglichkeiten. Es werden Ergebnisse von Wahlen anderen

Typs, etwa Landtagswahlen, verbreitet, Meinungsumfragen veröffentlicht, von Journalisten, Politikern oder Bekannten kommentiert, und diese Gruppen äußern auch ihre persönlichen Einschätzungen über die Wahlaussichten der verschiedenen Kandidaten und Parteien (siehe Schmitt-Beck 1996b: 130-131).

Ihren Konkurrenten um die Aufmerksamkeit der Bürger sind die Wahlprognosen, so sie seriös durchgeführt und dargestellt werden, in der Regel qualitativ überlegen. Denn die Beobachtung der persönlichen Erfahrungswelt birgt ein erhebliches Verzerrungspotential, da die wenigsten Menschen in einem Umfeld leben, das in seiner parteipolitischen Zusammensetzung der Gesamtgesellschaft akkurat entspricht; vielmehr bewegen sich die meisten Personen in einer Umwelt, die ihre parteipolitischen Präferenzen eher unterstützt, so daß sie auf dieser Grundlage zumeist vermuten müßten, ‚ihre' Partei werde den Sieg davontragen (siehe etwa Schmitt-Beck 1996b: 130). Ergebnisse früherer Wahlen sind zwar ‚harte Fakten', beziehen sich zumeist aber nur auf eine für das gesamte Bundesgebiet nicht repräsentative Region, und die Urnengänge können zu lange zurückliegen, als daß sie für diese Zwecke wertvolle Information liefern könnten. Schließlich sind Kommentare und persönliche Einschätzungen einzelner Personen zu den Wahlaussichten stets subjektiv gefärbt, ob nun unbewußt oder bewußt mit dem Ziel, einen bestimmten Eindruck von den Mehrheitsverhältnissen zu erwecken, und können daher in die Irre führen.

Ein Bürger, der etwa vor einer Bundestagswahl ein realistisches und möglichst objektives Bild von den Mehrheitsverhältnissen gewinnen möchte, sollte sich daher bemühen, publizierte Wahlumfragen in möglichst unverzerrter Form zur Kenntnis zu nehmen. Doch sind ernsthafte Zweifel angebracht, ob alle Wahlberechtigten dieses Ziel verfolgen. Denn anders als für Kandidaten hängt für einen Wahlberechtigten vom Abschneiden der Parteien bei einem Urnengang nicht die persönliche Existenz ab. Steht für ihn aber wenig auf dem Spiel und muß er für eine Fehlwahrnehmung und -entscheidung keinen hohen Preis bezahlen, hat er keinen allzu starken Anreiz, sich um eine unverzerrte Wahrnehmung der Kräfteverhältnisse in der Gesellschaft zu bemühen (siehe Kirchgässner 1992). Womöglich zieht er sogar ganz bewußt Informationen über die Parteipräferenzen in seiner unmittelbaren sozialen Umgebung vor, da er vor allem bestrebt ist, sozialer Isolation zu entgehen, die ihm nicht in der Gesellschaft insgesamt, sondern in seinem unmittelbaren Umfeld droht (siehe etwa Noelle-Neumann 1977).

Auch wenn man einer Person unterstellen kann, sie wolle ihre Erwartungen auf möglichst objektive Informationen stützen, wie sie Wahlprognosen liefern, ist damit noch nicht gesagt, daß ihr Versuch von Erfolg gekrönt sein muß. Zunächst ist zu bedenken, daß demoskopische Ergebnisse nicht nur Gegenstand neutraler Berichterstattung sind, sondern häufig in interessengefärbte Aussagen einfließen und deshalb nur in verzerrter Form den Bürger erreichen. Erfährt er von einem Umfrageresultat in unverfälschter Form, heißt dies zudem nicht zwingend, daß er es genauso wahrnimmt und einen maßgeblichen Einfluß auf seine Vermutungen nehmen läßt. Denn Menschen bereitet es eher Probleme, abstrakte Zahlenangaben, die beispielsweise Prozentsätze enthalten, zu verstehen und zu behalten, weshalb sie sich lieber anhand von Einzelfällen ein Bild von der Häufigkeit bestimmter Handlungsmuster verschaffen – auch wenn sie auf diese Weise Gefahr laufen, einen vollkommen falschen Eindruck zu gewinnen (siehe etwa Daschmann 2000). Und schließlich bleibt zu berücksichtigen, daß Informationen über die Wahlaussichten der Parteien von Personen selektiv, nämlich im Sinne ihrer parteipolitischen Präferenzen wahrgenommen und gespeichert werden (siehe etwa Babad 1997; Schmitt-Beck 1996b; Schoen 2000: 653-658; Uhlaner/Grofman 1986). Mit anderen Worten: Weder verfolgen alle Bürger das Ziel, unverzerrte Informationen aus Wahlprognosen in ihre Erwartungsbildung einfließen zu lassen, noch gelingt dies allen, die danach streben.

In der Bundesrepublik ist die Aufmerksamkeit für Wahlumfragen im Laufe der Zeit gewachsen. War in den fünfziger Jahren nur rund ein Fünftel des Elektorats nach eigenem Bekunden mit Umfrageergebnissen in Berührung gekommen, berichten seit den achtziger Jahren stets zumindest zwei Drittel der Stimmberechtigten, sie hätten vor der Bundestagswahl von demoskopischen Befunden Kenntnis erhalten (vgl. Lupri 1969: 101; Brettschneider 2000: 490-491). Von Umfrageergebnissen Notiz zu nehmen ist indessen nur eine notwendige, aber keine hinreichende Bedingung für deren Einfluß auf die Wahrnehmungen von den parteipolitischen Stärkeverhältnissen. Dazu müssen die Bürger zusätzlich motiviert sein, sie in ihre Erwartungsbildung einfließen zu lassen, was für einen deutlich kleineren Ausschnitt aus dem Elektorat gilt. Beispielsweise gaben im Anschluß an die Wahl 1990 nur 30 Prozent der Befragten an, sich stark für Umfrageergebnisse zu interessieren. Dabei handelt es sich bevorzugt um politisch involvierte Personen mit relativ festgefügten und daher schwer beeinflußbaren Einstellungen, weshalb es nicht erstaunt, daß etwa bei den Bundestagswahlen 1983 bis 1994 jeweils nur rund ein Viertel der Respondenten äußerte, Meinungsumfragen hätten bei ihrer Wahlentscheidung eine Rolle gespielt, und weniger als zehn Prozent von einem starken Einfluß sprachen (vgl. Brettschneider 2000: 490, 494). Und selbst in diesen Fällen ist es wiederum fraglich, ob die demoskopischen Befunde die Bürger in unverzerrter Form erreichten, unverfälscht wahrgenommen und gespeichert wurden, und ob sie und nicht eine der zahlreichen konkurrierenden Quellen schließlich die Wahrnehmungen speisten. Daher sind Wahlprognosen in der Bundesrepublik weit davon entfernt, alle Bürger zu erreichen, und nur ein kleiner Teil der Wahlberechtigten dürfte seine Schätzungen über den Wahlausgang ausschließlich oder auch nur vorwiegend daraus beziehen.

Zusammengefaßt stellen publizierte Wahlprognosen eine vergleichsweise zuverlässige Grundlage dar, um Erwartungen über den Ausgang einer bevorstehenden Wahl zu bilden. Doch sind sie beileibe nicht die einzige mögliche

Quelle, vielmehr konkurrieren sie mit einer Reihe anderer Informationsgrundlagen um die Gunst der Bürger und sind für viele Menschen nicht das attraktivste Angebot. Zudem werden die eigentlichen Umfrageergebnisse in der öffentlichen Diskussion häufig von Interpretationen und Verzerrungen überlagert und können daher die Bürger nicht unverfälscht erreichen. Deshalb ist es ausgesprochen zweifelhaft, ob Wahlprognosen in der ursprünglich veröffentlichten Form die Wahrnehmung von den parteipolitischen Kräfteverhältnissen entscheidend beeinflussen (siehe Donsbach 1984: 399-401); eher scheinen die entsprechenden Erwartungen in einem komplexen Geflecht unterschiedlicher Einflüsse zu wurzeln.

3.3 Wirkungen von Erwartungen auf das Verhalten der Wahlberechtigten

Unabhängig von ihrem Ursprung werden den Erwartungen, die auf das Ergebnis einer Wahl gerichtet sind, Wirkungen auf das Verhalten der Stimmberechtigten zugeschrieben. Die Vermutungen lassen sich danach unterscheiden, ob sie sich auf die Teilnahme an der Wahl oder die parteipolitische Richtung der Stimmabgabe beziehen. In dieser Reihenfolge werden sie zunächst vorgestellt, ehe sie anhand der Literatur auf ihre empirische Stichhaltigkeit überprüft werden.

Auf den Ausgang eines anstehenden Urnengangs gerichtete Erwartungen können die Stimmberechtigten in ihrer Entscheidung beeinflussen, sich überhaupt an der Wahl zu beteiligen. Dazu wird die Annahme getroffen, ein Stimmberechtigter vergleiche vor dem Gang zum Wahllokal die Kosten, mit denen die Wahlteilnahme für ihn verbunden ist, und den ihm daraus erwachsenden Nutzen. Stellten Bürger ein solches Kalkül an, gelangten einige Personen angesichts mehrerer Millionen Wahlberechtigter zu der Einschätzung, ihre Stimme sei wie ein Tropfen in einem Ozean und nehme keinen maßgeblichen Einfluß auf den Wahlausgang, weshalb die Mühe einer Wahlteilnahme deutlich den damit verbundenen Nutzen übersteige und diese Personen sich in Wahlabstinenz übten. Gewännen aber Bürger, die ein solches Kalkül anstellen, den Eindruck, es sei keine ausgemachte Sache, wie die Wahl ausgehen werde, weshalb es auf jedes einzelne Votum ankomme, würden sie sich zur Stimmabgabe entschließen (siehe Downs 1957). Zwar gilt die These, mit der erwarteten Knappheit des Wahlausgangs steige die Wahlbeteiligung, für alle Bürger, doch wird sie in der Literatur zuweilen für einzelne Segmente des Elektorats mit unterschiedlichen Argumenten unterfüttert. Unter den Sympathisanten der vermeintlich unterlegenen Seite verbreite ein klar erscheinender Wahlausgang Defaitismus, der sie von der Wahlteilnahme abhalte. Anhänger der voraussichtlich siegreichen Seite blieben der Wahlurne ebenfalls fern, doch dies, weil die sichere Siegesaussicht sie in Lethargie versetze; Personen ohne klare Parteipräferenz, schließlich, sähen bei einem absehbar klaren

Wahlausgang keinen Anlaß, sich die Anstrengung abzuverlangen, eine Parteipräferenz zu entwickeln und den Weg zum Wahllokal anzutreten (vgl. Brettschneider 2000: 492).

In der empirischen Evidenz findet diese Argumentation nur bedingt Unterstützung. Zwar konnte in Wahlkreisen mit einem knappen Wahlausgang eine höhere Wahlbeteiligung als in Stimmkreisen mit von vornherein klar anmutenden parteipolitischen Kräfteverhältnisse nachgewiesen werden (siehe etwa Feld/Kirchgässner 2001). Daraus darf jedoch nicht ohne weiteres auf eine Wirkung der Knappheitserwartungen auf die Stimmberechtigten geschlossen werden, da in den umkämpften Regionen beispielsweise die Parteien im Wahlkampf größeren Mobilisierungsaufwand getrieben haben könnten. Dieser Verdacht erhärtet sich in Untersuchungen der individuellen Wahlteilnahme, weil sich hier keine bedeutsamen Effekte der erwarteten Knappheit des Wahlausgangs auf die Wahlbeteiligung nachweisen lassen (siehe etwa Pattie/Johnston 1998: 276-277; Kunce 2001). Daher gilt offenbar: „Closeness counts only in horseshoes and dancing“ (Ferejohn/Fiorina 1975).

Mutmaßungen über den Ausgang einer Wahl können für die parteipolitische Richtung der Stimmabgabe ebenfalls eine Rolle spielen. Sieht man einmal von Einflüssen ab, die die ohne Berücksichtigung der Wahlaussichten gewonnene Parteipräferenz unterstützen und daher im Stimmverhalten unsichtbar bleiben, sind zwei grundsätzlich verschiedene Wirkungsmechanismen zu betrachten (siehe Pfeile a und b in Abbildung 2). Zunächst ist an Bürger zu denken, die ihre Parteipräferenz von den wahrgenommenen parteipolitischen Kräfteverhältnissen abhängig machen und ihr entsprechend votieren. Am bekanntesten ist der sogenannte *Bandwagon*-Effekt (siehe bereits Simon 1957), der davon ausgeht, daß Bürger, die eine Parteipräferenz besitzen oder noch unentschlossen sind, sich auf die Seite der vermeintlichen Mehrheitspartei schlagen. Dies wird zumeist psychologisch mit dem menschlichen Bedürfnis erklärt, sich sozial nicht zu isolieren (siehe etwa Noelle-Neumann 1977).[2] Zuweilen wird diese Neigung aber auch rationalistisch interpretiert als ein Versuch politisch wenig interessierter Bürger, sich den Weg zu einer ihren Interessen angemessenen Wahlentscheidung zu erleichtern: Anstatt selbst die eigenen Positionen und die Qualitäten von Kandidaten oder Parteien zu vergleichen, verlassen sie sich auf einen glaubwürdigen Ratschlag, der von einem Bekannten stammen oder aus der wahrgenommenen Verteilung der Parteipräferenzen abgeleitet werden kann, wenn plausiblerweise davon auszugehen ist, die Sympathisanten der Mehrheitspartei besäßen ähnliche Stand-

2 Die wissenschaftlich und politisch einflußreiche Theorie von der Schweigespirale (siehe etwa Noelle-Neumann 1977) stützt sich auf das gleiche Grundargument, schreibt den wahrgenommenen Mehrheitsverhältnissen aber nicht nur eine Wirkung auf das Wahlverhalten, sondern auch auf die Bereitschaft zu, sich öffentlich zu der eigenen politischen Präferenz zu bekennen, so daß eine anfangs vermeintliche Mehrheitsmeinung am Ende des gesellschaftlichen Meinungsbildungsprozesses tatsächlich die Mehrheit auf ihrer Seite haben kann.

punkte wie man selbst und hätten vor ihrer Entscheidung ihre Interessen sinnvoll abgewogen (vgl. Engel 1987: 258; Schmitt-Beck 1996a: 268). Dem Mitläufereffekt entgegen wirkt der sogenannte *Underdog*-Effekt. Er besteht darin, daß Personen ihre Parteipräferenz bilden, indem sie sich auf die Seite des voraussichtlichen Wahlverlierers schlagen. Dies wird in der Regel mit Mitleid oder mit einer Trotzhaltung, also psychologisch, begründet (siehe etwa Gallus 2002: 33); doch kann auch hier ein bewußtes Kalkül ins Feld geführt werden, das darauf zielt, eine zu große Mehrheit für eine Partei zu verhindern.[3]

Die empirische Evidenz spricht für derartige Wirkungen der wahrgenommenen Stärkeverhältnisse der Parteien auf die Wahlentscheidung, wobei der dem sozialen Konformismus zuträgliche *Bandwagon*-Effekt bisher stets den Mitleidseffekt überwog. Parteien, von denen vermutet wird, sie würden aus der anstehenden Wahl als Sieger hervorgehen, können von diesem Eindruck an der Wahlurne in unterschiedlichen politischen Systemen durchaus profitieren (siehe Granberg/Holmberg 1988: 136-165; McAllister/Studlar 1991; Nadeau et al. 1994),[4] und zwar auch bei Bundestagswahlen (siehe Schmitt-Beck 1996a): Eine Partei(enkoalition) kann mit einer größeren Stimmenzahl rechnen, wenn sie es vor einer Wahl glaubhaft zu machen versteht, sie sei auf dem Weg zum Wahlsieg. Im Lichte dieser Tendenz zu einer *self fulfilling prophecy* scheint es, als sei den Bürgern weniger an Machtkontrolle als an klaren Verhältnissen gelegen.

Eine zweite Klasse von Effekten bezieht sich darauf, daß Bürger zwar eine Parteipräferenz besitzen, aber nur in Abhängigkeit von den perzipierten Wahlaussichten gemäß dieser votieren. Taktisches oder strategisches Wahlverhalten, wie diese Art des Stimmverhaltens genannt wird, kann in verschiedenen Formen auftreten, doch gehen die Argumente von ähnlichen Basisannahmen aus: Bürger bilden Erwartungen über das Abschneiden der Parteien, kennen das Wahlsystem in den relevanten Hinsichten und wollen mit ihrem Votum nicht nur ihre politischen Präferenzen zum Ausdruck bringen, sondern den Ausgang der anstehenden Wahl beeinflussen (vgl. Schoen 2000: 643-644).

Auf diese Annahmentrias stützen sich zwei unterschiedliche Argumente. Die klassische Überlegung geht davon aus, daß die Bürger ihre Stimme keinesfalls verschenken wollten, weshalb sie nur für solche Kandidaten oder Parteien votierten, die realistische Erfolgsaussichten besitzen. Das bei Bun-

---

3 Soweit diese Effekte auf Personen wirken, die vorher keine Parteipräferenz besaßen und daher mit niedriger Wahrscheinlichkeit zur Wahl gegangen wären, wirken sie implizit auch stimulierend auf die Wahlbeteiligung.

4 Vergleichsweise stark ausgeprägt sind *Bandwagon*-Effekte, wenn langfristig stabile Parteiloyalitäten als Wahrnehmungsfilter und Determinante des Stimmverhaltens keine Wirkung entfalten können, also beispielsweise bei parteiinternen Vorwahlen oder auch bei Referenda zu politischen Sachfragen (siehe etwa Bartels 1988; West 1991).

destagswahlen gültige Zwei-Stimmen-System[5] erlaubt es, zwei Varianten des *wasted vote*-Arguments zu formulieren; da jedoch beinahe ausschließlich die Zweitstimmen über die parteipolitische Zusammensetzung des Parlaments entscheiden, wird an dieser Stelle nur die darauf bezogene Version dargestellt. Inwieweit ein solches Votum als verschenkt erscheint, hängt davon ab, ob eine Partei als fähig gilt, mindestens fünf Prozent der Zweitstimmen oder wenigstens drei Direktmandate zu erringen. Demnach sollten am Stimmwert orientierte Sympathisanten und Anhänger einer Partei dieser ihre Stimme vorenthalten, wenn sie der Meinung sind, der Partei werde es nicht gelingen, auch nur eine der beiden Bedingungen zu erfüllen. Folglich müssen bei Wahlen zum Bundestag alle kleinen Parteien, also die FDP, die Grünen, die PDS und alle elektoral noch schwächeren Parteien, damit rechnen, einem solchen „Fallbeil-Effekt" (Reumann 1983: 4) zum Opfer zu fallen und weniger Stimmen zu erhalten, als ihnen Präferenzen in der Bevölkerung gehören.

Während nach dem *wasted vote*-Argument nicht ausschließlich präferenzgeleitetes Stimmverhalten zu Lasten kleiner Parteien geht, sieht ein anderes Argument diese gerade als Profiteure taktisch motivierter Wahlentscheidungen. Demnach entschließen sich strategisch orientierte Bürger, bewußt für eine Partei zu stimmen, deren Einzug in das Parlament sie für ungewiß halten, um ihr in den Bundestag zu verhelfen (siehe Tsebelis 1986: 402-403). Der Wähler vergibt somit eine Stützstimme an eine Partei, deren Bundestagseinzug er weder für sicher, da sonst sein Votum überflüssig wäre, noch für vollkommen ausgeschlossen hält, weil er seine Stimme sonst sehenden Auges verschenkte. Damit sich ein Bürger an der Wahlurne einer Partei zuwendet, deren Erfolgsaussichten er als vage erachtet, bedarf es jedoch nicht nur einer bestimmten Wahrnehmung der elektoralen Aussichten, sondern es muß eine inhaltliche Motivation hinzutreten. Erstens könnte ein Wähler, unabhängig von seiner eigenen Parteipräferenz, Wert darauf legen, daß ein bestimmtes politisches Anliegen im Parlament vertreten sei; zu denken wäre etwa an Sozialdemokraten, die die PDS unbedingt im Bundestag sehen möchten. Zweitens läßt sich ein solches Votum mit dem in einem „horror majoritatis" (Wildenmann 1963: 6) wurzelnden Wunsch, eine Einparteienherrschaft und den damit assoziierten Machtmißbrauch zu verhindern (siehe Kirchgässner 1986: 236). Die populärste Variante der Stützstimmenthese postuliert jedoch nicht die Vorliebe für eine Koalitionsregierung als solche, sondern für ein bestimmtes Bündnis. Demnach präferieren klassische Stützwähler einen großen Koalitionspartner, meinen aber, der Juniorpartner sei vom parlamentarischen Aus bedroht und die präferierte große Partei habe keine Chance auf eine absolute Mandatsmehrheit (siehe etwa Falter 1987: 262-263).

---

5 Stimmensplitting, also die parteipolitisch unterschiedliche Entscheidung mit Erst- und Zweitstimme, wird an dieser Stelle nicht näher behandelt, da es theoretisch taktisch motiviert sein kann, aber nicht sein muß und empirisch nur selten in dieser Weise genutzt wird (siehe etwa Weßels 2001)

Taktisches Wahlverhalten, mit dem Ziel, die eigene Stimme nicht an einen aussichtslosen Kandidaten zu ‚verschenken', konnte vor allem im angelsächsischen Raum unter den Bedingungen des relativen Mehrheitswahlrechts wiederholt empirisch nachgewiesen werden (siehe etwa Cox 1997: 80-90). Dagegen scheiterten Versuche, in der Bundesrepublik schlüssig zu zeigen, daß eine Partei, der es nicht zugetraut wird, die Fünfprozenthürde zu meistern, deshalb Stimmen einbüßt (siehe Schoen 1999, 2000); Parteien, die in den Verdacht geraten, nicht in den Bundestag einziehen zu können, müssen somit nicht fürchten, daß diese Prophezeiung zu ihrer eigenen Erfüllung beiträgt. Ebensowenig konnte der Beweis erbracht werden, daß die Bürger systematisch Stützstimmen an Parteien vergeben, deren Parlamentseinzug sie für ungewiß halten (siehe Schoen 2000; Pappi/Thurner 2002). Strategisches Stimmverhalten ist somit bei Bundestagswahlen praktisch irrelevant, was insofern nicht erstaunt, als es nicht nur eine bestimmte Motivation, sondern auch ein keineswegs selbstverständliches Maß an politischen Kenntnissen voraussetzt.

Insgesamt kann damit folgendes festgehalten werden. Auf den Wahlausgang gerichtete Erwartungen spielen bei Bundestagswahlen nur insoweit eine Rolle, als Parteien, die sich vermeintlich auf der Siegerstraße befinden, von den Bürgern an der Wahlurne eine Prämie erhalten. Jedoch erscheint es unwahrscheinlich, daß die zugrundeliegenden Einschätzungen der Wahlaussichten nur eine Wurzel besitzen; erst recht ist zu bezweifeln, daß sie sich ausschließlich aus den Quellen speisen, denen Politiker und Wissenschaftler bevorzugt ihr Augenmerk schenken, nämlich Wahlprognosen und -ergebnissen. Diese Überlegung beruht zum einen auf der Analyse in Abschnitt 3.2, wird zum anderen aber gestützt von Untersuchungen, die der Frage nachgehen, ob sich Bürger, die zum Zeitpunkt ihrer Stimmentscheidung bereits Teilergebnisse der Wahl kennen, anders verhalten als solche, die nicht im Besitz solcher Kenntnisse sind. Eine solche Prüfung erlauben nationale Wahlen in den USA, weil dabei in den Ostküstenstaaten bereits die Stimmen ausgezählt und Wahlergebnisse bekanntgegeben werden, wenn an der Westküste Bürger noch Gelegenheit haben, von ihrem Stimmrecht Gebrauch zu machen. Doch konnten auf deren Beteiligungsbereitschaft und Wahlentscheidung bisher keine (siehe etwa Fuchs 1966; Mendelsohn 1966; Tuchman/Coffin 1971) oder allenfalls geringfügige Wirkungen (siehe Delli Carpini 1984) nachgewiesen werden. Ebenso blieb 1965 die Information über den Ausgang der zwei Wochen vorher abgehaltenen Bundestagswahl bei Nachwahlen in zwei Wahlkreisen ohne erkennbare Wirkung (vgl. Hartenstein 1967: 294-297). Somit treten zwar Mitläufereffekte auf, doch entwickeln die Stimmbürger die entsprechenden Wahrnehmungen der Mehrheitsverhältnisse nicht ausschließlich und wahrscheinlich nicht einmal vorwiegend auf der Basis der Informationen, die aus der Sicht eines politischen Beobachters naheliegen, also Wahlresultaten und Wahlprognosen. Vielmehr fallen daneben massenmedial vermittelte Einflüsse, interpersonale Kommunikation sowie persönliche politische Prädispositionen ins Gewicht.

4. Schlußbemerkungen

In Vorwahlzeiten publizierte Wahlprognosen avancieren immer wieder zum Gegenstand teilweise heftiger Kritik, da sie, so die Vorwürfe, die Stimmberechtigten ungebührlich beeinflußten und damit den Wahlausgang manipulierten. Empirisch sind diese Einwände – wie der vorliegende Beitrag zeigt – weitgehend unbegründet. Denn zum einen wirken Vermutungen über das Abschneiden der verschiedenen Parteien oder Kandidaten auf das Wahlverhalten nur schwach: Die Wahlbeteiligung hängt nicht nennenswert von Erwartungen zur Knappheit des Wahlausgangs ab; taktische Argumente erhitzen in der öffentlichen Auseinandersetzung zwar zuweilen die Gemüter, doch finden sie seitens der Bürger keine meßbare Resonanz; einzig *Bandwagon*-Effekte lassen sich im Wählerverhalten belegen. Zum anderen speisen sich die auf den voraussichtlichen Wahlausgang gerichteten Erwartungen im Elektorat keineswegs exklusiv aus Wahlprognosen. Im Gegenteil, es lassen sich keine eindeutigen Beziehungen zwischen den veröffentlichten Meinungsumfragen und den Erwartungen der Bürger aufzeigen. Folglich hegen die Kritiker der Demoskopie eine allzu vereinfachte Vorstellung von der Erwartungsbildung in der Bevölkerung, die beispielsweise von verkürzten Darstellungen und verzerrten Wahrnehmungen keine Notiz nimmt und der Vielstimmigkeit konkurrierender Einflüsse, die auf einen Bürger einströmen können, nicht gerecht wird. Daher sind beide Bedingungen für direkte Effekte von Wahlprognosen auf das Verhalten der Stimmberechtigten allenfalls in Teilen und in schwacher Ausprägung erfüllt, weshalb die Manipulationsvorwürfe und Verbotsforderungen in erheblichem Maße auf einer Überschätzung der Möglichkeiten von Wahlprognosen beruhen, die öffentliche Meinung und das individuelle Stimmverhalten zu beeinflussen.

Aus diesen Ergebnissen darf gleichwohl nicht vorschnell gefolgert werden, Wahlprognosen seien für den Wahlausgang generell irrelevant. Denn auf das Wahlergebnis gerichtete Erwartungen entfalten empirisch zumindest in Form von Mitläufereffekten eine unmittelbare Wirkung auf das Stimmverhalten und verstärken daher den Pendelschlag zugunsten der jeweils als modisch geltenden Partei(enkoalition).[6] Sollte es nun Umfragebefunden gelingen, die Eindrücke von den parteipolitischen Kräfteverhältnissen, die die interpersonale und die massenmediale Kommunikation an die Stimmbürger herantragen, maßgeblich zu bestimmen, dann könnten tatsächlich sie in einem Urnengang den Ausschlag geben – eine Konstellation, die zwar nicht selbstverständlich ist, aber auch nicht von vornherein ausgeschlossen werden kann.

6 Kleine Parteien können an der Wahlurne also durchaus von dem Eindruck profitieren, sie würden mehr als fünf Prozent der Stimmen erhalten, aber nicht, weil Wähler auf Grund dieser Information meinten, mit einem Votum für eine solche Partei ihre Stimme nicht zu verschenken, sondern weil sie die guten Wahlaussichten als Indiz für deren (wachsende) Beliebtheit lesen.

Darüber hinaus ist zu bedenken, daß die mögliche Wirkung von Wahlprognosen auf Kandidaten und Kampagnenaktivisten bislang bewußt ausgeblendet blieb. Solche Effekte erscheinen aber durchaus plausibel und vor allem besonders weitreichend, da sie einen multiplikativen Charakter besitzen: Werden Wahlkämpfer von einem Mitläufereffekt erfaßt, dürfte ihre Kampagne an Dynamik gewinnen und viele einfache Bürger veranlassen, auf den *Bandwagon* der betreffenden Partei aufzuspringen. Indessen liegen zur Rolle von demoskopischen Befunden für die parteiinterne Willensbildung und die Wahlkampfkonzeption und –motivation keine empirisch fundierten Arbeiten vor, weshalb die Forschung sich dieses Themas künftig annehmen sollte, wie auch generell der Entstehung von auf den Wahlausgang gerichteten Erwartungen.

Die Einwände gegen die Veröffentlichung von Wahlprognosen wurden zurückgewiesen, da sie empirisch auf tönernen Füßen stehen, doch ist damit noch nicht gesagt, daß die Kritik gerechtfertigt wäre, wenn eindeutige Belege für starke Wirkungen von Meinungsumfragen vorlägen. Als Bedenken gegen jeglichen Einfluß von Erwartungen auf das Wahlverhalten dürfen die Manipulationsvorwürfe und Verbotsforderungen wohl nicht gelesen werden, da dies bedeutete, den Kritikern zu unterstellen, sie wollten den Bürgern vorschreiben, daß sie uninteressiert an den Präferenzen ihrer näheren und weiteren sozialen Umwelt ihr Votum abgeben sollten – eine fürwahr lebensfremde Vorstellung. Doch zielen die Demoskopieskeptiker darauf ab, das Arsenal von Instrumenten zu zensieren, aus dem sich Wahlberechtigte bedienen können, um Mutmaßungen über Ausgang eines Urnengangs zu anzustellen. Kurioserweise soll dabei der Bannstrahl ausgerechnet dasjenige Instrument treffen, das – verglichen mit anderen möglichen Quellen der individuellen Vermutungen – objektiv und präzise Auskunft über die Verteilung der Parteipräferenzen in einer Gesellschaft gibt. Abgesehen davon, daß ein solches Verbotsvorhaben mit verfassungsrechtlich verankerten Grundrechten kollidierte, werfen diese Überlegungen ein zweifelhaftes Licht auf die hehren Worte, die nicht selten darauf verwendet werden, den ‚mündigen Bürger' zu rühmen, denn tatsächlich scheint er in mancher Augen nicht „mündig" genug zu sein, um mit bestimmten Informationen, auch wenn sie gut abgesichert sind, richtig umgehen zu können (siehe bereits Hartenstein 1967: 300-306).

Aber womöglich sind es just die Genauigkeit und Seriosität von Wahlumfragen, die sie zum Gegenstand von Verbotsforderungen werden lassen. Denn Spitzenpolitiker versuchen selbst häufig in der Öffentlichkeit den Eindruck zu erwecken, ihre Partei befinde sich beinahe unaufhaltsam auf dem Vormarsch; sie nutzen dazu Ergebnisse von Regionalwahlen und – angesichts der Kritik nicht selbstverständlich – Meinungsumfragen, berufen sich auf ‚zahlreiche Begegnungen mit den Bürgern' oder erklären schlicht den Wunsch, zwischen zwei Bundestagswahlen ihren Stimmenanteil praktisch zu verdreifachen, zu einem realistischen Vorhaben. Ihr Ziel, mit diesen Äußerungen die öffentliche Meinung für sich zu gewinnen und einen Mitläufereffekt in Gang zu setzen, erreichen sie um so leichter, je weniger glaubwürdige Informationen zu den Wahlchancen, mit den Politikeräußerungen um die Aufmerksamkeit des Publikums konkurrieren. Demoskopische Befunde können nun aber ein relativ hohes Maß an Objektivität und Fundiertheit für sich reklamieren, weshalb es durchaus einleuchtend erscheint, wenn sie manchem politischen Akteur ein Dorn im Auge sind – könnten sie doch seine Aussagen widerlegen und daher die darauf gestützten Wahlkampfstrategien zunichte machen.

Die gesamte Gesellschaft sollte sich diese einem bestimmten Interessenstandpunkt entspringende Haltung jedoch nicht zu eigen machen. Seriös durchgeführte und angemessen interpretierte Meinungsumfragen können einen Beitrag leisten, die Diskussion über den vermutlichen Ausgang einer Wahl auf eine sachliche Grundlage zu stellen und den Einfluß rein interessengeleiteter Aussagen zurückzudrängen. Ein Weg zu diesem Ziel führt über einen intensiven Qualitätswettbewerb zwischen möglichst vielen Meinungsforschungsinstituten. Solange sie die politischen Sachfragen nicht vollends aus dem Bewußtsein der Öffentlichkeit drängen, ist es deshalb durchaus ein gutes Zeichen für die Demokratie, wenn sich die Medien vor einer Wahl den Neuigkeits- und Unterhaltungswert von Umfrageergebnissen (siehe etwa Crewe 1986) zunutze machen und darüber mit der gebotenen Sorgfalt berichten – auch wenn sich der eine oder andere politisch interessierte Bürger zuweilen als Konsument der Sportberichterstattung fühlen mag.

Literatur

Altendorfer, Otto/Wiedemann, Heinrich/Mayer, Hermann (Hrsg.): Handbuch Der moderne Medienwahlkampf. Professionelles Wahlmanagement unter Einsatz neuer Medien, Strategien und Psychologien, Eichstätt, 2000.

Althaus, Marco (Hrsg.): Kampagne! Neue Strategien für Wahlkampf, PR und Lobbying, 2. Auflage, Münster, 2001.

Babad, Elisha: Wishful Thinking among Voters: Motivational and Cognitive Influences, in: International Journal of Public Opinion Research 9 (1997), S. 105-125.

Bartels, Larry: Presidential Primaries and the Dynamics of Public Choice. Princeton, 1988.

Bartels, Larry M.: The Impact of Electioneering in the United States, in: Butler, David/Ranney, Austin (Hrsg.), Electioneering. A Comparative Study of Continuity and Change. Oxford, 1992, S. 244-277.

Brettschneider, Frank: Der taktische und rationale Wähler. Über den Einfluß von Wahlumfragen auf das Wählerverhalten bei den Bundestagswahlen 1983 bis 1990. In: Politische Vierteljahresschrift 33 (1992), S. 55-72.

Brettschneider, Frank: Wahlumfragen und Medien – Eine empirische Untersuchung der Presseberichterstattung über Meinungsumfragen vor den Bundestagswahlen 1980 bis 1994. In: Politische Vierteljahresschrift 37 (1996), S. 475-493.

Brettschneider, Frank: Demoskopie im Wahlkampf – Leitstern oder Irrlicht? In: Klein, Markus/Jagodzinski, Wolfgang/Mochmann, Ekkehard/Ohr, Dieter (Hrsg.), 50 Jahre Empirische Wahlforschung in Deutschland. Entwicklung, Befunde, Perspektiven, Daten. Wiesbaden, 2000, S. 477-505.

Campbell, James/Garand, James, C. (Hrsg.): Before The Vote: Forecasting American National Elections. Thousand Oaks, 2000.
Cox, Gary W.: Making Votes Count. Cambridge: Cambridge University Press.
Crewe, Ivor: Saturation polling, the media and the 1983 election. In: Crewe, Ivor/Harrop, Martin (Hrsg.), Political Communications: The general election campaign of 1983. Cambridge, S. 233-253.
Daschmann, Gregor: Vox Pop & Polls: The Impact of Poll Results and Voter Statements in the Media on the Perception of a Climate of Opinion. In: International Journal of Public Opinion Research 12 (2000), S. 160-181.
Delli Carpini, Michael X.: Scooping the Voters? The Consequences of the Networks' Early Call of the 1980 Presidential Race. In: Journal of Politics 46 (1984), S. 866-885.
Donsbach, Wolfgang: Die Rolle der Demoskopie in der Wahlkampf-Kommunikation. In: Zeitschrift für Politik 31 (1984), S. 388-407.
Downs, Anthony: An Economic Theory of Democracy. New York, 1957
Engel, Andreas: Demoskopie als ein Instrument der Politikvermittlung. In: Sarcinelli, Ulrich (Hrsg.), Politikvermittlung. Beiträge zur politischen Kommunikationskultur. Stuttgart, 1998, S. 251-274.
Falter, Jürgen W.: Die Bundestagswahl von 1987: Ursachen und Auswirkungen des Wahlergebnisses, in: Haungs, Peter/Jesse, Eckhard (Hrsg.), Parteien in der Krise? In- und ausländische Perspektiven. Köln, 1987, S. 257-264.
Falter, Jürgen W./Schumann, Siegfried: Methodische Probleme von Wahlforschung und Wahlprognose. In: Aus Politik und Zeitgeschichte B43 (1989), S. 3-14.
Feld, Lars P./Kirchgässner, Gebhard: Erwartete Knappheit und die Höhe der Wahlbeteiligung: Empirische Ergebnisse für die neunziger Jahre. In: Klingemann, Hans-Dieter/Kaase, Max (Hrsg.) Wahlen und Wähler. Analysen aus Anlaß der Bundestagswahl 1998. Wiesbaden, 2001, S. 415-441.
Ferejohn, John A./Fiorina, Morris P.: Closeness Counts Only in Horseshoes and Dancing. In: American Political Science Review 69 (1975), S. 920-925.
Fuchs, Douglas A.: Election-Day Radio-Television and Western Voting. In: Public Opinion Quarterly 30 (1966), S. 226-236.
Furmaniak, Karl/Hoschka, Peter/Schunck, Hermann: Wahlforschung, Demoskopie und Politikberatung: Erwartungen, Möglichkeiten, Mißverständnisse – ein Erfahrungsbericht. In: Zeitschrift für Parlamentsfragen 6 (1975), S. 566-579.
Gallus, Alexander: Demoskopie in Zeiten des Wahlkampfs. In: Aus Politik und Zeitgeschichte (2002), S. 29-36.
Ginsberg, Benjamin: How Polling Transforms Public Opinion. In: Margolis, Michael/Mauser, Gary A. (Hrsg.), Manipulating Public Opinion. Pacific Grove, 1989, S. 271-293.
Granberg, Donald/Holmberg, Sören: The Political System Matters. Cambridge, 1988.
Gschwend, Thomas/Norpoth, Helmut: „Wenn am nächsten Sonntag…": Ein Prognosemodell für Bundestagswahlen. In: Klingemann, Hans-Dieter/Kaase, Max (Hrsg.) Wahlen und Wähler. Analysen aus Anlaß der Bundestagswahl 1998, Wiesbaden, 2001, S. 473-499.
Handrich, Lars/Roericht, Ute: Wahlprognosen mit Wahlbörsen. Das Berliner Beispiel 1999. In: Zeitschrift für Parlamentsfragen 29 (2001), S. 822-841.
Hartenstein, Wolfgang: Mit Prognosen leben: Der Einfluß von Wahlvoraussagen auf das Wählerverhalten. In: Böhret, Carl/Großer, Dieter (Hrsg.), Interdependenzen von Politik und Wirtschaft. Festschrift für Gert von Eynern, Berlin, 1967, S. 285-306.
Hilmer, Richard/Hofrichter, Jürgen: Wahltagsbefragungen in den neunziger Jahren: Überblick und Bilanz. In: Klingemann, Hans-Dieter/Kaase, Max (Hrsg.) Wahlen und Wähler. Analysen aus Anlaß der Bundestagswahl 1998. Wiesbaden, 2001, S. 443-472.

Kirchgässner, Gebhard: Der Einfluß von Meinungsumfragen auf das Wahlergebnis. In: Klingemann, Hans-Dieter/Kaase, Max (Hrsg.), Wahlen und politischer Prozeß. Analysen aus Anlaß der Bundestagswahl 1983. Opladen, 1986, S. 232-247.
Kirchgässner, Gebhard: Towards a theory of low-cost decisions, in: European Journal of Political Economy 8 (1992), S. 305-320.
Kunce, Mitch: Pre-election Polling and the Rational Voter: Evidence from State Panel Data (1986-1998). In: Public Choice 107 (2001), S. 21-34.
Lupri, Eugen: Soziologische Bedeutung der Wahlprognose. In: Hartmann, K.D. (Hrsg.), Politische Beeinflussung. Voraussetzungen, Ablauf und Wirkungen. Frankfurt/Main, S. 99-116.
McAllister, Ian/Studlar, Donley T.: Bandwagon, Underdog, or Projection? Opinion Polls and Electoral Choice in Britain, 1979-1987. In: Journal of Politics 53 (1991), S. 720-741.
Mendelsohn, Harold: Western Voting and Broadcasts of Results on Presidential Election Day. In: Public Opinion Quarterly 30 (1966), S. 212-225.
Nadeau, Richard/Niemi, Richard G./Amato, Timothy: Expectations and Preferences in British General Elections. In: American Political Science Review 88 (1994), S. 371-383.
Oberndörfer, Dieter: Politische Meinungsforschung und Politik. In: Oberndörfer, Dieter (Hrsg.), Wählerverhalten in der Bundesrepublik Deutschland. Berlin, 1978, S. 13-38.
Noelle-Neumann, Elisabeth: Das doppelte Meinungsklima. In: Politische Vierteljahresschrift 18 (1977), S. 408-451.
Pappi, Franz Urban/Thurner, Paul W.: Electoral Behavior in a Two-Vote-System: Incentives for Ticket Splitting in German Bundestag Elections. In: European Journal of Political Research 41 (2002), S. 207-232.
Pattie, Charles/Johnston, Ron: Voter Turnout at the British General Election of 1992: Rational Choice, Social Standing or Political Efficacy? In: European Journal of Political Research 33 (1998), S. 263-283.
Patterson, Thomas E.: The Mass Media Election: How Americans Choose Their President. New York, 1980.
Patterson, Thomas E.: Out of Order. New York, 1993.
Rattinger, Hans/Ohr, Dieter: Wahlprognosen in einer Welt ohne Stichprobenfehler: Analytische Überlegungen und empirische Befunde. In: Falter, Jürgen W./Rattinger, Hans/Troitzsch, Klaus G. (Hrsg.), Wahlen und politische Einstellungen in der Bundesrepublik Deutschland. Frankfurt/Main, 1989, S. 282-331.
Reumann, Kurt: Gibt es einen Fallbeil-Effekt für die kleinen Parteien? In: Frankfurter Allgemeine Zeitung vom 9.3.1983, S. 4.
Roth, Dieter: Empirische Wahlforschung. Opladen, 1998
Schmitt-Beck, Rüdiger: Maß Media, the Electorate, and the Bandwagon. A Study of Communication Effects on Vote Choice in Germany, in: International Journal of Public Opinion Research 8 (1996a), S. 266-291.
Schmitt-Beck, Rüdiger: Medien und Mehrheiten: Massenmedien als Informationsvermittler über die Wahlchancen der Parteien, in: Zeitschrift für Parlamentsfragen 27 (1996b), S. 127-144.
Schnell, Rainer: Nonresponse in Bevölkerungsumfragen. Opladen, 1997.
Schoen, Harald: Mehr oder weniger als fünf Prozent – ist das wirklich die Frage? in: Kölner Zeitschrift für Soziologie und Sozialpsychologie 51 (1999), S. 565-582.
Schoen, Harald: Appelle zu taktischem Wahlverhalten – effektive Werbung oder verfehlte Wahlkampfrhetorik? In: Falter, Jürgen/Gabriel, Oscar W./Rattinger, Hans (Hrsg.), Wirklich ein Volk? Opladen, 2000, S. 641-673.
Schönbach, Klaus/Semetko, Holli A.: Medienberichterstattung und Parteienwerbung im Bundestagswahlkampf 1990. In: Media Perspektiven 4/1994 (1994), 328-340.

Shaw, Daron R./Roberts, Brian E.: Campaign Events, the Media and the Prospects of Victory: The 1992 and 1996 US Presidential Elections, in: British Journal of Political Science 30 (2000), S. 259-289.

Sigelman, Lee/Bullock, David: Candidates, Issues, Horse Races, and Hoopla. Presidential Campaign Coverage, 1888-1988. In: American Politics Quarterly 19 (1991), S. 5-32.

Simon, Herbert A.: Bandwagon and Underdog Effects. In: Simon, Herbert A. (Hrsg.), Models of Man: Social and Rational. New York, 1957, S. 79-87.

Tsebelis, George: A General Model of Tactical and Inverse Tactical Voting. In: British Journal of Political Science 16 (1986), S. 395-404.

Tuchman, Sam/Coffin, Thomas E.: The Influence of Election Night Television Broadcasts in a Close Election. In: Public Opinion Quarterly 35 (1971), S. 315-326.

Uhlaner, Carol J./Grofman, Bernard: The race may be close but my horse ist going to win: Wish fulfillment in the 1980 presidential election, in: Political Behavior 8 (1986), S. 101-129.

Weßels, Bernhard: ‚Aufrichtiges' Wahlverhalten: Parteiorientierungen, Kandidatenbeurteilungen und generalisierte Politikdistanzen. In: Klingemann, Hans-Dieter/Kaase, Max (Hrsg.) Wahlen und Wähler. Analysen aus Anlaß der Bundestagswahl 1998. Wiesbaden, 2001, S. 695-716.

West, Darrell M.: Polling Effects in Election Campaigns. In: Political Behavior 13 (1991), S. 151-163.

Wildenmann, Rudolf: Macht und Konsens als Problem der Innen- und Außenpolitik. Frankfurt/Main:, 1963

Wilke, Jürgen/Reinemann, Carsten: Kanzlerkandidaten in der Wahlkampfberichterstattung. Eine vergleichende Studie zu den Bundestagswahlen 1949-1998, Köln u.a., 2000.

Zintl, Reinhard: Die Kriterien der Wahlentscheidung in Rational-Choice-Modellen. In: Rattinger, Hans/Gabriel, Oscar W./Jagodzinski, Wolfgang (Hrsg.), Wahlen und politische Einstellungen im vereinigten Deutschland. Frankfurt/Main, 1994, S. 501-523.

Alexander Geisler

Alte Gladiatoren, neue Arenen: Der Wahlkampf hält Einzug ins Internet

„Man wird Wahlen nicht durchs Internet gewinnen können, aber ohne das Netz wird man sie verlieren“ (Laurenz Meyer)

1. Einleitung: Internet, Wahlkampf und Demokratie

Bekenntnisse deutscher Politiker zum Internet gehören mittlerweile zum guten Ton des politischen Alltags. Ob sich die CDU der „konsequenten Nutzung der elektronischen Medien“ verschreibt, Guido Westerwelle seine FDP als „Partei der Internetnutzer“ (Katzensteiner 2001) etablieren sucht oder die SPD sich als „Netzwerk-“ bzw. „Onlinepartei“ (Gutschker 2001) profilieren will, die Maschen des World Wide Web scheinen so eng geworden zu sein, dass sich die deutschen Volksvertreter ihnen nicht mehr entziehen können. Damit vollzieht auch die Politik einen Trend nach, dem in zahlreichen gesellschaftlichen Bereichen enorme Veränderungspotenziale zugesprochen werden.

Kaum einer Entwicklung innerhalb der gegenwärtigen Medienlandschaft wurde in den vergangenen Jahren so intensive Aufmerksamkeit geschenkt wie dem scheinbar unaufhaltsamen Aufstieg des Internet. Trotz einer nachlassenden Euphorie in Sachen E-Commerce und E-Business, knüpfen sich an das Netz der Netze auch weiterhin große Erwartungen in ökonomischer, aber auch in politischer Hinsicht. Das Spektrum der diesbezüglichen Visionen reicht von der Überwindung klassischer Struktur- und Effizienzprobleme moderner Regierungsformen bis hin zur vielzitierten Hoffnung Al Gores auf eine modernisierte Neuauflage der direkten „athenischen Demokratie“. Während Utopisten bereits über die Möglichkeiten einer basisdemokratischen Weltregierung in Form einer „Digital Democracy“ räsonieren, warnen Skeptiker allerdings vor dem Schreckensszenario eines ausufernden „elektronischen Populismus“, in dem die Verantwortung für politische Grundsatzentscheidungen einer – gerade dem Medium Internet oft unterstellten – Flüchtigkeit und Beliebigkeit zum Opfer fallen könnte (vgl. Leggewie/ Bieber 2001, S. 37). Die

Annahme allerdings, dass dem jungen Medium Chancen und Risiken speziell im Hinblick auf die zukünftige Entwicklung der Demokratie innewohnen, ist weitgehend unbestritten:

„Das Netz ist nicht nur ein zusätzlicher Kommunikationskanal, sondern hat das Potential, die Gesellschaft und ihre traditionellen Institutionen zu prägen. Das Internet kann die Politik und die Demokratie grundlegend verändern. Es könnte dabei zum Schrittmacher für den Strukturwandel der Politik werden und zur Renaissance klassischer Prinzipien und Formen der Demokratie führen." (Siedschlag u.a. 2001: 10)

Wie aber sehen die konkreten Auswirkungen des Internet auf den angesprochenen Strukturwandel der Politik aus? Ein Blick auf die gegenwärtige Rolle des Netzes im politischen Prozess lässt es zumindest fraglich erscheinen, ob der Hoffnungsträger unter den elektronischen Medien seinen demokratietheoretischen Möglichkeiten gerecht wird. Insbesondere vor dem Spiegel der bundesrepublikanischen Situation ist zu beachten, dass viele Ergebnisse der gegenwärtigen Situation sich an US-amerikanischen Verhältnissen orientieren, die bestenfalls in modifizierter Form auf Deutschland übertragbar sind. Obwohl vieles darauf hindeutet, dass sich das politische System der BRD im Übergang von der Parteien- zur Mediendemokratie befindet, sind hierzulande noch immer Parteien die zentralen Träger politischer Integrations- und Artikulationsfunktionen. Wie sich das Verhältnis von Demokratie, Parteien und Medien in den vergangenen Jahren gewandelt hat, wird insbesondere anhand von Wahlkämpfen, die Kulminationspunkte in der Konkurrenz um öffentliche Zustimmung und letztlich politischen Einfluss darstellen, deutlich. Die Art und Weise, wie das Internet im Rahmen des Wahlkampfes zur Einbeziehung, Information und Beeinflussung der Wählerschaft genutzt wird, sollte somit ein wichtiger Indikator für den zukünftigen Charakter von Politikvermittlung und Demokratie der deutschen „Mediengesellschaft" (vgl. Saxer 1998) sein.

2. Parteien in der Mediokratie: Zum Wandel von politischen Prozessen und Strukturen in Deutschland

Gerade in Wahlkampfzeiten stellt sich die Frage, ob und inwiefern die Bekenntnisse der deutschen Politik zum Internet eher als Lippenbekenntnisse zu verstehen sind. Hierzu gilt es, Strukturen, Prozesse und Inhalte des Parteienwahlkampfes im Internet einer näheren Betrachtung zu unterziehen. Im Mittelpunkt soll insbesondere die Frage stehen, inwieweit gerade die partizipatorischen und direktdemokratischen Optionen des Mediums im Rahmen aktueller Wahlkampagnen integriert werden. Als Ausgangspunkt der diesbezüglichen Überlegungen soll an dieser Stelle die neue Rolle von mediatisierter Politikvermittlung für die im Modernisierungsprozess befindlichen Parteien (vgl. von Alemann u.a. 1998) dienen.

2.1 *Das unendliche Ende der Parteiendemokratie*

In der Geschichte politikwissenschaftlicher Gegenwartsanalysen haben Deutungen, die Krise und Untergang der Parteienherrschaft prophezeiten, eine lange Tradition (vgl. Sarcinelli 1998). Zwar lässt das von Richard Meng (1997) bereits diagnostizierte „Ende der Parteien" noch auf sich warten, es kann jedoch kaum ein Zweifel bestehen, dass sich das öffentliche Erscheinungsbild und die Arbeit der politischen Großorganisationen in den letzten Jahren einschneidend gewandelt hat:

„Politik und Parteien befinden sich mitten in einer Neuorientierung, in der sich die Frage nach dem Ort des Politischen neu stellt." (Immerfall 1998, S. 11)

Verantwortlich hierfür ist die anhaltende Virulenz schwerwiegender Strukturprobleme, mit denen sich mittlerweile nahezu alle relevanten Parteien des politischen Spektrums konfrontiert sehen. Gerade in den großen Volksparteien zehren Überalterung und Mitgliederschwund an ihrer internen Mobilisierungskraft, auch tragen mangelhafte innerparteiliche Partizipationsmöglichkeiten ihren Teil dazu bei, die Attraktivität der „Dinosaurier der Demokratie" (Rüttgers 1993) weiter zu vermindern (vgl. Kießling 2001: 29). Nach außen hin haben die Parteien vor allem mit dem allmählichen Wegbrechen ihrer Stammwählerpotenziale und der graduellen Partizipationsmöglichkeiten ihren Teil dazu bei, die Attraktivität der „Dinosaurier der Demokratie" (Rüttgers 1993) weiter zu vermindern (vgl. Kießling 2001: 29). Nach außen hin haben die Parteien vor allem mit dem allmählichen Wegbrechen ihrer Stammwählerpotenziale und der graduellen Entflechtung von sozialer Milieuzugehörigkeit und Parteiaffinität (Dealignment) zu kämpfen[1].

Da aber die Ausübung politischer Macht in demokratischen Gesellschaften sowohl begründungspflichtig als auch zustimmungsabhängig ist, bedeutet das für die Parteien einen verschärften Konkurrenzkampf um Aufmerksamkeit und Unterstützung unter den ungünstigen Vorzeichen schwindender organisatorischer Ressourcen. Den entsprechenden Anforderungen können Akteure des politischen Systems nur dann gerecht werden, wenn es ihnen gelingt, sich in den Meinungsbildungsprozess der Öffentlichkeit einzubringen und hierdurch Vertrauen in Form von Wählerstimmen zu erringen. Je stärker den Parteien ihre – vormals strukturell abgesicherten – direkten Zugänge zur Öffentlichkeit verloren zu gehen drohen, umso stärker sind sie zur Durchsetzung ihrer Themen, Positionen und Kandidaten darauf angewiesen, den Umweg über die massenmediale Vermittlung zu wählen. Auf diesem Kurs durchläuft die Politikvermittlung eine Transformation, die sich als graduelle

1 Diese resultieren, so eine weitverbreitete These, aus einer generellen Tendenz zur Individualisierung des gesellschaftlichen Umfeldes, also einer weitgehenden Entkopplung von individuellen Lebensstilen und soziostrukturellen Kategorisierungen, wie Schichtzugehörigkeit, Konfession usw. (vgl. Bürklin/ Klein: 81 f.).

Angleichung der Parteienlogik an die Selektionsregeln der Medienlogik beschreiben lässt.

„Im Gegensatz zur traditionellen Parteienlogik bedient sich die neue Medienlogik der Techniken des politischen Marketing. Sie denkt in strategischen Zielgruppen, begreift Wähler als Konsumenten und bemüht sich, ein symbolisches Produkt anzubieten, das in empirischer Kenntnis der Stimmungslagen und diffuser Emotionen einer launenhaften und unberechenbaren Wählerschaft konstruiert und mediengerecht vermarktet wird.“ (Plasser u.a. 1996, S. 86)

Insbesondere in Wahlkämpfen wird diese Neuausrichtung politisch-kommunikativer Parteiaktivitäten sichtbar und fand in den vergangenen Jahren ihren Niederschlag in zahlreichen Publikationen, die sich mit einer vermeintlichen „Amerikanisierung“ der Wahlkämpfe auseinandersetzen (vgl. Kamps 2000). Die entsprechenden Diagnosen machten sich hierbei an – empirisch mehr oder weniger gut dokumentierten – Tendenzen einer „zunehmenden Mediatisierung, Personalisierung und Entideologisierung“ fest, die Winfried Schulz als Charakteristika der zeitgenössischen politischen Kommunikation identifiziert (Schulz 1998: 379). Im Hinblick auf seine Eignung als Instrument der wissenschaftlichen Auseinandersetzung war der Amerikanisierungsbegriff allerdings von Anfang an umstritten. Ausgangspunkt der Kritik waren vor allem die Vielzahl von diffusen, teilweise sogar widersprüchlichen Implikationen, die alle unter dem Dach des gemeinsamen Schlagwortes Gültigkeit reklamieren.

Jenseits einer generell unterstellen Annährung von Politikvermittlung und Wahlkämpfen diesseits und jenseits des Atlantiks, herrscht weder Klarheit über die Reichweite, noch über die Richtung der Amerikanisierungsprozesse. Beispielsweise bleibt umstritten, ob die sich die entsprechenden Veränderungen auf die „Amerikanisierung von Wahlen und Wählern“ (Radunski 1996, S.34) reduzieren lassen, oder ob nicht auch die Medien oder gar das Erscheinungsbild der Politik generell amerikanisiert werden. Doch vor allem hinsichtlich der Einordnung und Bewertung ihrer Hintergründe existiert in Sachen „Amerikanisierung“ kein Konsens. In der Diskussion stehen zum einen Interpretationen, die unter dem Schlagwort eine einseitige Übernahmen US-amerikanischer Vorbilder verstehen, andere erkennen hierin eine wechselseitige Angleichung unterschiedlicher Wahlkampfmodelle im Sinne einer globalen Standardisierung. Eine dritte, modernisierungstheoretische Interpretation versteht „Amerikanisierung“ als Ausdruck gleichgerichteter gesellschaftlicher Veränderungen in den Gesellschaften moderner, westlicher Demokratien (vgl. Donges 2000). Angesichts dieser Unschärfen stellt sich mancher die Frage, ob eine „Amerikanisierung“ entweder bereits seit langem, oder eben gar nicht zu beobachten sei (Müller 1999).

Nicht zuletzt aufgrund der massiven Kritik an derart unpräzisen Prognosen und Diagnosen scheinen sich zum einen die modernisierungstheoretische Lesart und zum anderen eine allmähliche Abkehr vom Amerikanisierungsbegriff in der wissenschaftlichen Diskussion durchzusetzen. Das wissenschaftliche und öffentliche Interesse an den Symptomen unter der allzu glatten Oberfläche der

Amerikanisierungsdiskussion war damit aber keineswegs erloschen. An die Stelle der Generaldebatte um transatlantische Konvergenzen sind vielmehr eine Reihe von theoretischen Teilströmungen getreten, die einzelne Veränderungen in den Verflechtungen von Medien und Politik näher beleuchten.

Auch in diesem Kontext bestimmen die gewachsenen Selbstdarstellungszwänge und -bedürfnisse, mit denen sich demokratische Politik in der medialen Inszenierungsgesellschaft zu vermitteln sucht, den gemeinsamen Blickwinkel der Betrachtungen. Dies betrifft insbesondere die gezielte Integration von Unterhaltungselementen ins Instrumentarium der massenmedialen Politikvermittlung, die politische Personen und Positionen über den Umweg des „Politainment" öffentlich vermarkten und legitimieren will (vgl. Dörner 2000, S. 31f.).

2.2 *Moderner Parteienwahlkampf in der Mediendemokratie*

Im Zuge von Wahlkämpfen findet diese Entertainisierung der Politik ihren Höhepunkt. Hier reicht das Spektrum der zur Politikvermittlung genutzten Unterhaltungsformate von Talkshowauftritten, über diverse medienwirksam inszenierte Events (Fallschirmsprünge, Auftritte in Daily Soaps etc.), bis hin zur Teilnahme von Spitzenpolitikern an mehr oder weniger politisch fokussierten Internet-Chats.

Als ebenso charakteristisch für das Erscheinungsbild moderner Mediendemokratien dürfen Tendenzen gelten, die im Wahlkampf zum Einsatz gebrachten Methoden und Instrumente auch auf den Bereich der Routinepolitik auszudehnen. Dies bezieht sich insbesondere auf die kontinuierliche Absicherung politischer Strategien und Taktiken durch demoskopische Verfahren (vgl. Gallus 2002). Um für ihre politischen Ziele langfristig öffentliche Aufmerksamkeit und Zustimmung zu gewährleisten, stellen die Parteien, angesichts der erhöhten Flüchtigkeit der öffentlichen Meinung, ihre medienzentrierte Wahlkampfmaschinerie auf Dauer. Demokratische Politik präsentiert sich somit immer auch außerhalb des eigentlichen Wahlkampfes stärker im Gewande einer „permanenten Kampagne". Diese Entwicklung wird wiederum von einer intensivierten Professionalisierung der Wahlkampfkommunikation (vgl. Holtz-Bacha 2002) flankiert. So erfolgt die Anwendung demoskopischer Instrumente in der Regel durch hochspezialisierte, nicht direkt der Partei zugehörige Umfrageinstitute. Die Professionalisierung bezieht sich aber auch auf die Rückgriffe auf das Know-how von – in wachsendem Maße auch parteiexternen – Experten, die eine möglichst öffentlichkeits- und werbewirksamen Präsentation und Vermarktung der Themen, Images und Kandidaten garantieren sollen[2].

---

2 Professionalisierung und Entertainisierung betreffen sowohl mediatisierte und teilmediatisierte als auch die nichtmediatisierten Formen und Bereiche der Wahlkampfführung (vgl. Tenscher 1998). Der Mediatisierungsgrad bezeichnet hierbei die unter-

Professionell gestaltete politische Werbung und Öffentlichkeitsarbeit sind hierbei generell mit hohen Produktions- und Distributionskosten verbunden. Speziell im Hinblick auf das Fernsehen als dem „Leitmedium“ moderner Wahlkampfführung sehen sich die politischen Akteure bei der Wahl der einzusetzenden Mittel zudem mit beachtlichen Reglementierungshürden konfrontiert, die nur durch größere finanzielle Aufwendungen, beispielsweise für den Ankauf von Werbezeiten im Privatfernsehen, vermieden werden können. Auf Grund der langfristigen Ausrichtung der – von Pippa Norris als „postmodern“ (vgl. Norris 1997) charakterisierten – Art der zeitgenössischen Wahlkampfführung werden den Partien im Wahlkampf gewaltige finanzielle und organisatorische Aufwendungen abverlangt. Gerade hier treten die besonderen Vorzüge des Internet zu Tage, da es Politikern und Parteien die schnelle und vergleichsweise preiswerte Herstellung und Verbreitung eigener Medienangebote unter weitgehender Ausschaltung journalistischer Auswahl- und Interpretationsprozesse ermöglicht. Zudem hat sich auch in Deutschland der Anteil derjenigen, die auf die Dienste des Internet zurückgreifen, in den vergangenen Jahren enorm vergrößert. Von ca. vier Millionen Bundesbürgern 1997 hat sich die Zahl der deutschen Internetnutzer bis 2001 auf etwa 24 bis 25 Millionen versechsfacht (vgl. Abbildung 1). Mit der enorm gestiegenen Zahl der Internetuser scheint, so legen es aktuelle Studien nahe, auch ein Wandel in der Struktur der Nutzerschaft einhergegangen zu sein:

„Wurde noch 1997 die Klientel des Internets nahezu umfassend beschrieben durch die Attribute männlich, hochgebildet, 20 bis 39 Jahre alt, findet das Internet heute in Schichten Anwendung, die noch vor wenigen Jahren eine Minderheit unter den Nutzern dieses Mediums stellten“ (van Eimeren/Gerhard/Frees 20001:383).

Mittlerweile gehört fast jeder zweite Mann und nahezu jede dritte Frau der Internetgemeinde an. Auf seinem Siegeszug überwindet das Medium zunehmend auch Altersgrenzen und gewinnt vor allem bei Jugendlichen aber auch bei älteren Personen an Beliebtheit. Infolge dieser qualitativen und quantitativen Expansion stellt das Internet auch für die Parteienkommunikation eine nicht mehr zu vernachlässigende Größe dar. Und angesichts des günstigen Verhältnisses von Preis und Leistungspotentialen ist es deshalb kaum

---

schiedlichen Spielräume, die den politischen Handlungsträgern bei der Beeinflussung der kommunizierten Inhalte bleiben. Teilmediatisierte Kommunikationsformen, beispielsweise Talkshows und Interviews, erlauben es den politischen Akteuren, direkt auf Abläufe und Inhalte der Kommunikation einzuwirken. Im Gegensatz dazu entstehen vollmediatisierte Kommunikationsformen, z.B. Nachrichtenbeiträge und Artikel, erst durch die journalistische Bearbeitung der entsprechenden Meldungen. Nichtmediatisierte Formen der Politikvermittlung (Fernsehspots, Plakatwerbung etc.) erlauben es den Politkern hingegen, die Erfordernisse journalistischer Selektions- und Aufmerksamkeitskriterien gänzlich zu ignorieren und ihre Botschaften direkt an den Mann oder die Frau zu bringen.

verwunderlich, dass sich das Internet auch in der Bundesrepublik verhältnismäßig rasch als Medium der Wahlkampfführung etablieren konnte.

Abbildung 1: Entwicklung der Internetnutzung in Deutschland 1997-2001 in Mio. (%)[3] – auf der folgenden Seite

	1997	1998	1999	2000	2001
ARD/ZDF- Online Studie	4,1 (6,5)	6,6 (10,4)	11,1 (17,7)	18,3 (28,6)	24,8 (38,8)
GfK Online Monitor	4,4 (10)	6,0 (14)	10,8 (25)	18,0 (34)	24,2 (46)

Quellen: ARD/ZDF Studie 2001 (van Eimeren/Gerhard/Frees 2001:383); GfK Online Monitor 2001 (GfK 2001:8)

Auch im Vorfeld der anstehenden Bundestagswahlkampfes 2002 gehen viele Beobachter davon aus, dass der politischen Landschaft in Deutschland eine Online-Kampagne in bislang noch nicht gekanntem Ausmaß (vgl. z. B. Deggerich 2002) bevorstehe.

2.2 *Moderner Parteienwahlkampf im Internet*

Das Internet ist auch im Wahlkampf 2002 „in". Dies zeigen die forcierten Bemühungen der Parte, ihren Homepages im Netz frühzeitig ein „modisches Erscheinungsbild" (vgl. Seidler 2001) zu verpassen. Zudem wurden die für das Online-Angebot zuständigen Partei-Stäbe bzw. Redaktionen personell aufgestockt und mit der Einrichtung spezieller Kampagnen- und Kandidaten-Sites als Plattform für weitere Wahlkampfaktivitäten im Internet begonnen. Während die SPD (unter www.nichtregierungsfähig.de) seit Dezember 2001 Kommentare, Zahlen und Daten zum politischen Gegner anbietet, wartet die CDU – seit dem SPD-Bundesparteitag im November 2001 – mit einem Internet-Tool namens „Rapid Response" (auf der Website www.wahlfakten.de) auf, welches die Stellungnahmen des politischen Gegners entkräften soll. Ähnlich wie bei Bündnis 90/Die Grünen, deren überarbeiteter Webauftritt (www.gruene.de) den ersten „Schritt in den Wahlkampf" (Schielke 2001) markierte, erkennt man auch auf Seiten der Liberalen im Internet „das Informations- und Kommunikationsmittel überhaupt", wie es im Online-Wahlkampfhandbuch der FDP heißt. Entsprechend startete die Partei eine umfas-

3 Grundlage der hier präsentierten Daten sind zwei Studien zur Internetnutzung. Die ARD bzw. ARD/ZDF- Online Studie, erhebt hierzu seit 1997 bzw. 1998 im Jahresabstand Daten aus der Grundgesamtheit der bundsdeutschen Bevölkerung ab 14 Jahren. Der im Auftrag der Gesellschaft für Konsum-, Markt-, und Absatzforschung durchgeführte GFK Online-Monitor startete 2000/2001 bereits die siebte Untersuchungswelle. Hierbei bezieht sich die Studie jedoch lediglich auf die Grundgesamtheit der Bevölkerung zwischen 14 und 69 Jahren. Bis zur 5. Untersuchungswelle wurde lediglich die Altersgruppe zwischen 14 und 59 Jahren untersucht.

sende Fundraisinginitiative (www.achtzehnzweitausendzwei.de), um via Internet neue Finanzierungsquellen für den Wahlkampf zu erschließen. Die Netzpräsenz der PDS umfasst einerseits die traditionelle Parteihomepage (www.pds-online.de), andererseits ein umfassenderes Portal[4] (www.sozialisten.de) und schließlich die eigentliche Wahlkampfplattform (www.pds2002.de).

Das neue Gesicht des Internet-Wahlkampfs

Wurde dem Internetauftritt der Parteien vor dem Bundestagswahlkampf 1998 noch ein eher experimenteller Charakter zugesprochen, so dokumentieren zwischenzeitlich zahlreiche Beispiele auf Kommunal- (vgl. Bühl 2002) und Landesebene (vgl. Geisler/ Tenscher 2002) die politische Karriere des jungen Mediums. Die Zeiten, da die Netzauftritte der Parteien „kaum mehr als digitale Wiedergänger längst bekannter Glanzpapierwerbung“ (Bieber 1999: 102) darstellten, scheinen vorbei. Denn mit wachsenden Zugriffszahlen und einer gestiegenen medialen Aufmerksamkeit für die Potenziale des Internet haben sich auch die Anforderungen an einen „zeitgemäßen“ Netz-Auftritt erhöht. Entsprechend war man von Seiten der Parteien bemüht, die vormals kaum genutzten interaktiven und informativen Möglichkeiten des Netzes im Rahmen der Wahlkampagnen zu integrieren. Mittlerweile bietet das Netz ein breites und ausdifferenziertes Feld an Möglichkeiten zur wechselseitigen Kommunikation zwischen Parteien und Bürgern. Hervorzuheben sind in diesem Zusammenhang zunächst einmal die Etablierung sogenannter „Online Foren“ auf den entsprechenden Webseiten. Hier können die Besucher über zum Teil von den Parteien thematisch eingegrenzte, in der Hauptsache jedoch über selbst gewählte Themen diskutieren; das Angebot zum politischen Diskurs wendet sich dabei jedoch nicht an eine exklusive Zielgruppe, neben Parteimitgliedern können daran auch externe sowie gegebenenfalls konkurrierende Akteure, etwa die Angehörigen anderer Parteien, teilnehmen (Marschall 2001: 42). Mittlerweile haben sich diese Foren zu stark frequentierten Bereichen in der politischen Diskussion entwickelt. Auch aktuell dokumentieren das sogenannte „Klartext-“ Forum der SPD und das Online-Diskussionsangebot der CDU die hohe Beliebtheit entsprechender Offerten. Die Christdemokraten zählen nach eigenen Angaben im Tagesdurchschnitt knapp 600 neue Beiträge in ihrem Forum, wobei vor allem aktuelle Themen im Vordergrund stehen. Bei der SPD verzeichnete man 2001 insgesamt rund 135.000 Diskussionsbeiträge mit inhaltlichen Schwerpunkten im Bereich der Innen-, Rechts- und Gleichstellungspolitik (SPD 2001: 9-10). Ebenso große Popularität genießen die mehr oder weniger regelmäßigen Chats mit Spitzenpoliti-

4 Derzeit sehen Autoren wie Leggewie und Bieber die Partei-Websites in der Entwicklung zu politischen Web-Portalen, die ein umfassendes Dienstleistungsangebot bereithalten und – ähnlich wie die Portale reichweitenstarker, kommerzieller Internet-Anbieter – für ihre Nutzer einen Einstieg ins Internet, in diesem Fall in die politische Netzwelt anbieten (Leggewie/ Bieber 2001: 39).

kern, welche den Bürgern die Chance bieten, mit diesen in einen direkten – wenn auch computervermittelten – Kontakt zu treten.

Berücksichtigt werden muss dabei allerdings, dass sich allein aus dem erweiterten Kommunikationsangebot noch keine Schlüsse darüber ziehen lassen, inwieweit die von den Diskussionsteilnehmern vorgebrachten Anregungen tatsächlich in die politische Arbeit der Parteien einfließen. Beiträge von Politkern etwa, in einer früheren Phase durchaus regelmäßige Bestandteile (Bieber 1999: 105) der Diskussionsforen, sucht man mittlerweile praktisch vergebens; die Kommunikation in den Foren verläuft horizontal, d.h. die eigentlichen politischen Funktionsträger – sieht man von den Moderatorenhinweisen der jeweiligen Internet-Redaktionen ab – nehmen nicht teil. Häufig bleiben die Rückmeldungen der Nutzer somit ohne sichtbare Wirkung und obwohl die Diskussionsforen zu den interaktiven Kernelementen der Parteihomepages zu zählen sind, scheint ihre Bedeutung für Zwecke des Marketing zuweilen wichtiger zu sein als ihre Einbindung in den politischen Prozess (Rogg 2001: 37).

Insofern finden sich auch in gegenwärtigen Wahlkämpfen deutliche Indizien, dass die Parteien das Netz gelegentlich eher als „Verkündungsorgan" (Eckert 1999) denn als Forum des wechselseitigen Austausches mit dem Bürger begreifen. Besonders kritische Wahlkampfanalysten vermuten deshalb hinter der modernisierten Internetfassade lediglich den Wunsch der Parteien, sich nach außen hin ein modernes Erscheinungsbild zu geben und hierdurch Imagegewinne zu verbuchen (Müller 1998: 163).

Internet-Wahlkampf nach Innen

Diese Perspektive ignoriert jedoch die nicht zu vernachlässigende Bedeutung des Mediums für die Informations- und Kommunikationsprozesse *innerhalb* der Parteiorganisationen. Im Wahlkampf nehmen Bemühungen um die Mobilisierung, Information und Motivation der Mitglieder einen großen Teil der Parteiaktivität ein, weshalb die Parteien Möglichkeiten des Internet in diesem Bereich besonders extensiv nutzen. Entsprechend stellt der Aufbau von sogenannten „Virtuellen Parteizentralen" (Bieber 2001 b: 11-12), die unterschiedliche Ebenen und Strukturen unter dem Dach der zentralen Partei-Homepage miteinander verknüpfen, eine Schlüsselinnovation für die Parteipräsenzen im Internet dar. Im Rahmen von Wahlkampagnen soll hierdurch ein „schnelles und flächendeckendes Mobilisieren der aktiven Parteibasis und der im Wahlkampf involvierten Parteigliederungen" (Leggewie/ Bieber 2001: 40) ermöglicht werden. Die bereits bestehenden Online-Mitgliedernetze bieten in dieser Hinsicht die Umgebung, in der die neuesten Nachrichten aus der Wahlkampfzentrale, Werbematerialien und Broschüren oder das Wahlkampfhandbuch abgerufen werden können. Auch lassen sich hier Tipps für die Durchführung von Veranstaltungen austauschen und besondere Aktionen und Parteievents koordinieren. Die Pläne der CDU zur Etablierung einer „CDU-Community" können als exemplarisch für den hohen Stellenwert gelten, welche dem Ausbau der internen Vernetzung seitens der Parteien zugemessen wird. Das Projekt verfolgt das Ziel, im Rahmen der Kampagne 2002 jeden Verband der Partei per E-Mail erreichbar zu machen, um so die flächendeckende Verteilung von Informationen aus der Wahlkampfzentrale zu erleichtern.

Durch das Internet erweitern sich die Kommunikationsmöglichkeiten sowohl zwischen Parteiführung und Basis wie auch zwischen den Mitgliedern selbst. Diese Entwicklung wird allerdings maßgeblich durch das jeweilige Parteimanagement bestimmt und gesteuert; der Schwerpunkt liegt hierbei (in der Regel) auf der Erhöhung der Effizienz innerparteilicher top-down Kommunikation (vgl. von Alemann 1998). Mit anderen Worten: Die Parteibasis wird über das Internet zwar besser informiert, instruiert und motiviert – im Wahlkampf verbleiben die Strategie- und Entscheidungsfindung jedoch regulär in den Händen der Parteispitzen und ihrer Kampagnenorganisationen. Diese orientieren sich bei der Ausgestaltung ihrer Netzaktivitäten zumeist an Vorbildern aus den USA.

Transatlantische Inspirationen

Die dortigen Erfahrungen ließen deutsche „Netzwahlkämpfer" insbesondere auf zwei Instrumente (vgl. Bieber 2001a) aufmerksam werden, die sich im Rahmen des Online-Wahlkampfes aus der Präsidentschaftskampagne 2000 bewährt haben. Erstens das „Online-Fundraising", also das – im Kontext des FDP-„Bürgerfonds für Deutschland" bereits erwähnte – Sammeln von Spenden per Internet. Zweitens ist in diesem Zusammenhang das sogenannte „Voter-Targeting", wie die gezielte Ansprache potenzieller Wähler und Sympathisanten via E-Mail bezeichnet wird, zu nennen. Mittlerweile bieten praktisch alle Parteien auf ihren Websites die Möglichkeit, *online,* d.h. per Kreditkartenzahlung, zu spenden. Teilweise vereinfachen sie auch den Vorgang durch das Bereitstellen der notwendigen Formulare als Downloadversionen.

In der Nutzung von E-Mails als Wahlkampfmittel sind die deutschen Parteien derzeit jedoch weitaus zurückhaltender als ihre US-amerikanischen Vorbilder. So wird das zielgerichtete Versenden von E-Mails – etwa an Personen, die hierzu gegenüber den Parteien ihre „Bereitschaft" erklärt haben, indem sie z.B. bei früheren Kontakten ihre E-Mail-Adresse sowie weitere persönliche Angaben mitgeteilt haben – zwar als mögliche Option erachtet, an einen massenhaften Versand von E-Mails („Spamming") wird jedoch, zumindest bislang, offenbar noch nicht gedacht (Seidler 2001). Ähnlich wie beim Einsatz von „Negative Campaigning"-Strategien (vgl. Kaltenthaler 2000), die auf eine gezielte Beschädigung gegnerischer Partei- und Kandidatenimages abheben, zeigt sich auch hier, dass man in der Bundesrepublik mit dem Einsatz allzu aggressiver Wahlkampfmethoden eher vorsichtig ist.

Ergänzend zu den beiden skizzierten Entwicklungen verdient auch die Integration von Spiel- und Spaßelementen in den Internetwahlkampf Erwähnung. So finden sich auf den Wahlkampfseiten der Parteien, neben allen Arten technischer „Gags“ und Spielereien, auch unterhaltsame Werbemotive, etwa in Form von den politischen Gegner persiflierenden Online-Postkarten. Hierin mag man eine digitale Form der politischen Entertainisierung erkennen. Unterm Strich zeigt sich aber auch im Bereich des Netzwahlkampfes, dass in Deutschland höchstens von einem Fall „bedingter Amerikanisierung“ (Holtz-Bacha 2000) auszugehen ist.

2.3 Überhöhte Hoffnungen

Eine Bewertung der Entwicklungen im Verhältnis von Wahlkampf, Parteien und Internet muss, auf Grund der spezifischen Eigenheiten des Mediums und seiner Nutzer, ambivalent ausfallen. Mit Sicherheit bietet das Netz den Parteien die Chance, mit den Wählern in direkten Kontakt zu treten und somit vorhandene Berührungsängste abzubauen. Vom heimischen PC aus erlaubt es das Medium, schnell und vergleichsweise unkompliziert an Informationen zur politischen Arbeit und Programmatik der Parteien zu gelangen. Hierbei ist jedoch zu berücksichtigen, dass die Parteien mit ihren Angeboten im Internet vor allem mit denjenigen in Kontakt treten, die ohnehin zur Gruppe der politisch aktiven bzw. stark an Politik Interessierten zu zählen sind. Dass über das Internet der Kontakt mit bislang politisch Uninteressierten hergestellt werden kann, ist dagegen eher unwahrscheinlich. Seinem grundlegenden Charakter nach ist das Internet ein „Pull Medium“ (vgl. Kuhlen 1999), dessen Inhalte von den Nutzern selektiv nach ihrer jeweiligen Interessenlage abgefragt werden. Ein Großteil der Internetuser ist jedoch keineswegs primär auf der Suche nach politischen Informationen. Gerade wenn es um die Erschließung von partizipativen Chancen der Netzkommunikation geht, wird außerdem deutlich, dass der typische Internetanwender – trotz des allmählichen Strukturwandels der Nutzerschaft – zumindest in Sachen Bildung eher zu einer nichtrepräsentativen Elite gehört. Während weit über die Hälfte derjenigen mit Abitur oder Universitäts-Abschluss das Netz nutzen, sind nur ein Fünftel der Personen mit Volkschulbildung als höchstem formalen Abschluss online (van Eimeren/Gerhard/ Frees 2001: 383). Insofern ist nicht auszuschließen, dass die – online wie offline – häufig beklagte mangelnde Partizipationsbereitschaft nicht nur ein Ausdruck technischer Kommunikationshindernisse, sondern durch einen generell verbreiteten Mangel an politischem Interesse bedingt wird (vgl. Donges/Jarren 1999). Deshalb erscheint es auch zumindest fragwürdig, ob die Parteien ausgerechnet im „Informationsdschungel Internet“ (Meckel 1999: 234) für ihre Angebote eine höhere Aufmerksamkeit als in den traditionellen Medien erzielen können.

Gerade in Wahlkampfzeiten wird zudem deutlich, wie weit die vielgepriesenen (demokratie-)theoretischen Potentiale des Mediums hinter seiner Nutzung als Instrument der traditionellen Wahlkampagnen zurückbleiben.

Zwar eröffnet das Internet für Bürger, aber auch für Mitglieder, erweiterte Spielräume, sich aktiv in die Arbeit der Parteien einzubringen. Bedeutung und Einfluss der neuen, internet gestützten Beteiligungsformen sind jedoch – speziell in Wahlkämpfen – in hohem Maße abhängig von der Einbindung in bestehende Strukturen und Verfahren der Parteiorganisationen. So steigern die interaktiven Potenziale des Internet die Möglichkeiten, unter Umgehung der Massenmedien direkt mit dem Bürger in Kontakt zu treten. Ihre Grenzen findet die verdichtete Kommunikation zwischen Politik und Bürgern jedoch in der Bereitschaft und den Kapazitäten auf Seiten der Parteien, die via Internet an sie herangetragenen Bedürfnisse und Forderungen zu verarbeiten.

Dass die Parteien die direktdemokratischen Komponenten der Netzkommunikation eher zögerlich umarmen, muss nicht verwundern. In gewisser Weise stehen sich die politisch-kommunikativen Chancen des Internet und die strukturellen Gegebenheiten der Parteiendemokratie geradezu diametral gegenüber. In der bundesrepublikanischen Demokratie beanspruchen Parteien die zentrale Position als Mittler im Prozess der wechselseitigen Kommunikation zwischen Öffentlichkeit und Staatsorganen: „Wie keinem anderen Akteur im politischen Prozess des demokratischen Systems kommt den Parteien [...] eine besondere kommunikative Scharnierfunktion zu“ (Sarcinelli 1998: 277).

Langfristig müssten die Parteien durch mehr direkte Demokratie einen Verlust ihrer Integrations- und Artikulationsmonopole befürchten. Denn in „der Netzpolitik ist der spannungsreiche Gegensatz zwischen Individuum und Gesellschaft schon durch die Art der Technik konstruktiv überbrückt“ (Siedschlag u.a. 2001: 12). Gerade diese Brückenposition zwischen Bürger und Staat wollen jedoch die Parteien für sich beanspruchen. Insofern geht die an (quasi-parteilosen) amerikanischen Verhältnissen orientierte Debatte um Internet, Öffentlichkeit und Demokratie zumindest an der bundesrepublikanischen Wahlkampfrealität vorbei. Auch das Beispiel des aktuellen Bundestagswahlkampfes 2002 dürfte zeigen, dass sich das Internet im Rahmen der Parteikampagnen nahtlos in den Kanon klassischer Wahlkampfmedien einfügt. Als schneller und kostengünstiger Informationsträger ist es sicherlich geeignet die Kommunikation innerhalb- und außerhalb der Parteiorganisationen effizienter zu gestalten. Eine grundlegende Neuausrichtung der politischen Meinungsbildungs- und Entscheidungsfindungsprozesse durch das Netz ist vorerst jedoch weder zu beobachten, noch zu erwarten. Mit der multimedialen Inszenierung des Internet als Beweis für die eigene Modernität und Zukunftsfähigkeit schaffen sich die Wahlkampforganisationen lediglich ein neues zeitgemäßes Forum, für das mitunter allerdings eigene Regeln gelten (vgl. Bieber 2001; Clemens 1998). Von der Vision einer direktdemokratischen Agora scheint das Internet im Wahlkampf als primär parteizentrierte Arena allerdings weit entfernt.

Literatur

Alemann, Ulrich von/ Heinze, Rolf G./ Schmid, Josef: Parteien im Modernisierungsprozeß. Zur politischen Logik der Unbeweglichkeit. In: Aus Politik und Zeitgeschichte (1998) B 1-2, S. 29-36

Bieber, Christoph: „Politische *Online*-Inszenierungen“. In: Kleinsteuber, Hans J. (Hrsg.): Aktuelle Medientrends in den USA. Journalismus, politische Kommunikation und Medien im Zeitalter der Digitalisierung. Wiesbaden, 2001 (a), S. 265-279

Bieber, Christoph: Internet, Parteienkommunikation, Multimediapolitiker. Eine Einführung. In: ParteiPolitik2.0. Der Einfluss des Internet auf parteiinterne Kommunikations- und Organisationsprozesse. Bonn: (Studie für die Friedrich-Ebert-Stiftung), 2001 (b), S. 6-27

Bieber, Christoph: Politische Projekte im Internet. Online Kommunikation und politische Öffentlichkeit. Frankfurt(Main)/New York, 1999

Bühl, Jürgen: Kommunalqual auch im Web. http://www.politik-digital.de/wahlkampf/bayern/kommunal.shtml, 2002

Bürklin, Wilhelm/Klein, Markus: Wahlen und Wählerverhalten. Eine Einführung, Opladen, 1998

Clemens, Detlev: Wahlkampf im Internet. In: Gellner, Winand/Korff, Fritz von (Hrsg.): Demokratie und Internet. Baden-Baden, 1998, S.143-157

Deggerich, Markus: Ins Netz gegangen. http://www.spiegel.de/netzwelt/politik/0,1518,178576,00.html, 2002

Dörner, Andreas: Politainment. Politik in der medialen Erlebnisgesellschaft. Frankfurt, 2000

Donges, Patrick: Amerikanisierung, Professionalisierung, Modernisierung? Anmerkungen zu einigen amorphen Begriffen. In: Kamps, Klaus (Hrsg.): Trans-Atlantik-Trans-Portabel? Die Amerikanisierungsthese in der politischen Kommunikation. Wiesbaden, 2000, S. 27-42

Donges, Patrick/Jarren, Otfried: Politische Öffentlichkeit durch Netzkommunikation?. In: Kamps, Klaus (Hrsg.): Elektronische Demokratie? Perspektiven politischer Partizipation. Opladen, 1999, S. 85-108

Eckert, Angelika: Wahlkrampf. http://www.politik-digital.de/text/netzpolitik/weboffensive/wahlkrampf.shtml,1999

Eimeren, Birgit van/Gerhard, Heinz/Frees, Beate: ARD/ZDF-Online Studie 2001: Internetnutzung stark zweckgebunden. In: Media Perspektiven (2001) 8, S. 382-397

Geisler, Alexander/Tenscher, Jens: „Amerikanisierung“ der Wahlkampagne? Zur Modernität von Kommunikationsstrukturen und –strategien im nordrhein-westfälischen Landtagswahlkampf 2000. In: Sarcinelli, Ulrich/Schatz, Heribert (Hrsg.): Mediendemokratie im Medienland?. Inszenierungen und Themensetzungsstrategien im Spannungsfeld von Medien und Parteieliten am Beispiel der nordrhein-westfälischen Landtagswahl 2000. Opladen, 2002, S. 53-117

Gutschker, Thomas: Der sozialdemokratische Traum von der Netzwerkpartei. Das Internet als Jungbrunnen. In: Frankfurter Allgemeine Zeitung, 03.7.2001, S. 3

Holtz-Bacha, Christina: Massenmedien und Wahlen. Die Professionalisierung der Kampagnen. In: Aus Politik und Zeitgeschichte (2002) B 15-16. 2002, S. 23-28

Holtz-Bacha, Christina: Entertainisierung der Politik. In: Zeitschrift für Parlamentsfragen (2000) 1, S. 156-166

Immerfall, Stefan: Strukturwandel und Strukturschwächen der deutschen Mitgliederparteien. In: Aus Politik und Zeitgeschichte (1998) B 1-2, S. 3-12

Kaltenthaler, Heike: ‚Negative Campaigning‘ in den USA. (K)ein Szenario für Deutschland? In: Forschungsjournal Neue Soziale Bewegungen (2000) 3, S. 25-36

Kamps, Klaus (Hrsg.): Trans-Atlantik-Trans-Portabel? Die Amerikanisierungsthese in der politischen Kommunikation. Wiesbaden, 2000
Katzensteiner, Thomas: Beim Webauftritt haben deutsche Politiker viel von den USA gelernt – Neue Möglichkeiten für Wahlkampf und Spendenaquisen. In: Handelsblatt, 6.6. 2001, S. 5
Kießling, Andreas: Politische Kultur und Parteien in Deutschland. Sind die Parteien reformierbar? In: Aus Politik und Zeitgeschichte (2001) 10, S. 29-37
Kuhlen, Rainer: Die Mondlandung des Internet. http://www.politik-digital.de/text/netzpolitik/weboffensive/mond.shtml, 1999
Leggewie, Claus/ Bieber, Christoph: Interaktive Demokratie. Politische Online-Kommunikation und digitale Politikprozesse. In: Aus Politik und Zeitgeschichte (2001) B 41-42, S. 37-45
Marschall, Stefan: Parteienwandel durch Netzkommunikation. In: Meier-Walser, Reinhard C./ Harth, Thilo (Hrsg.): Politikwelt Internet. Neue demokratische Beteiligungschancen mit dem Internet? München, 2001, S. 29-47
Meng, Richard: Nach dem Ende der Parteien. Politik in der Mediengesellschaft. Marburg, 1997
Meckel, Miriam: Cyberpolitics und Cyberpolity. Zur Virtualisierung politischer Kommunikation. In: Kamps, Klaus (Hrsg.) Elektronische Demokratie? Perspektiven politischer Partizipation. Opladen/ Wiesbaden, 1999, S. 229-244
Müller, Albrecht: Von der Parteiendemokratie zur Mediendemokratie. Beobachtungen zum Bundestagswahlkampf 1998 im Spiegel früherer Erfahrungen, Opladen, 1999
Müller, Christian J.: Parteien im Internet, In: Gellner, Winand/Korff, Fritz von: Demokratie und Internet, Baden-Baden, 1998, S. 157-169
Norris, Pippa: Introduction: The Rise of Postmodern Political Communications?. In: dies. (Hrsg.): Politics and the Press. The News Media and Their Influences, Boulder (CO), 1997, S. 1-21
Plasser, Fritz/Sommer, Franz/Scheucher, Christian: Medienlogik: Themenmanagement und Politikvermittlung im Wahlkampf. In: Plasser, Fritz/ Ulram, Peter A./ Ogris, Günther (Hrsg.): Wahlkampf und Wählerentscheidungen. Analyse zur Nationalratswahl 1995. Schriftenreihe des Zentrums für angewandte Politikforschung, Bd. 11, Wien, 1996, S. 85-111
Radunski, Peter: Politisches Kommunikationsmanagement. Die Amerikanisierung der Wahlkämpfe. In: Bertelsmann Stiftung (Hrsg.): Politik überzeugend vermitteln. Wahlkampfstrategien in Deutschland und den USA. Gütersloh, 1996, S. 33-52
Rogg, Arne: Computervermittelte Partizipation und die großen deutschen Parteien. In: Siedschlag, Alexander/Bilgeri, Alexander/Lamatsch, Dorothea (Hrsg.): Kursbuch Internet und Politik. Band 1/2001: Elektronische Demokratie und Virtuelles Regieren. Opladen, 2001, S. 27-46
Rüttgers, Jürgen: Dinosaurier der Demokratie. Wege aus der Parteienkrise und Politikverdrossenheit. Hamburg, 1993
Sarcinelli, Ulrich: Parteien und Politikvermittlung: von der Parteien- zur Mediendemokratie? In: ders. (Hrsg.): Politikvermittlung und Demokratie in der Mediengesellschaft. Bonn, Bd. 353, 1998, S. 273-296
Saxer, Ulrich: Mediengesellschaft. Verständnisse und Missverständnisse. In: Sarcinelli, Ulrich (Hrsg.): Politikvermittlung und Demokratie in der Mediengesellschaft. Bonn, Bd. 352,1998, S. 52-73
Schielke, Mandy: Der grüne Wahlkampf 2002. Image plus Inhalt ist gleich Erfolg? http://www.politik-digital.de/wahlkampf/bundestagswahl2002/vorb_gruene.shtml., 2001
Schulz, Winfried: Wahlkampf unter Vielkanalbedingungen. Kampagnenmanagement, Informationsnutzung und Wählerverhalten. In: Media Perspektiven (1998) 8, S. 378-391

Seidler, Christoph: Wahlkampf-Spam? Wir? Nie! http://www.spiegel.de/netzwelt/politik/0,1518,138180,00.html, 2001

Siedschlag, Alexander/ Bilgeri, Alexander/ Lamatsch, Dorothea (Hrsg.): Kursbuch Internet und Politik. Bd. 1. Elektronische Demokratie und Virtuelles Regieren. Opladen. 2001

SPD: www.spd.de. Facts & Figures 2000-2001. Berlin, 2002 (Parteimaterial)

Tenscher, Jens: Politik für das Fernsehen – Politik im Fernsehen. Theorien, Trends und Perspektiven. In: Sarcinelli, Ulrich (Hrsg.): Politikvermittlung und Demokratie in der Mediengesellschaft. Bonn, Bd. 352, 1998, S. 184-208

Markus Klein

Die Verbundanalyse als Instrument zur zielgruppenspezifischen Optimierung von Wahlprogrammen

1. Einleitung und Problemstellung

Den Wahlprogrammen, die die politischen Parteien im Vorfeld von Wahlen formulieren, kommt demokratietheoretisch eine herausragende Bedeutung zu. Denn ungeachtet aller aktuellen Diskussionen um eine tatsächliche oder vermeintliche Personalisierung der Politik wird das demokratietheoretische Ideal des mündigen Wählers auch weiterhin in einem Bürger gesehen, der die politischen Angebote der verschiedenen konkurrierenden Parteien gegeneinander abwägt und sich dann für dasjenige Wahlprogramm entscheidet, das seiner Ansicht nach am ehesten das Gemeinwohl fördert. Dies mag erklären, warum die Parteien vor den Wahlen einen durchaus beachtlichen Aufwand mit der Formulierung ihrer Wahlplattformen treiben. Keine Partei will sich ohne umfassende programmatische Antworten auf die drängenden politischen Fragen der Gegenwart ihren Wählern präsentieren. Würde eine Partei auf die Formulierung einer Wahlplattform verzichten, so würde ihr dies von der Presse und ihren politischen Gegnern im Wahlkampf als gravierendes Defizit vorgehalten. Aber auch die Wähler wären mit Sicherheit irritiert, wenn eine Partei im Wahlkampf nicht offenlegen würde, welche politischen Projekte sie nach der Wahl im Erfolgsfalle umsetzen will.

Während also die Nicht-Existenz einer Wahlplattform für die Parteien durchaus schädliche Wirkungen entfalten kann, stellt sich umgekehrt die Frage, welchen Einfluß die Inhalte der von den Parteien formulierten Wahlplattformen auf die Wahlentscheidung der Bürger und damit das Wahlergebnis letztlich wirklich ausüben. Kann man doch nicht unbesehen davon ausgehen, daß die Mehrheit oder auch nur ein nennenswerter Teil der Wähler vor ihrem Urnengang die Wahlprogramme der konkurrierenden Parteien konsultieren. Den Parteien gelingt es im Wahlkampf daher bestenfalls, einige wenige ihrer Positionen zu den wichtigen Streitfragen den Wählern zu vermitteln. Diese subjektiv wahrgenommenen Standpunkte der Parteien aber üben einen empirisch nachweisbaren Einfluß auf die Wahlentscheidung der Wähler aus, wobei der Einfluß der politischen Sachfragen im Vergleich zu den langfristigen Bindungen an die Parteien und der Bewertung des politischen Spitzenpersonals in der Regel nur eine nachrangige Bedeutung besitzt. Bei einzelnen Wahlen aber mag eine Situation eintreten, wo besonders bedeutsame Streitfragen wahlentscheidende Bedeutung erlangen. Als Beispiel läßt sich die Bundestagswahl 1990 anführen, deren Ausgang maßgeblich vom Streit um die deutsche Einheit bestimmt war. Darüber hinaus läßt die in den letzten Jahren zu beobachtende Auflösung affektiver Parteibindungen und die zunehmende Individualisierung der Wahlentscheidung in nächster Zeit eine steigende Bedeutung von Sachfragen für die Wahlentscheidung erwarten.

Im Rahmen der Wahlkampfplanung der Parteien sollte daher der Optimierung der den Wählern jeweils konkret angebotenen Wahlprogramme eine zentrale Bedeutung zukommen. Dabei ist sicherlich zu beachten, daß Wahlprogramme nicht beliebig manipuliert und gestaltet werden können, da sich in ihnen die politischen Grundüberzeugungen und Traditionen der Parteien niederschlagen. Gleichwohl stellt sich den politischen Parteien das Problem, eine Wahlplattform zu formulieren, die auf möglichst großen Rückhalt in der Bevölkerung trifft. Eine solche Wahlplattform sollte die eigenen Stammwähler nicht verprellen, gleichzeitig aber auch für ungebundene Wechselwähler attraktiv sein. Im Prozeß der Optimierung von Wahlprogrammen ist also auf die durchaus heterogenen Präferenzstrukturen unterschiedlicher Bevölkerungssegmente und Zielgruppen Rücksicht zu nehmen. Im vorliegenden Aufsatz wird mit der *Verbund-Analyse* (auch: *Conjoint-Analyse*, *Conjoint-Measurement* oder *Trade-Off-Analyse*) ein Verfahren vorgestellt, das bei genau diesem Problem der zielgruppenspezifischen Optimierung von Wahlprogrammen wertvolle Dienste leisten kann.

2. Die Verbundanalyse als dekompositionelles Verfahren zur Analyse der Bewertungen von Wahlprogrammen

Anders als in einer direkten Demokratie stehen in einer parlamentarischen Demokratie nicht einzelne politische Sachfragen zur Abstimmung, sondern vielmehr die Wahlplattformen der Parteien. In ihren Wahlplattformen nehmen die Parteien Stellung zu den verschiedenen politischen Problemen und Fragen, die im Vorfeld einer Wahl diskutiert werden. Das Wahlprogramm einer Partei setzt sich folglich aus ihren Standpunkten bezüglich der verschiedenen aktuellen politischen Streitfragen zusammen. Formal betrachtet handelt es sich bei Wahlprogrammen also um sog. *multiattributive* Objekte, die über die jeweils spezifischen Ausprägungen mehrerer Objektattribute charakterisiert werden können. Die Urteile der Wähler über die von den verschiedenen Parteien angebotenen Wahlplattformen stellen dementsprechend einen Anwendungsfall für das *multiattributive Präferenzstrukturmodell* dar. Dieses nimmt seinen Ausgangspunkt in den Präferenzen für multiattributive Beurteilungsobjekte und untersucht, welchen Beitrag die konkreten Ausprägungen der einzelnen Attribute eines Objekts zu dessen Gesamtbeurteilung leisten. Die relevanten *Attribute* der im folgenden zu untersuchenden Wahlplattformen sind dabei die konkreten politischen Streitfragen, zu denen diese Stellung beziehen. Die *Ausprägungen* dieser Objektattribute wiederum stellen die Standpunkte dar, die die Parteien hinsichtlich der verschiedenen Streitfragen einnehmen.

Die Operationalisierung multiattributiver Präferenzstrukturmodelle kann über *kompositionelle* und *dekompositionelle* Verfahren erfolgen. Im Rahmen einer *kompositionellen* Vorgehensweise müssen die Befragten zunächst für jedes der untersuchten Objektattribute die verschiedenen möglichen Ausprägungen bewerten. Anschließend werden sie gebeten, für jedes der untersuchten Attribute dessen subjektive Wichtigkeit anzugeben. Die Bewertungsfunktion eines Attributs ergibt sich dann einfach als das Produkt aus der subjektiven Wichtigkeit dieses Attributs und der subjektiven Bewertung seiner jeweils konkret gegebenen Ausprägung. Da im Rahmen multiattributiver Präferenzstrukturmodelle in der Regel eine sog. *kompensatorische Beziehung* zwischen den verschiedenen Objektattributen angenommen wird, also davon ausgegangen wird, daß die Befragten die verschiedenen als substituierbar angesehenen Objektattribute gegeneinander abwägen, wird der Gesamtnutzen eines Objekts anschließend *additiv* aus den mit den einzelnen Objektattributen verbundenen *Teilnutzenwerten* zusammengesetzt. Dies entspricht weitgehend dem bisherigen Vorgehen in der Empirischen Wahlforschung im Rahmen sog. *räumlicher Modelle der Parteienkonkurrenz*: Hier müssen die Befragten ihren eigenen sowie die subjektiv wahrgenommenen Standpunkte der verschiedenen Parteien auf einer bipolaren Policy-Skala angeben, wobei davon ausgegangen wird, daß diese Skala „ein stetig verlaufendes Kontinuum von Maßnahmen bezüglich einer politischen Streitfrage darstellt und jede einzelne Position auf dieser Skala einen bestimmten Grad, eine klar definierte Abstufung hinsichtlich des Ausmaßes dieser Maßnahmen repräsentiert" (Behnke 1999: 66). In Abbildung 1 ist am Beispiel der Streitfrage „Kernenergie" eine solche Policy-Skala veranschaulicht.

Abb. 1: Beispiel für eine Policy-Skala im Rahmen räumlicher Modelle der Parteienkonkurrenz

weiterer Ausbau der Kernenergie	1	2	3	4	5	6	7	sofortige Abschaltung aller Kernkraftwerke

Die Bewertung der einzelnen möglichen Standpunkte bezüglich der untersuchten Streitfragen ergibt sich im Rahmen räumlicher Modelle der Parteienkonkurrenz dann einfach durch die jeweilige Distanz zum Standpunkt des Befragten. Für jede der untersuchten Streitfragen kann damit für jeden Befragten die Policy-Distanz zu den verschiedenen politischen Parteien berechnet werden. Diese Distanzen werden mit der subjektiven Wichtigkeit der betreffenden Streitfrage für den Befragten, die über eine einfache Rating-Skala erhoben wird, gewichtet und anschließend für die verschiedenen Parteien aufsummiert. Für jede Partei ergibt sich so ein globales Maß der programmatischen Nähe zu den Standpunkten des Befragten.

Als Nachteil einer solchen kompositionellen Operationalisierung multiattributiver Präferenzstrukturmodelle ist anzusehen, daß die Probanden die untersuchten Wahlplattformen nicht ganzheitlich beurteilen müssen. Vielmehr bewerten sie die verschiedenen Streitfragen unabhängig voneinander. Dies ist problematisch, da die Befragten keinen trade-off zwischen den konkreten Ausprägungen der verschiedenen Streitfragen vornehmen müssen und folglich dazu tendieren, alle untersuchten Streitfragen für sehr wichtig zu halten. Erst bei einer gleichzeitigen Betrachtung und Abwägung *aller* Eigenschaften eines Objektes erhält man in der Regel eine valide Messung ihrer relativen Bedeutsamkeiten (Johnson 1974). Die Ergebnisse vieler experimenteller Studien zeigen, daß Befragte in der Regel nicht in der Lage sind, valide Angaben darüber zu machen, welche Bedeutung den verschiedenen Eigenschaften der in einer konkreten Entscheidungssituation zur Wahl stehenden Alternativen bei ihrer Urteilsbildung letztlich zukommt, wenn man sie direkt danach fragt (Slovic/Fleissner/Baumann 1972; Scott/Wright 1976). Nisbett und Wilson (1977) bestreiten gar „jegliche Einsicht in kognitive Prozesse höherer Ordnung ... Nach ihrer Meinung ist es lediglich möglich, das Produkt eines Entscheidungsprozesses bewußt zu verbalisieren, nicht jedoch den Entscheidungsprozeß selbst“ (Behnke 1999: 112).

Bei der Verbundanalyse handelt es sich demgegenüber um ein *dekompositionelles Verfahren* zur Operationalisierung multiattributiver Präferenzstrukturmodelle. Die Verbundanalyse stellt kein eigenständiges statistisches Verfahren dar (vgl. Schubert 1991: 136; Böcker 1986: 564), sondern vielmehr eine Kombination eines Meßmodells mit einem statistischen Schätzalgorithmus. Das Meßmodell der Verbundanalyse besteht dabei in einem experimentellen Design, in dessen Rahmen der Forscher die unabhängigen Variablen und ihre jeweiligen Ausprägungen gemäß eines faktoriellen Versuchsplans spezifiziert, während der Befragte ausschließlich den Wert der abhängigen Variablen bestimmt. Die *unabhängigen Variablen* sind dabei die betrachteten Objektattribute (Streitfragen) und ihre jeweiligen Ausprägungen (Standpunkte), die *abhängige Variable* stellt das jeweilige Gesamtnutzenurteil über die verschiedenen zu bewertenden Beurteilungsobjekte (Wahlprogramme), d.h. die *Präferenz* der Auskunftsperson, dar (vgl. Backhaus u.a. 1994: 500).

Die Beurteilungsobjekte werden im Rahmen der Conjoint-Analyse folglich als gebündelte Menge von konkreten Ausprägungen der jeweils betrachteten Objektattribute aufgefaßt (vgl. Louviere 1988: 16f; Tscheulin 1991: 1268). Da die von den Befragten zu bewertenden Objekte in der Regel hinsichtlich einiger Attribute wünschenswerte und hinsichtlich anderer Attribute weniger wünschenswerte Ausprägungen aufweisen, werden die Befragten gezwungen, die Bedeutung der verschiedenen Eigenschaften relativ zueinander abzuwägen (CONsider JOINTly), d.h. einen *trade-off* vorzunehmen. Der Beitrag der einzelnen Ausprägungen der Objektattribute zum Gesamtnutzen eines Objekts wird durch die Schätzung eines sog. *Teilnutzenwertes* (parth-worth-utility) ermittelt.[1] Die Teilnutzenwerte weisen unabhängig von den jeweiligen Skalenniveaus der unabhängigen und abhängigen Variablen Intervallskalenniveau auf. Sollen die Präferenzstrukturen verschiedener Individuen untereinander verglichen werden, so ist eine *Normierung* der Teilnutzenwerte notwendig, d.h. es muß sichergestellt sein, daß „die errechneten Teilnutzenwerte für alle Befragten jeweils auf dem gleichen ‚Nullpunkt' und gleichen Skaleneinheiten basieren" (Backhaus u.a. 1994: 520). Im Rahmen der Normierung des Nullpunktes wird zunächst der Teilnutzenwert derjenigen Ausprägung einer jeden Eigenschaft, der den geringsten Nutzenbeitrag liefert, auf Null gesetzt. Die Justierung der Skaleneinheit erfolgt dann, indem der Gesamtnutzenwert des am stärksten präferierten Stimulus (Kombination der jeweiligen Ausprägungen der verschiedenen Eigenschaften mit dem höchsten Teilnutzenwert) auf 1 gesetzt wird. Ein quantitatives Maß der *relativen Bedeutung eines Attributs für die Präferenzveränderung* erhält man, indem man die Spannweite der Teilnutzenwerte der betreffenden Eigenschaft durch die Summe dieser Spannweiten über alle betrachteten Attribute dividiert. Dieses Wichtigkeitsmaß addiert sich für alle Respondenten über die betrachteten Eigenschaften zu 100 Prozent (vgl. Hair u.a. 1995: 579). Die relative Wichtigkeit eines Attributs für die Präferenzveränderung entspricht dabei dem größten normierten Teilnutzenwert, der mit einer Ausprägung dieses Attributs verbunden ist.

Die Conjoint-Analyse kann damit in Anlehnung an Wübker (1998: 106) und Green und Srinivasan (1978) zusammenfassend wie folgt charakterisiert werden:

> Bei der Conjoint-Analyse handelt es sich um ein dekompositionelles Verfahren, mit dem man aus den Präferenzurteilen der Probanden für eine Reihe von auf der Basis eines experimentellen Designs konstruierten multiattributiven Beurteilungsobjekten die Parameter (Teilnutzenwerte) eines zuvor festgelegten kompensatorischen multiattributiven Präferenzstrukturmodells bestimmt. Diese Parameter wiederum geben an, welchen Beitrag die Ausprägungen der verschiedenen untersuchten Objektattribute zum wahrgenommenen Gesamtnutzen der Beurteilungsobjekte leisten.

3. Die Bewertung der Wahlplattformen der Hamburger Parteien zur Bürgerschaftswahl vom 21. September 1997 durch die Bevölkerung

Im folgenden werden die Ergebnisse einer Pilotstudie vorgestellt, in deren Rahmen die Verbundanalyse anläßlich der Hamburger Bürgerschaftswahl vom 21. September 1997 erstmals auf Fragestellungen der Empirischen Wahlfor-

---

1 Die Schätzung erfolgt dabei in der Regel durch eine einfache OLS-Regression, in deren Rahmen die Gesamtpräferenzwerte für die verschiedenen Beurteilungsobjekte auf einen Set von die verschiedenen Attributausprägungen der Objekte indizierenden Dummy-Variablen regrediert werden.

schung angewendet wurde.[2] Bei dieser Studie handelt es sich um eine *Nachwahlstudie*, die unmittelbar nach der Bürgerschaftswahl durchgeführt wurde und bei der die Erklärung der individuellen Wahlentscheidung im Vordergrund stand. Am Beispiel dieser Studie werden die Spezifika und das Potential der Verbundanalyse herausgearbeitet und im Anschluß daran aufgezeigt, wie dieses neuartige Instrument zukünftig auch im Rahmen der strategischen Wahlkampfplanung im *Vorfeld* von Wahlen erfolgversprechend angewendet werden kann.

3.1 Die Festlegung des Erhebungsdesigns

Für den Erfolg einer Conjoint-Analyse ist die Auswahl der beurteilungsrelevanten Attribute der zu untersuchenden Objekte entscheidend. Zur Identifikation der relevanten politischen Streitfragen und der diesbezüglichen Standpunkte der Parteien wurde im Rahmen des hier berichteten Forschungsprojekts eine mehrstufige Strategie gewählt. Zunächst wurde ein halbes Jahr vor der Wahl damit begonnen, die landespolitische Berichterstattung der beiden Hamburger Tageszeitungen („Hamburger Morgenpost" und „Hamburger Abendblatt") systematisch auszuwerten, um einen Eindruck davon zu gewinnen, welche politischen Themen in der Berichterstattung der Massenmedien am wichtigsten waren. Außerdem wurden die Ergebnisse repräsentativer Bevölkerungsumfragen zu den wichtigsten politischen Problemen in Hamburg herangezogen. In einem letzten Schritt wurden dann die Wahlprogramme der Hamburger Parteien dahingehend analysiert, welche politischen Themen in der Programmatik der Parteien eine prominente Rolle spielen. Hinsichtlich der als relevant identifizierten politischen Themen wurden sodann die diskutierten Politikoptionen ermittelt. Hierbei wurden ausschließlich die von den verschiedenen untersuchten Parteien eingenommenen Standpunkte berücksichtigt. Auf der Grundlage dieser Ergebnisse wurde dann ein Erhebungsdesign entwickelt, das abschließend durch Experteninterviews[3] validiert wurde. In Abbildung 2 ist das letztlich verwendete Erhebungsdesign sowie die jeweiligen Standpunkte der Hamburger Parteien bezüglich der untersuchten Streitfragen dokumentiert.

---

2 Das Forschungsprojekt „Die Conjoint-Analyse als Instrument der empirischen Wahlforschung. Eine exemplarische Analyse der Hamburger Bürgerschaftswahl 1997 mittels einer schriftlichen Befragung gemäß der Dillmanschen Total-Design-Method" stand unter der Leitung von Prof. Dr. Jürgen W. Falter (Johannes Gutenberg-Universität Mainz). Es wurde von der Deutschen Forschungsgemeinschaft (DFG) finanziell gefördert (Geschäftszeichen FA 113/11-1).

3 Gesprächspartner waren die Landesgeschäftsführer von SPD und GAL, der stellvertretenden Fraktionsvorsitzenden der CDU sowie die geschäftsführende Landesvorsitzende der FDP.

Das bestimmende Thema des Wahlkampfes war die *Innere Sicherheit*, vorrangig in Gestalt der *Jugendkriminalität*. In der öffentlichen Diskussion wurden Stimmen laut, die die Verbringung jugendlicher Wiederholungstäter in geschlossene Erziehungsheime forderten. Diese Forderung stand gewissermaßen paradigmatisch für ein härteres und konsequenteres Vorgehen gehen die Kriminalität.

Eine wichtige Rolle im Wahlkampf spielte auch ein von der Politik selbst gesetztes Thema: Die sog. *Hafencity*. Hinter diesem Projekt verbirgt sich die Idee einer Rückgliederung des innenstädtischen Hafenrands in die Hamburger Innenstadt. Dieses Gebiet umfaßt 103 Hektar und soll durch Flächenrecycling für eine Erweiterung der Hamburger Innenstadt genutzt werden.

Als weitere wichtige Streitfrage erwies sich die Zukunft des innerhalb der Stadtgrenzen gelegenen *Flughafens Fuhlsbüttel*. Dieser stellt für die ungefähr 100.000 Einwohner der umliegenden Stadtteile eine erhebliche Lärmbelästigung dar. Der Stand der Planungen vor der Bürgerschaftswahl war eine Erweiterung des Flughafens an seinem gegenwärtigen Standort. Als Gegenvorschläge waren einerseits die Rückführung der Flugbewegungen auf das ursprünglich genehmigte Maß sowie andererseits die komplette Verlagerung des Flughafens auf das Gebiet der in Schleswig Holstein gelegenen Gemeinde Kaltenkirchen in der Diskussion.

Das Thema Mieten und Wohnungsmarkt war bei den beiden vorausgegangenen Hamburger Bürgerschaftswahlen in den Augen der Bürger jeweils das wichtigste politische Thema gewesen. Bei der Bürgerschaftswahl 1997 rangierte diese Thema immer noch unter den fünf wichtigsten politischen Themen. Konkret diskutiert wurde in diesem Politikfeld die Veräußerung der 100.000 im Besitz der städtischen Wohnungsbaugesellschaft SAGA (Siedlungs-Aktiengesellschaft) befindlichen Wohnungen an die Mieter.

Ein weiteres wichtiges Wahlkampfthema war die *Verkehrsberuhigung in der Innenstadt*. In Hamburg waren zum damaligen Zeitpunkt rund 1.800 Kilometer des insgesamt 3.920 Kilometer langen Straßennetzes durch Verengungen und Poller in Tempo-30-Zonen umgewandelt worden, wodurch auch zahlreiche Parkmöglichkeiten verloren gingen. Im Wahlkampf wurde diskutiert, ob diese Einschränkungen wieder rückgängig gemacht werden sollten.

Das im Rahmen des hier berichteten Forschungsprojekts zugrundegelegte Erhebungsdesign besteht also aus vier Eigenschaften mit jeweils 2 Ausprägungen sowie einer weiteren Eigenschaft mit drei Merkmalsausprägungen. Ein vollständiges faktorielles Erhebungsdesign hätte folglich 2×2×2×2×3=48 Stimuli umfassen müssen. Eine derart große Zahl von Stimuli konnte den Respondenten aber nicht präsentiert werden, da diese dadurch mit Sicherheit überlastet worden wären. Verzichtet man auf die Möglichkeit Interaktionseffekte zu schätzen und geht im Rahmen eines *fraktionalisierten faktoriellen Designs* zu einem reinen Haupteffekte-Design – einem sogenannten orthogonalen Versuchplan – über, dann kann man die Zahl der den Befragten zu präsentierenden Stimuli deutlich reduzieren.[4] In der Befragung wurden den Befragten letztendlich 10 Stimuli, d.h. hypothetische Wahlplattformen vorgelegt, die diese gemäß ihrer Wünschbarkeit in eine Rangordnung bringen sollten.

Abb. 2: Die relevanten Streitfragen bei der Hamburger Bürgerschaftswahl 1997 sowie die jeweiligen Standpunkte der Parteien

Streitfrage	Standpunkte bezüglich der Streitfrage	SPD	CDU	FDP	GAL
Hafencity	Bau der Hafencity	●		●	●
	kein Bau der Hafencity		●		
Jugendkriminalität	geschlossene Erziehungsheime für Wiederholungstäter		●		
	keine geschlossenen Erziehungsheime für Wiederholungstäter	●		●	●
Flughafen Fuhlsbüttel	Reduzierung der Flugbewegungen				●
	Erhalt und schrittweiser Ausbau	●		●	
	Verlagerung nach Kaltenkirchen		●		
SAGA-Wohnungen	Verkauf an die Mieter		●	●	
	kein Verkauf an die Mieter	●			●
Verkehrs-beruhigung	keine weiteren Beschränkungen für Autos in der Innenstadt	●	●	●	
	weitere Beschränkungen für Autos in der Innenstadt				●

Anmerkung: Die Standpunkte der Parteien in den verschiedenen Politikfeldern sind jeweils durch einen Punkt (•) gekennzeichnet.

3.2 Die Durchführung der Datenerhebung

Die Erhebung der im vorliegenden Beitrag verwendeten Daten erfolgte im Rahmen einer schriftlichen Befragung der Hamburger Bevölkerung unmittelbar nach den Bürgerschaftswahlen.[5] Besonderes Augenmerk wurde bei der Gestaltung des Fragebogen auf die Umsetzung des Meßmodells der Vebundanalyse gerichtet. Den Befragten sollte vor Augen geführt werden, daß sie bei der Rangordnung der hypothetischen Wahlplattformen einen trade-off zwi-

4 Über die acht zur Schätzung der Parameter notwendigen Stimuli hinaus wurden im Rahmen dieses Designs noch zwei weitere Stimuli erhoben, die nicht in die Parameterschätzung eingingen. Solche Stimuli werden als *Holdout-Stimuli* bezeichnet und normalerweise dazu verwendet, die Prognosevalidität der Verbundanalyse empirisch zu testen

5 Bei der Stichprobe handelte sich um eine einstufige Zufallsstichprobe vom Umfang N=4.000, die direkt aus dem Hamburger Melderegister gezogen wurde. Von den 3874 Personen des um neutrale Ausfälle bereinigten Stichprobenansatzes haben sich 2268 Personen, also insgesamt 58,5 Prozent an der Befragung beteiligt (vgl. zur Datenerhebung ausführlich Klein 2002: 131-146).

schen den verschiedenen in ihnen enthaltenen programmatischen Aussagen vornehmen sollten. Dementsprechend wurde als Einleitung die folgende Formulierung gewählt: „Bei den Bürgerschaftswahlen kann man ja nie über einzelne Sachfragen entscheiden, denn die Parteien stellen mit ihren Programmen immer ein ganzes ‚Paket' zur Auswahl. Wenn Sie sich beispielsweise für eine Partei wegen ihrer Position in der Verkehrspolitik entscheiden, entscheiden Sie sich gleichzeitig auch für die Standpunkte dieser Partei in anderen Bereichen". Durch diesen Fragestimulus sollten die Befragten von vornherein darauf vorbereitet werden, verschiedene Politikpakete miteinander vergleichen und deren Bestandteile gegeneinander abwägen zu müssen.

Nach dieser Einleitung wurden die Befragten dann gebeten, zehn hypothetische Wahlplattformen nach Maßgabe ihrer persönlichen Wünschbarkeit in eine Rangordnung zu bringen. Die hypothetischen Wahlplattformen wurden den Befragten auf kleinen Kärtchen aus Karton präsentiert, die jeweils durch einen Kennbuchstaben gekenzeichnet waren (vgl. Abbildung 3). Diese Kennbuchstaben sollten die Befragten jeweils in den Fragebogen eintragen.

Abb. 3: Die Gestaltung der Kärtchen mit den hypoth. Wahlplattformen

E

Hafencity
Bau der Hafencity

Jugendkriminalität
keine geschlossenen Erziehungsheime für Wiederholungstäter

Flughafen Fuhlsbüttel
Erhalt und schrittweiser Ausbau

SAGA-Wohnungen
Verkauf an die Mieter

Verkehrsberuhigung
weitere Beschränkungen für Autos in der Innenstadt

Darüber hinaus wurden auch die subjektiv wahrgenommenen Standpunkte der Parteien erhoben. Hier mußten die Befragten jeweils für jede Partei und jede untersuchte Streitfrage ankreuzen, welchen der vorgegebenen Standpunkte die verschiedenen Parteien ihrer Meinung nach vertreten.

3.3 Die Präferenzstruktur des „typischen Hamburgers"

Im Rahmen einer *gemeinsamen* Verbundanalyse werden die bei den verschiedenen Befragungspersonen erhobenen Meßwerte als „Meßwiederholungen" aufgefaßt. Man erhält so Aufschluß darüber, wie sich die Präferenzstruktur eines „typischen" Individuums der untersuchten Population darstellt. Im folgenden gehen daher zunächst all diejenigen Befragten, die eine vollständige Rangordnung der zehn hypothetischen Wahlplattformen vornahmen, simultan und gleichgewichtig in die Analyse ein.

Die wichtigsten Ergebnisse der gemeinsamen Verbundanalyse sind in Abbildung 4 dargestellt. Bei der Interpretation der dort dargestellten rohen (d.h. nicht normierten) Teilnutzenwerte wird zunächst der Frage nachgegangen, welche Politikoption in den verschiedenen betrachteten Politikfeldern jeweils bevorzugt wird. Gemäß der Logik der Verbundanalyse ist dies jeweils diejenige Politikoption mit dem höchsten Teilnutzenwert. Diese Politikoptionen entsprechen in ihrer Gesamtheit dann gewissermaßen dem in den Augen des Durchschnittsbürgers „idealen“ Wahlprogramm.

Bezüglich der Hafen-City wird dabei deren Bau gewünscht, hinsichtlich des Umgangs mit jugendlichen Wiederholungstätern wird deren Einweisung in geschlossene Erziehungsanstalten befürwortet und der Flughafen Fuhlsbüttel sollte nach Meinung des Durchschnittsbürgers an seinem gegenwärtigen Standpunkt erhalten und weiter ausgebaut werden. Ein Verkauf der SAGA-Wohnungen an die Mieter wird von diesem Durchschnitts-Hamburger ebensowenig gewünscht wie weitere Beschränkungen für Autos in der Innenstadt.

Vergleicht man dieses in den Augen des Hamburger Durchschnittsbürgers ideale Wahlprogramm mit den von den Parteien tatsächlich angebotenen Programmen (vgl. Abb. 2), dann scheint zunächst die SPD das beste Wahlprogramm vorgelegt zu haben, da sie in vier von fünf Streitfragen den vom „typischen Hamburger“ präferierten Standpunkt vertritt. Bei der FDP ist dies nur bei drei Streitfragen der Fall, die Positionen von CDU und GAL stimmen gar nur in zwei von fünf Streitfragen mit der mehrheitlich gewünschten Position überein.

Gleichwohl aber hat die SPD bei der Hamburger Bürgerschaftswahl vom 21. September 1997 im Vergleich zur Vorwahl gravierende Stimmeneinbußen hinnehmen müssen, was dazu führte, daß Henning Voscherau unmittelbar nach der Wahl vom Amt des Regierenden Bürgermeisters zurücktrat.

Worauf sich die Stimmenverluste der SPD aller Wahrscheinlichkeit nach zurückführen lassen, zeigt Abbildung 5, in der die relativen Wichtigkeiten der untersuchten Streitfragen für die Präferenzveränderung dargestellt sind. Bei ihrer Betrachtung zeigt sich, daß das Politikfeld „Jugendkriminalität“ für den Hamburger Durchschnittsbürger bei der Bewertung der verschiedenen Wahlplattformen mit deutlichem Abstand am wichtigsten ist. Die relative Wichtigkeit beträgt 45,9 Prozent. Genau diese Streitfrage ist es aber, bezüglich derer das Wahlprogramm der SPD *nicht* mit dem idealen Wahlprogramm des typischen Hamburgers übereinstimmt.

Die Übereinstimmung, die sich bezüglich aller anderen Streitfragen beobachten läßt, relativiert sich vor dem Hintergrund der Tatsache, daß deren relativen Bedeutsamkeiten eher gering sind: Diese betragen für den Flughafen Fuhlsbüttel 22,5 Prozent, für die Hafencity 16,4 Prozent, für die Verkehrspolitik 8,3 Prozent und für die SAGA-Wohnungen 6,9 Prozent.

Abb. 4: Die Teilnutzenwerte der Politikoptionen in den verschiedenen Politikfeldern (Ergebnisse einer gemeinsamen Verbundanalyse)

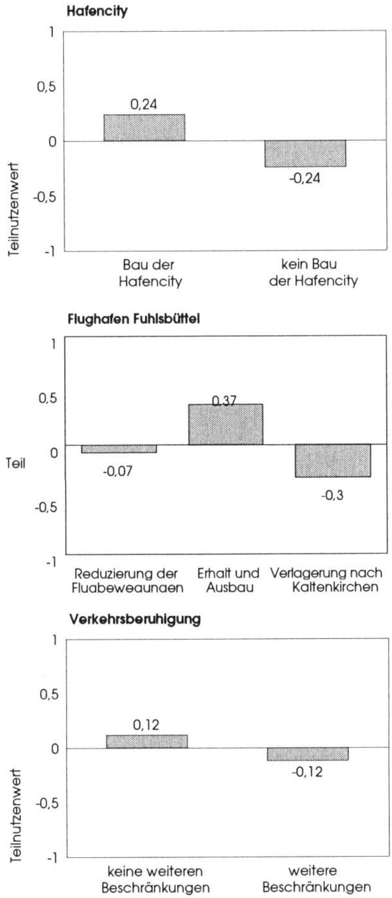

Konstante:	4,517
Pearsons r:	1,000 (p=,000)
Kendalls tau:	0,929 (p=,001)
N =	1.961

Abb. 5: Die relativen Wichtigkeiten der verschiedenen betrachteten Politikfelder für die Präferenzveränderung

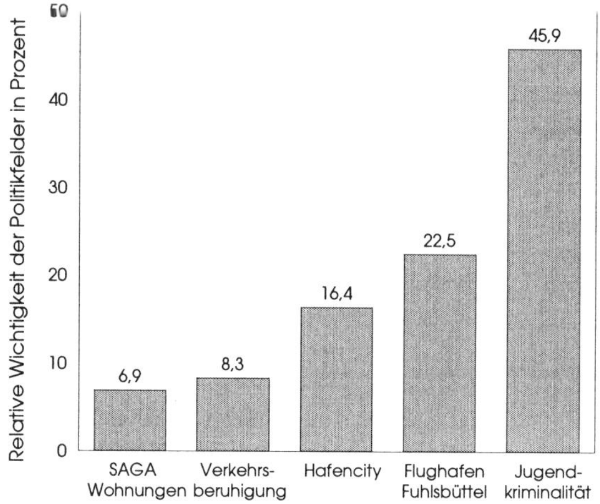

3.4 Die Segmentierung der Wählerschaft

Ein wichtiger Vorteil der Verbundanalyse besteht darin, daß für jeden einzelnen Befragten ein eigenes Modell der Präferenzbildung geschätzt werden kann. In den vorstehend berichteten Analysen wurde von diesem Vorteil kein Gebrauch gemacht, da zunächst nur die Präferenzstruktur eines *typischen* Individuums interessierte. Im folgenden soll nun das Potential der Verbundanalyse vollständig ausgeschöpft werden. Hierzu wurde zunächst für jeden einzelnen Befragten ein Modell seiner Präferenzbildung geschätzt und anschließend der Datensatz um die individuellen *normierten* Teilnutzenwerte ergänzt. Auf dieser Grundlage wurden die Befragten anschließend mittels einer Cluster-Analyse nach Maßgabe der Homogenität bzw. Heterogenität ihrer Präferenzstrukturen segmentiert. Da die Cluster-Analyse auf der Grundlage der *normierten* Teilnutzenwerte durchgeführt wurde, bilden sowohl die relativen Wichtigkeiten der verschiedenen Politikfelder als auch die Präferenzen für die verschiedenen Politikoptionen innerhalb dieser Politikfelder die Grundlage der Typenbildung. Durchgeführt wurde die Cluster-Analyse mittels des *Ward-Algorithmus*. Als Proximitätsmaß wurde ein sog. Distanzmaß verwendet, die quadrierte Euklidische Distanz. Eine Lösung mit sieben Clustern erwies sich dabei als inhaltlich am besten interpretierbar. Die durchschnittlichen normierten Teilnutzenwerte und relativen Wichtigkeiten für die in diesen Clustern enthaltenen Befragten sind in Tabelle 1 dargestellt.

Besonders auffällig an der gefundenen Lösung ist, daß in fünf der sieben Cluster die Präferenzbildung der Befragten in erster Linie von einem einzigen dominanten Politikfeld abhängig ist. So dominiert in Cluster 1 der gewünschte Erhalt und Ausbau des Flughafens Fuhlsbüttel (durchschnittliche relative Wichtigkeit: 52,6 Prozent). In Cluster 6 orientieren sich die Wähler fast ausschließlich am Thema SAGA-Wohnungen (durchschnittliche relative Wichtigkeit: 51,0 Prozent), wobei sie den geplanten Verkauf dieser Wohnungen an die Mieter energisch ablehnen. In Cluster 7 schließlich befinden sich die Befürworter der Hafencity, für die außer der Verwirklichung dieser städtebaulichen Vision kaum etwas anderes zählt (durchschnittliche relative Wichtigkeit: 50,2 Prozent). Die Größe dieser drei Cluster ist aber jeweils eher gering und reicht von 4,5 Prozent der Befragten (Cluster 6) über 6,9 Prozent (Cluster 7) bis hin zu 9,2 Prozent (Cluster 1).

Auf das Politikfeld „Jugendkriminalität" konzentrieren sich die Befragten der beiden Cluster 3 und 5 (durchschnittliche relative Wichtigkeit: 49,0 bzw. 41,4 Prozent). Allerdings befinden sich in Cluster 3 die energischen Befürworter geschlossener Erziehungsheime, während Cluster 5 die Gegner solcher Einrichtungen umfaßt. Die Existenz dieser beiden Cluster zeugt von dem hohen Grad an Polarisierung, der mit dem Thema „Jugendkriminalität" während des Wahlkampfs verbunden war. Das Größenverhältnis der beiden Cluster zeugt aber auch davon, daß die Befürworter der geschlossenen Erziehungsheime einen deutlich größeren Bevölkerungsanteil ausmachen (26,6 Prozent) als die Gegner dieser Form des Jugendstrafvollzugs (8,3 Prozent).

Die Befragten in den beiden Clustern 2 und 4 werden nicht wie die eben diskutierten Cluster von einer einzigen politischen Streitfrage bestimmt. Sie orientieren sich aber wieder an den gleichen Streitfragen, so daß auch diese beiden Cluster eine Polarisierung der Wählerschaft widerspiegeln. Die Befragten in Cluster 2 sind dabei für den Bau der Hafencity, für den Erhalt und Ausbau des Flughafens Fuhlsbüttel sowie gegen weitere Beschränkungen für Autos in der Innenstadt. Die Befragten in Cluster 4 hingegen sind gegen den Bau der Hafencity, bevorzugen eine Verlagerung des Flughafens nach Kaltenkirchen bzw. eine Reduzierung der Flugbewegungen in Fuhlsbüttel und setzen sich für eine weitere Einschränkungen des Autoverkehrs in der Innenstadt ein. Hintergrund dieser Polarisierung sind also unterschiedliche Standpunkte hinsichtlich städtebaupolitischer und verkehrspolitischer Maßnahmen. In diesem Fall sind die Cluster mit 24 bzw. 19,4 Prozent nahezu gleich groß.

Tab. 1: Die durchschnittlichen normierten Teilnutzenwerte und relativen Wichtigkeiten in den sieben Clustern

		Cluster Nr. 1	2	3	4	5	6	7
Hafencity	Bau der Hafencity	0,05*	0,12*	0,09*	0,06*	0,08*	0,04*	0,50*
	kein Bau der Hafencity	0,05*	0,04*	0,03*	0,16*	0,05*	0,02*	0,00*
	Relative Wichtigkeit	9,9*	15,9*	11,5*	22,1*	12,6*	6,2*	50,2*
Jugendkriminalität	geschlossene Erziehungsheime für Wiederholungstäter	0,11*	0,20*	0,49*	0,10*	0,00*	0,09*	0,11*
	keine geschlossenen Erziehungsheime für Wiederholungstäter	0,04*	0,09*	0,00*	0,06*	0,41*	0,03*	0,02*
	Relative Wichtigkeit	14,4*	21,2*	49,0*	15,7*	41,4*	11,9*	12,2*
Flughafen Fuhlsbüttel	Reduzierung der Flugbewegungen	0,28*	0,08*	0,09*	0,17*	0,09*	0,08*	0,08*
	Erhalt und schrittweiser Ausbau	0,50*	0,22*	0,11*	0,07*	0,10*	0,14*	0,12*
	Verlagerung nach Kaltenkirchen	0,12*	0,05*	0,08*	0,18*	0,08*	0,06*	0,08*
	Relative Wichtigkeit	52,6*	25,1*	18,3*	27,2*	17,9*	19,7*	18,8*
SAGA-Wohnungen	Verkauf an die Mieter	0,03*	0,06*	0,05*	0,11*	0,03*	0,00*	0,05*
	kein Verkauf an die Mieter	0,08*	0,08*	0,05*	0,05*	0,10*	0,51*	0,04*
	Relative Wichtigkeit	10,9*	13,8*	9,6*	16,3*	13,3*	51,0*	9,1*
Verkehrsberuhigung	keine weiteren Beschränkungen für Autos in der Innenstadt	0,07*	0,21*	0,08*	0,04*	0,03*	0,03*	0,06*
	weitere Beschränkungen für Autos in der Innenstadt	0,05*	0,03*	0,03*	0,15*	0,12*	0,08*	0,04*
	Relative Wichtigkeit	12,2*	24,0*	11,6*	18,8*	14,7*	11,2*	9,7*
	Anteil an der Gesamtstichprobe:	9,2 %	25,6%	26,6%	19,4%	8,3%	4,5%	6,9%

Anmerkungen: Hinter den Politikoptionen der verschiedenen Politikfelder sind jeweils die durchschnittlichen normierten Teilnutzenwerte in den verschiedenen Clustern angegeben. Der größte durchschnittliche normierte Teilnutzenwert eines jeden Politikfeldes ist für jedes Cluster grau hinterlegt. Die kursiven Zahlen stellen die durchschnittlichen relativen Wichtigkeiten der jeweiligen Politikfelder in den verschiedenen Clustern dar. Die im Text diskutierten Werte sind jeweils unterstrichen.

* = Die jeweiligen Werte unterscheiden sich zwischen den Clustern auf einem Signifikanzniveau von $p<0.01$

Die Segmentierung der Wählerschaft kann darüber hinaus aber noch weitere interessante Einsichten vermitteln, wenn man die Zusammensetzung der verschiedenen Wählersegmente betrachtet. So ist beispielsweise in Cluster 6 der Anteil der Personen, die zur Miete wohnen am höchsten sowie das Einkommen und die Bildung am niedrigsten. Es spricht also einiges dafür, daß die entschiedenen Gegner des Verkaufs der städtischen Sozialwohnungen nicht zuletzt die Bewohner dieser Wohnungen sind, für die diese Sachfrage aufgrund ihrer persönlichen Betroffenheit besonders wichtig ist. In diesem Bevölkerungssegment findet sich zudem ein hoher Anteil traditioneller SPD-Anhänger. Trotz der relativ geringen Bedeutung des Themas „SAGA-Wohnungen“ in der Bevölkerung hätte es sich die SPD mit Blick auf Teile ihrer traditionellen Wählerklientel also nicht leisten können, den Verkauf der Wohnungen zu befürworten. Gleichzeitig konnte die SPD die Interessen dieses Wählersegments „gefahrlos“ bedienen, da der Verkauf der SAGA-Wohnungen für die anderen Wählersegmente nur von nachrangiger Bedeutung war.

3.5 Die Wahrnehmung und Bewertung der Wahlplattformen

In Tabelle 2 sind die von den Befragten wahrgenommenen Standpunkte der vier Parteien SPD, CDU, FDP und GAL dargestellt. Interessant ist dabei vor allem, an welchen Stellen Abweichungen zwischen den von einer relativen Bevölkerungsmehrheit subjektiv wahrgenommenen und den objektiv gegebenen Parteistandpunkten auftreten. In Tabelle 2 sind daher jeweils diejenigen Zellen schattiert, die den objektiv „richtigen“ Standpunkten der Parteien in den verschiedenen Politikfeldern entsprechen. Tabelle 2 gibt so unmittelbar die Möglichkeit, auch die *Korrektheit* der Wahrnehmung der Standpunkte der vier Hamburger Parteien durch die Bevölkerung zu untersuchen. So weichen beispielsweise beim Politikfeld Hafencity bei zwei Parteien deren von einer Bevölkerungsmehrheit wahrgenommener Standpunkt deutlich erkennbar von ihrem objektiven Standpunkt ab: 62,4 Prozent der Befragten glauben, daß die CDU dieses Vorhaben unterstützt, obgleich sie es de facto ablehnt. Gleichzeitig gehen 66,3 Prozent der Befragten davon aus, daß die GAL gegen den Bau der Hafencity sei, während sie ihn tatsächlich aber befürwortet. Ähnliche Wahrnehmungsverzerrungen lassen sich auch bei den Politikfeldern „Jugendkriminalität“, „Flughafen Fuhlsbüttel“ und „Verkehrsberuhigung“ beobachten. Diese Fehlwahrnehmungen der Parteipositionen gereichen den Parteien nicht notwendigerweise zum Nachteil. So wird zwar beispielsweise der Standpunkt der CDU in zwei Politikfeldern (Hafencity, Flughafen Fuhlsbüttel) von einer relativen Bevölkerungsmehrheit falsch wahrgenommen, doch ist der von den Wählern subjektiv wahrgenommene Standpunkt der CDU identisch mit dem von der Bevölkerungsmehrheit präferierten Standpunkt. Bei der SPD hingegen nimmt hinsichtlich der Streitfrage „Verkehrsberuhigung“ eine relative Bevölkerungsmehrheit als Standpunkt die Befürwortung weiterer Beschränkung für Autos in der Innenstadt war, obgleich sich die Partei in ihrem Wahlprogramm gegen weitere Beschränkungen für Autos ausgesprochen hatte. Diese Fehlperzeption des Standpunkts der SPD durch die Wähler führte zu einer weiteren Verschlechterung der Wahlchancen der Partei.

An dieser Stelle sollen nun die Policy-Präferenzen der Befragten mit ihrer Wahrnehmung der Wahlplattformen der verschiedenen Parteien in Verbindung gebracht werden. Es geht also mit anderen Worten um die Beantwortung der Frage, wie die Bürgerinnen und Bürger die von ihnen subjektiv wahrgenommenen Wahlplattformen der Parteien *bewerten*. Für diesen Zweck wurde eine Maßzahl entwickelt, die Auskunft darüber gibt, wie stark die von einem Befragten wahrgenommene Wahlplattform einer Partei mit der in seinen Augen *idealen* Wahlplattform übereinstimmt. Diese Maßzahl ergibt sich, indem man die im Rahmen individueller Conjoint-Analysen berechneten normierten Teilnutzenwerte aufaddiert, die ein Befragter jeweils subjektiv mit den von ihm perzipierten Standpunkten einer Partei verbindet. Dabei erhöht jeder wahrgenommene Parteistandpunkt, der der von dem Befragten jeweils meistpräferierten Politikoption in einem Politikfeld entspricht, die Maßzahl um den Betrag der relativen Wichtigkeit des betreffenden Politikfeldes. Die derart definierte Maßzahl zur Erfassung der Bewertung der Wahlplattformen der verschiedenen konkurrierenden Parteien weist folgende Eigenschaften auf: Vertritt eine Partei in den Augen des Befragten in allen untersuchten Politikfeldern den von ihm meistpräferierten Standpunkt, dann wird der Wahlplattform dieser Partei der Wert „1" zugeordnet, da sie zu 100 Prozent mit seinem Ideal übereinstimmt. Vertritt hingegen eine Partei in den Augen des Befragten bezüglich aller untersuchten Politikfelder jeweils den von ihm letztpräferierten Standpunkt, dann wird der Wahlplattform dieser Partei der Wert „0" zugeordnet, da sie zu 0 Prozent mit der Idealplattform des Befragten übereinstimmt. Sind dem Befragten einige aber nicht alle Standpunkte einer Partei bekannt, dann kann die Wahlplattform dieser Partei auch nicht zu 100 Prozent mit seiner Idealplattform übereinstimmen. Der maximal erreichbare Wert beträgt dann 1 minus die Summe der relativen Wichtigkeiten derjenigen Politikfelder, hinsichtlich derer der Befragte über keine Kenntnis des Standpunkts der Partei verfügt. Weiß ein Befragter keinen einzigen Standpunkt einer Partei anzugeben, dann erhält die subjektiv wahrgenommene Wahlplattform der betreffenden Partei den Wert „0" zugewiesen, da sie keine Übereinstimmung mit der Idealplattform des Befragten aufweist. Bei der Berechnung der Maßzahl zur Erfassung der Bewertung der Wahlplattformen der verschiedenen konkurrierenden Parteien werden also etwaige Wahrnehmungsdefizite auf Seiten der Wähler berücksichtigt.

Tab. 2: Die subjektive Wahrnehmung der Parteipositionen durch die Bevölkerung (alle Angaben in Prozent)

		SPD	CDU	FDP	GAL
Hafencity	Bau der Hafencity	71,6	62,4	46,6	4,6
	kein Bau der Hafencity	7,9	11,8	10,6	66,3
	keine Angabe	20,6	25,8	42,8	29,2
Jugendkriminalität	geschlossene Erziehungsheime für Wiederholungstäter	20,4	77,2	40,1	3,7
	keine geschlossenen Erziehungsheime für Wiederholungstäter	57,0	5,0	20,7	71,7
	keine Angabe	22,6	17,8	39,3	24,6
Flughafen Fuhlsbüttel	Reduzierung der Flugbewegungen	11,6	3,8	5,3	45,4
	Erhalt und schrittweiser Ausbau	52,6	46,4	33,8	2,1
	Verlagerung nach Kaltenkirchen	10,4	22,5	14,8	23,7
	keine Angabe	25,4	27,3	46,2	28,9
SAGA-Wohnungen	Verkauf an die Mieter	33,3	46,9	40,6	16,7
	kein Verkauf an die Mieter	36,4	21,2	17,3	47,4
	keine Angabe	30,3	31,9	42,1	35,8
Verkehrsberuhigung	keine weiteren Beschränkungen für Autos in der Innenstadt	26,7	70,5	54,1	3,3
	weitere Beschränkungen für Autos in der Innenstadt	49,9	8,8	11,2	75,3
	keine Angabe	23,3	20,8	34,6	21,4

Anmerkungen: Die objektiven Positionen der Parteien sind jeweils grau hinterlegt.

In Abbildung 6 ist der so definierte durchschnittliche Grad der Übereinstimmung zwischen den subjektiv wahrgenommenen Wahlplattformen der verschiedenen Parteien und den individuellen Idealplattformen der Befragten dargestellt. Dabei zeigt sich, daß die CDU in den Augen der Bevölkerung die beste Wahlplattform vorgelegt hat. Sie entspricht im Durchschnitt zu 46,5 Prozent den Idealplattformen der Befragten. Mit einigem Abstand folgt die SPD, deren Wahlplattform im Durchschnitt nur zu 38,7 Prozent mit den Idealplattformen der Befragten übereinstimmt. Danach folgen die FDP und die GAL, die mit Werten von 30,5 bzw. 27,8 Prozent jeweils ungefähr gleichauf liegen. Betrachtet man die Bewertung der Wahlplattformen der verschiedenen Parteien durch ihre jeweiligen Wähler, so zeigt sich, daß die SPD-Wähler die Wahlplattform der von ihnen gewählten Partei am schlechtesten von allen Wählergruppen bewerten. So entspricht die Wahlplatform der SPD im Durchschnitt nur zu 51,7 Prozent den Idealplattformen ihrer Wähler. Bei den anderern Parteien liegen diese Werte mit 57,3 Prozent (FDP), 61,4 Prozent (CDU) bzw. 63,8 Prozent (GAL) deutlich höher. Daß die Hamburger SPD trotz der schlechten Bewertung ihrer Wahlplattform sowohl durch die Bevölkerung insgesamt als auch durch ihre eigenen Wähler bei der Bürgerschaftswahl vom 21. September 1997 nicht noch mehr Stimmen verloren hat, ist wohl darauf zurückzuführen, daß sie mit Henning Voscherau den populärsten Kandidaten vorweisen konnte und sich außerdem auf ein großes Potential sozialdemokratischer Stammwähler verlassen konnte (vgl. Klein 2002).

Abb. 6: Der Grad der Übereinstimmung zwischen den wahrgenommenen Wahlplattformen der Parteien und den Idealplattformen der Befragten (Bevölkerung insg. sowie Wähler der jeweiligen Partei)

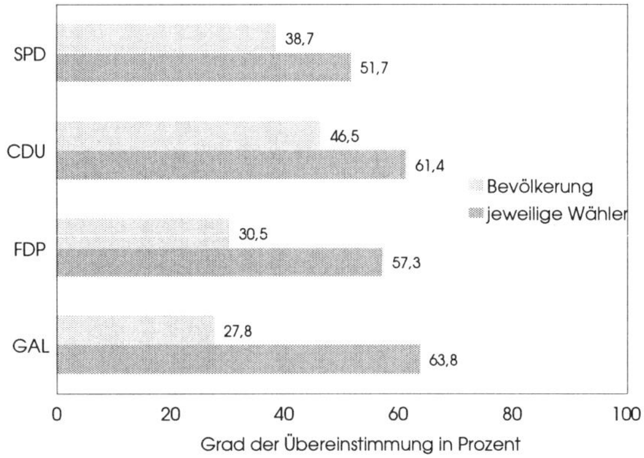

4. Der potentielle Nutzen der Verbundanalyse für die strategische Wahlkampfplanung

Die in diesem Aufsatz vorgestellte Anwendung der Verbundanalyse auf Fragestellungen der empirischen Wahlforschung diente in erster Linie wissenschaftlichen Zwecken. Es sollte die Stärke des Einflusses politischer Streitfragen auf die individuelle Wahlentscheidung relativ zu Kandidatenorientierungen und affektiven Parteibindungen bestimmt werden. Die Datenerhebung erfolgte dabei *nach* der Bürgerschaftswahl. Die Verbundanalyse kann aber auch im *Vorfeld* einer Wahl eingesetzt werden und dabei wichtige Informationen für die strategische Wahlkampfplanung liefern. Folgende Eigenschaften der Verbundanalyse lassen sie für Zwecke der strategischen Wahlkampfplanung besonders geeignet erscheinen:

- Die politischen Parteien können mit Hilfe der Verbundanalyse die Entwürfe ihrer Wahlplattformen im Vorfeld des Wahlkampfs dahingehend testen, inwieweit diese den Vorstellungen einer Bevölkerungsmehrheit entsprechen. Bevor ein politisches Thema womöglich vorschnell zum Bestandteil einer Wahlkampagne gemacht wird, kann mit Hilfe der Verbundanalyse getestet werden, welche Bedeutung die Wähler diesem Thema zumessen und wie sie den Standpunkt der jeweiligen Partei bewerten, welche Auswirkungen dieses Thema also auf die Wahlchancen der Partei hat. Wäre die hier berichtete Studie bereits im Vorfeld der Hamburger Bürgerschaftswahl durchgeführt worden, so hätten die Wahlkampfplaner der SPD aus ihren Befunden ablesen können, daß der unpopuläre Standpunkt bezüglich der Bekämpfung der Jugendkriminalität der SPD massiv Stimmen kosten würde. Es wäre also möglich gewesen, diesen Standpunkt zu korrigieren und den modifizierten Standpunkt im Wahlkampf offensiv zu kommunizieren. Es ist allerdings nicht auszuschließen, daß der Versuch einer solche Neupositionierung der SPD an innerparteilichen Widerständen gescheitert wäre. Dann hätten die Wahlkampfplaner in Kenntnis der Befunde der Verbundanalyse dem SPD-Spitzenkandidaten Henning Voscherau aber wenigstens davon abraten können, das Thema „Innere Sicherheit" offensiv in den Mittelpunkt seines Wahlkampfs zu stellen. Angesichts des unpopulären Standpunkts der SPD bezüglich der „Jugendkriminalität" hat sich diese Strategie nämlich nicht nur nicht ausgezahlt, sondern sich aller Wahrscheinlichkeit nach sogar negativ auf das Wahlergebnis der SPD ausgewirkt.
- Zuweilen sind Wahlkampfmanager aber auch an der Frage interessiert, inwieweit das Wahlprogramm ihrer Partei den Bedürfnissen eines bestimmten Bevölkerungssegments, das man in besonderer Weise ansprechen will, entspricht. Dazu muß das Elektorat in bedeutungsvolle Segmente eingeteilt werden. Da die Verbundanalyse für jeden einzelnen Befragten ein eigenständiges Modell der Präferenzbildung schätzt, kann die

Segmentbildung – wie in der hier vorgestellten Studie geschehen – auf der Grundlage der Ergebnisse der individuellen Conjoint-Analysen vorgenommen werden (sog. *A-Posteriori-Segmentierung*). Im Rahmen eines solchen Vorgehens können Bevölkerungssegemte identifiziert werden, für die die verschiedenen Streitfragen unterschiedliche Bedeutung besitzen und die womöglich auch unterschiedliche Standpunkte bezüglich der Streitfragen einnehmen. Die Wahlkampfplaner können dann auf dieser Grundlage entscheiden, die Interessen welcher Wählersegmente sie bevorzugt bedienen wollen und welche Kombination von Standpunkten möglichst viele Segmente gleichzeitig anspricht. Mit Hilfe der Segmentierung kann also das programmatische Angebot einer Partei zielgruppenspezifisch optimiert werden. Die Segmentierung der Wählerschaft kann außerdem aber auch auf der Grundlage von sozio- oder psychographischen Merkmalen der Befragungspersonen erfolgen, z.B. der Parteibindung, dem Alter und der beruflichen Stellung (sog. *A-Priori-Segmentierung*). So kann beispielsweise untersucht werden, ob die Wahlplattform einer Partei den Interessen ihrer Anhänger und Stammwähler entspricht und welche Wechselwähler durch das Programm möglicherweise angesprochen werden. Gleichzeitig sind Aussagen darüber möglich, welche programmatischen Anpassungen vorgenommen werden können, um neue Wähler zu gewinnen, ohne gleichzeitig Stammwähler abzuschrekken.

- Die Verbundanalyse bietet darüber hinaus die Möglichkeit der *Simulation unterschiedlicher Wettbewerbsszenarien*. Sind die Teilnutzenwerte für die verschiedenen Ausprägungen der untersuchten Streitfragen erst einmal ermittelt, dann kann simuliert werden, wie sich die Gesamtbewertung der Wahlplattform der eigenen Partei verändert, wenn die Partei bezüglich einer der untersuchten Streitfragen ihren Standpunkt verändert. Gleichtzeitig kann auch untersucht werden, wie die von den Konkurrenzparteien formulierten Wahlplattformen von den Befragten relativ zu der Wahlplattform der eigenen Partei bewertet werden. Es ist folglich möglich, verschiedene Konkurrenzsituationen zu simulieren und im Rahmen dieser Simulation auch etwaige Gegenstrategien des politischen Gegners zu berücksichtigen.
- Verbindet man – wie im hier vorgestellten Forschungsprojekt geschehen – die Verbundanalyse mit einer Perzeptionsanalyse, so sind außerdem Aussagen darüber möglich, inwieweit die programmatischen Standpunkte einer Partei von den Wählern überhaupt richtig wahrgenommen werden. Hätten der Hamburger SPD die Ergebnisse der hier berichteten Verbundanalyse bereits vor der Bürgerschaftswahl zur Verfügung gestanden, so hätte sie ihren Standpunkt bezüglich der Verkehrspolitik offensiver kommunizieren können, um die hier offensichtlich vorhandene Fehlperzeption der Bürger zu korrigieren und so Stimmeneinbußen zu vermeiden.

Literatur

Arzheimer, Kai/Klein, Markus: Die Conjoint-Analyse als Instrument der empirischen Wahlforschung. Eine Projektbeschreibung. In: van Deth, Jan W./Rattinger, Hans/Roller, Edeltraud (Hrsg.): Die Republik auf dem Weg zur Normalität? Wahlverhalten und politische Einstellungen nach acht Jahren Einheit. Opladen, 2000, S. 385-410.

Backhaus, Klaus/Erichson, Bernd/Plinke, Wulff/Weiber, Rolf: Multivariate Analysemethoden. Eine anwendungsorientierte Einführung. Siebte, vollständig überarbeitete und erweiterte Auflage. Berlin u.a., 1994.

Behnke, Joachim: Räumliche Modelle der sachfragenorientierten Wahlentscheidung. Formale Analyse und empirische Untersuchungen der Determinanten ihrer Eignung zur Prognose der Parteienwahl. Hamburg, 1999.

Böcker, Franz: Präferenzforschung als Mittel marktorientierter Unternehmensführung. In: Zeitschrift für betriebswirtschaftliche Forschung 38(1986), S. 543-574.

Green, Paul E./Srinivasan, V.: Conjoint Analysis in Consumer Research: Issues and Outlook. In: The Journal of Consumer Research 5(1978), S. 103-122.

Hair, Joseph F./Anderson, Rolph E./Tatham, Ronald L./Black, William C.: Multivariate Data Analysis with Readings. Fourth Edition. Englewood Cliffs, New Jersey, 1995.

Johnson, Richard M.: Trade-Off Analysis of Consumer Values. In: Journal of Marketing Research 11(1974), S. 121-136.

Klein, Markus: Wählen als Akt expressiver Präferenzoffenbarung. Eine Anwendung der Conjoint-Analyse auf die Wahl zur Hamburger Bürgerschaft vom 21. September 1997. (Empirische und methodologische Beiträge zur Sozialwissenschaft, Bd. 20) Frankfurt/New York, 2002.

Klein, Markus: Die Wahrnehmung und Bewertung von Wahlplattformen durch die Wähler. In: planung & analyse. Zeitschrift für Marktforschung und Marketing 29(2002)1, S. 52-57.

Louviere, Jordan J.: Analyzing Decision Making. Metric Conjoint Analysis. (=Sage University Paper Series on Quantitative Applications in the Social Sciences, Vol. 67) Beverly Hills, 1988.

Nisbett, Richard E./Wilson, Timothy D.: Telling More Than We Know: Verbal Reports on Mental Processes. In: Psychological Review 84(1977), S. 231-259.

Schubert, Bernd: Entwicklung von Konzepten für Produktionsinnovationen mittels Conjointanalyse. Stuttgart, 1991.

Scott, Jerome E./Wright, Peter: Modeling an Organizational Buyer´s Product Evaluation Strategy: Validity and Procedural Considerations. In: Journal of Marketing Research 13(1976), S. 211-224.

Slovic, Paul/Fleisser, Dan/Bauman, W. Scott: Analyzing the Use of Information in Investment Decision Making: A Methodological Proposal. In: Jounral of Business 45(1972), S. 283-301.

Tscheulin, Dieter K.: Ein empirischer Vergleich der Eignung von Conjoint- Analyse und „Analytic Hierachy Process“ (AHP) zur Neuproduktplanung. In: Zeitschrift für Betriebswirtschaftslehre 61(1991), S. 1267-1280.

Wübker, Georg: Preisbündelung: Formen, Theorie, Messung und Umsetzung. (Neue betriebswirtschaftliche Forschung; Bd. 238) Wiesbaden, 1998.

Thomas Butter, Dion Fuchs, Katharina Srnka

Vom Wahlkampf- zum POLIT-Marketing: Lehren aus verwandten Marketingbereichen

1. Einleitung

Wahlkampf – ein Begriff, der Aktivitäten, Stimmungen und für die meisten Akteure im Marketing politischer Parteien wohl vor allem eines umfasst: *einen recht eng begrenzten Zeitraum.* Diese Sichtweise spiegelt sich nicht nur in der Meta-Wahlkampf-Berichterstattung der Medien und in Hollywood-Produktionen à la „Wag the dog" oder „Primary Colours", sondern auch in einem Grossteil der (praxisorientierten wie auch wissenschaftlichen) Literatur zum Politischen Marketing wider. Es verwundert daher nicht, dass immer wieder folgendes Schema zu beobachten ist: Der „Kampf" vor einer Wahl wird unter kurzfristig sehr hohem Aufwand an finanziellen und personellen Ressourcen geschlagen, um dann unmittelbar nach den Wahlen die Wähler wieder in den – durch ein Minimum an Aufmerksamkeit seitens der politischen Akteure und ihrer Marketingverantwortlichen gekennzeichneten – Alltag zu entlassen. Zwar spricht insbesondere die wahlkampfstrategische Ausrichtung auf den Wahltermin für einen konzentrierten Ressourceneinsatz vor Wahlen, doch statt der „Ruhe nach dem Sturm" sollte in der Zeit zwischen den Wahlkämpfen zumindest doch ein „frischer Wind" blasen – denn kurzfristig ausgerichtetes Wahlkampfmarketing verkennt die *Besonderheiten des Politischen Marketings.*

Ziel dieses Beitrags ist es, ausgehend von einer eindeutigen Abgrenzung des Marketingbegriffs im Kontext politischer Akteure, welcher das Produkt „Politik„ und nicht ausschließlich den/die Kandidaten/in in den Mittelpunkt stellt, diese Besonderheiten zu thematisieren sowie die daraus resultierenden Konsequenzen für Marketingaktivitäten politischer Akteure aufzuzeigen. Bezug nehmend auf Erkenntnisse aus den verwandten Bereichen *Services (=Dienstleistungs-) Marketing, Nonprofit Marketing* und *Social Marketing* werden konkrete Ansatzpunkte für erfolgreiches Marketing – auch und gerade zwischen den Wahlkämpfen – abgeleitet. In diesem Zusammenhang wird ferner die Bedeutung des im Bereich des kommerziellen Marketings bereits seit längerem diskutierten *Relationship Marketing*-Ansatzes für das Politische Marketing verdeutlicht. Die Umsetzung eines beziehungsorientierten Marketings im politischen Bereich, das zwangsläufig mit dem *Gebot einer langfristigen Orientierung* verbunden ist, wird im Rahmen des hier vorgeschlagenen, integrierten *POLIT-Ansatzes* diskutiert, wobei jeweils im Einzelnen auf die relevanten Dimensionen ***Politik** , **Objekt** , **Lokalisierungs-** , **Info-** & **Kommunikations-** sowie **Team-Management*** eingegangen wird.[1] Zur Verdeutlichung des akuten Handlungsbedarfs sowie konkreter Ansatzpunkte für Verbesserungen in der Politischen Marketingpraxis werden hierbei relevante *Ergebnisse einer aktuellen empirischen Studie zur Situation des Politischen Marketings in Deutschland und Österreich* vorgestellt.

2. Zur Bedeutung des Politischen Marketings – Grundlegende Betrachtungen und Konsequenzen

Im Laufe der letzten Dekade war eine wahre „Explosion" an Publikationen im Bereich des Politischen Marketings (PM) zu verzeichnen, wobei v.a. auch die Scientific Community die Bedeutung dieses Marketingbereichs als eigene Forschungsdomäne immer deutlicher zum Ausdruck brachte.[2] Um Politisches Marketing – also Marketing von politischen Akteuren und hier insbesondere Parteien – in der Praxis effektiv zu betreiben, erscheint es zielführend, sich zunächst mit Marketing als grundlegender Organisationsphilosophie und den relevanten theoretischen Konzepten auseinanderzusetzen. Peter D. Bennett erklärt im „Dictionary of Marketing Terms" der American Marketing Association (1995) den Begriff Marketing in knappen Worten wie folgt: *„Marketing is the process of planning and executing the conception, pricing, promotion and distribution of ideas, goods and services to create exchanges that satisfy individual and organizational goals."* Um 1930 im Konsumgüterbereich entstanden, hat der Marketingbegriff eine beträchtliche Entwicklung durchgemacht, bis er schließlich in diesem umfassenden Sinne definiert wurde. Waren Marketingaktivitäten anfangs nahezu ausschließlich am Produkt orientiert und vorwiegend auf kommunikative Maßnahmen gerichtet, so begann sich ab 1950 ein neuer, strategischer Zugang zum Marketing durchzusetzen, welcher den Kunden mit seinen Wünschen und Bedürfnissen – von

---

1 Auf *per definitionem langfristige Elemente des politischen Marketingprozesses* wie Analyse, Zielsetzung, Strategiefindung oder Segmentierung wird hier nicht eingegangen, da es einerseits den verfügbaren Rahmen sprengen würde und andererseits in diesem Bereich die Bedeutung einer langfristigen Konzeption des Politischen Marketings unmittelbar einsichtiger ist als bei operativen und taktischen Instrumenten.

2 So widmete etwa das European Journal of Marketing 2001 (Jahrgang 35) seine Ausgabe 9/10 gänzlich diesem Themenbereich. Für weitere Arbeiten älteren und jüngeren Datums in diesem Bereich siehe: Kotler (1975); Shama (1975); Mauser (1983); Wangen (1983); Newman/Sheth (1985); Oellerking (1988); O'Shaughnessy (1990); Smith/Saunders (1990); Bowler/Farrell (1992); Butler/Collins (1994); Newman (1994); Maarek (1995), Lock/Harris (1996); O'Cass (1996); Egan (1999); Newman (1999); Harris (2001) sowie Baines/Harris/Lewis (2002).

der Planungs- bis zur eigentlichen Umsetzungsphase einer Leistung – in den Mittelpunkt der Marketingaktivitäten stellt (vgl. Kotler 1999: 8). Diese Marketingkonzeption integriert *sämtliche* absatzpolitischen Maßnahmen (also – im operativen Entscheidungsbereich – nicht nur Produkt- und Kommunikationsgestaltung, sondern auch Distributions- sowie Preispolitik) und richtet diese auf die Erfüllung der Wünsche und Bedürfnisse der Zielgruppe aus. Marketing übernimmt damit eine wichtige Mittlerfunktion zwischen dem Kunden als Mittelpunkt aller Aktivitäten und den einzelnen Unternehmensfunktionen (vgl. Kotler 1999: 24), und es stellt Methoden zur Planung, Gestaltung, Koordination und Kontrolle der verschiedenen absatzmarktbezogenen Maßnahmen bereit (vgl. Corsten 1995: 606f.). Ziel dabei ist es, langfristig Kundenzufriedenheit und in weiterer Folge Loyalität zu schaffen und damit verbundene Unternehmensgewinne bzw. sonstigen Ziele der Organisation (im Hinblick auf politische Akteure z.B. die Durchsetzung von Interessen, Verbreitung von Ideen, Erhöhung der Lebensqualität der Bürger etc.) zu realisieren. Als Denkkonzeption könnte Marketing letztlich alle Arten von zielorientierten Austauschbeziehungen zwischen Menschen oder Organisationen umschreiben und erklären, bei denen spezielle Instrumentarien (wie z.B. Methoden der Marktforschung oder spezifische absatzpolitische Instrumente) eingesetzt werden (Nieschlag/Dichtl/Hörschgen 1997: 27f.).

Für das Politische Marketing ergeben sich aus diesem umfassenden Verständnis des Marketingbegriffs folgende drei grundlegenden Konsequenzen (siehe auch Kotler/Andreasen 1996: 111):

- *Marketing im politischen Umfeld ist von fundamentaler Bedeutung*, denn: In der Politik finden zahlreiche Austauschbeziehungen statt (*Wähler*: Stimmabgabe im Austausch für Vertretung von Interessen; *Freiwillige*: Mitarbeit im Austausch für sozialen Kontakt und soziale Anerkennung; *Funktionäre*: Mitarbeit im Austausch für Mitbestimmung und Einfluss usw.).
- *Marketing ist mehr als nur Generierung von Produkten und deren Kommunikation*: Als Führungskonzept umfasst es sämtliche Organisationsbereiche der Partei.
- *Die Aktivitäten der verschiedenen Organisationsbereiche sollten an den Zielgruppenbedürfnissen ausgerichtet werden*: Der Kunde steht im Mittelpunkt aller Marketingbestrebungen[3] und seine Bedürfnisse müssen, dem Marketingansatz entsprechend, systematisch (optimalerweise mittels regelmässiger Marktforschung) erhoben und analysiert werden.

3 Der Kunde ist letztlich der Ausgangspunkt.

3. Politisches Marketing: Begriffsabgrenzung und Besonderheiten

Das Marketing politischer Parteien bezieht sich im Wesentlichen auf „Produkte“ wie *Interessenvertretung, Gesellschaftsentwürfe, politische Bildung und Kommunikation, Bürgerservice usw.* Als Anbieter solcher komplexen, abstrakten und damit schwer fass- und vermittelbaren Leistungen müssen politische Akteure im Rahmen ihres Marketings den besonderen Eigenschaften von Dienstleistungen Rechnung tragen (vgl. Harrop 1990). In den weiteren Ausführungen soll hier in diesem Zusammenhang auf den in der US-amerikanischen Literatur dominierenden Begriff des *Services Marketing* zurückgegriffen werden, weil dieser weitaus besser als der korrespondierende Terminus aus der deutschsprachigen Literatur den Servicegedanken (im Sinne von „Dienst am Bürger„) zu transportieren geeignet erscheint. Weitere Charakteristika des Politischen Marketings leiten sich aus dem verwandten Bereich des *Nonprofit Marketings* ab, also Marketingaktivitäten von Organisationen, deren primärer Zweck nicht in der Gewinnerzielung, sondern in anderen, oft gemeinnützigen Zielen liegt. Die PM-relevanten Charakteristika des Nonprofit Marketings gelten schließlich in hohem Masse auch für das *Social Marketing*, also das Angebot und die Verbreitung gesellschaftlich wünschenswerter Ideen oder Leistungen, welches allerdings darüber hinaus noch weitere Spezifika aufweist. Die folgenden Unterpunkte setzen sich mit den jeweils für das Politische Marketing relevanten Aspekten von *Services –, Nonprofit – und Social Marketing* als PM-verwandte Bereiche auseinander und leiten daraus Schlussfolgerungen für ein erfolgreiches Politisches Marketing ab.

3.1 Besonderheiten des Services Marketing als PM-verwandter Bereich

Das markanteste Charakteristikum von Dienstleistungen, sowohl im kommerziellen als auch im politischen Bereich, stellt ihre *Immaterialität* dar (vgl. Maleri 1998: 37; siehe hierzu auch: Meyer 1998: 6f.; Meffert und Bruhn 2000: 51 sowie Corsten 1990: 22). Sie ist für viele Eigenheiten des Politischen Marketings verantwortlich.

Die Immaterialität bedingt insbesondere, dass Erstellung und Konsum von Dienstleistungen zeitlich zusammenfallen *(„uno-actu-Prinzip„)* (vgl. Meffert/ Bruhn 2000: 74; Meyer 1998: 6). Folglich stellen die im Wahlkampf angebotenen parteipolitischen Leistungen lediglich *Leistungsversprechen* von politischen Parteien dar, die – im Gegensatz zu einem Sach-gut – vor der Wahlentscheidung nicht begutachtet und bewertet werden können. Dies bedingt ein vom „Kunden„ wahrgenommenes (Wahl-)Risiko, da hohe Unsicherheit über die zukünftige Umsetzung bzw. Umsetzbarkeit der versprochenen Leistungen besteht. In Mehrparteiensystemen stellen zudem auch mögliche Koalitionsbildungen einen hohen Unsicherheitsfaktor über die tatsächlichen politischen Leistungen dar. Darüber hinaus besteht bei Leistungsversprechen von politischen Parteien im Gegensatz zu Leistungsversprechen von kommerziellen Dienstleistungsanbietern kein rechtlicher Anspruch auf Realisierung der Dienstleistung. Im kommerziellen Bereich sind Anbieter von Dienstleistungen bestrebt, das wahrgenommene Kaufrisiko durch die Bereitstellung „sichtbarer„ Indikatoren der Dienstleistungsqualität (z.B. hochwertige Verpakkung oder Markenlogo) bzw. Garantien oder Referenzen sowie intensive Kommunikationspolitik (vielfach mit griffigen Slogans wie z.B. „... – The Care Company„) zu minimieren. Entsprechend müssen politische Akteure den Wählern glaubhaft vermitteln, dass sie ihre Leistungsversprechen auch wirklich umsetzen werden, um das Risiko der Wahlentscheidung für die Wähler zu verringern. Zu diesem Zweck setzen sie beispielsweise Testimonialwerbung[4], ein professionelles, einprägsames Parteierscheinungsbild (analog zur Corporate Identity im kommerziellen Bereich) oder auch – wie bspw. die SPD im Bundestagswahlkampf 1998 – Garantien bezüglich ihrer Wahlversprechen ein, die jedoch lediglich symbolisch-kommunikativen Charakter besitzen.

Generell müssen politische Akteure im Rahmen eines langfristigen, strategischen Prozesses Wählervertrauen aufbauen und pflegen – hier setzt das weiter unten vorgestellte Konzept des *Relationship Marketings* an. Ein weiterer, immer öfter gewählter Weg, die mangelnde „Greif- bzw. Erlebbarkeit„ der politischen Leistung – insbesondere in der medialen Präsentation – zu überwinden, ist die *Personalisierung* von Parteipolitik. Indem eine starke Führungspersönlichkeit, welche für die Inhalte und Ziele einer Partei steht, in den Vordergrund gerückt wird, kann die Leistung und ihr Nutzen für die Zielgruppe „visualisiert„ werden. Dies ermöglicht bspw. dem Wähler, die Qualität des abstrakten Produkts „Politik„ an authentischen Personen zu erleben und zu bewerten. Wenngleich Personalisierungsstrategien im Politischen Marketing heute von zentraler Bedeutung sind, so gilt es, sich dennoch immer wieder zu vergegenwärtigen, dass langfristig das politische Programm und nicht die einzelne Person, welche dieses nach außen tragen bzw. vertreten, das eigentliche „Produkt“ im Politischen Marketing darstellen sollte. Dieses Argument mag aus Sicht des PM-Praktikers in Anbetracht der aktuellen Gegebenheiten nahezu befremdlich erscheinen, resultiert aber letztlich aus einer konsequenten Marketingorientierung im oben definierten Sinne.

Die massenmedial inszenierte, vereinfachte Darstellung komplexer politischer Sachverhalte und Entscheidungsprozesse im Rahmen *symbolischer Politik*[5] steht im Einklang mit den kommunikationspolitischen Anforderungen,

---

4 Darunter versteht man Sympathiebekundungen oder Wahlempfehlungen durch bekannte Persönlichkeiten, die häufig Meinungsführer-Status haben.

5 Unter *symbolischer Politik* wird die strategische Gestaltung oder Inszenierung interessegleiteter, massenmedial vermittelter politischer Realität verstanden, die die Beeinflussung von Einstellungen und Verhalten bei den Wählern zum Ziel hat. Sie ist stets auf eine mediengerechte Darstellung von Ereignissen gerichtet, sowohl im Hin-

die sich aus den Besonderheiten von Dienstleistungen – vor allem der Immaterialität – ergeben. Auch die Auffassung, dass symbolische Politik weniger das Ziel der Problemlösung, sondern das der Darstellung von Problemlösungskompetenz verfolgt (Kepplinger 1992: 52), entspricht den aus den Dienstleistungseigenschaften resultierenden kommunikationspolitischen Anforderungen, die der Übermittlung von Kompetenzsignalen eine besonders starke Bedeutung zuschreiben (Meffert 1995: 462). Zudem macht die zunehmende wettbewerbspolitische Ausrichtung der Parteien auf die „politische Mitte", die eine Angleichung der parteipolitischen Programme bzw. Vorhaben zur Folge hat, eine symbolische Differenzierung der weitgehend austauschbaren politischen Angebote notwendig.

Eine weitere wesentliche Dienstleistungseigenschaft ist die Integration des *externen Faktors* bei der Leistungserstellung. Der externe Faktor kann hier eine Person – meist der Kunde – oder ein Objekt sein, an dem die Leistungserstellung erfolgt (vgl. Meffert/Bruhn 2000: 56). Die Tatsache, dass eine Leistungserstellung die Kooperation, zumindest aber die Zustimmung der Betroffenen voraussetzt, stellt für die leistungserstellende Organisation einen wesentlichen Unsicherheitsfaktor dar (vgl. Hilke 1989: 27). Im Politischen Marketing besitzt die Einbeziehung des externen Faktors „Bürger„ besonders grosse Bedeutung; aber auch andere Parteien und die Medien können wesentlichen Einfluss auf die Qualität der Politik ausüben. Da der externe Faktor nur innerhalb enger Grenzen planbar ist, müssen Dienstleister als Ausgleich für eine hohe Flexibilität der internen Faktoren im eigenen Einflussbereich sorgen, um der Individualität der externen Faktoren Genüge zu tun. Dies erschwert allerdings eine *Standardisierung der erstellten Leistungen*. Ungleich der Konstanz und der "gleichbleibenden Qualität", wie sie Markenartikel im Konsumgüterbereich garantieren, können etwa Marketingverantwortliche von Politikern oder deren Parteien solche Konstanz ihrer Ergebnisse kaum gewährleisten (vgl. Mannstein 1991: 88).[6] Folglich muss umso mehr durch den Aufbau eines klaren Image und v.a. einer guten Reputation ein Bezugspunkt bzw. die Grundlage für das Vertrauen der Wähler geschaffen werden.
In einem engen Zusammenhang mit den Dienstleistungseigenschaften Immaterialität und Integration eines externen Faktors steht die Bedeutung der *Bereitstellung von Leistungspotenzialen* in Form personeller, sachlicher oder immaterieller Ressourcen durch den Leistungsanbieter (vgl. Meffert 1995: 455). Im politischen Bereich zählen zu diesen Leistungsfähigkeiten insbesondere *parteipolitische (Sach-)Kompetenzen und Reputation, Kommunikations- und Kampagnenfähigkeit sowie Kandidaten, Mitarbeiterstäbe und Freiwillige,*

---

blick auf unabhängig von den Medien stattfindende öffentliche Ereignisse als auch auf speziell für die Medien inszenierte Ereignisse (Dombrowski 1997: 2 u. 24).

6 So vermag eine unbedachte Äusserung eines Politikers die Marketinganstrengungen von Monaten zunichte zu machen. Etwaige „Ausrutscher" werden jedoch wohl leichter verziehen, wenn langfristige Arbeit vorgewiesen werden kann und nicht nur einige Wochen der Wahlkampfrhetorik.

aber auch die *Ausstattung von Parteilokalen* usw. Dies verdeutlicht neuerlich die Relevanz eines strategisch ausgerichteten Marketings sowie die Bedeutung qualifizierter und einsatzbereiter Mitarbeiter einerseits und einer gezielten Ausstattungspolitik andererseits.

Aus der Immaterialität und der Integration des externen Faktors leiten sich aber noch zwei weitere zentrale Dienstleistungseigenschaften ab: Nichttransportier- und Nichtlagerbarkeit. Die *Nichttransportierbarkeit*, als Konsequenz des „uno-actu„-Prinzips von Leistungserstellung und Konsumption durch den Abnehmer, ist Grund dafür, dass Dienstleistungen nur am Ort ihrer Erstellung konsumiert werden können. Dies hat Auswirkungen auf die Standortwahl der Anbieter: So ist im PM etwa die Standortauswahl von Parteilokalen, Serviceeinrichtungen, Veranstaltungen usw. von Bedeutung, wenngleich parteipolitische Personalisierung (s.o.) sowie die Nutzung der Massenmedien[7] in immer stärkerem Masse – zumindest symbolische – Präsenz an unterschiedlichen Orten ermöglichen (vgl. Meyer 1998: 52). Wenn auch die Eigenschaft der Nichtransportierbarkeit immerhin teilweise entschärft werden kann, so bleibt das Problem der *Nichtlagerbarkeit*. Da Dienstleistungen nicht „haltbar„ sind und folglich nicht auf Vorrat „produziert„ werden können, entstehen für Dienstleistungsanbieter in Zeiten ohne Nachfrage "Leerzeiten". Folglich versuchen diese oft, Nachfrageschwankungen durch Marketingmassnahmen zu glätten (vgl. Meyer 1998: 6). Im Politischen Marketing sind v.a. *Wahlen als Nachfragespitzen im Hinblick auf Information bezüglich der Ziele, Inhalte, Profile und Glaubwürdigkeit politischer Akteure* zu begreifen. Massnahmen zwischen den Wahlkämpfen können hier – zumindest in gewissem Masse – zu einer entsprechenden Glättung des Informationsbedarfs und insbesondere in der Kommunikation inhaltlicher Belange (Transparentmachen von Zielen, Leistungen und v.a. Erfolgen) beitragen. Aufbau und Pflege der guten Reputation eines politischen Akteurs bedürfen schon per se eines langfristig ausgerichteten, konsistenten Vorgehens, das sich nicht auf die Zeit des Wahlkampfs beschränken kann.

Soll Politisches Marketing langfristig erfolgreich sein, muss also das „Feuerwerk" an Marketingaktivitäten vor den Wahlen durch vorbereitende Massnahmen vor bzw. verstärkende Aktivitäten nach der Wahl ergänzt werden, die sich insgesamt über den gesamten „Wahlkampf- und Friedenszyklus„ erstrecken. Wenngleich der konzentrierte Ressourceneinsatz vor dem Wahltermin grundsätzlich durchaus rational im Sinne der politischen Ökonomie und damit zielführend erscheint, ist der Marketer mit den *individuellen Prädispositionen* und den *beschränkten Informationsverarbeitungskapazitäten des externen Faktors „Bürger"* sowie *interferierenden Einflüssen von Mitbewerbern und Medien* konfrontiert. Ein langfristiges Vorgehen ist daher in

7 Neben auditiven bzw. audiovisuellen Übermittlungsformen wie Radio und Fernsehen gewinnt hier v.a. das interaktive Medium Internet mit den Möglichkeiten von „chat rooms" usw. immer stärker an Bedeutung.

vielfacher Hinsicht erfolgversprechend: In Nichtwahlkampfzeiten ist zum einen die Informationskonkurrenz (welche insbesondere in den Schlussphasen des Wahlkampfs zwangsläufig zu Informationsüberlastung der Zielgruppen führt[8]) weitaus geringer, so dass Inhalte differenzierter und glaubwürdiger kommuniziert werden können. Damit kann den Wählern eine rationale Grundlage für die Bildung einer positiven Einstellung geboten werden, welche letztlich die Voraussetzung für die gewünschte Entscheidung am Wahltag darstellt (vgl. Ajzen/Fishbein 1970). Zum anderen wird durch laufende – wenn auch nur periphere – Kommunikation[9] (*„mere exposure-effect"*) bei der bzw. den Zielgruppen Sympathie und Vertrauen begründet (vgl. Markus/ Wilson 1974; Petty/Cacioppo/Schumann 1983), wodurch die emotionale Beziehung zum politischen Akteur und damit auch die Bereitschaft, sich für diesen zu entscheiden, nachhaltig gestärkt wird (vgl. Baker 1999).

Wie aus den vorangehenden Ausführungen folgt, erscheint es vor dem Hintergrund theoretischer Überlegungen insgesamt sinnvoll, die (Informationsnachfrage-)„Spitzen„ vor dem Wahltag durch zeitlich gestreuten (langfristig geplanten) Einsatz der Marketingmassnahmen zu glätten. Für entsprechend langfristig ausgerichtetes Politisches Marketing spricht auch die Chance, auf diese Weise Kostenvorteile zu realisieren: Teure, schwer koordinierbare personelle und organisatorische Kapazitäten, die erforderlich sind, um Wahlkämpfe zu bewältigen, könnten auf diese Weise reduziert werden. Zudem könnte bei einem langfristigen Zugang die im Wahlkampfmanagement sinnvolle bzw. notwendige (und in der aktuellen PM-Praxis dominante) Ausrichtung auf den/die Kanditaten/in im Sinne der Personalisierungsstrategie zugunsten einer stärkeren Fokussierung inhaltlicher Aspekte adaptiert werden. Einer konsequenten langfristigen Ausrichtung stehen aktuell allerdings staatliche Regelungen (insbesondere die (Teil-) Erstattung der Wahlkampfkosten im Rahmen einer öffentlichen Parteienfinanzierung) entgegen, welche für Parteien Anreize schaffen, ihren Ressourceneinsatz im Rahmen des Politischen Marketings auf den Zeitraum des Wahlkampfes zu fokussieren. Darüber hinaus schränken gesetzliche Auflagen den Entscheidungsspielraum für den zeitlichen Einsatz verschiedener Marketingaktivitäten – z.B. Fernseh- und Radiowerbung oder Plakatierung – für politische Akteure ein. Diese prakti-

---

8 Unter Informationsüberlastung versteht man jenen Anteil der Kommunikation, mit der ein Individuum konfrontiert ist, der aber von diesem nicht wahrgenommen wird (vgl. Kroeber-Riel/Weinberg 1999: 90). Bereits Ende der 1980er Jahren konstatiert Kroeber-Riel (1987) eine Informationsüberlastung in der Werbung von 95%! Es wird davon ausgegangen, dass dieser Anteil in Anbetracht der anhaltenden Zunahme der Informationen im Umfeld der Konsumenten weiter steigt.

9 Darunter versteht man Kommunikation, die vom Individuum nicht bewusst wahrgenommen wird. Dies ist vielfach bei stark emotionaler Werbung, die auf sachliche Inhalte weitgehend bzw. gänzlich verzichtet, der Fall (vgl. Petty/Cacioppo/Schumann 1983).

schen Rahmenbedingungen dürfen aber dennoch nicht zu einer ineffizienten Allokation von (knappen) Ressourcen verleiten.

3.2 Besonderheiten des Nonprofit Marketings als PM-verwandter Marketingbereich

Nonprofit-Organisationen, wie es politische Parteien sind, sehen sich aufgrund ihrer sozialen Ziele und öffentlichen Bedeutung, in Anbetracht rechtlicher Begünstigungen und öffentlicher Zuschüsse sowie ihrer Abhängigkeit von Spenden und freiwilligen Mitarbeitern oft mit besonders *hohem Öffentlichkeitsinteresse* konfrontiert (vgl. Kotler/Andreasen 1996: 16) und sind im Falle von Verfehlungen besonders starker Kritik ausgesetzt. Dies führt zu stärkerer Beeinflussbarkeit durch externe Gruppen, als dies in der Regel bei kommerziellen Unternehmen der Fall ist (vgl. Hasitschka/Hruschka 1982: 25). Somit kommt der ethischen Dimension – im Sinne der Einhaltung moralischer Standards bei Inhalten wie auch Umsetzung – im Politischen Marketing besonders hoher Stellenwert zu (vgl. Kotler/Andreasen 1996: 21 u. 28). Ein nicht unproblematischer Aspekt in diesem Zusammenhang ist in der Tatsache zu sehen, dass sich die kritische Aufmerksamkeit der verschiedenen relevanten Gruppen in einer zuweilen relativ starken externen Beeinflussung niederschlagen kann, welche mit der Gefahr einer Verwässerung der strategischen Ausrichtung einer Partei verbunden ist.

Andererseits hat das grosse Interesse der Öffentlichkeit aber den Vorteil, dass politische Werbung mit weitaus höherer Aufmerksamkeit als kommerzielle Werbung verfolgt wird. Patterson und McClure wiesen 1976 etwa nach, dass einem Anteil von 20% des Fernsehpublikums in den USA, die einzelne Werbespots für kommerzielle Produkte im Gedächtnis behielten, 79% der Zuschauer gegenüberstehen, die sich an die Werbung der Präsidentschaftskandidaten erinnerten (vgl. Johnson-Cartee/Copeland 1997: 43). Die Stimmabgabe für einen bestimmten politischen Akteur ist für viele Wähler (trotz vielfach beobachteter Politikverdrossenheit) immer noch eine *High Involvement*-Entscheidung, die – anders als bei vielen Konsumgütern – durch einen hohen Aufwand an Zeit und psychischem Engagement für die Suche nach relevanten Informationen gekennzeichnet ist (vgl. Newman 1994: 9). Dies ist teilweise in der Natur des Produkts „Politik„ begründet: Politik berührt das Leben der meisten Menschen stärker als viele Konsumgüter und wird daher laufend diskutiert und bewertet. Darüber hinaus erfüllt sie eine Vielzahl von Funktionen, die den Nachrichtenwert erhöhen und durch PM-Techniken zusätzlich verstärkt werden können (vgl. Mannstein 1991: 84). Besonders effektiv kann die erhöhte Aufmerksamkeit gegenüber politischen Themen wiederum in der wahlkampffreien Zeit genutzt werden, in der die mediale Präsenz der parteipolitischen Konkurrenz geringer ist.

Die Abhängigkeit von der Öffentlichen Hand, von Spenden und von Freiwilligen führt neben verstärktem öffentlichen Interesse auch zur *Erweiterung der Zielgruppen („stakeholders" bzw. „multiple publics")* von Nonprofit-Organisationen. Bedeutende externe Zielgruppen sind hierbei neben *Wählern* und *Spendern* v.a. *Journalisten* sowie *öffentliche Meinungsbildner* (beides Multiplikatoren), wichtige interne Zielgruppen stellen *Mitarbeiter, Mitglieder und Freiwillige* dar. Werden für diese Gruppen nur zu Wahlkampfzeiten PM-Aktivitäten durchgeführt, erhöht sich die Gefahr der Unglaubwürdigkeit für den politischen Akteur. Die durch beschränkte Budgetmittel für bezahlte Werbung bedingte Abhängigkeit der *Nonprofit*-Organisationen (Parteien unterliegen in diesem Zusammenhang insbesondere auch gesetzlichen Restriktionen) von den Medien in der Kommunikation mit der Öffentlichkeit birgt Gefahren in sich: Dadurch, dass ein Grossteil des Images der Organisation durch Berichte weitgehend unabhängiger Medien geformt wird, entzieht es sich der direkten Kontrolle durch die Organisation (vgl. Dombrowski 1997). Kommerzielle Marketingtreibende dagegen besitzen grössere *Kontrolle in der Kommunikationspolitik*, da sie hauptsächlich auf bezahlte Medien zurückgreifen. Politische Akteure brauchen in den schlechter kontrollierbaren Massenmedien in der Regel länger, um den Zielgruppen Inhalte mit der notwendigen Intensität zu vermitteln – oft weitaus länger, als die kurze Dauer eines Wahlkampfes. Dafür aber wirken Berichte in unabhängigen Medien durch den nicht-persuasiven Kontext glaubwürdiger (Dombrowski 1997: 221). Dies sind weitere Argumente für ein langfristig ausgerichtetes Politisches Marketing.

Marketingbemühungen von *Nonprofit*-Organisationen werden auch dadurch erschwert, dass seitens der Organisationsmitglieder mitunter grosse *Skepsis gegenüber Marketingmethoden* herrscht (vgl. Luthe 1994: 21). So wird Marketing oft als unnötige Geldverschwendung, unmoralischer Manipulationsversuch oder unzulässige Invasion der Privatsphäre der Konsumenten gesehen (vgl. Kotler/Andreasen 1996: 24). Damit erschwert sich auch die Durchsetzbarkeit von Entscheidungen im Politischen Marketing: Viele Massnahmen, die aus der Marketingperspektive zielführend erscheinen, sind oft nicht durchzusetzen, da sie nicht parteikonform sind oder Interessensgruppen widerstreben. Dies führt – gemeinsam mit der dezentralen und mitunter basisorientierten Entscheidungsfindung – zur *schwierigen Durchsetzbarkeit marketingpolitischer Entscheidungen mit entsprechend langen Vorlaufzeiten* (vgl. Mannstein 1991: 87).

Ein zentraler, oft vorgebrachter Kritikpunkt hinsichtlich des Einsatzes von Marketingtechnologien durch politische Akteure besteht schließlich darin, dass die vom Marketing geforderte konsequente Orientierung an den Bedürfnissen und Wünschen der Wähler nicht mit den elementaren Aufgaben und Zielen politischer Führung vereinbar sei. Die grundlegende Befürchtung besteht vor allem darin, dass sich marketingorientierte politische Akteure zielgruppenpopulistisch und wahltaktisch verhalten und dabei langfristig gesellschaftlich erforderliche, aber unpopuläre politische Entscheidungen und Massnahmen vernachlässigen. Nach Auffassung von Smith und Saunders

(1990, S. 298) bildet ein solches Szenario einen Gegensatz zum Kern des parlamentarischen Systems, in dem Politiker gewählte Repräsentanten, nicht Delegierte sind. Eine solche Auffassung vom Marketingansatz verkennt jedoch, dass eine Ausrichtung der Parteipolitik an den Bedürfnissen der Wähler nicht unmittelbar mit einer Anpassung an bestehende Bedürfnisse gleichzusetzen ist. Der Marketingansatz stellt vielmehr eine Leitidee dar, die zum einen eine gewissenhafte Analyse der Bedürfnisse und Einstellungen der Wähler und zum anderen eine Beeinflussung dieser Bedürfnisse und Einstellungen im Sinne der Notwendigkeiten politischer Führung erfordert (vgl. Raffée/ Wiedmann 1995, S. 1932f.). Darüber hinaus wirkt der Marketingansatz einem kurzfristig und zielgruppenpopulistisch ausgerichteten parteipolitischen Verhalten entgegen, da er dem Aufbau und der Pflege von Glaubwürdigkeit eine hohe Bedeutung für den langfristigen Markterfolg von politischen Parteien beimisst.

3.3 Besonderheiten des Social Marketings als PM-verwandter Marketingbereich

Social Marketing ist ein Teilbereich des Nonprofit Marketings, der sich auf die Vermittlung und Durchsetzung sozialer Ideen bzw. Anliegen bezieht. Das wesentlichste Unterscheidungsmerkmal zu anderen Marketingformen ist hierbei die Zielsetzung, nämlich die Beeinflussung menschlicher Haltungen bzw. Verhaltensweisen (vgl. Bruhn/Tilmes 1994: 23). Aus diesem Spezifikum ergeben sich auch eine Reihe von Besonderheiten: So bezieht sich Social Marketing oft auf sensible Themen und berührt vielfach zentrale Werthaltungen der Menschen und ist damit weitaus schwieriger erfolgreich umzusetzen, als dies bei Konsumgütern der Fall ist. Verschärft wird diese Problematik weiter dadurch, dass die entsprechenden Themen meist komplex und damit schwierig zu kommunizieren sind (z.B. Pensionsregelungen, Gleichbehandlungsfragen, Integration von Minderheiten usw.), und erreichte Erfolge nur unzureichend vermittelt werden können, da der positive Effekt angestrebter bzw. umgesetzter Massnahmen oft genau darin besteht, dass ein unerwünschter Zustand eben nicht eingetreten ist (Budgetkrise, hohe Arbeitslosigkeit, soziale Konflikte usw.).

Die Gegenleistung ist im Social Marketing nur selten materieller Art. Viel öfter besteht die Gegenleistung in Veränderung von persönlichen Haltungen, Bereitstellung der eigenen Arbeitskraft oder der Akzeptanz neuer Ideen und Werte bzw. der Organisation selbst (vgl. Kotler/Andreasen 1996: 25; Hasitschka/Hruschka 1982: 20f.). Diese immateriellen Ziele sind – wenn überhaupt – nur langfristig messbar. Während im kommerziellen Marketing Verkaufszahlen auch kurzfristigen Aktionen „hard facts“ als Rückmeldung liefern, stehen dem Marketer sozialer Anliegen zur laufenden Kontrolle seiner Aktivitäten meist nur Umfragen zur Verfügung. Da deren Aussagekraft allerdings mitunter sehr eingeschränkt ist, bleibt die Wirksamkeit vieler Massnahmen oft bis zum Wahltag (oder auch darüber hinaus) im Dunkeln. Eine konkrete Erfolgsmessung ist oft auch schon allein deshalb nicht möglich, weil es an operational formulierten Zielen[10] fehlt (vgl. Hasitschka/Hruschka 1982: 15ff.; Kotler/Andreasen 1996: 24). Dadurch ist es schwierig, Kontrollkriterien zu bestimmen und zielorientierte Handlungsansätze zu wählen.

Die Tatsache, dass Social Marketers in der Regel mit sehr knappen Budgets arbeiten müssen, kommt erschwerend hinzu (vgl. Kotler/Andreasen 1996: 402). Das Politische Marketing ist hier keine Ausnahme (vgl. Mannstein 1991: 84; Schifflhuber 1994: 29; Mauser 1983: 10), könnte seine Ressourcen ausserhalb der klassischen Wahlkampfzeiten unter Umständen jedoch wirkungsvoller und effizienter einsetzen. Allgemein ist der effiziente Ressourceneinsatz aufgrund der knappen Budgets im Bereich des Social Marketings von elementarer Bedeutung. Im Sinne einer langfristigen Orientierung sind einzelne Massnahmen deshalb im Hinblick auf ihre Effektivität zur Erreichung der langfristigen PM-Ziele zu hinterfragen.

Selbst die optimistischsten Wahlkampfverfechter gestehen, dass während des Wahlkampfes höchstens 30% der Wähler zu überzeugen sind (vgl. Maarek 1995: 34, 226f.; Holbrook 1996: 5ff., 156ff.); meist liegen diese Schätzungen aber sogar noch wesentlich niedriger, oft nur im einstelligen Bereich.[11] Nur langfristig angelegtes Politisches Marketing kann um grössere Anteile des Wählermarkts werben, denn: Komplexe politische Themen (-positionen) und Imagewerte sind der Bevölkerung nur durch Konstanz verständlich zu machen und glaubhaft zu vermitteln. Beim strategisch angelegten „Kundenbeziehungsmanagement“ sollte neben der Pflege „markentreuer“ – also parteiloyaler – Wähler insbesondere auch die Erschliessung weiterer Wählerpotenziale im Vordergrund stehen, mit dem Ziel, „Gelegenheitswähler„ zu Stammwählern zu machen. Eine langfristige Ausrichtung des Politischen Marketings ist insbesondere auch deswegen notwendig, weil das Image von Politikern und Parteien träge ist und nicht ohne weiteres „relauncht“ – d.h. wesentlich verändert – werden kann. Was der Konsument bei Waschmitteln akzeptiert, ist nicht für Parteien bzw. Kandidaten möglich. Hier sind kleinere Schritte notwendig, die konsistent mit Verhalten in der Vergangenheit oder zumindest durch neue Umstände erklärbar sind, um ideologische Bindungen nicht zu zerstören (vgl. Johnson-Cartee/Copeland 1997: 44; Hundhausen 1975: 224). Insgesamt kann festgehalten werden, dass sich Politisches Marketing auf einen Planungshorizont, der über den nächsten Wahlkampf hinausgeht, stützen und beziehungsorientiert ausgelegt sein sollte.

10 Unter *operationalen Zielen* versteht man solche, die nach Inhalt, Ausmaß, Zeit- sowie Segmentbezug genau festgelegt sind (vgl. Kotler 1999: 79f.). Beispiel: Bei der *Wahl am Tag X* (Zeitbezug) soll *Partei Y einen Stimmenanteil* (Inhalt) *unter den Arbeitslosen in Wien* (Segmentbezug) *von Z%* (Ausmaß) erreichen.

11 Wobei dieser Wert freilich stark von den jeweiligen Umweltfaktoren abhängig ist.

4. Relationship Marketing: Von der Transaktion zur Beziehung

Eine logische Konsequenz der vorangehend skizzierten Charakteristika des Politischen Marketings – also dem allgemeinem Marketinggrundsatz der Kundenorientierung im PM sowie den mit Services –, Nonprofit – und Social Marketing geteilten Besonderheiten – ist die Abwendung von rein „verkaufsorientierten" Wahlkampfmassnahmen hin zur Pflege langfristiger Kontakte zu den bestehenden und potenziellen Wählergruppen (als Partner des politischen Akteurs) mittels langfristiger, konsistenter vertrauensbildender Massnahmen. Im akademischen Bereich wird bereits seit Mitte der 1980er Jahre unter dem Schlagwort „Relationship Marketing" eine weitreichende Refokussierung von einzelnen Transaktionen auf langfristige Beziehungen mit (profitablen und potenziell werthaltigen) Kunden wie auch anderen „Stakeholdern„ propagiert, der in den letzten Jahren auch in der Marketingpraxis von Unternehmen zunehmend rezipiert wird.[12] Auslöser für diese Entwicklung in der Praxis war v.a. die Erkenntnis, dass es wesentlich profitabler ist, bestehende Kunden zu halten als neue Kunden zu gewinnen (vgl. Payne/Rapp 1999: 7), da durch den Aufbau einer Vertrauensbasis die hohen Kosten ständiger Kunden- und Mitarbeiterakquisition, Lieferantenwechsel usw. vermieden und die Erfolgsziele langfristig besser erreicht werden können (vgl. Meffert 1998: 1123f.).

So investieren Unternehmen in vielen Branchen hohe Summen in IT-Lösungen, die es ihnen erlauben, nicht nur demographische, sondern insbesondere auch kaufprozessrelevante Daten – wie z.B. Präferenzen oder Interaktionshistorie – ihrer Kunden zu erfassen und auszuwerten. Auf Grundlage einer dadurch erzielten besseren Kundenkenntnis können maßgeschneiderte, problemlösungsorientierte Leistungsangebote für die einzelnen Kundensegmente entwickelt und eine intensive, (quasi-)persönliche Kundenbetreuung gewährleistet werden, um Wettbewerbsvorteile zu generieren. In der Unternehmenspraxis scheiterten solche Versuche allerdings vielfach daran, dass zwar die Technologie vorhanden ist, jedoch die notwendigen Prozesse, welche die relevanten Daten sammeln und deren Nutzung sicherstellen, in den Organisationen nicht umgesetzt wurden. Mangelndes Verständnis des Relationship-Ansatzes führt zudem dazu, dass die Implementierung in der Organisation scheitert, weil Relationship Marketing lediglich als – häufig IT-getriebenes – Projekt und nicht als funktionsübergreifendes Marketingkonzept begriffen wird. Nicht zuletzt wurden organisationsspezifische Anforderungen in Cu-

---

12 Ein richtungsweisendes Werk in diesem Zusammenhang war der Aufsatz von *Theodore Levitt* in der Harvard Business Review im Jahre 1983. Zur *Bedeutung und Umsetzung des Beziehungsgedankens im Marketing* aus aktueller Perspektive siehe Day (2000). Eine kürzlich publizierte, *kritische Auseinandersetzung mit dem Konzept des Relationship Marketings* und seinen Grenzen findet sich bei Velatsou, Saren und Tzokas (2002).

stomer Relationship Management-(CRM-)Software der IT-Branche (Siebel, Oracle, SAP, Broadvision etc.) bislang meist nur sporadisch abgebildet. Dies zeigt, dass Relationship Marketing meist tiefgreifende organisationale Änderungen erfordert, um erfolgreich zu sein. Die einzelne Transaktion – wie sie lange Zeit im Zentrum der Marketinglehre stand – tritt zunehmend in den Hintergrund und wird von einer langfristigen Beziehung zum Kunden abgelöst, die auf langfristige, stabile Austauschprozesse gerichtet und durch Zufriedenheit und „Markentreue„ der bearbeiteten Segmente gekennzeichnet ist.

Auch politische Akteure können durch die systematische Implementierung eines Beziehungsmarketings im Austausch mit ihren Wählern, aber auch den übrigen relevanten Zielgruppen (Medien, Mitglieder, Funktionäre, Freiwillige usw.) langfristig profitieren, indem sie beispielsweise ein glaubwürdiges Erscheinungsbild nach aussen schaffen, das auf einem konsistenten und fundierten Selbstverständnis der Organisation und ihrer Mitglieder selbst beruht.

Der Relationship Marketing-Ansatz weist in Teilen konzeptionelle Ähnlichkeiten mit dem Konzept des *Permanent Campaigning* auf. Im Mittelpunkt dieses Ansatzes, der erstmals von Blumenthal im Jahre 1980 vorgestellt wurde und auf den im Wissenschaftsgebiet des Politischen Marketings häufig Bezug genommen wird (vgl. z.B. Nimmo 1999, Steger 1999, Sparrow/Turner 2001), steht die systematische Anwendung von Marketing- bzw. Wahlkampftechniken insbesondere im Rahmen der öffentlichen Amtsführung ausserhalb des eigentlichen Wahlkampfs, beispielsweise in Form von Dienstleistungen eines Abgeordneten für die Bürger seines Wahlkreises (vgl. Butler/ Collins 2001). Zwar erscheint der Permanent Campaigning-Ansatz geeignet, im Rahmen des Politischen Marketings nachhaltige Wettbewerbsvorteile zu schaffen; im Hinblick auf ein langfristig ausgerichetes, beziehungsorientiertes Politisches Marketing im Sinne dieses Beitrags stellt er jedoch – mit seinem Fokus auf den Bereich der Kommunikation – nur eine von mehreren Dimensionen eines umfassenden Relationship-Zugangs im PM dar. Bevor in weiterer Folge konkrete Ansatzpunkte für die Umsetzung des propagierten beziehungsorientierten Marketingzugangs beleuchtet werden, fasst die nachstehende Tabelle 1 die oben dargestellten Besonderheiten des Politischen Marketings zusammen.

5. POLIT-Marketing: Das Gebot einer langfristigen Strategie und Umsetzungsmöglichkeiten auf operativer Ebene

Aus den Besonderheiten des Politischen Marketings, die – wie oben dargelegt – eine Konsequenz der Gemeinsamkeiten mit Services-, Non-profit – und Social Marketing darstellen, lässt sich die Notwendigkeit eines langfristigen, wahlkampfübergreifenden Zugangs und damit die Bedeutung eines Relationship Marketing-Ansatzes in diesem Bereich ableiten. Allein schon die langen

Vorlaufzeiten für den notwendigen organisationalen Wandel bzw. Aufbau für eine effektive Implementierung des Marketingkonzepts sowie die Vertretung der Wählerbedürfnisse und -interessen – die ja auch in wahlkampffreien Zeiten existieren – zeigen die Bedeutung einer langfristigen Orientierung im Politischen Marketing auf. Wird Marketing im politischen Bereich nur im Sinne kurzfristig ausgerichteten, konzentrierten Wahlkampfmanagements verstanden, greift es zu kurz; denn innerhalb von wenigen Monaten sind die Effekte jahrelanger vertrauensbildender Arbeit nicht aufzuholen. Nicht eingehaltene Wahlversprechen und opportunistisch motivierte, untereinander inkonsistente Wahlkämpfe dürften zudem langfristig mehr Schaden anrichten, als sie Nutzen bringen. Anhaltender Wählerkontakt bzw. -dialog auch zwischen den Wahlen ist somit ein wesentlicher Erfolgsfaktor des Politischen Marketings. Ausgehend von dieser Prämisse zeigt das vorliegende Kapitel, wo die konkrete Ausgestaltung eines langfristig ausgerichteten, beziehungsorientierten Politischen Marketings ansetzen kann. Den folgenden Ausführungen liegen die *Ergebnisse einer aktuellen Studie zur Situation des Politischen Marketings in Deutschland und Österreich* zugrunde, die in den beiden Ländern mit den *Marketingverantwortlichen sämtlicher parlamentarisch vertretener Parteien auf Bundes- und Landesebene* durchgeführt wurde (vgl. Butter 2002). Die Aussagen der Marketingverantwortlichen aus *52 der insgesamt 125 betrachteten Parteiorganisationen*, die an der Untersuchung im *Zeitraum Juni bis August 2001* teilgenommen haben, stellen die Grundlage der weiteren Ausführungen dar. Tabelle 2 skizziert überblicksmässig *Ziel, Methodik und Teilnehmer* dieser umfassenden, länderübergreifenden Untersuchung.

Die typischen Aktivitäten eines PM-Akteurs können den Ergebnissen der Studie zufolge fünf Instrumenten zugeordnet werden, die sich zusammen mit dem Akronym *POLIT* abkürzen lassen und folgende Bereiche umfassen:

P	olitik-Management:	Themenfindung und -planung
O	bjekt-Management:	Gestaltung greifbarer Objekte (z.B. Parteilokale, Give-aways)
L	okalisierungs-Management:	Standortentscheidungen bzgl. Geschäftsstellen, Parteieinrichtungen, Events usw.
I	nfo- & Kommunikations-Management:	Medien-, Marken- und Kampagnenmanagement
T	eam-Management:	Rekrutierung, Schulung, Motivation und Information des PM-Teams

Nachfolgend werden die einzelnen PM-Instrumente im Detail beschrieben sowie praktische Umsetzungsvorschläge für ein langfristig erfolgreiches Politisches Marketing auf taktischer und operativer Ebene diskutiert.

5. 1 Politik-Management

Parteien sehen sich den Umfrageresultaten zufolge im Politik-Management vor allem mit zwei Aufgaben konfrontiert:

- dem Finden geeigneter Themen für ihre Zielgruppen
- der Berücksichtigung der Auswirkungen der Themenentscheidungen auf ihre Positionierung.

Beide Aspekte verdeutlichen unmittelbar die Notwendigkeit eines langfristigen, strategischen Zugangs zu diesem PM-Bereich, denn: Eine Partei kann durch Pflege und Weiterentwicklung bestehender Kernthemen ihre Stammwählerschaft erhalten bzw. durch neue politische Themen weitere Zielgruppen ansprechen. Der Bundesgeschäftsführer der SPD, Matthias Machnig (2001), tritt für letztere Strategie ein, wenn er – rückblickend auf die Situation seiner Partei 1996 – sagt: *„Um neue Wählersegmente und damit eine Mehrheit von Wählern zu erschliessen, war es notwendig, programmatisch neue Wege zu gehen."* Wird Politik-Management jedoch ausschliesslich unter kurzfristigen, „wahlkampfopportunen„ Aspekten betrieben, so besteht langfristig die Gefahr einer Verwässerung der Parteipositionierung, da das klare Profil einer langfristigen, am Parteiprogramm orientierten Strategie zum Themenportefeuille fehlt. Die Themen sollten sowohl mit den Zielen aller PM-Ebenen als auch mit den politischen Akteuren, die sie vermitteln, stimmig sein. Der letztere Aspekt ist umso wichtiger, als Politik aufgrund der zunehmenden Personalisierungstendenz immer mehr anhand der Personen, die sie vermitteln, beurteilt wird. Da einzelne Akteure jedoch – im Vergleich zur politischen Grundideologie – ein relativ kurzes „politisches Leben" aufweisen, wird Politik, die sich allein am (jeweiligen) Spitzenkandidaten ausrichtet, über die Zeit zwangsweise inkonsistent. Die Kandidatenauswahl ist im Politischen Marketing ohne Frage von wesentlicher Bedeutung; dennoch kommt der Identifikation und Auswahl von Themen primärer Stellenwert zu. Wahlkampfübergreifendes Themen-Management ist auch insofern von großer Bedeutung, als es gilt, Themen strategisch günstig über die Legislaturperiode zu verteilen. So werden etwa Regierungsparteien schmerzhafte Reformschritte eher noch mit dem „Momentum„ des Wahlgewinns umzusetzen versuchen und kurz vor den Wahlen zu populären Massnahmen greifen, wie z.B. der Erhöhung staatlicher Leistungen für die anvisierten Zielgruppen.

Entscheidungen des Politik-Managements müssen aber insbesondere auch mit den weiteren Elementen des POLIT-Instrumentariums abgestimmt werden, denn: Gerade die typischerweise komplexen politischen Themen im Social Marketing bedürfen (siehe Punkt 3.3) des langfristigen Einsatzes der POLIT-Instrumente, um die Problemstellung oder auch die nur langfristig sichtbaren Erfolge zur Zielgruppe zu „transportieren". Kurzfristige Themenwechsel werden gerade bei der für Nonprofit-Marketer typischen kritischen Öffentlichkeit (siehe Punkt 3.2) schnell durchschaut. Die Erfordernis einer langfristigen Themenplanung verdeutlicht die Tatsache, dass sich in der Untersuchung erfolgreichere Parteien (also jene mit einem höheren Stimmenanteil in Prozentpunkten bei der letzten Wahl) in diesem Bereich tendenziell besser bewerteten als ihre kleineren Konkurrenten. Dass in deutschen und österreichischen Parteien das Potenzial für langfristige Themenplanung vorhanden ist, zeigen die Antworten auf die Frage: „Wie wurde in den letzten fünf Jahren entschieden, mit welchen politischen Themen sich Ihre Organisation in der Öffentlichkeit auseinandersetzt?“ Von jenen 51 Begriffen, die sich auf die Entscheidungsträger bezogen, waren 59% diversen Parteigremien zuzuordnen, 31% dem „Partei-Management“ und nur 10% der Parteibasis. Zentrale Kontrolle, eine Voraussetzung für langfristige Themenplanung, wäre somit als gegeben anzusehen.

Wichtige Inputs zur Themenplanung können bei Parteien, die erfolgreiches *Relationship Marketing* betreiben, aus systematischer Marktforschung sowie einem laufenden Dialog mit den Zielgruppen kommen. Damit wird auch der zentralen Marketingerfordernis „Kundenorientierung“ Rechnung getragen. Als wichtige Determinanten der Themenwahl nannten in der Untersuchung 27% der befragten PM-Treibenden Marktforschung, 18% strategische Planung, und 4% der Antworten betrafen Ideologie als Quellen für die Themenbestimmung. Über die Hälfte der Angaben hingegen verdeutlichte einen – zum oben skizzierten, langfristigen Ansatz konträren – situativen Zugang: 22% der Probanden nannten aktuelle Themen und 20% sonstige externe Faktoren als Bestimmungsgrössen der gewählten Themen, 6% bezogen sich auf Konkurrenzbeobachtung und 4% auf Medien. In Anbetracht dieser Ergebnisse tritt die Notwendigkeit, einen besonderen Schwerpunkt auf programmatische Grundlagen, langfristig angelegte Marktforschung und strategische Themenplanung zu legen, deutlich hervor. Weitere Studienresultate verdeutlichen noch mehr den entsprechenden Handlungsbedarf in der PM-Praxis: So bewerteten die Marketingverantwortlichen der befragten politischen Parteien in ihrer Selbsteinschätzung das „Timing der Medienereignisse im Hinblick auf langfristige Überlegungen (bspw. Verteilung bestimmter positiver und negativer Themen über die Legislaturperiode)“ deutlich schlechter als ihre Abstimmung mit kurzfristigen Erfordernissen, wie dem Redaktionsschluss der Medien.

Insgesamt zeigen die Ergebnisse sehr konkrete Ansatzpunkte für eine Optimierung des besonderen Leistungsangebots politischer Akteure im Rahmen des Politik-Managements. Wesentlich „griffigere“ Aspekte des Politischen Marketings als das Politik-Management sind der Inhalt des nächsten POLIT-Instruments, des Objekt-Managements.

5.2 Objekt-Management

Im Rahmen des Objekt-Managements werden die greifbaren Elemente im Einflussbereich des PM-Treibenden gestaltet, wobei deren vordergründiger

Zweck allerdings nicht unbedingt eine spezifische Kommunikationsaufgabe darstellt. Zwar gehört die Gestaltung dieser Objekte nicht zu den klassischen „Werbeträgern“, da sie jedoch langfristig wirken und oft im täglichen Blickfeld von Zielgruppenmitgliedern sind, kommt ihnen ein nicht zu vernachlässigender Stellenwert zu. Zudem sind sie wichtige greifbare „Qualitätsindikatoren“ für die intangible Leistung „Politik“ und spielen oft eine wesentliche Rolle im direkten Bürgerkontakt (z.B. Infostände, Give-aways). Durch gezieltes Objekt-Management kann ein wichtiger Baustein für *Relationship Marketing*-Strategien gelegt und Feedback gewonnen werden. Insbesondere lassen sich *Zeichen, Symbole und Artefakte*, die soziale Bedeutung besitzen und meist eindeutige Assoziationen auslösen, einsetzen (vgl. Chase/Aquilano/Jacobs 1998: 399f.). Ein wichtiges Betätigungsfeld des Objekt-Managements sind die *Gebäude*, die von einem politischen Akteur genutzt werden. Die Ausstattung und das Design der Lokalitäten, die eine politische Dienstleistung umgeben *(„servicescape“)*, vermitteln Imagewerte und wirken sich auch auf die Kommunikation und Motivation der in diesen Gebäuden arbeitenden Mitarbeiter aus. Beide Aspekte verlangen, die kognitiven, emotionalen und physiologischen Reaktionen der Gebäudenutzer zu berücksichtigen (vgl. Bitner 2000: 47).

Entscheidungen im Rahmen des Objekt-Managements (v.a. wenn es um Gebäude geht) wirken im Regelfall über viele Jahre hinweg und sollten dementsprechend sorgfältig geplant werden. Doch Objekt-Management spielt in der derzeitigen PM-Landschaft nur eine untergeordnete Rolle. Keiner der in der PM-Studie Befragten assoziierte mit dem Begriff „Politisches Marketing“ ungestützt Aktivitäten des Objekt-Managements oder reihte solche Aktivitäten unter die fünf wichtigsten der letzten Jahre. Entsprechend dieser geringen Beachtung des Themenkomplexes scheinen auch die Erfolge auf diesem Gebiet gering zu sein: So beurteilen die Parteien die Güte der Gestaltung ihrer Räumlichkeiten im Hinblick auf externe und interne Kommunikation – im Vergleich zu ähnlichen Fragen zu anderen POLIT-Werkzeugen – unterdurchschnittlich. Angesichts der langfristigen Wirkung von Massnahmen des Objekt-Managements überrascht die Vernachlässigung dieses PM-Bereichs. So ging aus persönlichen Interviews mit PM-Treibenden hervor, dass diese mit den Standorten der Parteilokale „nicht unbedingt glücklich“ sind, diese allerdings als nur schwer änderbar ansehen. Die Notwendigkeit einer langfristigen Perspektive zeigt sich auch daran, dass diese – in der kurzen Wahlkampfzeit nicht änderbaren Massnahmen – durchaus ein grosses Wirkungsfeld hätten. Die befragten PM-Akteure verfügen im Schnitt über beinahe 16 gestaltbare Niederlassungen (auch wenn dieser Wert einer grossen Schwankungsbreite unterliegt).

Insgesamt handelt es sich aber beim Objekt-Management um einen Bereich, der – vor allem von den grösseren Parteien – im Rahmen des Politischen Marketings weitgehend unberücksichtigt bleibt. Da dies auch jene Parteien betrifft, die den grössten Anwendungsbereich für Objekt-Management hätten, liessen sich in diesem Bereich durch professionelles externes und internes Politisches Marketing Wettbewerbsvorteile erzielen. Relativ kleine Parteien hingegen nutzen Objekt-Management derzeit schon verstärkt sowohl für interne als auch externe Kommunikation. Eine mögliche Erklärung hierfür wäre, dass diese Parteien durch ihre geringere mediale Präsenz besonders auf direkten Bürgerkontakt und interne Motivation angewiesen sind. Um die Wirkung von – durch das Objekt-Management – professionell gestalteten Objekten zu maximieren, bedarf es optimaler Standorte, um möglichst viele Zielgruppenmitglieder zu erreichen. Diesem Aspekt widmet sich der folgende Absatz.

5.3 Lokalisierungs-Management

Bereits weiter oben wurde herausgestrichen, dass Politisches Marketing sich nicht auf die Umsetzung bzw. Kommunikation politischer Inhalte beschränkt. Dem Grundgedanken des Marketings folgend stellt u.a. auch der Aufbau eines physischen Distributionssystems (Parteilokale, eigene Veranstaltungslokale, Logistik usw.) eine notwendige Voraussetzung für den Erfolg politischer Akteure dar (vgl. Kotler 1996: 393). Dieses „Service-Vertriebssystem" hilft (vgl. Kotler 1996: 307f.; Maarek 1995: 176)

- im Rahmen einer *Relationship*-Strategie zu den Zielgruppen langfristige, persönliche Beziehungen aufzubauen,
- die Dienstleistungsangebote vor Ort („Seniorennachmittage", Jugend-Events usw.) zu bringen,
- Marktforschungsaufgaben zur Erhöhung des Kundennutzens leichter durchzuführen,
- bei der Rekrutierung von Freiwilligen und Mitgliedern, die Zentrale zu entlasten,
- bei der Entwicklung lokalisierter politischer Themen,
- bei der Anpassung von Themen an die regionale Ebene und bei der Entwicklung neuer regionaler Ideen.

Klar sind bei den obigen Aufgaben lokaler politischer „Filialen" Schnittpunkte zu den zuvor besprochenen Marketinggebieten erkennbar, sei es die Bereitstellung von Dienstleistungen, *Relationship Marketing* oder die im *Nonprofit*-Bereich besonders bedeutenden Freiwilligen. Einen noch weitaus grösseren Leistungsumfang umfasst das Lokalisierungs-Management, wenn man unter diesem Instrument auch die Lokalisierungsentscheidungen eines amtierenden politischen Akteurs mit öffentlichem Mandat subsumiert, der auch nicht-parteibezogene Kontaktmöglichkeiten zum Bürger (Ämter, Servicestellen usw.) verwalten und schaffen muss (vgl. Ketzer 1985: 106). Ist die Entscheidung für den Aufbau einer Parteiorganisation mit Zweigstellen gefallen, so stellt sich die Frage nach der Anzahl, der Lokalisierung, der Größe und der Ausstattung der

Lokale. In der Praxis ist die Lage von Parteilokalen meist durch Wahlkreise, Bezirke usw. vorgegeben. Im Sinne eines integrierten Marketingansatzes und effizienten Mitteleinsatzes scheinen allerdings Schwerpunktsetzungen aufgrund der langfristigen strategischen Zielsetzungen inklusive der Konkurrenzaktivitäten wünschenswert. Denn ist bereits die Gestaltung der Dependancen im Rahmen des Objekt-Managements nur relativ langfristig zu ändern, gilt dies im Regelfall verstärkt für Lokalisierungsentscheidungen.

Die empirischen Ergebnisse zum Lokalisierungs-Management entsprechen weitgehend denen des Objekt-Managements. Auch dieses POLIT-Instrument wurde von den PM-Treibenden nicht mit Politischem Marketing assoziiert oder als eine der fünf wichtigsten PM-Massnahmen angesehen. Das Statement „Unsere Organisation plant die Orte der Parteilokale strategisch" erhielt noch weniger Zustimmung als ähnliche Feststellungen zum Objekt-Management. Dies verdeutlicht neuerlich das Potenzial für Verbesserungen im breiten Feld des Politischen Marketings. Während zum Objekt- und zum Lokalisierungs-Management im Politischen Marketing nur wenig Literatur existiert, steht zum im Folgenden beschriebenen Info- & Kommunikations-Management ein breites Angebot an praktischer und wissenschaftlicher Literatur bereit.

5.4 Info- & Kommunikations-Management

Anders als bei der Auswahl von Konsumgütern, bei der die Qualität des Produkts in der Regel bereits vor einer Kaufentscheidung wahrgenommen und beurteilt werden kann, ist die Bewertung der Tätigkeit politischer Akteure aufgrund ihres intangiblen, komplexen und zwangsläufig nicht-konsistenten Charakters (siehe Punkt 3.1) weitaus schwieriger. Zahlreiche Leistungen und Aktivitäten des PM-Akteurs sind für den einzelnen Bürger nicht unmittelbar wahrnehmbar; umso wichtiger ist es (neben gezielter Themenauswahl im Rahmen des Politik-Managements sowie systematischem Objekt- und Lokalisierungs-Management), Politik durch *professionelle Kommunikation erlebbar* zu machen. Ziel des Info- & Kommunikations-Managements ist es, die Botschaft so interessant zu gestalten, dass die Information neben den Angeboten der politischen Mitbewerber, aber auch neben nichtpolitischen Inhalten, bestehen und zum Wähler durchdringen kann. Info- & Kommunikations-Management umfasst dabei sowohl Elemente der Öffentlichkeitsarbeit als auch der Werbung. Diese beiden Bereiche bedürfen enger Abstimmung, um unscharfe Positionierung oder gar Widersprüche zu vermeiden (vgl. Schnur 1999). Dies ist ein weiteres Argument, das gegen kurzfristige, opportunistische Wahlkampfwerbung angeführt werden kann. Wie wichtig der Punkt des Info- & Kommunikations-Managements im Politischen Marketing geworden ist, zeigt die Aussage von Ann Lewis, Bill Clintons PR-Managerin (vgl. Luttenberger 1999: 18): *„Zwei Drittel der Zeit und des Geldes einer Kampagne beschäftigen sich mit Medien-Strategie."*

Politische Akteure versuchen durch die Schaffung von *Nachrichtenwert* mittels verschiedener Taktiken – etwa durch professionelles Impression Management, mediale Überraschung, Personalisierung, Aktualitätsbezug, konfliktorientierte Themengestaltung usw. (vgl. Dombrowski 1997: 82ff., 121) – die Themen ihrer Polit-Agenda für die Medien möglichst attraktiv zu gestalten. Die Medien wählen aus den Angeboten aller politischen Akteure die Themen mit den höchsten Nachrichtenwerten zur Berichterstattung aus und nehmen diese in ihre Medienagenda auf. Durch die Mediennutzung der Bevölkerung wird aus dieser die Publikumsagenda – eine gereihte Liste wichtiger Themen *(„issues")* in den Köpfen der Wähler. Durch die von den PM-Treibenden bereitgestellte Informationen *(„frames")*, die den Interpretationsspielraum bei der Wahrnehmung von Themen einschränken, soll die Bevölkerung die massenmedial vermittelten Themen im Sinne des politischen Akteurs interpretieren. Gelingt dies, so verbinden die Zielgruppen der Kommunikation ihre durch Frames beeinflussten Werte und Einstellungen mit den für sie relevanten Themen *(„priming")*. Hat der PM-Treibende durch entsprechende Kommunikationsmassnahmen dafür gesorgt, dass der Wähler bei ihm Problemlösungskompetenz zum spezifischen Medienthema vermutet, so sollte sich daraus eine positive Bewertung des eigenen politischen Akteurs bzw. eine negative des politischen Gegners ergeben. Die Reaktionen der Zielgruppe wirken als Anstoß und Einflussvariable für weitere Kommunikationsmaßnahmen (vgl. Dombrowski 1997).

Hier interessieren weniger die einzelnen Schritte der oben wiedergegebenen Kommunikationstheorien, sondern vielmehr die Erkenntnis, dass es von den ersten Ansätzen der Positionierung eines Themas in der Medienagenda bis zur gewünschten Bewertung der eigenen Partei ein langer Weg ist, länger jedenfalls, als die medial wahrgenommene „Intensivwahlkampfphase". So meint Lojka (1994: 145) abschliessend in seinen Ausführungen zum Thema „Agenda Setting": *„Und daß man für „issues" [...] einen Zeitraum von sechs Wochen aufwärts (bis zu einem halben Jahr) brauchen dürfte, um (möglicherweise) kognitive Medienwirkungen zu erzielen, sollte [...] auch die Praktiker der Kommunikation, egal welcher Sparte, interessieren."* Rechnet man zu dieser medialen Wirkungsdauer noch die notwendigen Vorlaufzeiten für das Politik-Management und die Koordination von redaktionellen mit bezahlten Kommunikationskanälen hinzu, so verstärkt sich die Notwendigkeit der langfristigen Ausrichtung des Info- & Kommunikations-Managements weiter. Sollen nicht nur Themen kommuniziert, sondern auch Politiker- oder Parteiimages geändert werden, so vervielfacht sich der notwendige Kommunikationszeitraum. Denn wie bereits beim Social Marketing angesprochen, steht bei zu schnellem Imagewandel die Authentizität und Glaubwürdigkeit des Images – eines zentralen Guts im Politischen Marketing – auf dem Spiel.

Ein weiterer Aspekt des Info- & Kommunikations-Managements ist das *Relationship Management* mit der Zielgruppe der Journalisten und öffentlichen Meinungsbildnern. Jene Parteien, die durch langfristige, persönliche

Kontakte *„goodwill„* aufbauen, besitzen – insbesondere auch in Wahlkampfzeiten – einen Vorteil gegenüber ihren weniger vorausschauend agierenden Konkurrenten. Dies ist ein Aspekt, der im Politischen Marketing – wie bei den meisten Nonprofit-Marketing-Akteuren – besondere Bedeutung besitzt, da aufgrund des hohen Öffentlichkeitsinteresses, beschränkter Budgetmittel sowie gesetzlicher Werberestriktionen der Grossteil der Kommunikation über die redaktionelle Berichterstattung und nicht über Werbung stattfindet. Auch bei dieser langfristigen Aufgabe sehen sich die Parteien jedoch, verglichen mit anderen Massnahmen, nur unterdurchschnittlich erfolgreich. Jene, die für erfolgreiches Info- und Kommunikations-Management sowie die Aktivitäten im Rahmen der anderen POLIT-Werkzeuge zuständig sind, sind Gegenstand des Team-Managments: das Team einer Partei.

5.5 Team-Management

Dienstleistungen, so wurde bereits verdeutlicht (siehe Punkt 3.1), hängen in ihrer Qualität sehr stark von den Personen, die sie ausführen, ab. Die Politik ist hier nicht nur keine Ausnahme, sondern geradezu Paradebeispiel. Vor allem die zunehmende Personalisierung des parteipolitischen Wettbewerbs lässt Personalentscheidungen im politischen „Top-Management" besondere Bedeutung zukommen. Darüber hinaus stellt die weitergehende Professionalisierung des PMs auch an das im Hintergrund agierende Team immer höhere Anforderungen. Die Aufgaben des Team-Managements – also die *Rekrutierung, Ausbildung, Information und Motivation des Teams einer Partei* – sind daher für den Erfolg einer Partei von grosser Bedeutung, wobei in Anbetracht beschränkter Ressourcen insbesondere die Rekrutierung und Motivation ehrenamtlicher Helfer zentrale Aufgaben darstellen. Mit ihren interessanten Themenstellungen besitzen Parteien dabei potenziell einen Wettbewerbsvorteil bei der Rekrutierung Freiwilliger; allerdings ist zu beobachten, dass die Bereitschaft zur freiwilligen Tätigkeit immer weniger reinem politischen bzw. sozialen Engagement, als zunehmend einer starken persönlichen Erwartungshaltung (berufliche Perspektive, Erfahrungen, Kontakte usw.) entspringt. Dies gilt es bei der Anwerbung freiwilliger Team-Mitglieder zu berücksichtigen.

In Anbetracht der grossen Bedeutung eines effektiven Team-Managements erscheinen die mangelnden Erfolge der deutschen und österreichischen Parteien v.a. bei der Rekrutierung von Freiwilligen umso drastischer. So mussten über 50% der befragten Landes- und Bundesparteien ihren letzten Wahlkampf vor der Erhebung mit weniger als 100 freiwilligen Helfern bestreiten. Dies ist kaum verwunderlich, belegen die Daten doch, dass während über zwei Drittel der Parteien Motivationsmaßnahmen für Funktionäre, bezahlte Mitarbeiter und Mitglieder durchführen, nur ein Drittel dies auch freiwilligen Helfern ohne Mitgliedsstatus anbietet. Allerdings zeigt die Studie auch auf, dass sich Rekrutierungsmaßnahmen für Freiwillige lohnen. Jene

Parteien, die solche Programme durchführten, konnten ihre PM-Maßnahmen mit deutlich mehr freiwilligen Helfern umsetzen. Freiwilligenprogramme sollten dann besonders effektiv sein, wenn sie sich nicht auf Wahlkampfzeiten beschränken, sondern auch über den Wahltag hinaus sinnvolle Betätigungsfelder eröffnen. Solcherart kann diese Zielgruppe langfristig gebunden werden und wertvolle Dienste – die über die „berüchtigten" Flugblattverteil- und Plakatklebeaktionen zu Wahlkampfzeiten hinausgehen – leisten. Denn in „Nicht-Wahlkampfzeiten" ist mehr Zeit für qualitativen Bürgerkontakt und echtes politisches Engagement. Solche als „sinnvoll" empfundenen Arbeiten sind ein wichtiger Baustein einer Motivationsstrategie, bedürfen aber oft spezieller Schulungen, um das Potenzial der freiwilligen Helfer, Mitglieder sowie festen Mitarbeiter voll ausnützen zu können.

Den Zusammenhang zwischen Qualifikation und Motivation dürften noch nicht alle Parteien erkannt bzw. in entsprechende Aktionen umgesetzt haben. Nur rund 40% der Parteien führen – nach „Maßnahmen zur Steigerung der Motivation" befragt – Qualifikationsmassnahmen für Mitarbeiter, Funktionäre und Mitglieder an, in der Gruppe der Freiwilligen erwähnte nicht einmal jeder Fünfte entsprechende Massnahmen.[13] In Anbetracht der enormen Bedeutung geschulter und motivierter Mitarbeiter im Services –, Social – bzw. Nonprofit Marketing erscheint der Aufholbedarf im Politischen Marketing hier besonders gross. Neben Qualifikation und Motivation ist dabei auch Information eine wichtige Voraussetzung für effektive Arbeit und anhaltende Motivation der PM-Team-Mitglieder. Wie die Erstellung von Trainingsplänen, ist jedoch auch das Design der entsprechenden Kommunikationswege innerhalb einer Partei – die in beiden Richtungen dialogorientiert verlaufen sollten – eine langfristige Aufgabe. Sie ist mit Änderungen in der Organisationsstruktur und den Prozessen einer Partei eng verknüpft, von strategischer Bedeutung und daher nicht als „Schnellschuss" in Wahlkampfzeiten durchführbar.

6. Warum Wahlkämpfe nicht aussterben, aber POLIT-Marketer sie erfolgreich meistern

Aus den im vorliegenden Beitrag diskutierten Besonderheiten des Politischen Marketings und deren Auswirkungen auf die POLIT-Instrumente, die anhand aktueller Daten aus der PM-Praxis aufgezeigt wurden, kann die *Notwendigkeit eines langfristigen, auf Zufriedenheit der Wähler und anderer Zielgruppen ausgerichteten Politischen Marketings, das auch außerhalb der Wahlkampfzeiten präsent ist und Akzente setzt*, abgeleitet werden.

13 Diese Fragestellung war offen formuliert, d.h. es waren keine bestimmten Antwortmöglichkeiten (z.B. „Qualifikationsmaßnahmen") vorgegeben. Die tatsächlichen Werte könnten daher tendenziell etwas höher liegen.

Dies bedeutet nicht, dass eine Ressourcenkonzentration in Wahlkampfzeiten vom Marketinggesichtspunkt vollkommen abzulehnen ist. Schließlich ist v.a. während des „Intensivwahlkampfs“ die Aufmerksamkeit von Wählerschaft und Medien gegenüber politischen Inhalten besonders hoch, und die Dynamik des Wahlkampfs hilft bei der Motivation der Anhängerschaft. Nicht zuletzt bedingen die aktuellen (insbesondere gesetzlichen) Rahmenbedingungen eine starke Ausrichtung der Marketingaktivitäten auf den Wahlkampf. Allerdings dürften Wahlkampfaktivitäten dann besonders effektiv sein, wenn für diese bereits ausreichend lange vorher die entsprechenden Grundlagen gelegt wurden: Die Partei, die sich noch in „ruhigeren Zeiten“ grundlegend vorbereitet hat, kann ihre durch *Relationship Marketing* aufgebauten Zielgruppenkontakte bzw. -kenntnisse zu Wahlkampfzeiten ausspielen und verfügt hierzu über ein schlagkräftiges Team von gut ausgebildeten Funktionären und Freiwilligen. Es ist ihr – mit geringerem (Kommunikations-) Aufwand – möglich, die bereits zuvor verankerten Themen in Erinnerung zu rufen und auf eine konsistente, über die Jahre gebildete Reputation aufzubauen. Dabei kann in Zeiten zwischen Wahlen von der im Wahlkampf dominanten personenbezogenen Ausrichtung abgegangen und verstärkt auf Inhalte eingegangen werden. Schliesslich dürften etwaige „Ausrutscher„ oder kleinere, oft unumgängliche Pannen in „Kampfzeiten„ bei einer entsprechenden Vorgehensweise weitaus weniger schwer wiegen.

Insgesamt schafft langfristiges, beziehungsorientiertes PM also bedeutende Vorteile im politischen Wettbewerb: Es erlaubt nicht nur mit Erfolgsaussichten um jene Wechselwähler zu kämpfen, die bereit sind, während eines Wahlkampfes ihre Meinung zu ändern, sondern ermöglicht eine weit grössere Erschliessung und Ausschöpfung von Wählerpotenzialen. Es ist somit ein erfolgversprechender Weg, am Wahlabend die Prozentsäule der eigenen Partei möglichst hoch wachsen zu sehen.

Tabelle 1: Besonderheiten des politischen Marketings

BESONDERHEITEN DES POLITISCHEN MARKETINGS		
Grundlegender Ansatz	**Charakteristikum**	**Konsequenz**
Marketing	- Kundenorientierung	- Ausrichtung sämtlicher Aktivitäten an den Wählern und anderen Zielgruppen - Anwendbarkeit von Marketingmethoden im PM
Services Marketing	- Immaterialität - Integration des externen Faktors - Bedeutung von Leistungspotenzialen	- Notwendigkeit langfristiger, konsistenter vertrauensbildender Maßnahmen - Visualisierung der Leistung / des Nutzens (insbesondere durch Personalisierung und symbolische Politik) - Bedeutung kompetenter Kandidaten sowie gut ausgebildeter, motivierter und informierter Mitarbeiter - Einbeziehung der Bürger in Politikgestaltung erforderlich
Nonprofit Marketing	- Hohes Interesse der Öffentlichkeit - Erweiterte Zielgruppen - Skepsis gegenüber Marketingmethoden	- Abhängigkeit von und Beeinflussbarkeit durch externe Gruppen - Hohe ethische Standards notwendig - Leichteres Durchbrechen der öffentlichen Wahrnehmungsgrenze - Konsistente Marketingstrategie für eine Vielzahl unterschiedlicher Zielgruppen - Schwierige Durchsetzbarkeit von Marketingentscheidungen
Social Marketing	- Komplexe Themen - Schwer messbares Feedback - Knappe Budgets	- Langfristige Kommunikation notwendig - Schwierige Zielerstellung und Kontrolle der Maßnahmen - Effizienter, zielorientierter Ressourceneinsatz
Relationship Marketing	- Orientierung an Austauschbeziehungen	- Abwendung von rein „verkaufsorientierten" Massnahmen kurz vor der Wahl - Pflege eines langfristigen Dialogs mit den Wählern und andere Zielgruppen

Tabelle 2: Steckbrief der POLIT-Studie

POLIT-STUDIE

Untersuchungsziel:	Beschreibung der PM-Praxis in Deutschland und Österreich
Methodik:	Befragung mittels teilstandardisiertem Fragebogen
Grundgesamtheit der Befragten:	Marketingverantwortliche aller Landes- & Bundesorganisationen der in den nationalen Parlamenten vertretenen Parteien
Erhebungsumfang:	Vollerhebung (N=125 Parteiorganisationen)
Rücklaufquote:	41,6% (n= je ein Respondent aus 52 Parteiorganisationen)

Literatur

Ajzen, Icek/Fishbein, Martin: The Prediction of Behavior from Attitudinal and Normative Variables. In: Journal of Experimental Social Psychology, 6 (1970), S. 466-487

Baker, William E.: When can affective conditioning and mere exposure directly influence brand choice? In: Journal of Advertising, 28 (1999) 4, S. 31-46

Baines, Paul R./Harris, Phil/Lewis, Barbara R.: The political marketing planning process: improving image and message in strategic target areas. In: Marketing Intelligence & Planning, 20 (2002) 1, S. 6-14

Bennett, Peter D. (Hrsg.): Dictonary of Marketing Terms. Chicago: American Marketing Association, 2. Aufl. 1995

Bitner, Mary J.: The Servicescape. In: Swartz, Teresa A./Iacobucci, Dawn (Hrsg.): Handbook of Services Marketing & Management. Thousand Oaks et al, 2000, S. 37-50

Blumenthal, Sidney: The Permanent Campaign: Inside the World of Elite Political Operatives. Boston, 1980

Bowler, Shaun/Farrell, David M. (Hrsg.): Electoral Strategies and Political Marketing. New York, 1992

Bruhn, Manfred/Tilmes, Jörg: Social Marketing: Einsatz des Marketing für nichtkommerzielle Organisationen. Stuttgart et al., 2., überarb. Und erg. Aufl. 1994

Butler, Patrick/Collins, Neil: Political Marketing: Structure and Process. In: European Journal of Marketing, 28 (1994) 1, S. 19-34

Butler, Patrick/Collins, Neil: Payment on delivery – Recognising constituency service as political marketing. In: European Journal of Marketing, 35 (2001) 9/10, S. 1026-1037

Butter, Thomas: Politisches Marketing. Diplomarbeit, Universität Wien, 2002

Chase, Richard B./Aquilano, Nicholas J./Jacobs, Robert F.: Production and Operations Management: Manufacturing and Services. Boston et al., 8. Aufl. 1998

Corsten, Hans: Betriebswirtschaftslehre der Dienstleistungsunternehmungen. München, 1990

Corsten, Hans (Hrsg.): Lexikon der Betriebswirtschaftslehre. München/Wien, 3., überarb. und erw. Aufl. 1995
Day, George: Managing market relationships. In: Journal of the Academy of Marketing Science, 28 (2000) 1, S. 24-30
Dombrowski, Ines: Politisches Marketing in den Massenmedien. Wiesbaden, 1997
Egan, John: Political Marketing: Lessons from the Mainstream. In: Journal of Marketing Management, 15 (1999), S. 495-503
Harris, Phil: To spin or not to Spin, that is the Question: The Emergence of Modern Political Marketing. In: The Marketing Review, 2 (2001), S. 35-53
Harrop, Martin: Political Marketing. In: Parliamentary Affairs, 43 (1990) 3, S. 277-291
Hasitschka, Werner/Hruschka, Harald: Nonprofit-Marketing. München, 1982
Holbrook, Thomas M.: Do campaigns matter? Thousand Oaks et al., 1996
Hundhausen, Carl: Propaganda : Grundlagen – Prinzipien – Materialien – Quellen. Essen, 1975
Johnson-Cartee, Karen S./Copeland, Gary A.: Inside political campaigns: theory and practice. Westport et al., 1997
Kavanagh, Dennis: Election Campaigning: The New Marketing of Politics. Oxford, 1995
Kepplinger, Hans M.: Ereignismanagement : Wirklichkeit und Massenmedien. Zürich, 1992
Ketzer, Peter: Politisches Marketing. Dissertation, Universität Wien, 1985
Kinnear, Thomas C./Bernhardt, Kenneth L./Krentler, Kathleen A.: Principles of Marketing. New York, 4. Aufl. 1995
Kotler, Philip: Overview of Candidate Marketing. In: Advances in Consumer Research, 2 (1975), S. 761-769
Kotler, Philip: Marketing Management : The Millenium Edition. Upper Saddle River et al., 10. internat. Aufl. 1999
Kotler, Philip/Andreasen, Alan R.: Strategic marketing for nonprofit organizations. Upper Saddle River et al. , 5. Aufl. 1996
Kroeber-Riel, Werner: Informationsüberlastung durch Massenmedien und Werbung in Deutschland. In: Die Betriebswirtschaft, 47 (1987) 3, S. 257-261
Kroeber-Riel, Werner/Weinberg, Peter: Konsumentenverhalten, München, 7. Aufl. 1999
Lock, Andrew/Harris, Phil: Political Marketing – vive la différence! In: European Journal of Marketing, 30 (1996) 10/11, S. 14-24
Lojka, Klaus: Massenmediale Themenstrukturierung in Wahlkämpfen : Eine theoretische und methodische Weiterentwicklung des Agenda-Setting-Ansatzes. Dissertation, Universität Wien, 1994
Luntz, Frank I.: Candidates, Consultants and Campaigns: The Style and Substance of American Electioneering. Oxford, 1988
Luthe, Detlef: Öffentlichkeitsarbeit für Nonprofit-Organisationen: eine Arbeitshilfe. Augsburg, 2. Aufl. 1994
Luttenberger, Ingrid: Gekaufte Medien, Politik in sechs Sekunden: Rußland trifft USA. In: Die Presse, 4. Sept. 1999, S. 18
Maarek, Philippe J.: Political Marketing and Communication. London, 1995
Machnig, Matthias: Von der Kampa zur Netzwerkpartei: Politisches The menmanagement und Kampagnenarbeit der SPD. In: www.spd.de, URL: http://www.spd.de/partei/organisation/bundesgeschaeftsfuehrer/kampazurnetz werkpartei.htm, Stand: 21.06.2001
Maleri, Rudolf: Grundlagen der Dienstleistungsproduktion, Berlin, 4. Aufl. 1998
Mannstein, Coordt von: Wahlkampf als Ausdruck des demokratischen Meinungswettbewerbes. In: Bürger, Joachim H./Joliet, Hans (Hrsg.): Die besten Kampagnen: Öffentlichkeitsarbeit. Landsberg am Lech, 1991
Markus, Hazel/Wilson, William Raft: Exposure Effects and Associative Learning. In: Journal of Experimental and Social Psychology, 10 (1974), S. 248-263

Mauser, Gary A.: Political Marketing: An Approach to Campaign Strategy. New York, 1983
Meffert, Heribert: Dienstleistungsmarketing. In: Tietz, Bruno/Köhler, Richard/Zentes, Joachim. (Hrsg.): Handwörterbuch des Marketing. Stuttgart, 2. Aufl. 1995, S. 454-469
Meffert, Heribert: Marketing. Grundlagen marktorientierter Unternehmensführung : Konzepte – Instrumente – Praxisbeispiele. Mit neuer Fallstudie VW-Golf. Wiesbaden, 8. vollst. neubearb. und erw. Aufl. 1998
Meffert, Heribert/Bruhn, Manfred: Dienstleistungsmarketing, Wiesbaden, 2. Aufl. 2000
Meyer, Anton: Handbuch Dienstleistungs-Marketing, Band 1 und 2, Stuttgart, 1998
Newman, Bruce I.: The marketing of the president : Political marketing as campaign strategy. Thousand Oaks et al. , 1994
Newman, Bruce I. (Hrsg.): Handbook of Political Marketing. Thousand Oaks et al. , 1999
Newman, Bruce I./Sheth, Jagdish N. (Hrsg.): Political Marketing: Readings and Annotated Bibliography. Chicago, 1985
Nieschlag, Robert/Dichtl, Erwin/Hörschgen, Hans: Marketing. Berlin:, 18. durchges. Aufl. 1997
Nimmo, Dan: The Permanent Campaign: Marketing as a Governing Tool. In: Newman, Bruce I. (Hrsg.): Handbook of Political Marketing. Thousand Oaks et al., 1999, S. 73-112
O'Cass, Aron: Political Marketing and the marketing concept. In: European Journal of Marketing, 30 (1996) 10/11, S. 37-53
O'Shaughnessy, Nicholas J.: The phenomenon of political marketing. London, 1990
Oellerking, Christian: Marketingstrategien für Parteien. Frankfurt a. M., 1988
Pane, Adrian/Rapp, Reinhold (Hrsg.): Handbuch Relationship Marketing: Konzeption und erfolgreiche Umsetzung. München, 1999
Petty, Richard E./Cacioppo, John T./Schumann, D.: Central and Peripheral Routes to Advertising Effectiveness: The Moderating Role of Involvement. In: Journal of Consumer Research, 10 (1983), S. 135-46.
Raffée, Hans/Wiedmann, Klaus-Peter: Nonprofit-Marketing. In: Tietz, Bruno/Köhler, Richard/Zentes, Joachim. (Hrsg.): Handwörterbuch des Marketing. Stuttgart, 2. Aufl. 1995, S. 1929-1942
Salmore, Barbara G./Salmore, Stephen A.: Candidates, Parties, and Campaigns: Electoral Politics in America. Washington, 2. Aufl. 1989
Schifflhuber, Franz: Agenda and attributation analysis (triple A) : Zur Evaluation politischer public relations am Beispiel des Wahlkampfes des Präsidentschaftskandidaten Dr. Rudolf Streicher zur Bundespräsidentenwahl 1992. Diplomarbeit, Universität Wien, 1994
Schnur, Dan: Greater Than the Sum of Its Parts: Coordinating the Paid and Earned Media Message. In: Newman, Bruce I. (Hrsg.): Handbook of Political Marketing, Thousand Oaks et al. , 1999, S. 143-158
Shama, Avraham: Applications of Marketing Concepts to Candidate Marketing. In: Advances in Consumer Research, 1975, S. 793-801
Smith, George/Saunders, John: The Application of Marketing to British Politics. In: Journal of Marketing Management, 5 (1990) 3, S. 295-306
Sparrow, Nick/Turner, John: The permanent campaign – The Integration of market research techniques in developing strategies in a more uncertain political climate. In: European Journal of Marketing, 35 (2001) 9/10, S. 984-1002
Steger, Wayne P.: The Permanent Campaign: Marketing From the Hill. In: Newman, Bruce I. (Hrsg.): Handbook of Political Marketing. Thousand Oaks et al. , 1999, S. 661-684
Veloutsou, Cleopatra/Saren, Michael/Tzokas, Nikolaos: Relationship marketing. What if ...? In: European Journal of Marketing, 36 (2002) 4, S. 433-449
Wangen, Edgar: Polit Marketing – Das Marketing-Management der politischen Parteien. Opladen, 1983

Thomas Berg

Perspektiven für den Wahlkampf der Zukunft: Fächervielfalt – Was sagt die Wissenschaft dazu?

1. Einleitung

In den letzten Jahren wird verstärkt von einer Modernisierung der Wahlkämpfe gesprochen. In diesem Zusammenhang sind Schlagwörter wie „Amerikanisierung" und „Politik-Marketing" anzutreffen. Bei genauerer Betrachtung sind Theorien und Methoden, die man mit verschiedenen Fachdisziplinen in Verbindung bringt, anzutreffen. Solche Disziplinen erscheinen zunächst dem Wahlkampf oder der Politik wesensfremd, so z.B. Marketing oder computergestützte Modellbildung mittels der Informatik. Es drängt sich die Frage auf: Inwieweit lässt sich die Verwendung solcher fachfremden Methoden und Theorien, die zunächst nicht mit der Politikwissenschaft und speziell mit einem Wahlkampf in Verbindung stehen, dort wissenschaftlich rechtfertigen?

In einem ersten Teil verfolgt der Artikel das Ziel, zu erläutern warum grundsätzlich zunächst fachfremde Theorien und Methoden, wie z.B. der Betriebswirtschaft, aus logischer/wissenschaftstheoretischer Sicht generell für andere Disziplinen und letztlich für die Politik z.B. auch für den Wahlkampf aus Sicht des sog. Rationalitätspostulats verwendet werden können. Konkrete Lösungsansätze bieten sich dabei in wissenschaftstheoretischer, analogischer und struktureller Sicht. Der Übergang vom ersten zum zweiten Teil bildet eine kurze Einführung in die Theorieanwendung, dadurch wird insbesondere der zweite Teil besser verständlich. Da diese Publikation einen weiten Leserkreis anspricht wurde auf eine mathematisch-formale und sehr abstrakte Darstellung im ersten Teil verzichtet. Grundsätzlich kann diese Problemstellung nur wissenschaftstheoretisch gelöst werden. Es kommt hierbei eher auf die grundsätzliche Thematik an. In einem zweiten Teil wird eine Auswahl, ohne Anspruch auf Vollständigkeit, konkreter Anwendungsbeispiele dargeboten als praktische Quintessenz des ersten Teils. So kann man in diesem zweiten Schritt einige Beispiele vorstellen wie allgemeine Problemstellungen in der Politikwissenschaft in Kapital 8 und die eines Wahlkampfs in Kapital 9 mit bisher eher exotischen Verfahrensweisen entweder gelöst werden können oder zumindest lösbar erscheinen, sofern dies vorher noch nicht erprobt worden ist. Aus dem Bereich oder Modellierung sei z.B. die Sozionik, die jüngste Entwicklung aus Soziologie und Informatik, zu erwähnen. Der Einsatz solcher Methoden kann im vorliegenden Fall zur einer Rationalisierung des Wahlkampfs beitragen, d.h. die Aktionen, Handlungen und letztlich Problemlösungen innerhalb eines Wahlkampfs können auf ein theoretisches Fundament mit einer entsprechenden Datenbasis gestellt werden. Darüber hinaus kann der erste theoretische Teil exemplarisch auch für andere Problemstellungen angesehen werden. Aufgrund des umfassenden Anspruchs des Artikels wurde der Wahlkampf als Ausgangs- und Endpunkt gewählt.

2. Begriffserklärung

2.1 Die Methode

Wenn wir uns, wie eingangs in der Einleitung erwähnt, die Frage nach der fachfremden Verwendung von Methoden stellen, dann muss man sich auch überlegen, was man darunter versteht, d.h. welchen Begriff man von dem Wort „Methode" verwendet. Grundsätzlich bedeutet das Wort Methode in seinem griechischen Ursprung „Weg". Also die Strecke zwischen einem Start, in unserem Fall die Problemstellung, und dem Ziel, in unserem Fall die Lösung der Problemstellung. Herrmann hat den Begriff der Methode in seiner Definition weiter präzisiert und auf die systematischen, d.h. theoretisch fundierten, Handlungen hingewiesen.

„Eine Methode bezeichnet zunächst das planmäßige und systematische Vorgehen beim Versuch Ziele zu erreichen. Eine Methode strukturiert folglich die Handlung, die zur Erreichung eines bestimmten Ziels notwenig ist. Methoden sind so in erster Linie Systeme von Regeln, d.h. Systeme von Handlungsregeln" (Herrmann 1987: 33)

2.2 Die Theorie

Die Theorien lassen sich als systematisierte Mengen von Wenn-Dann Aussagen definieren, welche grundsätzlich an der Realität überprüft werden können. Theorien gelten insbesondere innerhalb der Sozialwissenschaften als Allaussagen, die einen ähnlichen Stellenwert wie die Gesetze in den Naturwissenschaften besitzen.

3. Das Rationalitätspostulat

Die Frage, was Wissenschaft ist, lässt sich aus wissenschaftstheoretischer Sicht nicht ohne weiteres beantworten. Man kann vielmehr vorhandene Forschungsprogramme dahingehend untersuchen, ob bei ihnen ein wissenschaftliches Vorgehen praktiziert worden ist bzw. kann man bei der Überlegung zu Forschungsprogrammen solche Überlegungen zur formalen Richtigkeit des Vorgehens einfließen lassen. Beim Rationalitätspostulat wird vor allem Wert auf eine logische Stringenz und einer genauesten Verfolgbarkeit, wie das Forschungsergebnis zustande gekommen ist, gelegt.

Es handelt sich hierbei um die „formale(n) Bedingungen der Wissenschaftlichkeit, die man als rationale Suche nach Wahrheit bezeichnen kann" (Stegmüller 1973: 5).

So kommt das „Bemühen um die sprachliche Klarheit" (ebd.) durch die Verwendung präzise definierter Begriffe und die Verwendung logisch richtiger Schlüsse zum Ausdruck. Der Logik nach richtige Schlüsse sind deduktiv, d.h. man schließt von allgemeinen Sätzen (Gesetze, Theorien usw.) auf spezielle Sachverhalte bzw. Phänomene. Der umgekehrte nicht logische Weg wird als Induktion bezeichnet.

Die „Forderung nach Intersubjektivität" (ebd: 6) beinhaltet einerseits die Kontrolle durch andere Wissenschaftler und andererseits die damit verbundene Nachvollziehbarkeit der Forschung. Es muss gewährleistet sein, dass man bei der gleichen Problemlage mit den gleichen Methoden und Daten zum gleichen Ergebnis gelangt.

Die dritte und letzte formale Bedingung, die „Begründung" (ebd: 6), muss entsprechende Daten und Argumente bereithalten, die die Forschung untermauern. Eine Berufung auf eine göttliche Größe oder auf die Aussagen von Autoritäten ist hier ebenso wenig angebracht wie das Gefühl, die absolute Wahrheit gepachtet zu haben. Das schließt auch mit ein, dass die verwendeten Methoden und Theorien rational und dem Problem gegenüber angemessen (valide) und intersubjektiv (reliabel) sind.

4. Wissenschaftsverständnisse

In der vorhergehenden Einleitung wurde vom Wesen einer Disziplin gesprochen. Um diesen Begriff besser verstehen zu können, muss man einen Blick in den Bereich der Wissenschaftskonzepte werfen: Es existieren grundsätzlich drei verschiedene Wissenschaftskonzepte, deren Kerngedanken in den nachfolgenden Abschnitten näher erläutert werden. Innerhalb der Konzepte existieren verschiedene Ausprägungen.

Die drei Konzepte lauten:

- Der normativ ontologische Ansatz
- Der kritisch-dialektische Ansatz
- Der empirisch analytische Ansatz

4.1 Der normativ-ontologische Ansatz

Der normativ-ontologische Ansatz entstammt in seinen Ursprüngen der klassischen griechischen Philosophie (vgl. Eckstein 1974). Man geht innerhalb dieses Wissenschaftsverständnisses von einem positiv besetzten Sein aus, welches bereits a priori existiert (vgl. Strombach 1992: 83ff.). Dieser Kerngedanke der Ontologie (Seinslehre) besagt zugleich, dass das Sein als absolut zu verstehen ist. Da alles (Realität, Staat, usw.) irgendwie existiert, muss man es nur noch entsprechend auffinden. Der normative Aspekt spiegelt sich darin, wie das Wesen des Seins beschaffen sein sollte. In der Regel strebt das Sein nach einem (positiv anzusehenden) Idealzustand, das Konzept ist teleologisch (zielgerichtet) ausgerichtet.

Das Wesen des Seins umfasst alle Aspekte, die in der Realität des Seins auftreten können oder sogar auftreten werden (Zukunft!). Möchte man also z.B. das Wesen eines Supermarktes erschließen, so müsste man sämtliche Aspekte aus kaufmännischer, gesellschaftlicher, moralischer usw. Sicht in Betrachtung miteinbeziehen. Zeitlich gesehen, wäre dies ein endloses Unterfangen, da sich ständig weitere Aspekte zum Erschließen ergeben. Eine Differenzierung wie beim empirisch-analytischen Ansatz findet in der Form zwischen empirischen, analytischen und normativen Methoden nicht statt. Hat man eine Wahrheit „erschlossen", so impliziert diese zugleich Normativität. Die Methoden des normativ-ontologischen Ansatzes sind neben der Hermeneutik, die Dialektik, die Phänomenologie sowie empirische Methoden. Doch wird eine Unterscheidung bei diesem Wissenschaftskonzept zwischen analytischen, empirischen und normativen Gesichtspunkten ähnlich wie bei den Methoden nicht unternommen

4.2 Der kritísch dialektische Ansatz

Dieser Ansatz geht ursprünglich auf Hegel sowie Marx und Engels zurück. Insbesondere im 20. Jahrhundert hat dieser Ansatz viele Differenzierungen erfahren, so z.B. durch die „Frankfurter Schule" bzw. „Marburger Schule". Ähnlich wie der normativ-ontologische Ansatz bezieht sich auch dieser auf ein absolutes Sein, allerdings steht dieses Sein in einer starken Verbindung zu den jeweiligen gesellschaftlichen Verhältnissen. Im Lauf der Zeit verändern sich diese gesellschaftlichen Verhältnisse (Prinzip der Geschichtlichkeit). Der Idealzustand der Gesellschaft ist am Ende dieser Zeit erreicht. Das bedeutet, das Wissenschaft immer einen Beitrag zur Emanzipation der Gesellschaft zu leisten und zu deren Verbesserung beizutragen hat. Auch hier kommt der teleologische Gesichtspunkt zum Tragen. Insbesondere die Geschichtlichkeit, die als a priori angesehen wird und die Entwicklung hin zu einer besseren Gesellschaft, beides Bestandteile des Wissenschaftskonzepts, drücken die Nähe zum normativ-ontologischen Ansatz aus. Die Methoden sind dieselben wie beim normativ-ontologischen Ansatz. Dieser Ansatz kann z.B. angewendet werden, wenn es um die Frage geht, wie Werte in der Gesellschaft wirken sollen.

4.3 Der empirisch analytische Ansatz

Mit Hegel und seinen Nachfolgern (z.B. Marx u.a.) ist die Wissenschaft durch die Verwendung der Dialektik maßgeblich verändert worden. War hingegen früher die Vorstellung, dass die Wissenschaft kumulativ vorgeht, d.h. dass immer weitere Einzelerkenntnisse sich zu einem Gesamtbild der „realen Welt" zusammenfügen lassen, vorherrschend, so gewann das Bild der Wissenschaft zunehmend transformatorischen Charakter. Darunter ist die Verwendung von Hypothesen und Theorien zu verstehen, die aufgrund neuer Erkenntnisse auch verworfen oder zumindest teilweise verändert und angepasst werden können. Es kommt hierbei sehr darauf an, welche Daten und welche Vorgehensweise zur Lösung eines Problems verwendet werden, so sind zu einem Problem aufgrund eben dieser Auswahlmöglichkeit mehrere Lösungen denkbar. Diese können sich allerdings fundamental unterscheiden, obwohl immer wissenschaftlich sauber gearbeitet worden ist. Entsprechend der unterschiedlichen Vorgehensweisen und Daten bei gleicher Problemstellung ist eine absolute Erkenntnis spätestens seit dieser Zeit obsolet. Ähnlich wie in den beiden bereits genannten Wissenschaftskonzepten entwickelten sich untereinander verschiedene Ausprägungen innerhalb des empirischen-analytischen Ansatzes. Schließlich mündet diese Entwicklung in einen gegenwärtigen „hypothetisch-deduktiven Wissenschaftsbegriff" (Dreier 1997: 86), der insbesondere im kritischen Rationalismus zum Ausdruck kommt, der hier als weitere Grundlage dient. Das Wissen gilt als vorläufig wahr.

„Zu den wichtigsten Inhalten dieser Konzeption, die Wissenschaft als eine rationale Tätigkeit auffasst, gehört zum einen ein neues methodologisches Verständnis, dass die Erkenntnis vor allem als einen kritischen und an Hypothesenbildung orientierten intellektuellen Prozess charakterisiert,.." (ebd: 89). Wenn man unter Berücksichtigung des kritischen Rationalismus arbeitet, so kann man z.B. nicht mehr das Wesen der Dinge erschließen. Das Hauptargument hierfür ist der veränderte Wissenschafts-begriff, der eben nicht mehr einen kumulativen Charakter besitzt, d.h. dass das Wissen nicht mehr nur angehäuft wird. Ebenfalls hat die Wissenschaft keinen normativen Charakter mehr, der u.U. auf die Entwicklungsrichtung der Gesellschaft verweist. „Die Wahrheitsqualität von Aussagen wird durch die Objektivität des wissenschaftlichen Prozesses bestimmt" (Prim/Tilmann 2000: 10). So kann Wissenschaft uns sagen „was wie ist, warum es so ist, wie es unter bestimmten Bedingungen anders sein könnte" (ebd. : 12). Der kritische Rationalismus verbietet allerdings innerhalb der Forschung eine wertende Stellungnahme.

5. Diskussion der Konzepte

Betrachtet man heute den Bereich der Sozialwissenschaften, so stellt man fest dass sich darunter eine Vielzahl von Einzeldisziplinen, wie z.B. Politikwissenschaft, Soziologie, Betriebswirtschaftslehre usw. erstrecken. Wenn man weiter sich die einzelnen Forschungsbereiche ansieht, dann kommt man auf den ersten Blick unweigerlich zu dem Schluss, dass es eigentlich unmöglich ist eine ordnende Einheit, geschweige Gemeinsamkeiten zu entdecken. „Phänomenlogisch gesehen, ist die Vielfalt der Sozialwissenschaften überwältigend" (Albert 1993: 54). Trotzdem kann man sich die Frage stellen, inwiefern die Sozialwissenschaften im Hinblick auf das verwendete Wissenschaftskonzept über eine gemeinsame methodische Konzeption verfügen?

Neben verschiedenen Denkstilen und Darstellungsweisen kann man thematische Überschneidungen ebenso wie Analogien feststellen, beispielhaft zu nennen ist Anthony Downs „Ökonomische Theorie der Demokratie" (Downs 1968).

Es sind weniger die Einzeldisziplinen, die sich unterscheiden als die in ihnen verwendeten Wissenschaftskonzepte, die sich jeweils auf mehrere Einzeldisziplinen beziehen und unter Bezugnahme auf eine eigene theoretisch-methodische Konzeption versuchen, anstehende Problemstellungen zu lösen (vgl. Albert 1993: 55f.).

Betrachtet man den Kosmos der Wissenschaft im Allgemeinen, dann entdeckt man, dass gerade durch die Verwendung der drei beschriebenen Wissenschaftskonzepte in einzelnen Problembereichen Lösungen mit ganz unterschiedlicher Intentionen und Vorgehensweisen zustande kommen. Diese Ergebnisse aufgrund der Wissenschaftskonzepte sind allerdings aufgrund logischer Überlegungen nicht ohne weiteres miteinander vereinbar. So lässt sich z.B. eine Aussage über zukünftige gesellschaftliche Entwicklungen aufgrund der bestehenden Verhältnisse, die im Umfeld des normativ-ontologischen Ansatzes zustande gekommen ist und grundsätzlich a priori von einer Existenz der guten Gesellschaftsform ausgeht und deshalb in der Regel eine teleologische (in diesem Fall vermutlich gesellschaftsverbessernde) Sinnrichtung besitzt, nicht ohne weiteres mit einer Prognose mit empirisch-analytischem Hintergrund, die aufgrund von Empirie und Deduktion zustande gekommen ist und einen bestimmten Wahrscheinlichkeitsgrad und keine Sinnrichtung der Verbesserung besitzt, gleichsetzen.

Nicht nur die Unvereinbarkeit der Wissenschaftskonzepte bereitet Schwierigkeiten, auch das Vorgehen innerhalb eines Konzeptes kann Schwierigkeiten verursachen. Illustrieren kann man dies z.B. beim normativ-ontologischen Ansatz. Allein der Versuch das Wesen eines Sachverhaltes hermeneutisch vollständig zu erfassen stößt an Grenzen, da streng genommen, in der Praxis die Aufgabe nicht vollständig zu lösen ist. Bedingt durch den hermeneutischen Zirkel wird die Klärung des Wesens unendlich.

6. Beurteilung aus der Sicht des Rationalitätspostulats

6.1 Das passende Wissenschaftskonzept

Aus der Sicht des eingangs beschrieben Rationalitätspostulats kann man unter den Wissenschaftskonzepten einen „Favoriten“ benennen, der die Anforderungen des Rationalitätspostulats am ehesten zu erfüllen scheint, der kritische Rationalismus innerhalb des empirisch-analytische Ansatzes. Das muss nicht gleichzeitig heißen, dass die anderen Wissenschaftskonzepte grundsätzlich unwissenschaftlich arbeiten. Es existieren grundsätzlich neben dem Rationalitätspostulat noch andere Verständnisse des wissenschaftlichen Arbeitens, die eher den anderen Konzepten die Wissenschaftlichkeit zuschreiben. Auch an dieser Stelle sei der Verweis auf die Transformation der Wissenschaft gestattet.

Insbesondere im Hinblick auf einen kritischen Rationalismus oder auf ein strukturalistisches Theoriekonzept besitzt das Verständnis des Rationalitätspostulats Vorteile. So ist die „Handhabbarmachung“ (Operationalisierung) der Wissenschaft im Hinblick auf die Intersubjektivität, Logik und Klarheit am besten gegeben.

Im Hinblick auf die Verwendung von zunächst wesensfremd erscheinenden Methoden, gilt es nicht mehr zu sagen, aufgrund der Herkunft der Methode kann man diese nicht verwenden. Wichtig ist die Einhaltung des verwendeten Wissenschaftskonzepts (siehe hierzu Kapitel 5)

Wenn man nun die Naturwissenschaften betrachtet, die an dieser Stelle praktisch gleich arbeiten, dann kommt man zu dem Ergebnis, „dass die empirische Forschung der Naturwissenschaften als auch die empirische Forschung der Sozialwissenschaften von einem gemeinsamen erkenntnistheoretischen Fundament aus operieren“ (Dreier 1997: 258)

„Im Sinne einer Einheit der Wissenschaft als Einheit der Methode (kann) eine für beide wissenschaftlichen Disziplinen gleiche Logik der Erklärungen behauptet werden“(ebd.). Eine solche eingangs beschriebene Wesensfremdheit beruht also allein in einer „ontologisch fundierten Unvereinbarkeit der beiden Erfahrungsbereiche und einer darin implizierten jeweiligen anderen Art der Erfahrung“ (ebd.).

6.2 Probleme des Theorietransfers

Es stellt sich hier die Frage, was bei einem „fachfremden Verwendung (Theorietransfer) geändert werden darf? Es handelt sich grundsätzlich um den Vorgang einer empirisch interpretierten Theorie, bei der eine „Verbindung der theoretischen Konstrukte mit Beobachtungsaussagen über Korrespondenzregeln“ (Dreier 1997: 236) erstellt wird. Dabei wird über Indikatoren und sog.

Korrespondenzregel eine Verbindung zur eigentlichen (substantiellen) Theorie erstellt, d.h. die Theorie wird dadurch dem vorliegenden Fall angepasst. Zur Erstellung der Korrespondenzregeln für Indikatoren (Operationalisierung) muss eine Exploration des theoretischen Konstrukts stattfinden, innerhalb der eine „definitorische Präzisierung" (Dreier 1997: 238) auch in Bezug auf die möglichen Dimensionen entwickelt wird.

Innerhalb dieser Dimensionen wäre zu prüfen, inwieweit die Theorie im jeweiligen Fall adäquat umgesetzt werden kann

6.3 Theoretische Exkursion: Strukturalismus

Im Bereich des strukturalistischen Theoriekonzeptes lässt sich der geschilderte Sachverhalt recht anschaulich darstellen.

Normalerweise werden Theorien als ein System von Aussagen aufgefasst. Beim Strukturalismus werden Theorien als mathematische Gebilde, die in Einzelteile zerlegt werden können, aufgefasst. Die Theorie bildet als Strukturkern zusammen mit den intendierten Anwendungen ein Paar. Da durch die Verwendung von zusätzlichen Theoriebausteinen die technologische Formalisierung durch die dadurch hervorgerufene Erweiterung des Strukturkerns immens zunehmen würde, hat man das Konzept der strukturierten Theorie-Elemente entworfen. Diese Elemente sind unter sich entsprechend logisch verbunden, so dass man von einem Theorie-Netz sprechen kann (vgl. Wenturis, Van hove, Dreier 1992: 348 ff.). In Analogie zu einem Fischernetz stellen die Knoten die Theorie-Elemente dar. Man darf allerdings bei der hier stark verkürzten Version nicht übersehen, dass immer noch ein recht hohe Formalisierung vorhanden ist. Doch gerade die Möglichkeit der Theorie-Netze eröffnet für die Problemlösung Perspektiven. Durch den Einsatz von zur Lösung geeigneten Theoriebausteinen in bestehende Theorie-Netze lassen sich theoretisch fundierte und letztlich damit zusammenhängende Methoden vieler andere Disziplinen zur Lösung anstehender Probleme verwenden. Praktisch gesehen, würde dies bedeuten, dass man entsprechende Theorieelemente, die sich als valide und reliabel für das anstehende Problem erweisen, entsprechend in die vorhandenen Theoriebausteine einsetzt.

6.4 Fazit

In der Praxis wird ein solches Vorgehen aufgrund des damit verbundenen theoretischen Aufwandes nicht gemacht. Es bleibt festzuhalten, dass die grundsätzliche Verwendbarkeit von verschiedenen Disziplinen untereinander, grundsätzlich auch von Natur- und Sozialwissenschaften hinsichtlich der Theorien und insbesondere hinsichtlich der eingangs formulierten Problemstellung der Methodenverwendung wissenschaftstheoretisch innerhalb bestimmter Ausprägungen des empirisch-analytischen Wissenschaftskonzepts, in unserem Fall dem kritischen Rationalismus, möglich ist. Es kommt dabei auf die Rationalität, Adäquatheit (Validität) und Intersubjektivität (Reliabilität) beim Theorietransfer an (vgl. Dreier 1997: 358).

7. Theorieanwendung

Grundsätzlich unterscheidet man bei der Anwendung von Theorien drei Aspekte: Erklärung, Prognose, Technologie (vgl. Prim/Tilmann2000: 94ff).

Ursprünglich kann man dabei von einer deduktiv-nomologischen Ableitung ausgehen, d.h. nomologische Hypothesen – in den Sozialwissenschaften sind dies vorherrschend Theorien und in den Naturwissenschaften sind dies in der Regel Gesetze – werden als All-Aussage herangezogen, um entsprechende vorliegende Einzelfälle (Randbedingungen) zu erklären. Die nomologische Hypothese und die Randbedingung bilden den erklärenden Teil, also das Explanans, und der zu erklärende Sachverhalt wird als Explanandum bezeichnet. Dieses Deduktion wird als Hempel-Oppenheim-Schema bezeichnet. Die Struktur ist bei den drei genannten Anwendungen sehr ähnlich, bisweilen wird sie in der Literatur auch als gleich bezeichnet (vgl. hierzu Dreier 1997: 274; Prim/Tilmann 2000: 94)

7.1 Erklärung

In der allgemeinen Verwendung sind einem vielleicht die Verwendung als Erklärung am geläufigsten, wenn auch meistens nicht bewusst. So sei man beispielhaft an dieser Stelle an die wahlsoziologischen Untersuchungen im Nachgang einer Wahl erinnert. Hierbei wird versucht, z.B. das Verhalten (als Datenbasis) der Wähler, mit der Hilfe einer Theorie zu erklären (vgl. hierzu Opp 1999: 45ff).

7.2 Prognose

Eine weitere Anwendung geschieht im Vorfeld der Wahlen, wenn bei einer Sonntagsfrage (Wie würde gewählt werden, wenn am nächsten Sonntag Wahlen stattfänden?) entsprechend eine Projektion bzw. eine Prognose gemacht wird (vgl. hierzu Opp 1999:78ff).

7.3 Technologie

Das Vorgehen, um bestimmte vorgegebene Ziele zu erreichen, kann man als die technologische Anwendung sehen. Es tritt hierbei ein technischer Aspekt zutage. Man setzt die Wissenschaft bzw. deren Erkenntnisse für konkrete Ziele ein (vgl. hierzu Opp 1999: 225 ff). Ein vieldiskutierter technologischer Ansatz ist z.B. die Verwendung der Gentechnologie.

8. Anwendungsbeispiele

In den vorangegangenen Kapiteln und Abschnitten wurde eine wissenschaftstheoretische Lösung zu dem Problem Methoden- und Theorieverwendung in fremden Disziplinen erarbeitet. Jedoch wurden auch schon in der Vergangenheit solche „Fremdverwendungen" getätigt, ohne dass ein direkter wissenschaftstheoretischer Bezug genannt worden ist. Nachfolgend sollen zur Illustration einige aus dem Bereich der Politikwissenschaft genannt werden. Die erarbeitete Lösung kann nun als Erklärung zur Möglichkeit der Analogiebildung herangezogen werden.

8.1 Marketing

Wangen hat in seiner Veröffentlichung (Wangen 1983) die strukturelle Isomorphie des wirtschaftlichen und politischen Geschehens untersucht. Dabei kommt er zu dem Ergebnis, dass die Parteien bereits Marketing-Methoden anwenden, auch wenn keine vollständige Kongruenz zwischen den beiden Bereichen Wirtschaft und Politik bestünde (vgl. ebd.: 281).

Oellerking (Oellerking 1988) hat in seiner Dissertation aufgrund von Analogiebildungen versucht, Methoden des Marketings für die Politik und insbesondere für den Bereich der politischen Kommunikation im Hinblick auf Wahlkämpfe zu verwenden. So übernimmt er „eine systematische Aufarbeitung, inwieweit Marketingstrategien der Wirtschaft auf das Handeln politischer Akteure übertragbar sind" (ebd.: 3). Implizit von den Problemen der wesenfremden Verwendung anderer Methoden betroffen, trifft er die grundlegende Feststellung, dass erwerbswirtschaftliche sowie nichterwerbswirtschaftliche Organisationen jeweils das Ziel verfolgen, „eine Deckung und Beeinflussung des Nachfrageverhaltens vorzunehmen" (ebd.: 12). Neben dieser grundlegenden Einsicht stellt er weitere Überlegungen an, ob evt. demokratietheoretische Widersprüche sich durch den Einsatz des Marketings ergeben können. Letztlich gelangt er zu dem Schluss, dass der Einsatz des Marketings möglich ist, wenn auch beschränkt durch die Andersartigkeit des Produkts.

Insbesondere ergeben sich nach seiner Ansicht positive Signale aus Sicht der Demokratie. Allerdings sind durch die zeitliche Befristung des Wahlkampfs diese eingeschränkt.

Kohlberger beruft sich in seiner Arbeit (Kohlberger 1999) zum einen auf die beiden vorangegangenen Autoren, zum anderen geht er aber noch einen Schritt weiter, in dem er aus Sicht der Praxis zu dem Ergebnis kommt, dass der Einsatz des Marketings gute Wahlergebnisse liefert. Deshalb fordert den grundsätzlichen Einsatz von Marketingfachleuten (vgl. ebd. : 134 ff)

8.2 Kybernetik

Die Kybernetik bezeichnet eine Forschungsrichtung, die sich systematisch mit Steuerungs-, Kommunikations- und Regelungsvorgängen und deren Gesetzmäßigkeiten im Bereich der Technik, Biologie und Soziologie beschäftigt (Deutsch 1970: 125ff). Die Steuerung von Vorgängen und Organisationen wird in der Kybernetik als Kernbestandteil angesehen. Sie nutzt die Hilfsmittel der modernen Technik, „um die Reihenfolge der bei diesen Vorgängen auftretenden Erscheinungen planmäßig und Schritt für Schritt zu erfassen und nachzuvollziehen“ (ebd.: 126). Durch den Einsatz von modernen Geräten kann man solche Vorgänge einer Analyse unterziehen und die Elemente (z.B. der soziologischen Betrachtung) zu „rationelleren Mustern zusammenfügen“ (ebd).

Deutsch bezeichnet diese Übertragung insbesondere im Hinblick auf eine zukünftige Entwicklung in diesem Bereich als eine sehr gute Analogie. Die Analogie findet hier innerhalb eines normativ-ontologischen Wissenschaftskonzepts statt, so schreibt Deutsch „Eine solche Theorie müsste aber auch eine Brücke zwischen dem Sein und dem Sollen schlagen“ (ebd.: 29). Vor dem Hintergrund der Gefahr einer wesensfremden Anwendung von Methoden, ist dies zumindest beachtenswert.

Innerhalb der Kybernetik sind auch mathematisch formulierte Modelle anzutreffen, wenn vielleicht auch nicht so ausgereift, wie dies heute der Fall sein kann, wenn man moderne Computer zur Berechnung einsetzt. Dieser Gesichtspunkt ist insbesondere für das nächste Kapitel über die Sozionik interessant.

8.3 Sozionik

Die Sozionik ist eine recht junge Wissenschaftsrichtung, die sich aus der Soziologie und der Informatik hauptsächlich zusammensetzt. Hauptgegenstand der Untersuchungen ist die Beschaffenheit künstlicher Sozialsysteme im weitesten Sinne. Die Deutsche Forschungsgemeinschaft hat 1999 ein Programm mit dem Titel „Sozionik: Erforschung und Modellierung künstlicher Sozialität"(Florian; Dederichs 2000) gestartet. Es wird im Grunde eine gegenseitige Befruchtung der Disziplinen angestrebt. Einerseits kann der Bereich der künstlichen Intelligenz von der menschlichen Gesellschaft für technische Innovationen lernen und andererseits kann die Soziologie durch die Informatik die gesellschaftliche Struktur oder Teile bzw. Elemente nachbilden und unter das Verhalten unter bestimmten Bedingungen erforschen. Außerdem wird die weitere Entwicklung beider Disziplinen hinsichtlich der Einflussnahme der jeweiligen anderen Wissenschaft beobachtet (vgl. Florian; Dederichs 2000). Dies sind die drei Hauptbereiche der gegenwärtigen Forschung.

Man geht dabei von dem Konzept der Verteilten Künstlichen Intelligenz (VKI) aus, welches besagt, dass „intelligente Lösungen komplexer Probleme (...) nicht das Werk individueller, sondern sozialer Intelligenz sind, also aus der Interaktion vieler handelnder Einheiten resultieren" (Sozionik 1999). Diese aus der Interaktion vieler Einheiten bestehende Konzeption wird mit der Hilfe von Mehragentensystemen versucht abzubilden. Agenten sind hierbei Software-Programme, die über „von ihnen selbst gesteuerte Verhaltensweisen verfügen und in der Lage sind, ihre eigenen Aktionen mit denen anderer Agenten abzustimmen, um so ein übergreifendes Problem zu lösen" (Sozionik 1999). Aus soziologischer Sicht sind einige Defizite vorhanden, da man bisher nur mit verhältnismäßig einfachen Modellen gearbeitet hat, d.h. theoretisch fundierte Modellbildung hat noch nicht in entsprechendem Ausmaß stattgefunden, da man zuerst die technischen Probleme z.B. der Programmierung lösen wollte. Danach sind komplexere Systeme möglich. Bisher wurde vor allem entweder auf der Mikro- (Individuum) oder Makro-Ebene (Gesellschaft) mit Modellen geforscht. Ein bekanntes Beispiel einer Makrosimulation ist das Modell World 3, dessen Ergebnisse in der Studie „Die Grenzen des Wachstums" (Meadows et al. 1972) bis in die heutige Zeit Beachtung gefunden haben. Anzumerken sei an dieser Stelle, dass sich hierbei um Annahmen von Kausalbeziehungen globaler Parameter handelt. Um diese Aussagen wirklich 1:1 übernehmen zu können, müssten alle im Modell angenommenen Bedingungen in der Wirklichkeit entsprechend nachgewiesen werden. Auf der Gegenseite dürfte die Wirklichkeit allerdings auch nicht mehr umfassen als das Modell, es müsste eine Kongruenz vorherrschen.

An diesem Beispiel soll ein permanentes Problem bei der Anwendung von Modellen verdeutlicht werden. Man geht oftmals von einigen vereinfachten Annahmen in der Realität aus, die man in ein Modell einbaut. Daraufhin wird das Modell unter bestimmten Bedingungen getestet. Die Ergebnisse werden wiederum in die Realität umgesetzt. Das Problem liegt in der oftmals unreflecktierten Übertragung (vgl. Troitzsch 1990: 1 ff.). Wenn bei der Modellierung aus verständlichen Gründen nur einige von vielen Parameter der Wirklichkeit einfließen, diese in nur ganz bestimmten, idealisierten Bedingungen getestet werden, kann man daraus keine oder nur stark bedingte zukünftige Prognosen erstellen, weil die Datengrundlage unzureichend ausgeprägt ist. Abgesehen davon haben Prognosen immer nur einen Wahrscheinlichgrad in Bezug auf den Sachverhalt in der Zukunft, zumal es sich im Grunde um eine induktive Beweisführung handelt(vgl. Dreier 1997: 274). Man schließt von vorhandenen Fällen auf zukünftige, indem man von der in jedem Fall kleineren Gruppe der vorhandenen Fälle auf die um zukünftigen Fälle vergrößerte Gruppe der dann vorhandenen Fälle schließt.

Von diesen Problemen abgesehen, eignet sich die Modellierung von Theorien für die Wissenschaft aus folgenden Gründen:

- Zur Überprüfung der Theorien auf generelle Funktionstüchtigkeit
- Durch Simulationen erhält man Ergebnisse, die sich als Hypothesen für weitergehende Untersuchungen im Forschungsprozess eignen.
- Beginn einer neuen Forschungsrichtung
- Technische Möglichkeiten der Modellierung nehmen durch Computerentwicklung weiter zu.

8.4 Physik

Für den Bereich der Physik wird eine Veröffentlichung von Christine Landfried beispielhaft genannt (Landfried 1991), in der sie eine Übertragung der Chaos- und Katastrophentheorie auf die Folgenforschung ausgewählter Politikfelder vornimmt. Es wird auch hierbei, wie schon in vorangegangenen Kapiteln der Versuch der Analogie unternommen. Allerdings sind dabei folgende Bemerkungen zu beachten. „Theorietransfer erfordert eine Isomorphie zwischen den physikalischen, chemischen und sozialen Welten, die nicht vorhanden ist. Ist damit die Übernahme der substantiellen Inhalte der Chaos- und Katastrophentheorie für die Sozialwissenschaften sehr begrenzt, so können doch Analogien die eigenständige Theoriebildung und die empirische Forschung in den Sozialwissenschaften anregen“ (Landfried 1991: 22f). Später ist zu lesen, dass eine „neue Interpretation von Kausalität, Komplexität und Stabilität als die allgemeinen Prinzipien der Chaos- und Katastrophentheorie definiert“ (Landfried 1991: 103) wird. Man fragt sich was überhaupt noch von der ursprünglichen Chaos- und Katastrophentheorie übrig geblieben ist, zumal neue Verständnisse von zentralen Bestandteilen der Theorie eingeführt worden sind, d.h. die Theorie wurde in ihrem Aussagegehalt abgeändert und ist daher entweder eine andere oder zumindest ein Isotop der alten, die jedoch mindestens in Teilbereichen mit neuen Eigenschaften ausgestattet ist. Das Ergebnis der Studie ist aus dieser Sicht wenig aufschlussreich für die Verwendung von Theorien und Methoden der Physik.

9. Konkrete Anwendungen im Wahlkampf

Ausgehend vom theoretischen Teil dieses Beitrags werden im nun folgenden Abschnitt im Hinblick auf verschiedene Theorieanwendungen Fallbeispiele dargestellt, in denen in der Zukunft entsprechende methodische Fremdanwendungen im Bereich des Wahlkampfs möglich erscheinen.

9.1 Marketing beim Wahlkampf

Das Verfahren der Conjoint-Anlyse, welches vornehmlich im Marketingbereich Anwendung findet, wird in diesem Band in dem Beitrag von Markus Klein ausführlich beschrieben. Insbesondere sei an dieser Stelle auf das Kapitel 4 des genannten Aufsatzes verwiesen. Hier wird die strategische Wahlkampfplanung unter Zuhilfenahme dieses Verfahrens besprochen, die allerdings bisher in der dort beschrieben Form noch nicht erfolgt ist.

9.2 Sozionik beim Wahlkampf

Auch die Sozionik ist im Bereich des Wahlkampfs bzw. bei der Planung verwendbar im Hinblick auf erste Tendenzen des Wählerverhaltens und weitere Hypothesenbildung für weitere Studien über eine idealisierte Wahlplattform. Nachdem man mit Hilfe der Conjoint-Analyse die entscheidenden Punkte, die eine Wahl oder Nichtwahl verursachen herausgefunden hat, kann man nun eine Modellierung vornehmen. In dieser Modellierung in der das Wahlverhalten, soweit bekannt, der wahlberechtigten Bürger entsprechend dem vorgelegten Programm, auf das die Wählerin oder der Wähler anspricht, simuliert wird, kann man z.B. die Erfolgsaussichten, insbesondere unter Verwendung weiterer wahlrelevanter Daten, wie z.B. Kompetenzeinschätzung, etc., wesentlich besser einschätzen. Sicherlich ist das Modell in der vorgestellten Form recht komplex, aber es ist zumindest eine Überlegung für die Zukunft.

Man könnte also Wahlen grundsätzlich vor dem Hintergrund der Überprüfung von Wahlrelevanten Daten simulieren, um weitere Erkenntnisse über die Auswirkungen von solchen Merkmalen zu bekommen. Die Ergebnisse sind, wie bereits unter Kapitel 8.2 ausgeführt für die Wirklichkeit in erster Linie nur bedingt verwendbar. Dies hängt vor allem mit der Komplexität der Modellierung zusammen. Hochkomplexe Modellierungen vermögen mehr zu leisten als einfache Modelle.

10. Fazit

Grundsätzlich lassen sich im Rahmen eines empirisch-analytischen Wissenschaftskonzepts vor dem Hintergrund des kritischen Rationalismus Methoden und Theorien aus verschiedenen Disziplinen untereinander verwenden. Das Problem liegt an dieser Stelle vielmehr in der Adäquatheit, Intersubjektivität und Rationalität. Sofern diese Punkte entsprechend beim Theorietransfer berücksichtigt werden, spricht kein Einwand gegen ein solches Vorgehen. Die interdisziplinäre Verwendung von Methoden und Theorien stellt somit aus wissenschaftlicher Sicht bei Beachtung des Rationalitätspostulats und des Wissenschaftskonzepts kein Problem dar.

In der Vergangenheit ist ein solches Vorgehen oftmals aufgrund von Analogie-Bildungen vorgenommen worden und gleichzeitig dadurch gerechtfertigt worden.

Unter Beachtung der o.g. Punkte lassen sich vielversprechende Forschungsansätze in der Wissenschaft entwickeln. Für den Bereich der Sozialwissenschaft, in unserem Fall der Wahlkampf, ist insbesondere die Modellierung zu beachten, da hierbei neben den vielversprechenden Ansätzen auch eine mathematische Formulierung der Wissenschaft auftritt, die in jedem Fall eine sehr exakte Ausdrucksmöglichkeit garantiert, was durch das Rationalitätspostulat gefordert wird. Es ergeben sich also folgende Perspektive: Für Forschungsvorhaben und in unserem Fall für den Wahlkampf in der Zukunft können vielfältige Möglichkeiten angewendet werden, Probleme aufgrund einer wissenschaftlich abgesicherten Interdisziplinarität zu lösen.

Literatur

Albert, Hans: Die Einheit der Sozialwissenschaften. In: Topitsch, Ernst (Hrsg.): Logik der Sozialwissenschaften, 12. Aufl., Frankfurt am Main, 1993, S. 53-70

Deutsch, Karl W.: Politische Kybernetik. Modelle und Perspektiven. 2. unv. Aufl. Freiburg im Breisgau, 1970

Dreier, Volker: Empirische Politikforschung. Wien, 1997

Downs, Anthony: Ökonomische Theorie der Demokratie. Tübingen, 1968

Eckstein, Franz: Abriss der griechischen Philosophie. 6. Aufl., Frankfurt am Main, 1974

Florian, Michael; Dederichs, Andrea Maria: Sozionik: „Künstliche Intelligenz" als soziologisches Forschungsfeld. http://www.tu-harburg.de/tbg/SPP/ad-hoc.html, 2000

Herrmann, Theodor: Methoden als Problemlösungsmittel. In: Roth, Erwin (Hrsg.) Sozialwissenschaftliche Methoden. Lehr- und Handbuch für Forschung und Praxis, 2 unw.ver. Aufl., München, Wien, 1987

Kohlberger, Harald: Das Marketing-Modell für eine erfolgreiche Wahlkampagne. Linz, 1999

Landfried, Christine: Politikorientierte Folgenforschung. Zur Übertragung der Chaostheorie auf die Sozialwissenschaften. Speyer: Forschungsinstitut für öffentliche Verwaltung, 1999

Oellerking, Christian: Marketingstrategien für Parteien. Gibt es eine Technologie des legalen Machterwerbs? Frankfurt am Main, Bern, New York, Paris, 1988

Opp, Karl-Dieter: Methodologie der Sozialwissenschaften. 4. durchges. Aufl., Opladen/Wiesbaden, 1999

Prim, Rolf; Tilmann, Heribert: Grundlagen einer kritisch-rationalen Sozialwissenschaft. Studienbuch zur Wissenschaftstheorie Karl R. Poppers, 8. durchges. Aufl., Wiebelsheim, 2000

Sozionik: Sozionik: Erforschung und Modellierung künstlicher Sozialität. http://www.tu-harburg.de/tbg/SPP/spp-antrag.html, 1999

Stegmüller, Wolfgang: Probleme und Resultate der Wissenschaftstheorie und Analytischen Philosophie, Band IV, Personelle und Statistische Wahrscheinlichkeit, Studienausgabe Teil A, Heidelberg, New York, 1973

Strombach, Werner: Einführung in die systematische Philosophie. Paderborn, München, Wien, Zürich, 1992

Troitzsch, Klaus G. : Modellbildung und Simulation in den Sozialwissenschaften. Opladen, 1990

Wangen, Edgar: Polit-Marketing. Das Marketing-Management der politischen Parteien. Opladen, 1983

Wenturis, Nikolaus; Van hove, Walter; Dreier, Volker: Methodologie der Sozialwissenschaften. Eine Einführung, Tübingen, 1992

Autorenverzeichnis

Dr. Marco Althaus
Jahrgang 1971, Leiter der Pressestelle des Niedersächsischen Ministeriums für Wirtschaft, Technologie und Verkehr; Studium der Politologie an der FU Berlin, Duke University in Durham, North Carolina, USA, und der Georg-August Universität, Göttingen. Absolvent der Graduate School of Political Management (GSPM), George washingtom University, Washington.
Homepage: http://www.politprofi.de
E-Mail: dmalthaus@aol.com

Thomas Berg
Jahrgang 1973, seit 2001 Referent, 1997-2001 freier Mitarbeiter bei der Hessischen Landeszentrale für politische Bildung, Wiesbaden, Studium Politikwissenschaft, Philosophie/Wissenschaftstheorie, BWL, Pädagogik, Seminarleiter für BWL, VWL, politische Grundbildung.
E-Mail: thoberg@web.de

Thomas Butter
Jahrgang 1976, Trainee, Studium International Business Administration an der Universität Wien und der University of Washington, Schwerpunkt, Marketing, Berufserfahrungen u.a bei Accenture.
Homepage: http://www.tombutter.tripod.com
E-Mail: tombutter@gmx.net

Prof. Dr. Jürgen W. Falter
Jahrgang 1944, o. Professor für Politikwissenschaft an der Universität Mainz mit dem Schwerpunkt „Politische Systeme“ und „Innenpolitik“, Studium der Politikwissenschaft und der Neueren Geschichte an den Universitäten Heidelberg, Berlin (FU), Studium an der University of California in Berkeley und der University Michigan in Ann Arbor, Mich., Methoden-Sommerkurs des Inter University Consortiums for Political and Social Research, 1973 Promotion (Note: summa cum laude); 1981 Habilitation; Veröffentlichnungen: Hit-

lers Wähler, München 1991; zusammen mit Hans Rattinger: Wirklich ein Volk?, Opladen 2001
Homepage: http://www.politik.unimainz.de/Bereich/Mitarbeiter/falter_vita.html
E-Mail: falter@politik.uni-mainz.de

Dion Fuchs
Jahrgang 1975, Doktorand im Fachprogramm Marketing und Wissenschaftlicher Mitarbeiter am Kompetenzzentrum für Marketingplanung und –controlling an der Universität St. Gallen, Schweiz, Studium der Betriebswirtschaftslehre an der Wissenschaftlichen Hochschule für Unternehmensführung (WHU) in Vallendar und an der Institut Commercial de Nancy (ICN), Université de Nancy II (Frankreich), Graduate School of Business, University of Sydney, Sydney (Australien),
http://www.imh.unisg.ch/org/fah/fah_web.nsf/4f223241499bd00ac12567d000493d13/740b17f5b8b13ce1c1256aee00326588?OpenDocument
E-Mail: dion.fuchs@unisg.ch

Geisler, Alexander
Jahrgang 1975, Pressesprecher der Universität Landau, Studium der Politikwissenschaft, Geschichte und Soziologie an der Johannes Gutenberg-Universität Mainz und Tours (Frankreich). Wissenschaftliche Hilfskraft und Projektmitarbeiter am Institut für Politikwissenschaft der Universität Koblenz-Landau, Campus Landau.
E-Mail: geisler@sun8.uni-landau.de

Martin Gerster
Jahrgang 1971, Parlamentarischer Berater im Landtag von Baden-Württemberg; Studium der Politikwissenschaft, Geschichte und Volkswirtschaftslehre an der Johannes Gutenberg-Universität Mainz; 2000-2001 Mitarbeiter der Wahlkampfzentrale KAMPA in Baden-Württemberg zur Landtagswahl; 1999-2000 Mitarbeit bei „Hillary Clinton for US-Senate“ New York City und Democratic National Committee, Washington DC, E-Mail: turboline@ aol.com

Jürgen Graner
Jahrgang 1974, freier Journalist, Projektkoordinator „Jugendinitiative“ bei politischer Jugendorganisation Landesverband Baden-Württemberg, Studium der Politischen Wissenschaft an der Ruprechts-Karl-Universität Heidelberg, E-Mail: graner21@web.de

Honza Griese
Jahrgang 1975, Studium der Politik- und Rechtswissenschaften an der Eberhard-Karls-Universität Tübingen. Schwerpunkte: Parteien, Wahlkämpfe und Verwaltung.
E-Mail: honza.griese@web.de

Dr. Markus Klein
Jahrgang 1969, seit 1997 wiss. Angestellter am Zentralarchiv für Empirische Sozialforschung der Universität zu Köln Studium der Politikwissenschaft, Publizistik und Pädagogik in Darmstadt und Mainz (M.A.). Zweitstudium der Volkswirtschaftslehre in Mainz (Dipl.-Volkswirt). Promotionsstudium der Soziologie, Betriebswirtschaftslehre und Politikwissenschaft in Köln (Dr. rer. pol.). 1993-1997 wiss. Angestellter am Institut für Politikwissenschaft der Johannes Gutenberg-Universität Mainz
E-Mail: klein@za.uni-koeln.de

Sven Plank
Jahrgang 1975, seit 2002 Projektleiter in Landtagsfraktion Baden-Württemberg, Studium an der Fakultät für Sozial- und Verhaltenswissenschaften der Universität Tübingen, 1999 bis 2001 parlamentarischer Mitarbeiter im Landtag von Baden-Württemberg, E-mail: sven.plank@imail.de

Karsten Rudolf
Jahrgang 1974, Doktorand, 1997-2000 Mitarbeit Konzernstab Kommunikation Deutsche Bank und Projektmanager Mitarbeiterkommunikation Deutsche Bank 24, Studium der Politologie, Psychologie und Erziehungswissenschaft; wissenschaftl. Projektassistent Deutscher Volkshochschulverband e.V. ROB, ehrenamtl. Vorstandsvorsitzender des Büdinger Kreises e.V. , Gründer des Instituts Junge Bürgergesellschaft, 1994-1996 Praktika im Ausbildungs- und PR-Bereich nationaler und internationalerInstitutionen; 1995-1997 Mitarbeit im Marketing bei Dresdner Bank Tochter,
E-Mail: karsten.rudolf@bkev.org

Dr. Andrea Römmele
Jahrgang 1967, Dr., Privatdozentin, Wissenschaftliche Mitarbeiterin am Mannheimer Zentrum für Europäische Sozialforschung (MZES) der Universität Mannheim, Forschungsschwerpunkte: politische Kommunikation, Wahlkampfkommuniaktion sowie vergleichende Parteienforschung. Veröffentlichung u.a.: Public Information Campaigns and Opinion Research. A Handbook for the Student and Practitioner. London: Sage 2001 (Herausgabe mit Hans-Dieter Klingemann); Direkte Kommunikation zwischen Parteien und Wählern. Professionalisierte Wahlkampftechnologien im internationalen Vergleich. Opladen
E-Mail: Andrea.Roemmele@mzes.uni-mannheim.de

Schoen, Harald
Jahrgang 1972, Studium der Politikwissenschaft, Volkswirtschaftslehre und Finanzwissenschaft an der Universität Bamberg, wissenschaftlicher Mitarbeiter am Institut für Politikwissenschaft der Universität Mainz, Veröffentlichungen u.a.: Stimmensplitting bei Bundestagswahlen – ein Spiegelbild des

Verhältnisses zwischen Bürgern und Parteien?, in: Markus Klein, Wolfgang Jagodzinski, Ekkehard Mochmann, Dieter Ohr (Hrsg.), 50 Jahre Empirische Wahlforschung in Deutschland, Wiesbaden 2000, S. 361-388; Appelle zu taktischem Wahlverhalten – effektive Werbung oder verfehlte Wahlkampfrhetorik?, in: Jürgen W. Falter, Oscar W. Gabriel, Hans Rattinger (Hrsg.), Wirklich ein Volk?, Opladen 2001, S. 641-673;
Homepage: http://www.politik.uni-mainz.de/harald.schoen/
E-Mail: harald.schoen@politik.uni-mainz.de

Dr. Katharina J. Srnka
Jahrgang 1972, Studium der Internationalen Betriebswirtschaft an der Universität Wien und der École Superièure de Commerce de Paris. 1994. Tätigkeit bei: Neue Reformbau AG (Wien), Demeter International (Paris) und Creditanstalt S.A. (Warschau), seit 1997 Universitätsassistentin für Betriebswirtschaftslehre der Universität Wien. 2000 Promotion an der Universität Wien..
Homepage: http://www.bwl.univie.ac.at/bwl/mark/srnka.htm
E-mail: katharina.srnka@univie.ac.at

Eva Stern
Jahrgang 1975, Studium der Politischen Wissenschaft, Soziologie und Öffentliches Recht an der Ruprecht-Karls-Universität, Heidelberg, Redakteurin
E-Mail: eva.stern@web.de

Alexander Wicker
Jahrgang 1974; seit 2001 Geschäftsführer der Firma ProConsil Unternehmensberatung, Student der Politikwissenschaft, Geschichte und Rechtswissenschaften an der Johann-Wolfgang-Goethe-Universität, Frankfurt am Main; 1997-2001 Projektleiter bei der Johanniter-Unfall-Hilfe e.V. in Bad Nauheim; seit 2001 wissenschaftliche Hilfskraft bei der Hessischen Stiftung Friedens- und Konfliktforschung, Frankfurt am Main; 1995 Mitbegründer des Büdinger Kreises e.V., 2002 Gründer Leiter des Instituts Junge Bürgergesellschaft (IJBG) im Büdinger Kreis
E-Mail: alexander.wicker@bkev.org